地方智库报告
Local Think Tank

成都参与"一带一路"和长江经济带建设的战略与对策研究

成都市社会科学院联合课题组　编

·
·
·

中国社会科学出版社

图书在版编目（CIP）数据

成都参与"一带一路"和长江经济带建设的战略与对策研究 / 成都市社会科学院联合课题组编 . —北京：中国社会科学出版社，2016.8

（地方智库报告）

ISBN 978-7-5161-8766-1

Ⅰ.①成… Ⅱ.①成… Ⅲ.①区域经济合作—国际合作—研究—中国②长江经济带—区域经济发展—研究 Ⅳ.①F125.5②F127.5

中国版本图书馆 CIP 数据核字（2016）第 196893 号

出 版 人	赵剑英
责任编辑	喻 苗
责任校对	胡新芳
责任印制	王 超

出 版	中国社会科学出版社
社 址	北京鼓楼西大街甲 158 号
邮 编	100720
网 址	http://www.csspw.cn
发 行 部	010-84083685
门 市 部	010-84029450
经 销	新华书店及其他书店

印刷装订	北京君升印刷有限公司
版 次	2016 年 8 月第 1 版
印 次	2016 年 8 月第 1 次印刷

开 本	787×1092 1/16
印 张	31.25
插 页	2
字 数	481 千字
定 价	115.00 元

目　录

第一篇　总论：成都参与"一带一路"和长江经济带建设的战略与对策

第二篇 成都参与"一带一路"的战略与对策

第三篇 成都参与长江经济带建设的战略与对策

第五篇　成都在长江经济带中的历史地位与经贸文化交流

第一篇

总论：成都参与"一带一路"和
长江经济带建设的战略与对策

推进"一带一路"和长江经济带建设，是中央统筹国内国际两个大局形成全方位对外开放新格局做出的重大战略决策，旨在扩大向西开放、塑造地缘安全格局、拓展经济增长空间、推动区域协调发展，促进经济要素有序自由流动、资源高效配置和市场深度融合。成都位于"一带一路"和长江经济带的交会处和接合部，经济外向度高，正在加快建设成为国家门户城市，拥有得天独厚的比较优势。国家两大区域发展战略赋予了成都新的使命和重大发展机遇，也为深化区域合作和全方位开放指明了方向。成都加快建设内陆开放型经济高地，奋力打造西部经济核心增长极，建设国际性区域中心城市，既是国家区域发展战略的必然要求，也是新常态下推动城市经济社会转型升级的迫切需要。深刻认识国家两大区域发展战略的重大意义，客观地分析成都在参与"一带一路"和长江经济带建设中的比较优势和战略定位，谋划发展对策，有利于成都积极捕捉发展机遇，努力在国家对外开放和区域发展新格局中发挥更大作用、做出更大贡献、谋求更好发展。

第一章 "一带一路"和长江经济带建设给成都发展带来重大战略机遇

　　"一带一路"和长江经济带建设两大国家战略，反映了中国改革开放的现实需要及周边国家的现实需求，将重塑和调整经济活动的空间格局，改变国内生产力布局，使经济转型和结构升级得以在更大的腹地展开，形成内外联动、区域协调发展新格局。地处国家两大战略交会点和接合部的成都，是沟通"一带一路"和长江经济带的核心节点城市，具有独特的区位条件和巨大的发展潜力，面临着全新的发展机遇。

一　两大国家战略改变宏观经济区位，成都由"后方变前沿"

　　改革开放以来，我国对外开放战略经历了沿海开放战略、由沿海经济特区向内地推进、全面开放的演变过程。宏观经济区位变动的主要特征是，东部沿海地区作为对外开放的前沿和窗口，西部内陆地区作为对外开放的后方和腹地，资源要素主要是向东而去。"一带一路"和长江经济带建设标志着我国对外开放和区域发展战略思想的重大转变，向西开放和国内东、中、西协调发展，将从根本上改变西部内陆地区的经济区位，塑造区域经济发展新格局。地处"一带一路"和长江经济带交会点的成都，作为西部特大中心城市、四川省首位城市，将直接受惠于两大国家战略，大幅缩短连接世界的时空距离，深刻改写自身交通区位和经济区位，从西部内陆城市转变为向西、向南开放的支点城市，获得向西进发的新路径，成为向西开放的"龙头"，从传统后方变为前沿（见表1—1）。

表 1—1　　　　　　　　　　成都由"后方变前沿"

序号	国家战略要求	成都机遇
1	共建"一带一路"顺应世界多极化、经济全球化、文化多样化、社会信息化的潮流,秉持开放的区域合作精神,致力于维护全球自由贸易体系和开放型世界经济。 沿海沿江沿边全面推进的对内对外开放带。用好海陆双向开放的区位资源,创新开放模式,促进优势互补,培育内陆开放高地,加快同周边国家和地区基础设施互联互通,加强与丝绸之路经济带、海上丝绸之路的衔接互动,使长江经济带成为横贯东中西、连接南北方的开放合作走廊。	区域开放前沿
2	共建"一带一路"旨在促进经济要素有序自由流动、资源高效配置和市场深度融合,推动沿线各国实现经济政策协调,开展更大范围、更高水平、更深层次的区域合作,共同打造开放、包容、均衡、普惠的区域经济合作架构。 东中西互动合作的协调发展带。立足长江上中下游地区的比较优势,统筹人口分布、经济布局与资源环境承载能力,发挥长江三角洲地区的辐射引领作用,促进中上游地区有序承接产业转移,提高要素配置效率,激发内生发展活力,使长江经济带成为推动我国区域协调发展的示范带。	区域合作前沿
3	利用内陆纵深广阔、人力资源丰富、产业基础较好的优势,依托长江中游城市群、成渝城市群、中原城市群、呼包鄂榆城市群、哈长城市群等重点区域,推动区域互动合作和产业集聚发展,打造重庆西部开发开放重要支撑和成都、郑州、武汉、长沙、南昌、合肥等内陆开放型经济高地。 顺应全球新一轮科技革命和产业变革趋势,推动沿江产业由要素驱动向创新驱动转变,大力发展战略性新兴产业,加快改造提升传统产业,大幅提高服务业比重,引导产业合理布局和有序转移,培育形成具有国际水平的产业集群,增强长江经济带产业竞争力。……促进成渝城市群一体化发展。提升重庆、成都中心城市功能和国际化水平,发挥双引擎带动和支撑作用,推进资源整合与一体发展,把成渝城市群打造成为现代产业基地、西部地区重要经济中心和长江上游开放高地,建设深化内陆开放的试验区和统筹城乡发展的示范区。	区域发展前沿

资料来源:国家发改委、外交部、商务部《推动共建丝绸之路经济带和21世纪海上丝绸之路的愿景与行动》;国务院《关于依托黄金水道推动长江经济带发展的指导意见》。

（一）区域开放前沿

向西开放是我国全方位对外开放的重大举措，旨在提升沿海和向东开放水平的同时，进一步扩大内陆和沿边开放，更加注重对内开放与对外开放相结合、扩大内需与扩大开放相结合、西部大开发与西部大开放相结合、向发达国家开放与向发展中国家开放相结合，不断拓展新的市场空间。

国务院《关于依托黄金水道推动长江经济带发展的指导意见》（以下简称《指导意见》）将成都定位为西部地区重要经济中心和长江上游开放高地，建设深化内陆开放的试验区。国家发展和改革委员会、外交部、商务部《推动共建丝绸之路经济带和21世纪海上丝绸之路的愿景与行动》（以下简称《愿景与行动》）将成都确定为重点打造的内陆开放型经济高地之一。国家战略对成都的定位和要求，使成都成为向西开放和国家西部开发战略布局的重点城市。从内陆后方变为前沿门户，为成都发挥比较优势带来前所未有的战略机遇。区域开放前沿的独特区位，有利于成都以改革创新、转型升级为总体目标，加强东中西部的分工合作，积极建设成为长江经济带上游地区重要的支撑点，并与"一带一路"的战略互动，打造新的经济支撑带和具有全球影响力的开放合作新平台；有利于成都进一步集聚先进要素，提升对外交通枢纽功能，促进贸易投资便利化，推动产业对接融合，深化国际交往，在西部内陆开放型经济发展中发挥先行示范作用，成为向西开放的桥头堡和主阵地。

（二）区域合作前沿

区域合作是促进区域经济协调发展的必由之路，对于缩小区域差距，化解恶性竞争、产业趋同、市场壁垒，促进经济增长方式转变具有重大意义。区域合作发展旨在从体制上打破行政壁垒，逐步扩大国内、国际开放范围和领域，消除限制区域之间要素自由流动的制度性障碍，实现区域协同、协调、快速发展。一般而言，区域合作包括如下功能：一方面，它能在更广阔的空间范围内实现区域内资源的优化配置，从而提高各种资源和要素的利用效率；另一方面，它有利于消除区域间的过度竞争，进而减少因过度竞争导致的资源浪费。

《愿景与规划》指出，共建"一带一路"要开展更大范围、更高水平、更深层次的区域合作，共同打造开放、包容、均衡、普惠的区域经济合作架构。《指导意见》明确提出，要推进资源整合与一体发展，把成渝城市群打造成为现代产业基地、西部地区重要经济中心和长江上游开放高地，建设深化内陆开放的试验区和统筹城乡发展的示范区。"一带一路"和长江经济带建设对成都提出了更高的要求，为成都发挥区域特大中心城市的带动示范作用，探索区域合作改革创新带来先行机遇。成都将获得改变区域合作的传统思维，变"参与"为"引领"，在西部地区协调发展中大胆探索、实现突破的实践空间，成为我国区域合作发展的示范城市，我国跨洲际、跨行政区域、跨领域合作的重要支撑。区域合作的前沿地位，有利于成都扩大互动合作和开放，发挥推动长江上游城市群区域合作发展的重要引擎作用，主动打破行政体制壁垒，促进区域之间的资源和要素自由流动，推动区域市场的一体化，加速区域产业互补融合发展，在西部地区区域合作发展中担当重任。

（三）区域发展前沿

西部地区是我国实施向西开放战略的重要承载空间，西部地区的发展水平不仅决定着我国经济未来发展的质量，也关系到我国全面实现小康社会的目标。西部大开发战略实施以来，国家不断加大投入力度，西部地区综合经济实力显著增强，投资环境和发展条件不断改善，基础设施建设取得突破进展，综合交通运输网骨架初步形成，人民生活水平明显上升，西部地区的发展速度已显著高于东部沿海地区，发展潜力巨大。

《愿景与行动》提出，要加强东、中、西互动合作，全面提升开放型经济水平，加强两大经济带间的战略互动，发挥成都战略支点作用，逐步将成都培育建设成为具有国际竞争力的国际大都市。《指导意见》明确要求，成都要增强自主创新能力，在电子信息、高端装备、汽车等产业领域打造世界级制造业集群，发挥成都在成渝城市群中的引擎带动和支撑作用，推动成都天府新区创新发展，把成渝城市群打造成为现代产业基地、西部地区重要经济中心。"一带一路"和长江经济带建设两大国家战略明确了成都未来发展的方向，作为引领西部地区加快发展、提升内陆开放水平、增强国家综合实力的重要载体和支撑，成都面临着领先发展顺利进入新常态的历史机遇。成都战略资源丰富、经济基础雄厚、市场空间巨大，具有建设成为区域对外开放的国际通道和枢纽、深度参与国际分工的现实优势和潜在优势。区域发展前沿的定位，有利于成都增强示范引领和辐射带动作用，提升参与国际分工的地位和国际影响力，加快产业转型升级和分工协作，促进产业转移和生产要素跨区域合理流动和优化配置，在推动经济提质增效升级中走在全国前列。

二　两大国家战略重塑经济地理格局，成都成为区域发展的重要支撑点

"一带一路"和长江经济带两大区域发展战略，是在我国经济进入新常态的背景下，为了克服和解决经济结构战略性调整和转型过程中遭遇到的结构性矛盾和体制性障碍而提出的。受资源禀赋、发展阶段和体制机制等因素制约，区域协调发展还面临着一些突出问题。两大国家战略的推进与实施，将有力提升中西部地区的开放型经济水平，推动我国打造新的战略增长极，显著增强区域之间的连接性，促进更大范围的区域协同发展，对中国区域发展格局起到总体优化和战略提升的作用，有助于形成内外统筹、南北互动、东中西协调的区域发展新格局。成都区位条件优越、产业基础较好、创新资源丰富、承载能力较强、开放程度西部领先，有条件、有平台、有基础实现互联互通、合作共赢。"一带一路"和长江经济带建设，为把成都建设成为我国区域协调发展的重要支撑点带来了重大机遇（见表1—2）。

（一）经济支撑点

促进世界经济繁荣与平衡发展，为中国经济持续发展提供重要支撑，是"一带一路"和长江经济带建设的重要战略意图。《愿景与行动》提出，要依托成渝城市群等重点区域，推动区域互动合作和产业集聚发展，打造成都等内陆开放型经济高地。《指导意见》明确提出，要依托长江中上游地区广阔腹地，增强基础设施和产业配套能力，提升成都中心城市功能和国际化水平，发挥引擎带动作用和支撑作用，把成渝城市群打造成为现代产业基地、西部地区重要经济中心和长江上游开放高地。

表 1—2 区域协调发展的重要支撑

序号	国家战略要求	成都机遇
1	"一带一路"贯穿亚欧非大陆，一头是活跃的东亚经济圈，另一头是发达的欧洲经济圈，中间广大腹地国家经济发展潜力巨大。 具有全球影响力的内河经济带。发挥长江黄金水道的独特作用，构建现代化综合交通运输体系，推动沿江产业结构优化升级，打造世界级产业集群，培育具有国际竞争力的城市群，使长江经济带成为充分体现国家综合经济实力、积极参与国际竞争与合作的内河经济带。……加快建设上海、南京、连云港、徐州、合肥、杭州、宁波、武汉、长沙、南昌、重庆、成都、昆明、贵阳 14 个全国性综合交通枢纽，有序发展区域性综合交通枢纽，提高综合交通运输体系的运行效率，增强对产业布局的引导和城镇发展的支撑作用。……促进成渝城市群一体化发展。	经济支撑
2	强化基础设施绿色低碳化建设和运营管理，在建设中充分考虑气候变化影响。……在投资贸易中突出生态文明理念，加强生态环境、生物多样性和应对气候变化合作，共建绿色丝绸之路。 江湖和谐、生态文明。建立健全最严格的生态环境保护和水资源管理制度，加强长江全流域生态环境监管和综合治理，尊重自然规律及河流演变规律，协调好江河湖泊、上中下游、干流支流关系，保护和改善流域生态服务功能，推动流域绿色循环低碳发展。……生态文明建设的先行示范带。……顺应自然，保育生态，强化长江水资源保护和合理利用，加大重点生态功能区保护力度，加强流域生态系统修复和环境综合治理，稳步提高长江流域水质，显著改善长江生态环境。	生态支撑
3	加强科技合作，共建联合实验室（研究中心）、国际技术转移中心、海上合作中心，促进科技人员交流，合作开展重大科技攻关，共同提升科技创新能力。 顺应全球新一轮科技革命和产业变革趋势，推动沿江产业由要素驱动向创新驱动转变，大力发展战略性新兴产业，加快改造提升传统产业，大幅提高服务业比重，引导产业合理布局和有序转移，培育形成具有国际水平的产业集群，增强长江经济带产业竞争力。……增强自主创新能力。……研究制定长江经济带创新驱动产业转型升级方案。……打破行政区划界限和壁垒，加强规划统筹和衔接，形成市场体系统一开放、基础设施共建共享、生态环境联防联治、流域管理统筹协调的区域协调发展新机制。	创新支撑

资料来源：国家发改委、外交部、商务部《推动共建丝绸之路经济带和 21 世纪海上丝绸之路的愿景与行动》；国务院《关于依托黄金水道推动长江经济带发展的指导意见》。

作为成渝城市群的核心城市之一，成都是"一带一路"和长江经济带的重要支点，是我国对外贸易和产业发展的重要载体。打造内陆开放型经济高地，为成都抢先占据高端产业和产业高端，更广泛深入地参与国际分工合作，全面提升内陆开放型经济发展水平，在"一带一路"和长江经济带建设中发挥经济支撑作用带来了重大机遇。成都获得促进贸易和投资便利化，加快产业转型升级的空间，以"天府新区"国家级开发区为载体打造世界级产业集群，将形成承接产业转移示范区和加工贸易梯度转移承接地，探索建立产业转移跨区域合作机制的政策保障。成都基础设施和产业配套能力将进一步增强，产业协同发展、联动发展的步子将迈得更快。这将有利于成都加快推进成渝经济区一体化发展，促进信息化与产业融合发展，改革服务业发展体制，创新发展模式和业态，扩大服务业对外开放，巩固和提升以服务业为主的产业结构。

（二）创新支撑点

"一带一路"和长江经济带建设离不开科技创新引领和驱动。《愿景与行动》提出，要与"一带一路"沿线国家和地区共同提升科技创新能力。《指导意见》提出，要在统筹考虑现状和优化整合科技资源的前提下，布局技术研发平台，运用市场机制探索建立新型科研机构。具体措施包括：推动设立知识产权法院；深化科技成果使用、处置和收益权改革；要求增强自主创新能力，强化企业的技术创新主体地位，引导创新资源向企业集聚，培育若干领军企业；深化产学研合作，鼓励发展产业技术创新战略联盟；充分利用互联网、大数据、云计算、人工智能等新一代信息技术改造提升传统产业，培育形成新兴产业，推动生产组织、企业管理、商业运营模式创新。

成都是我国建设创新型国家试点城市，具有宜居宜业和科教资源富集的环境优势，在科技、制度和文化等领域具有创新基础和条件，将在两大经济带建设中发挥重要的创新支撑作用。这为成都构建创新型国家的核心战略空间，连接亚欧大陆的重要创新门户、全球知名的区域创新中心，加快推进创新驱动、转型发展带来战略机遇。"一带一路"和长江经济带建设，将进一步增强成都吸聚高层次人才和投资主体的能力，使各层次人才创新创业活力得到全面激发，加快形成跨界融合升级发展的现代产业体系，完善城市创新功能。这有利于成都建设内陆自由贸易区，培育和打造全域自主创新示范区，调动和发挥科技和文化引领要素活力，构建综合创新生态系统，增强创新能力和辐射带动效应。

（三）生态支撑点

提升区域生态承载能力是"一带一路"和长江经济带建设的重要内容。《愿景与行动》提出，生态安全关系全局，在"一带一路"建设中要按照科学发展的要求，处理好发展和保护的关系，避免产业转移带来污染转移。倡议在投资贸易中突出生态文明理念，加强生态环境、生物多样性和应对气候变化合作，共建绿色丝绸之路。《指导意见》明确指出，要使长江经济带成为生态文明建设的先行示范带。另外，还提出要引导产业有序转移和分工协作，按照区域资源禀赋条件、生态环境容量和主体功能定位，促进产业布局调整和集聚发展，把长江经济带建设成为绿色生态廊道，走出一条绿色发展的新路。

成都地处长江上游生态屏障，同时也是长江上游重点开发区域，生态文明建设具有长期性、复杂性和艰巨性。作为首批国家生态文明建设示范区，成都是长江经济带生态文明示范带的重要构成，将在"一带一路"和长江经济带建设中发挥重要的生态支撑作用。成都面临推进绿色循环低碳发展的重要机遇，将加快国家生态文明示范区建设，健全资源有偿使用和生态补偿制度，探索建立自然资源资产产权制度，开展全国水生态文明建设试点等制度创新实践。这有利于成都大胆推进机制体制创新，在开展资源环境税费改革试点、碳排放权和林业碳汇交易试点，实施森林生态补偿和森林资源有偿使用制度，建立淘汰落后产能和化解产能过剩的市场化机制，建立促进建筑绿色发展的体制机制，健全环保信用等级评价制度，探索绿色企业信贷倾斜等方面，在全国形成先行示范。

三 地处两大国家战略的接合部和交会点，成都成为战略叠加枢纽

从空间走向来看，"一带一路"是在古丝绸之路基础上，沿现代综

合交通通道为展开空间，以中心城市为节点，横跨亚欧非大陆的空间网络；长江经济带是沿长江黄金水道，覆盖包括四川省在内的 11 个省市，横跨我国东中西三大区域的带状发展空间。成都位于长江上游地区，成渝城市群的双核之一，历史上是南方丝绸之路的起点和南北丝绸之路的连接点。在地理空间上，成都不仅是"一带一路"的核心节点城市，长江经济带的重要支撑点，更是沟通丝绸之路经济带、长江经济带和中巴经济走廊、孟中印缅经济走廊联动发展的战略纽带和核心腹地。由此，成都从一个西部内陆城市转变为我国对外开放和区域经济发展的前沿阵地，跃升为"一带一路"和长江经济带建设的战略叠加枢纽（见表 1—3）。

表 1—3　　　　　　　　　国家两大战略叠加枢纽

序号	国家战略要求	成都机遇
1	根据"一带一路"走向，陆上依托国际大通道，以沿线中心城市为支撑，以重点经贸产业园区为合作平台，共同打造新亚欧大陆桥、中蒙俄、中国—中亚—西亚、中国—中南半岛等国际经济合作走廊；海上以重点港口为节点，共同建设通畅安全高效的运输大通道。中巴、孟中印缅两个经济走廊与推进"一带一路"建设关联紧密，要进一步推动合作，取得更大进展。 依托长江黄金水道，推动上中下游地区协调发展、沿海沿江沿边全面开放，构建横贯东西、辐射南北、通江达海、经济高效、生态良好的长江经济带。深化向东开放，加快向西开放，统筹沿海内陆开放，扩大沿边开放。更好地推动"引进来"和"走出去"相结合，更好地利用国际国内两个市场、两种资源，构建开放型经济新体制，形成全方位开放新格局。	东西通道枢纽
2	拓展建立民航全面合作的平台和机制，加快提升航空基础设施水平。 推进航空网络建设。加快上海国际航空枢纽建设，强化重庆、成都、昆明、贵阳、长沙、武汉、南京、杭州等机场的区域枢纽功能，形成长江上、中、下游机场群。完善航线网络，提高主要城市间航班密度，增加国际运输航线。深化空域管理改革，大力发展通用航空。依托空港资源，发展临空经济。	国际航空枢纽

续表

序号	国家战略要求	成都机遇
3	加快推动长江中上游地区和俄罗斯伏尔加河沿岸联邦区的合作。建立中欧通道铁路运输、口岸通关协调机制，打造"中欧班列"品牌，建设沟通境内外、连接东中西的运输通道。 发挥成都战略支点作用，把四川培育成为连接丝绸之路经济带的重要纽带。构建多层次对外交通运输通道，加强各种运输方式的有效衔接，形成区域物流集聚效应，打造现代化综合交通枢纽。优化整合向西国际物流资源，提高连云港陆桥通道桥头堡水平，提升"渝新欧"、"蓉新欧"、"义新欧"等中欧班列国际运输功能，建立中欧铁路通道协调机制，增强对中亚、欧洲等地区进出口货物的吸引能力，着力解决双向运输不平衡问题。加强与沿线国家海关的合作，提高贸易便利化水平。	亚欧铁路枢纽

资料来源：国家发改委、外交部、商务部《推动共建丝绸之路经济带和21世纪海上丝绸之路的愿景与行动》；国务院《关于依托黄金水道推动长江经济带发展的指导意见》。

（一）东西通道枢纽

东西通道建设是我国加快推动贸易自由化和构建开放型经济的重要内容。其重要作用在于打通亚欧经济通道，在促进经济要素有序自由流动、资源高效配置和市场深度融合，推动沿线各国实现经济政策协调，开展更大范围、更高水平、更深层次的区域合作，共同打造开放、包容、均衡、普惠的区域经济合作架构，发掘区域内市场的潜力，促进投资和消费，创造需求和就业，增进世界人文交流与文明互鉴。

《愿景与行动》明确指出，共建"一带一路"致力于亚欧非大陆及附近海洋的互联互通，陆上依托国际大通道，共同打造新亚欧大陆桥、中蒙俄、中国—中亚—西亚、中国—中南半岛等国际经济合作走廊。努力实现区域基础设施更加完善，安全高效的陆海空通道网络基本形成，互联互通达到新水平，实现运输便利化。《指导意见》明确要求，要加快建设成都等14个全国性综合交通枢纽，以高速公路为重点，建成连通重点区域、中心城市、主要港口和重要边境口岸的高速公路网络。另外，还提出要建设城际交通网络，优化整合向西国际物流资源，提升"蓉新欧"等中欧班列国际运输功能，建立中欧铁路通道协调机制，增强对中亚、欧洲地区进出口货物的吸引能力。"一带一路"和长江经济带建设，为成都发挥全国性综合交通枢纽的现实优势，建设国际性东西通道枢纽，增强城市聚集辐射能力带来跨越发展机遇。在提速基础设施现代化水平，提升东西国际通道能力，发挥内陆开放口岸的示范带动作用等方面，使成都获得了快人一步的先机。这将有利于成都对接开放通道，提升在沿江交通运输大通道中的支撑能力，提升欧亚大陆桥国际运输大通道的连接能力，构建区域性国际物流枢纽，进一步提升"蓉欧快铁"、"中亚国际班列"等国际通道运力和口岸集聚作用，把交通区位优势和资源优势转化为开发开放优势。

（二）国际航空枢纽

国际航空枢纽的形成是对外开放水平提升的重要标志。构建高效便捷的航空物流通道是国家两大战略的要求。国际航空枢纽建设将打通亚欧航空通道，促进亚欧商品贸易、信息技术、人才资源、人文合作、文化交流、能源等重要经济社会发展要素间的自由高效流动，实现高附加值资源要素的高效配置，有效推动亚欧两大经济圈以及经济腹地市场深度融合，推动"一带一路"和长江经济带沿线各国、各地区、各省市之间经济、社会政策协调，为我国在国际范围内和国内各省之间开展更加广泛的区域合作，提高对外开放水平，发掘市场潜能，促进投资、消费，释放区域协调发展红利。

《愿景与行动》提出，要加强与周边国家的交通基础设施和运输的互联互通，构建高效便捷的航空物流通道。《指导意见》明确要求，强化成都等机场的区域枢纽功能，推进航空网络建设，完善航线网络，提高主要城市间航班密度，增加国际运输航线，深化空域管理改革，大力发展通用航空，依托空港资源，发展临空经济，加强航空与水运、铁路、公路、管道的有机衔接，建设和完善能力匹配的集疏运系统。成都是西部地区最重要的航空枢纽港和客货集散地，在西部地区乃至全国具有不可替代的重要地位。成都第二机场（"天府国际机场"）已于2016年5月27日开工建设，由此，成都也将成为我国内陆地区唯一拥有双机场优势的省会城市。按照"一带一路"和长江经济带建设的国家战略要求，成都不仅要具备航空枢纽的功能，而且要在构建高效便捷的航空物流通道中发挥支撑作用（见图1—1）。这将为成都打造西部地区门户枢纽机场和国家级国际航空枢纽,强化空中丝绸之路的核心支撑功能带来战略机遇。

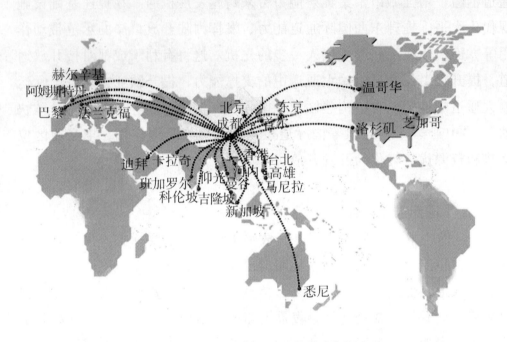

图1—1 成都:区域性航空枢纽

(三)亚欧铁路枢纽

亚欧铁路枢纽是我国发展开放型经济与对外联系沟通的载体。通过铁路基础设施的建设,在提升货物运输便利化水平的同时,降低商品贸易和运输成本,促进资源要素和贸易市场一体化,更加注重基础设施互联互通,更加注重与沿线国家加强基础设施建设规划、技术标准体系的对接,共同推进国际骨干通道建设,逐步形成连接亚洲各次区域以及亚欧非之间的基础设施网络(见图1—2)。

《愿景与行动》倡议,加快建设中亚、中欧铁路和高速公路等重大交通网络,加快经济带内区域资源的流动,进一步提高市场配置效率。《指导意见》明确提出,长江经济带要统筹铁路、公路、航空、管道建设,加强各种运输方式的衔接和综合交通枢纽建设,加快多式联运发展,建成安全便捷、绿色低碳的综合立体交通走廊,从而形成快速高效的铁路通道。要求成都进一步提升国际区域性铁路枢纽功能,构建以成都为中心、辐射中西部、连接国内外的铁路交通体系,形成内部贯通、外部连通的综合交通网络,不断增强集散能力。地处沟通"一带一路"

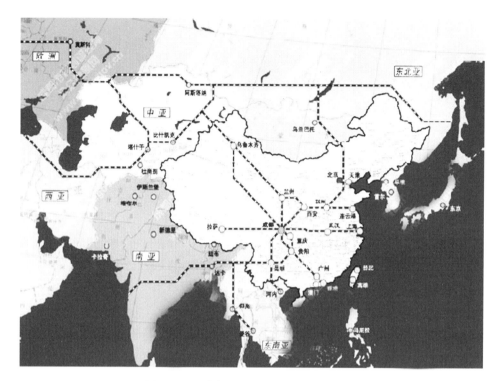

图1—2 成都：国际区域性铁路枢纽

和长江经济带的特殊地理区位，使成都成为国家铁路通道、快速铁路网和国际性区域铁路枢纽建设的重要节点城市，为成都建成亚欧铁路枢纽带来重大契机。

成都在参与"一带一路"和长江经济带建设方面仍面临许多挑战。第一，成都深居内陆，既不沿江，也不沿边，更不沿海，发展开放型经济客观上存在一定的区位劣势。第二，经济转型升级任务仍然十分艰巨，产业结构需要进一步优化，战略性新兴产业发展不足，创新驱动有待加强，自我发展能力有待提升。第三，区域产业同质化，成都与周边城市产业同质性大于差异性、竞争性大于互补性，发展定位部分重叠与趋同。第四，内陆开放竞争激烈，中西部城市各建各的铁路站场和保税区、各建各的"对欧贸易桥头堡"，资源分散，难以形成合力。第五，城市经济社会发展与资源环境保护的矛盾日益突出，长江上游生态保护和都江堰灌区保护对成都市的环境保护要求越来越高，人均占有土地和耕地资源不足，资源能源利用粗放，城市生活污染日益加剧，加之自然灾害频发，城市可持续发展面临巨大压力。

第二章 成都参与"一带一路"和
长江经济带建设的
比较优势和战略定位

一 比较优势

着眼于在区域发展格局中的重要地位和独特作用,立足于良好的现实基础,成都参与"一带一路"和长江经济带建设,在区位、市场、经济、资源和政策等方面具有明显的比较优势。

(一)区位独特优势

地理区位独特。成都地处长江上游成渝经济区,是连接丝绸之路经济带与长江经济带重要交会点,具有承东启西、连接南北的独特区位优势(见图2—1)。历史上,成都就是古代丝绸之路经济带和长江经济带重要的建设者和参与者。一方面,成都是连通南北丝绸之路的重要枢纽,既是北方丝绸之路的重要腹地和支撑,也是南方丝绸之路即蜀身毒道(印度道)的起点和源头,对于古代丝绸之路经济带的形成、发展和繁荣起到了十分重要的推动作用。另一方面,历史上成都就是长江流域经济带重要的组成部分,而且始终是长江上游最重要和最繁荣的中心城市,国家民族在长江流域的战略支撑和战略后方。

战略地位突出。成都是丝绸之路经济带的核心节点、长江经济带的战略支点、海上丝绸之路的产业腹地、"一带一路"和长江经济带的整体纽带。国家两大空间战略在此交会,使成都成为支撑丝绸之路经济带、长江经济带、中巴经济走廊、孟中印缅经济走廊联动发展的战略纽带和核心腹地。成都是成渝城市群双核之一，在国家城市群发展战略中具有突出地位，为成都建设国家内陆开放型经济高地创造了有利条件，是我国扩大内陆开放、沿江开放、沿边开放和实施向西开放，打造西部大开发升级版的战略支撑和重要依托。作为国家新一轮向西开发开放的枢纽城市，成都具有独特的战略地位和巨大的发展潜力。

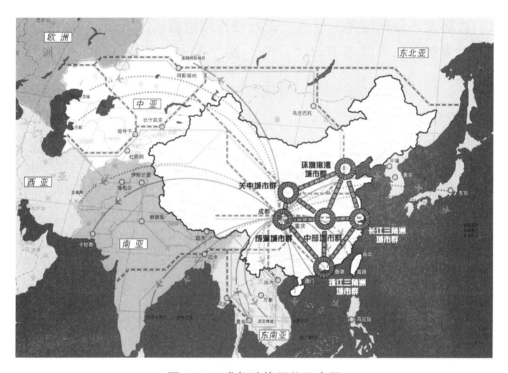

图2—1　成都地缘区位示意图

（二）市场中心优势

经济腹地广阔。成都是西部特大中心城市，常住人口近1500万人，不仅经济体量大，而且消费规模和水平在西部首屈一指。2014年实现社会消费品零售总额4468.9亿元，增速达12%。作为成渝经济区双核驱动之一，成都经济区的核心城市，成都拥有成渝经济区的直接腹地和西部地区的间接腹地。成渝经济区是继长三角、京津冀之后，第三个被纳入国家总体战略的跨省经济合作区，是我国人口总量最大的经济区之一，西部地区城镇分布最密集的区域，具有广阔的市场腹地和战略纵深。

市场潜力巨大。成都在西部大商贸中优势明显,商贸中心的功能持续增强。成都是承接华南华中、连接西南西北的重要交会点,历来是西南地区的商贸中心和开拓西南乃至西部市场的战略制高点。随着国际航线和国际铁路的开通,成都的市场辐射半径将进一步扩大。成都现拥有年成交额上亿元的商品市场 41 个、年销售(营业)额上亿元的连锁企业 90 个,市场不仅覆盖四川 9000 多万人口,而且辐射西部近 3 亿人口。西部大开发的加速,使基础设施完善和消费需求升级,将会释放巨大的内需潜力,为成都参与"一带一路"和长江经济带建设提供广阔的市场空间。

(三)枢纽口岸优势

国际通道和枢纽能力不断提升。成都是国家重点建设的全国综合性交通枢纽之一,正在由内陆城市转变为口岸城市。成都已建成国际性区域航空枢纽、铁路枢纽和公路枢纽,内陆枢纽和口岸初步形成,国际内陆型综合交通枢纽的功能初步显现。成都是国内四大航空枢纽之一,西部地区最大的航空枢纽。成都双流机场旅客年吞吐量西部第一,是中西部地区航线网络最全的机场。成都天府国际机场即将建设,未来成都将成为国内唯一拥有双机场优势的省会城市。2014 年年底,双流国际机场通航航线总数达 241 条,包括国际(地区)航线 78 条,实现旅客吞吐量 3771 万人次,其中国际(地区)旅客吞吐量 310 万人次。国际直飞客货运航线达 32 条、开通国内通航城市 105 个、国际及地区通航城市 62 个。成都是西部联系欧洲、东盟的国际性铁路枢纽之一,公路网密度和高速公路网密度西部第一(见图 2—2)。

内陆开放平台建设成效显著。综合保税区、铁路口岸和航空口岸等各类海关特殊监管区的设立,极大地改善了成都作为内陆城市的区位条件,拓展了成都对外开放的深度及广度。成都高新综合保税区、成都双流机场航空口岸、青白江铁路口岸等,已成为成都参与"一带一路"和长江经济带建设重要的开发开放平台。2014 年,成都双流机场航空口岸出入境旅客突破 300 万人次,成为中国中西部首个年度出入境旅客流量突破 300 万人次的航空口岸。2014 年,西部物流中心成都铁路口岸获批国家临时对外开放口岸,成为四川省唯一的铁路货运国家对外开

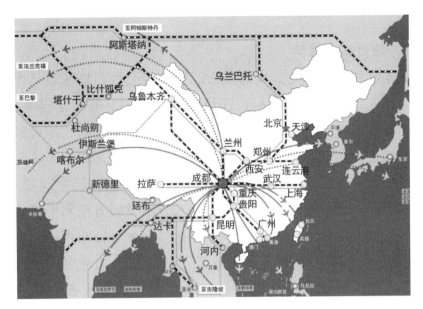

图2—2　成都航线网络示意图

放口岸。虽然是一个"虚拟"的边境口岸，但是具备了沿海、沿边口岸的功能。"蓉欧快铁"和"中亚国际铁路货运班列"组成的双国际通道的开通运行，使成都的开放优势再度升级。

国际性物流通道与集散地初步形成。成都已形成较为完善的物流配送系统，构建以"四园四中心"① 为主要框架的物流集中发展区布局。成都航空物流园区依托成都双流国际机场，建设辐射西部地区乃至全国、连接国际海内主要城市的国际性关键型物流园区。位于成都青白江物流园的西部铁路物流中心，首创铁路货栈、物流基地、国际口岸、保税物流、工业集聚区、商贸市场"六位一体、无缝衔接"模式累计实现货物吞吐量位列全国第一。"中国铁物"、"中国中铁"、"中国远洋"等世界500强，"银犁冷链"、"中外运"、"中国物流"等业界知名企业已经落户成都青白江。蓉欧快铁和中亚货运列车不仅为成都乃至西部地区架起了通往欧亚大陆的陆上货运"双黄金国际通道"，而且进一步凸显了成都在丝绸之路经济带建设中的物流枢纽地位。

---

① "四园四中心"是指成都国际集装箱物流园区、成都航空物流园区、成都青白江铁路散货物流园区、成都新津铁路散货物流园区，以及新都物流中心、龙泉驿物流中心、双流物流中心、成都保税物流中心。

（四）综合实力优势

经济体量和质量领先。成都是长江上游乃至西部地区最具增长潜力的城市，在丝绸之路经济带和长江经济带建设中具有举足轻重的地位。在全国副省级城市中，成都经济增长态势始终处于前列，综合经济实力较强。虽然也面临转型升级、结构调整的压力，但是城市经济仍然保持稳定较快增长，经济运行的质量和效益逐步提高（见图2—3）。2014年，成都市经济总量和地方公共财政收入分别突破万亿和千亿大关，城镇居民人均可支配收入已经达到中等发达国家水平，在西部地区率先达到全面小康社会的主要指标，站上了"新常态、万亿级"的新起点。第三产业在三次产业中的比重超过50%，投资和要素投入拉动逐步减弱，以消费和全要素生产率提高为主的多元拉动正在成为常态。

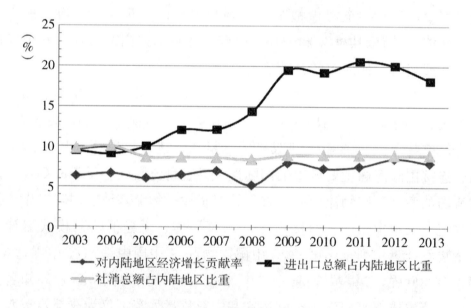

图2—3　2003—2013年成都对内陆地区发展贡献情况

资料来源：根据《成都统计年鉴2004—2014》以及《成都国民经济和社会发展统计公报2003—2014》整理。

城市开放环境日益优化。成都是西部地区开放程度、开放水平最高的城市，海内外投资者在西部地区的首选地。成都大力实施"全域开放"战略，国际交往范围不断扩大，是中国内陆投资环境标杆城市。截至 2014 年年末，外国驻蓉领事机构增至 10 家，成都紧随上海、广州成为"中国领馆第三城"。外国商会驻蓉机构达 21 个，国际友城和友好合作关系城市达 63 个。成都是西部地区国际化程度最高的城市，实际利用外商直接投资和进出口总额长期居于中西部城市之首。2014 年进出口总额达到 558.4 亿美元，是 2003 年的 22 倍（见图 2—4）。落户成都的世界 500 强企业、外资金融保险机构和外商投资企业数居西部地区首位。在成都举办的有国际影响力的高端会议、展览和文化艺术、体育等活动逐年增多，财富全球论坛、世界华商大会等国际知名论坛、会议相继在成都举行。成都是中西部第一个 72 小时过境落地免签城市，2014 年接待游客总人数达到 1.86 亿人次，旅游总收入达到 1663.37 亿元。

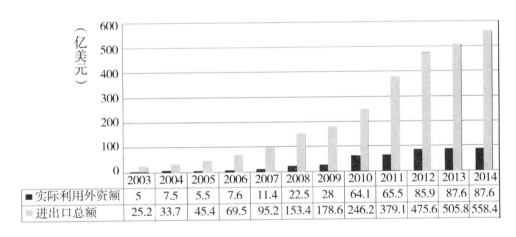

图 2—4　2003—2014 年成都进出口总额与实际利用外资
发展情况

资料来源：根据《成都统计年鉴 2004—2014》以及《成都国民经济和社会发展统计公报 2003—2014》整理。

参与国际国内产业分工的基础良好。成都现代产业体系比较完善，产业门类齐全，电子信息、汽车制造、新能源、生物医药等主导产业快速发展，金融、科技服务、电子商务等现代服务业较为发达。成都与"一带一路"和长江经济带沿线国家和地区的产业互补性较强，尤其是食品加工、装备制造、电子信息、现代农业等特色产业，适合中亚、南亚及欧洲等地区的市场需求，经贸合作空间巨大。成都高端产业资源和平台密集，拥有高新技术产业开发区、成都经济技术开发区2个国家级开发区及若干国家级产业基地，成都经济区已形成国家级的军工、电子、核能和航空航天等尖端装备工业体系和人才、技术储备。成都电子信息、机械、汽车、食品4个集群产值超千亿元，电子信息、软件外包、生物医药、航空制造等产业已具备国际分工参与能力。现代服务业具备良好基础，金融业始终在中西部地区保持优势，会展行业快速发展巩固了中西部会展中心的地位。成都经济外向度不断提高，产业国际竞争力进一步增强，工业参与国际分工协作程度日益加深，为成都参与"一带一路"和长江经济带沿线地区经贸合作提供了支撑。

科技创新能力西部领先。成都是西部地区唯一的国家创新型试点城市，科技竞争力居西部地区首位。市域高校和科研机构众多，科技人才资源充足。拥有各类高等院校93所，国家及省部级重点实验室124个，工程技术研究中心89家。2014年拥有各类人才350多万人，其中两院院士60名，国家有突出贡献专家200多名，高科技人才超过15万人。特别是在电子信息、生物医药、家电制造等方面已经形成具有竞争力的人才队伍，聚集了大量掌握重大、尖端、基础科研技术的团队。成都人才总量、人才增长速度、人才密度均居西部副省级城市第一，近年来人才回流速度逐年递增，人才素质不断提升。成都是国家知识产权示范城市，科技创新活跃。2014年，成都市专利申请和发明专利申请分别居副省级城市第2位和第4位，居中西部城市第一位。全市软件及其他作品版权超过1万件，地理标志保护产品达到38个，在副省级城市中排名第一。2015年6月，成都高新区获批建设国家自主创新示范区，成为中国西部首个国家自主创新示范区，享有国家自主创新示范区相关政策。成都已初步形成以企业为主体的区域创新体系，为成都参与"一带一路"和长江经济带建设，促使经济增长从要素驱动向创新驱动转变提供了有力支撑。

（五）人文资源优势

具有重要的历史文化地位和影响力。成都历史文化积淀深厚，参与

"一带一路"和长江经济带建设的人文基础良好。一方面，成都是丝绸文化的发源地，丝绸文化历史悠久、底蕴深厚。成都与丝绸之路沿线国家历史交往频繁，古丝绸之路沿线国家都出土过成都生产的蜀锦蜀绣，成都也曾出土过西亚、南亚等地的产品。丝绸文化是沟通丝绸之路沿线国家的情感纽带，是丝绸之路经济带建设重要的精神财富。另一方面，成都是长江流域江源文化的代表。成都自古是长江上游最重要和最繁荣的中心城市，以成都为中心的江源文化，是长江流域文化的重要组成部分。成都是道教的发源地，道教文化由此传播并影响长江流域和全国各地。

自然景观资源和人文旅游资源丰富。成都旅游资源丰富且品级高，与丝绸之路经济带和长江经济带沿线地区文化资源和旅游资源有着较强的互补性和融合性，是丝绸之路经济带和长江经济带沿线最具吸引力的旅游目的地。成都拥有众多历史文化价值极高的人文资源，独特的巴蜀文化和客家少数民族风情，以及国宝熊猫栖息地、都江堰等自然景观和人文景观资源。成都获得了"中国最佳旅游城市"、"世界美食之都"、"中国十大会展城市"、"国际赛事名城"及亚洲首个"世界优秀旅游目的地网络成员"等荣誉称号，使其旅游业在国内外市场的认知度和美誉度日益提高。这有利于借助旅游业，更好地融入中国元素、历史元素、文化元素和地方元素，全面参与丝绸之路经济带和长江经济带的建设，使经济融合与文化传播相得益彰。

战略性资源能源保障能力较强。成都矿产资源丰富且开发条件好，主要矿种资源利用率高，开采利用的经济效益高。基本形成以电力为主，煤炭、天然气、成品油多元互补的能源消费结构。能源基础设施承载能力不断提高。电网建设加快，城市输供气管网系统不断完善，电网承载能力、天然气管网输送能力、成品油输送储备能力不断提高，节能管理体系日趋完善。能源保障能力较高，能源结构不断优化，能源基础设施承载能力不断提高，可以满足成都参与"一带一路"和长江经济带建设的战略资源需求和能源消费需求。

（六）政策叠加优势

中国西部大开发的引擎城市。成都是我国西部大开发的战略核心。

成都作为四川省省会城市，是中西部重要的区域性中心城市之一。经过西部大开发十年来的积极探索，成都逐渐成了推动西部大开发的"桥头堡"和引领西部经济发展的重要增长极，正逐步成为中西部地区创业环境最优、人居环境最佳、综合竞争力最强的现代化特大中心城市。西部大开发战略实施以来，成都已基本构建起了可持续发展的产业体系，即以现代服务业和总部经济为核心、以高新技术产业为先导、以现代制造业和现代农业为基础的现代产业体系，在产业结构升级改造中，逐步形成了城乡一体、梯度布局、三次产业协调发展的良好格局。成都拥有西部最大的铁路、公路枢纽和国际门户枢纽机场，形成以成都为中心、贯通南北、连接东西、通达江海、联系世界的国际区域性综合交通枢纽。成都已成为内陆投资环境标杆城市、新型城市化道路的重要引领城市，在全国具有较强的示范效应和典型意义，为成都经济社会发展提供了发展路径和发展动力，也为西部地区乃至全国实现跨越式发展提供了有益借鉴与参考。

国家统筹城乡发展的试验区。2007年，成都市获批成为"国家统筹城乡综合配套改革试验区"。要求成都从实际出发，根据统筹城乡综合配套改革试验的要求，全面推进各个领域的体制改革，并在重点领域和关键环节率先突破，尽快形成统筹城乡发展的体制机制，促进城乡经济社会协调发展，为推动全国深化改革，实现科学发展与和谐发展发挥示范和带动作用。"统筹城乡综合配套改革试验区"是在国家战略层面上设立的，以城乡统筹为重点的综合配套改革试验区，为成都推进科学发展提供了国家战略平台。一方面，不仅有利于成都从更高层次、更宽领域、更大范围，激发自身发展活力，增强自我发展能力，也极大地推动了成都在统筹推进"三个集中"、加快产业发展、完善科学发展的体制机制、运用市场机制加快发展等关键环节上取得新突破。另一方面，有利于成都真正成为新一轮深化改革的前沿阵地，为推动全国、全省深化改革，实现科学发展、和谐发展，更加重视民生、改善民生，谋求城乡人民最大福祉，发挥示范和带动作用，为全国改革发展提供先行范例。

国家级新区开发示范带动。2014年，成都天府新区获批为国家级新区，赋予天府新区重要的战略定位，致力于建设以现代制造业为主的国际化现代新区,打造内陆开放经济高地、宜业宜商宜居城市、现代高端产业集聚区、统筹城乡一体化发展示范区。建设天府新区,既是国家着眼经济社会发展全局、优化发展空间格局、培育对外开放新优势作出的重大战略布局,也是深入实施西部大开发、积极稳妥推进新型城镇化、实施创新驱动发展战略的重要举措。天府新区体现国家战略意图,将建设内陆开放型示范区,更大程度发挥成都作为西部特大中心城市的竞争力和带动力,拓展成都和周边地区的产业发展空间。天府新区正在成为内陆向西、向南开放的桥头堡。依托天府新区整合产业资源,发挥新区要素集聚的综合优势,构建现代产业体系,集聚发展高端产业和产业高端,将引领带动西部地区转型升级发展。巨大的极化效应必将进一步放大成都作为西部特大中心城市在成渝经济区的极核效应,有助于成都发挥强大的辐射带动功能,在更大范围内整合资源,参与分工协作,奠定成都在西部乃至全国经济发展大格局中的优势地位,为支撑东西部均衡发展发挥示范和带动作用。

二　战略定位

作为长江上游和西部地区经济中心,成都在"一带一路"和长江经济带建设战略布局中,具有沿边、沿江、沿海城市所无法取代的地位。成都地处"一带一路"和长江经济带的交会点和接合部,是我国内陆地区重要的国际性门户城市、成渝经济区双核之一、成都经济区的核心城市,具有独特和重要的区位优势。成都经济腹地广阔、市场潜力巨大、资源保障能力强,是西部地区经济总量最大、国际开放进程最快、产业基础条件最好的城市,最有吸引力的投资目的地和旅游目的地之一。随着国际性区域交通物流枢纽地位的形成,天府新区的建设,成都在"一带一路"和长江经济带建设中具有不可替代的战略功能和作用。有鉴于此,成都参与"一带一路"和长江经济带建设的战略定位如下:

(一) 中国向西开放的门户

成都作为国家内陆开放型经济战略高地,是区域中心城市,在城市体系中仅次于国家中心城市,是西部地区的金融、贸易、文化和管理中心,内陆地区具有引领、辐射、集散、制衡作用的主导性城市,具有极强的"极化效应"和"涓滴效应"。成都作为承接东部沿海地区和国外产业转移的前沿城市,电子信息产业、汽车产业、装备制造业等新兴产业快速发展,工业化水平整体上高于西部其他中心城市,现代产业体系完善,产业门类齐全,配套协作能力较强,是长江上游重要的先进制造业基地,也是国家区域性服务业核心城市,已形成先进制造业、现代服务业和现代都市农业联动发展的格局。成都是国家首批历史文化名城,"蜀锦"是古代丝绸之路上的重要商品,丝绸文化作为"巴蜀文化"的重要组成部分源远流长,成为文化交流的重要载体。随着成都国际交流合作不断深化,具有国际影响力的互往活动显著增加,旅游、会展、美食、重大体育赛事的国际知名度和吸引力大幅度增强,旅游业和会展业的国际化程度显著提高。近年来,成都以突破内陆区位先天劣势为目标,建设以空港为核心的综合交通枢纽,在内陆地区率先探索形成"港口后移、多式联运、区域协作"的国际内陆港模式,促进资源要素在更广阔的地域内的集聚与扩散,推进"交通圈"向"经济圈"演进。据此,成都将在"一带一路"和长江经济带建设中,成为内陆外向型产业高地、丝绸文化国际交往中心和西向国际内陆型通道枢纽。

(二)"一带一路"和长江经济带的枢纽和战略支撑

国家两大空间战略在成都交汇,使成都成为支撑"一带一路"与长江经济带联动发展的战略纽带和核心腹地,是我国扩大内陆开放、沿江开放、沿边开放和实施向西开放战略,打造西部大开发升级版的战略高地和重要依托。作为西部经济极核和驱动引擎,以及内陆开放型经济高地,成都不仅要承担引领带动区域转型升级的战略重任,更要在"一带一路"和长江经济带互动融合发展的全方位、多层次开放型经济发展格局中,发挥其作为西部经济增长极的集聚辐射作用和国家战略联动枢纽的带动引领作用。成都立足工业化转型期的特大型中心城市新型城镇化发展,以改革为动力,实现城市转型发展和体制机制创新的重大突破,以彰显蜀水生态文明精髓为核心,弘扬生态文化,塑造新型生态人格,以绿色、循环、低碳为基本途径,探索由"环境换增长"向"环境促增长"转变、由工业文明向生态文明跨越的发展模式,建设国家生态文明先行示范区。以成都为核心的成都城市群,科研机构和科技人员规模和集聚度居于中西部前茅,航空航天、核技术、电子信息、生物医药、新材料研发能力国内领先,拥有众多的高等院校、科研院所、国家重点实验室、工程实验室和工程(技术)研究中心,成都高新区、经济技术开发区的创新驱动能力显著提升。据此,成都将在"一带一路"和长江经济带建设中,成为西部经济核心增长极、长江上游重要生态屏障和内陆创新引擎城市。

(三)"一带一路"和长江经济带建设的先行示范

在国家全新的对外开放和国内发展空间格局中,成都将由后方走向前沿,承担国家扩展内陆开放先行先试的重任。统筹兼顾国际国内两个市场,以深入拓展全球市场为目标,提升成都对外开放水平与层次;以全力扩大国内市场空间为取向,务实推进内陆地区联动发展,进一步强化成都作为内陆地区中心城市的地位和作用,加快天府新区建设,形成"双核、多廊、多市"的多中心、组团式、网络化的空间结构和功能布局,提升成渝经济区成都极核的能级,完善成渝城市群竞争与合作机制,推动形成成渝"双中心"协同有序发展态势,积极推动成渝西昆贵"钻石经济圈"建设。作为全国首批统筹城乡综合配套改革试验区,在充分尊重市场资源配置的决定性作用基础上,成都将积极稳妥地从广度和深度上推进统筹城乡综合配套改革,加快政府职能转变,努力创造宽松的改革环境。在全面深化改革背景下,成都深入实施"统筹城乡"战略,抓好制度统筹、建设统筹、产业统筹、公共服务统筹、社会治理统筹,积极构建城乡一体化发展新格局等方面做出有益探索。此外,成都还将推进低碳绿色发展,塑造多元包容性的城市文化,构建现代化的、并与国际规则接轨的城市治理体系,完善城市综合服务功能,形成生态优美的绿色城市空间、传统与现代相得益彰的人文环境、便利的公共交通网络和完备的社会服务体系,将成都建设成为具有高度开放性的国际生态宜居城市。据此,成都将在"一带一路"和长江经济带建设中,成为区域合作先行示范、统筹城乡综合配套改革试验先行示范和国际化城市科学治理的先行示范。

第三章 成都参与"一带一路"和长江经济带建设的战略重点与行动计划

成都积极参与"一带一路"和长江经济带建设,既是服务国家战略的职责所在,也是推动自身加快发展、转型升级的强力支撑和重大机遇。未来成都如何参与"一带一路"和长江经济带建设?如何更好更快地成为内陆开放型经济中心?如何加快发展占据主动、赢得先机,服务国家战略实现更大担当?在本书中提出成都参与"一带一路"和长江经济带建设的五大重点领域:

一 五大战略重点

(一)全面提升互联互通水平,构建国际性区域交通枢纽

互联互通是"一带一路"和长江经济带协作发展的前提和保障。随着对外交通体系的不断完善,西部综合交通成都主枢纽已经初步形成,极大地拓展了成都对外开放发展空间。成都参与"一带一路"和长江经济带建设,必须从自身的地理区位和经济结构出发,创造生产成本+运输成本+配套成本小于长江中下游地区的有利条件。因此,要以国际性区域交通枢纽构建为目标,以交通基础设施关键通道、关键节点和重点工程为突破口,构建多层次对外交通运输通道,加强各种运输方式的有效衔接,加快形成以成都为中心、连接东中西、沟通国内外的综合交通运输体系,为成都扩大对外交流、聚集各类要素、加快国际化进程创造更好的条件。

一是强化国际性区域航空枢纽功能,形成融入全球经济的空中快速

通道。成都地处内陆腹地，空中通道是其对外开放合作的最好依托。要立足"一市两场"的功能定位，推动双流机场和成都新机场优势互补。一方面，巩固双流机场的优势地位，提升航空港能级。完善国内航线网络，加密成都至国内中心城市的航班，构建成都至长三角、珠三角、京津冀三大经济圈枢纽机场的"空中快线"，形成成都连接长江黄金水道沿线主要城市及周边城市的密集航线网络。积极拓展国际航线，重点开辟通达欧洲、中亚、东南亚主要国家的定期直航航线，支持国内外航空公司开通以成都为始发终到或中转地的国际客货运定期航班，构建成都至欧洲、东南亚、南亚、北美、澳洲客货直飞航线网络；强化西部地区门户枢纽机场功能，提高客货运输和中转保障能力，积极引进国内基地航空公司，以及欧洲、亚洲大型航空货运公司或具有整合能力的战略性投资商，建设亚太区域分拨中心，开展航空快件国际中转集拼业务，建设空转陆的区域性综合物流中心和航空快递中心。另一方面，加快推进成都新机场建设。以国际化要求高水平规划建设成都天府国际机场，进一步提升成都航空基础设施水平。优化双机场运行机制，争取新机场区域托管权，将成都天府国际机场打造成为集空、铁、路于一体的综合交通枢纽。

二是提升陆路对外通达水平，加快融入国际国内骨干通道。加快建设铁路泛亚桥头堡，形成区域铁路枢纽。首先，提升"蓉欧快铁"的国际运输功能，探索中欧通道铁路运输、口岸通关协调机制，提升国际运输通道功能，将"蓉欧快铁"打造成为"中欧班列"品牌。优化整合向西国际物流资源，加密加频成都至东部沿海自贸区和特殊监管区、重点港口城市以及中西部中心城市的铁路快速货物集装箱往返班列。在青白江铁路物流集中发展区和波兰罗兹加快打造中欧铁路货物转运中心，建设国际铁路联运平台，促进国际通关、换装、多式联运有机衔接，以实现国际运输便利化。其次，加快构建成都对外半小时、1小时、4小时、8小时高铁圈，加强成都至沿海港口、沿边口岸铁路建设，形成连通西南西北高速铁路和快速铁路的枢纽。对接国内跨境高铁枢纽城市，连通欧亚、中亚、泛亚、中巴、中俄加美5条国际高铁，形成快速高效的对外贸易铁路通道。最后，构建货运铁路枢纽，向西、向北打通成都面向新亚欧大陆桥经济走廊，面向中亚、西亚、欧洲的贸易快速通道；向东接入长江经济带；向南接入 21 世纪海上丝绸之路，构建面向中国—中南半岛经济走廊、孟中印缅经济走廊的对外开放捷径。综合建成"高速铁路、干线铁路、市域铁路、支线铁路"层次分明、功能互补、无缝衔接的"二环十射"对外铁路网。提升西部高速公路枢纽功能，推进形成国家区域性高速公路枢纽。打通成都主要出川高速公路，以及西南、西北方向出境高等级公路。加强与周边中心城市及省内二级城市的交通联系，形成成都对外联系的 2 小时、8 小时、20 小时公路交通圈。提升高速公路承载功能和安全服务水平，全面形成畅接全省、辐射中西部、通达全国的"三环十三射"高速公路网络。

三是打造枢纽型内陆无水港，畅通陆水联运通道。充分发挥青白江国际集装箱物流园区和龙泉物流中心的口岸优势，规划建设长江水运货物物流中心，打造西部地区功能完善的枢纽型内陆无水港。扩大港口合作，构建成都与泸（州）、宜（宾）港口的便捷铁水联运系统，接入长江经济带。抓住泸州港融入长江经济带加快建设的机遇，依托成都、泸州、武汉三市《港口物流战略合作框架协议》，扩大成都与泸州的对接与合作，鼓励货源向泸州港聚集，从而推动港市之间信息、业务、管理一体化。打造成都—泸州—长三角铁水联运通道和公水联运通道，培育铁水、空水、公水等多式联运经营主体，提高集装箱和大宗散货铁水联运比重，实现成都产品东向"一站出海"。积极争取内陆开放口岸试点，加快区域性国际物流中心建设，搭建长江黄金水道西端区域性物流、交易、结算平台。

（二）加快推进产业结构战略性调整，建设现代产业聚集基地

"一带一路"和长江经济带建设拓展和延伸了经济发展空间，使强势区位的聚集过程得到进一步强化，为产业扩张和产业承接提供了新的机遇。作为西部经济核心增长极，成都产业转型升级得以在更大的经济空间展开。成都应突出比较优势，深化区域合作，坚持高端、高效、高辐射的发展方向，以提升产业素质为核心，优化产业结构和区域布局。通过与丝绸之路经济带、长江经济带沿线区域互动合作，以产业高端为重点承接国内外产业转移，改造提升传统产业，加快特色优势产业过剩产能的转移，打造世界级产业基地，在先进制造业、生产性服务业和特

色产业领域建设产业集群，更好地发挥成都在国家区域发展格局中的辐射、承接、转移和集聚作用。

一是建设世界级先进制造业基地。成都应加快传统产业转型升级，加大机械产业与轨道交通、汽车等产业关联，持续关注冶金、食品、建材等产业的转型时机。采取有效措施进一步提高地方产品配套率，有效消化冶金、建材、轻工等过剩产能。致力于传统产品向精品的升级，引导制造业朝着分工细化、协作紧密的方向发展，促进信息技术向市场、设计、生产等环节渗透，推动生产方式向柔性、智能、精细转变。机械产业应着力于装备提升及数字化更新改造；石化、冶金建材产业应侧重于安全环保节能升级和产品深度加工改造；食品、轻工产业应重在提高工艺、设计和装备，引导和支持企业创立品牌。拉长和延伸产业链条，提升产业链的协同效应，加大终端产品的生产和制造，积极发展适应社会需求的产品。加大现有传统产业的技术改造，加大营销宣传力度，着力提升产品质量和品牌知名度，鼓励和支持企业用先进适用技术和新兴商业模式改造传统优势制造业，促进传统优势制造业由制造环节向"微笑曲线"的两端延伸。重点发展轨道交通装备制造、新能源汽车等新兴产业，构建新型制造体系。打造国内轨道交通高端咨询服务（设计咨询）、核心装备制造和系统集成以及衍生增值服务（物流、检验检测评估及信息化）产业集聚地，重点发展电动汽车整车、动力电池及材料、驱动电机及电控系统、辅助系统、充换电设备等，建设国家重要的新能源汽车产业基地。

二是优先发展现代服务业。加快发展现代物流业、商务服务业、文化创意产业、会展产业等先导服务业，加快提升金融业、商贸业、旅游业等支柱服务业，加快培育电子商务、服务外包、数字新媒体、健康产业等新兴服务业，构建可持续发展的国际化、专业化、集约化、均衡化的服务业体系；积极推进服务业综合改革试点，推动生产性服务业向专业化和价值链高端延伸，生活性服务业向精细和高品质转变，促进服务业优质高效发展，努力建设全国服务业区域中心和改革创新示范区，建成服务西部、面向全国、走向世界的现代服务业基地。加快培育新兴服务业，以做大做强第三方平台为重点，全面提升电子商务产业化水平和应用水平，抢占移动电子商务发展制高点，加快建成西部地区产业集中度最高、市场辐射力最强的电子商务城市,建成中国电子商务示范城市。

三是加快推动特色优势产业向外扩张。成都应依托周边区域的直接腹地,以及丝绸之路经济带沿线广阔的间接腹地,增强基础设施和产业配套能力,引导具有比较优势的家具制造、食品、文化产品等资源加工型、劳动密集型、知识密集型产业和具有市场需求的资本、技术密集型产业,加快向"一带一路"沿线相关区域布局,主动融入孟中印缅经济走廊。提升现代农业和特色农业发展水平,推进现代农业成片示范基地,加快特色农业国际化进程,建设农产品进出口基地,打造都江堰、邛崃国家级出口食品农产品质量安全示范区,促进优势特色农产品出口。壮大一批规模化、集团化、竞争力强的本土家具加工制造领军企业,引进一批技术先进的家具设计生产和加工骨干企业,加快特色优势家具品牌建设,以提升成都家具产品的国际市场竞争力。充分利用"蓉欧快铁"、俄罗斯边境贸易等,加强与口岸地对接,扩大成都家具、酒类、文化产品等特色优势产品的出口。加快成都文化产品的营销,鼓励文化企业参加大型经贸、会展、文化交流活动,从而将成都文化创意产品推向国际市场。

(三) 深入开展国际人文交流合作,打造丝绸文化特色城市

成都是国家首批历史文化名城,人文环境别具一格,科技创新能力不断提高,具有良好的国际科教文化合作氛围,与欧洲地区文化科技教育交流与合作程度不断加深,形成了政府主导,企业、高校多主体共同参与的对外文化合作格局。成都是丝绸文化的发源地,应依托深厚的历史文化渊源,坚持经济合作和人文交流共同推进,深化与"一带一路"沿线国家和地区在教育、旅游、学术、艺术等方面的人文交流,使之提高到一个新的水平。充分发挥政府的主导作用,调动高等院校、企业、科研机构等不同主体的积极性,努力将成都建设成为丝绸文化重要的展示窗口、研究基地和交流平台。

一是深化教育科技交流与合作。发挥成都高校资源丰富、国家级高端科技研发平台众多的人才优势和技术优势,积极开展与"一带一路"沿线国家和长江中下游地区的教育和科技交流与合作。支持成都高校在

沿线国家特别是南亚和东南亚国家建设孔子学院或共建国际大学；发挥成都市政府奖学金的激励作用，增加"一带一路"沿线国家来蓉留学名额，扩大相互间留学生规模；依托"西博会"平台举办"一带一路"国际教育论坛和大学校长论坛，开展合作办学、学术往来、教师交流、学生互换等交流活动，不断拓展和完善多元化教育国际交流平台。依托成都国家创新型城市试点，加强科技交流合作。与"一带一路"沿线国家共建一批共性技术创新平台，在高科技、航空航天领域合作开展重大科技攻关。依托"走出去"项目推动成都先进技术向境外输出；鼓励科研机构和企业在南亚、东南亚地区开展农业科技培训与开发；支持川农大（成都校区）"中国—孟加拉水稻联合研究中心"、中科院成都山地所"中国—尼泊尔地理联合研究中心"等科技合作活动。

二是建设西部国际文化交往门户。将参与"一带一路"建设作为实施文化"走出去"战略的重要契机，弘扬和宣传"丝绸文化"，将"丝绸文化"打造为成都参与"一带一路"建设的重要品牌。进一步加强与国际组织、外国地方政府及国际友好城市的交流合作，积极引入"一带一路"沿线国家领事馆及国际性组织等涉外机构，加强与对成都友好、合作潜力大、互补性强的外国城市的交往，发挥"中国西部博览会"在成都与"一带一路"沿线国家文化交往中的平台作用。挖掘"一带一路"历史文化遗产，联合沿线国家互办文化、艺术、体育国际文化交流活动。以欧洲、南亚、东南亚国家为重点举办系列"成都文化周"，派遣和鼓励文化团体交流演出，推动中欧大型文化机构、重要艺术节在成都开展长期、稳定的合作，加强民间艺术交流。规划建设成都—欧盟国际美食产业创意园，推动成都与欧盟民间文化交流，增强成都软实力。大力推进重点媒体国际传播能力建设，积极利用网络平台，运用新媒体工具，加强对"一带一路"沿线的对外宣传，以塑造对成都有利的文化生态和舆论环境。

三是推进旅游会展交流与合作。充分发挥成都国际化程度高、最具吸引力的休闲城市的优势，努力打造"一带一路"和长江经济带上的会展旅游休闲基地。加强与"一带一路"沿线国家和地区的旅游合作，以扩大旅游规模。发挥"中国最佳旅游城市"、"世界美食之都"、"中国十大会展城市"和"国际赛事名城"等城市品牌的影响力，加快推进"世界旅游目的地"建设。与"一带一路"沿线国家互办旅游推广周、宣传月活动，依托熊猫文化、世界遗产、文博资源、都市旅游和古镇文化资源，以及川剧、川菜、蜀锦蜀绣等非物质文化遗产等，联合打造具有丝绸之路特色的国际精品旅游线路和旅游产品，从而提高沿线各国游客来蓉旅游签证的便利化水平。利用多边和双边机制，着力引进一批国际知名会展活动和高端专业学术会议落户成都，在蓉举办具有国际影响力的顶级赛事，并积极争取在"一带一路"沿线重点国家开展具有国际影响力的对外交流会展活动，从而提高成都的国际知名度和影响力。

（四）着力扩大改革开放先行先试，建设西部内陆开放高地

成都是我国内陆地区重要的国际性门户城市。参与"一带一路"和长江经济带建设，成都承担着国家扩展内陆开放、发展更高层次开放型经济的重任。成都应依托已有的口岸平台，改善口岸基础设施，深化与"一带一路"和长江经济带沿线的产业合作，促进经济要素有序自由流动、资源高效配置和市场深度融合，形成全方位的对外开发开放平台，全面提升开放型经济水平。

一是优化完善口岸体系，提升通关能力和服务效能。扩大综合保税区范围，推动电子口岸和大通关系统建设。充分发挥成都高新综合保税区等特殊监管区的作用，加快申报成都高新综合保税区双流园区，推动成都电子信息出口基地建设，提升产业转移承接能力。进一步加快口岸服务设施建设，推进成都与主要口岸之间快速转关通关合作，简化跨关区转关手续，实现口岸单位联网申报和监管检查；完善特殊监管区域的基础设施、政策体系，扩大其作用范围。加快出口加工区、保税区、保税物流园区和保税港区等海关特殊监管区域的申报和建设，支持现有海关特殊监管区扩区增容。推进高新综合保税区、铁路保税物流中心（B）型、空港保税物流中心（B）型、国家级出口基地、省级外贸发展专业型示范基地等平台建设。加快建设形成由成都高新综合保税区（双流园区、高新园区）和成都铁路口岸、成都公路口岸、成都航空口岸组成的"一区三口岸多场所"国际物流体系。

二是改善口岸基础设施条件，促进贸易投资便利化。创新贸易方

式，大力发展跨境电子商务等新的商业业态，加快跨境电子商务园区和出口商品跨境零售运营中心、进口消费品保税中心建设，为成都航空口岸和铁路口岸提供信息平台，优化货物服务平台，构建内陆地区服务贸易高地。推进与国内外知名电子商务企业合作，引导大型企业与电子商务交易企业结成战略联盟，成为电子商务交易企业物流配送承运商，促进同城配送业务快速发展。引进大型航空货运公司、国际铁路货运公司和具有整合能力的战略投资商，加快建设中波国际贸易物流中心、中欧航空货物转运中心以及成都高新综合保税区、空港保税物流中心、铁路保税物流中心，打造跨境电商快递分拨中心、保税展示中心和网上快速结算中心，大力发展口岸经济。依托物流集中发展区，建设多式联运基础设施网络和多式联运信息平台，形成面向欧洲的航空和铁路货物转运中心。加强外汇管理和服务创新，积极开展跨境贸易结算试点，提高贸易自由化便利水平。

三是探索建设合作产业园，加大外商投资与境外投资促进力度。针对沿线不同国家的资源禀赋和产业状况，探索共建跨境经济合作区和境外经贸合作区等投资合作新模式，鼓励企业集群式"走出去"。鼓励符合条件的企业和金融机构在境外以发债、融资租赁等方式筹措资金，引进先进技术设备。鼓励企业投资或利用中方贷款积极参与境外基础设施建设，化解过剩产能。引导本地企业参与"一带一路"沿线国家重要节点城市商贸物流合作园区建设，以及国外农产品种植、加工、农机设备生产和农业示范园等项目。不断完善和优化境外投资的相关政策，引导和鼓励外商加大对成都的投资力度，积极探索合作产业园建设机制。

四是打造对外开放窗口，提升成都开放型经济整体水平。依托天府新区和天府国际机场空港经济区建设"一带一路"国际交流与合作的重要窗口。大胆探索体制机制创新，加快实施国际博览城、天府创新中心等具有支撑性、先导性和引领性的重大项目建设，努力将天府新区成都片区打造成为环境优、功能全、开放度高的内陆开放型经济高地示范区。开发建设天府国际机场空港经济区，将成都天府国际机场建成国家级的航空枢纽、内陆航空经济示范区、西部现代空港新城，构建空中丝绸之路的核心支撑。

（五）创新推动区域合作互利共赢，构建成渝西昆贵钻石经济圈

成都参与"一带一路"和长江经济带建设的核心要义是深化开放，促进区域协调发展。作为西部内陆门户城市，成都既要面向世界扩大开放，更要在国内区域协调发展中发挥牵引作用。构建"成渝西昆贵钻石经济圈"就是要把南方丝绸之路、北方丝绸之路和长江经济带有机地形成一个整体，将成都、重庆、西安、昆明、贵阳作为一个整体形成一个钻石形的经济圈，以增强城市间的互联互通，作为西部大开发的升级版。"一带一路"和长江经济带建设，关键取决于现有经济区经济总量的扩大，以及新的经济区的形成和发展，这就要求在更大范围、更高水平、更深层次上开展区域合作。成都应当主动作为推动区域合作、推动构建"5+N"为支点的钻石经济圈，为我国内陆地区区域协调发展示范平台的构建提供重要参考。

一是倡议建设"成渝西昆贵钻石经济圈"。成渝西昆贵五地形成的钻石形空间位于中国地理上的第二阶梯，具有承东启西的作用和区位优势，是我国"一带一路"建设和向西开放战略的核心区域。四个城市联动成渝城市群、关中城市群和滇中城市群，拥有两江新区、西咸新区、天府新区三个国家级新区，集中了西部地区的优质资源和先进生产力，在产业基础、资源禀赋和市场空间方面具有良好的合作基础。作为西部经济极核，成都要主动站在时代前沿，倡议构建菱形经济圈，争取纳入国家战略和顶层设计并获得政策支持。实质性带动成都综合交通枢纽和国家战略联动枢纽的建设，借助渝西昆贵向西、向南、向东的物流大通道，扩展成都对内对外全方位开发开放空间和领域。进一步提升成都在"一带一路"和长江经济带建设中的枢纽和核心地位，在国家构建全方位对外开放的新格局中实现更大的担当。

二是提升增长极的引领带动辐射作用。成渝经济区是中国经济的"第四极"，是全国重要的产业基地，是西部的"尖凸点"，构建了一个"吸引子"，于是把四川盆地变成了"吸引盆"，既能发挥更大的"金盆效应"和"虹吸效应"，也能产生更大的辐射效应和示范带动效应。作为首位城市，成都肩负着引领辐射全省和更大区域发展的使命。在成渝西昆贵钻石经济圈构建中，成都不仅是倡导者，更应一马当先、引领区

域发展，保持经济持续较快增长，确保领先发展的地位、规模和影响力，以带动成都城市群、协同成渝城市群、辐射滇中城市群，形成向西开放的主要依托和重要增长空间。在推动成渝西昆贵钻石经济圈构建的过程中，坚持"改革创新、转型升级"的总体战略，在产业发展提质增效、国际化水平快速提升、国际区域性交通枢纽建设等方面形成先行示范，进一步强化成都作为西部经济中心的集聚扩散功能，拓展和延伸要素、市场整合的空间。实现成都北上西安对接亚欧大陆桥，融入丝绸之路经济带；南下昆明、贵阳进入孟中印缅经济走廊，促使与东盟、南亚的陆上联系更加便捷；东进汇入长江经济带，促使东中西互动合作协调发展。提升成都向西、向南、向东开放的支撑能力，将"一带一路"、长江经济带、孟中印缅经济走廊连为一个有机整体，实现互动整合、多向开放，打造西部内陆开放高地，促进西部地区沿江沿边联动发展。

三是推动成渝西昆贵五市协同发展。成渝西昆四市在参与"一带一路"和长江经济带建设中各有优势，有条件也有必要实现协同发展，避免恶性竞争。五市携手参与"一带一路"和长江经济带建设，培育中国新的经济增长极，是成渝西昆贵经济圈由概念变为现实的最大机遇。一方面，深化五个城市间的区域协作。在基础设施、环境保护、产业互补、贸易往来、政策支持等方面协调互动，能够有效整合资源要素、文化要素、交通要素、市场要素和产业要素，形成要素整合力、区域带动力、资源转化力、产业凝聚力和战略聚合力，进一步探索创新 5+N 的开放合作模式，打造"一带一路"向西、向南开放的战略支撑核。通过加强基础设施共建共享、强化产业协作配套、构建统一市场体系、推进公共服务一体化、生态环境联防联控联治等措施，深化和优化五市分工合作，推进区域一体化发展。探索国家级新区协作发展、创新发展的体制机制创新，形成相互支持、良性互动。另一方面，探索扩展向西开放的合作空间。在深入分析成渝西昆贵在"一带一路"和长江经济带建设中的功能定位、比较优势以及现实经济联系的基础上，找准成都与四市合作的重点领域和突破口。重点推进亚欧物流大通道建设，打通长江经济带至南亚、东南亚、欧洲的陆路大通道。在共建亚欧大陆桥泛亚桥头堡、中欧班列运输协调机制创新、南亚和东南亚国际市场开拓等方面，形成与西安、重庆、昆明、贵阳合作的率先突破，更好实现"一带一路"建设和长江经济带建设两大战略的互联互通，释放内陆区域经济协调发展的红利。

二 六大行动计划

（一）加快修编一批发展规划和实施方案

在国家总体战略框架指导下，成都要持续开展对"一带一路"和长江经济带的系统研究，加快修订和编制一批规划，主要包括：城市群建设、基础设施建设、产业发展等领域，优化调整一批城市群建设的规划，确立一批重大基础设施和产业发展项目，制订并出台一批重点发展领域的实施方案，制定一批重点产业、行业的发展"路线图"。成都应尽快启动编制《成都参与"一带一路"和长江经济带建设规划》，将成都市经济社会发展"十三五"规划纲要的编制工作与成都参与"一带一路"和长江经济带建设的规划紧密结合，进一步明确成都参与"一带一路"和长江经济带建设的阶段性目标、重点内容和方向，为未来成都参与"一带一路"和长江经济带建设提供指导。在前期调研的基础上，结合"十三五"规划和六个 2025 规划编制工作，在交通基础设施建设、产业发展、投融资建设、科教文化等重点领域制订一批发展规划，同时制定《成都融入"一带一路"战略实施意见》及重点领域的实施方案，明确阶段性目标、建设重点和相应的配套政策体系，提出未来 3—5 年的重点项目清单和时间表，有序推动实施一批重大项目和重大工程。

（二）谋划包装一批重大建设项目

成都应抓住有利时机，争取将更多项目纳入四川省和国家盘子，以带动成都产业转型和项目投资。提早谋划包装一批国际合作项目，积极争取丝路基金、亚投行及其他国际金融机构支持。启动重点项目库建设，建立我市"一带一路"重大项目动态储备库和重点支持企业清单，筛选基础设施、产业、人文、能源合作等领域重点项目，争取纳入国家规划项目清单。对接国家"一带一路"和长江经济带统筹协调机制，跟踪国家"一带一路"项目布局和推进情况，争取将重点基础设施和产业化项目纳入国家或四川省"一带一路"项目库。督促市级各部门积极对接"一带一路"规划，鼓励各区市县梳理申报项目，争取国家相关部门试点、政策和资金倾斜。统筹推进重大项目建设，把市级重大项目建设融入国家战略，形成一批早期收获。推进建立地方政府之间，特别是成渝西昆贵五市之间的长效合作机制。

（三）启动争创一批制度创新试点示范区

以制度创新为突破口，在成都全域范围内探索启动一批试点示范区，以创设内陆自贸区为重心，着力消除投资和贸易壁垒，促进投资贸易便利化，加快成都对外合作平台体系的升级步伐，营造等同于沿海中心城市的开放环境，使成都成为国家对外开放最前沿。立足成都作为国家内陆开放型经济高地和亚欧、亚太互联互通战略支点的城市地位，依托成都经济实力、产业基础、科技创新等优势，发挥成都在"一带一路"和长江经济带以及孟中印缅经济走廊、中巴经济走廊建设中的支撑作用，积极争取设立内陆自由贸易区。学习借鉴上海自贸区经验，以及广东、福建、天津自贸区的新模式、新路径，在"投资管理制度改革"、"贸易监管制度改革"、"行政监管体制改革"等领域，率先开展制度对接和先行先试。把成都海关特殊监管区建设成为具有国际水准、投资贸易便利、监管高效便捷、法制环境规范的内陆开放示范区。积极开展投资、贸易便利化等改革试点，加大体制机制、政策服务、财政金融、进出口通关等方面的支持力度，将成都打造成为适应"一带一路"国际投资贸易规则的试验区。

（四）支持打造一批跨国别和跨地区产业合作园

进一步发挥已有开放平台的基础和优势，打造跨国别和跨地区产业合作园区，对接开放通道，统筹布局产业发展，把成都对内对外开放合作提高到一个新的水平。加快建设中法成都生态园、川法生态科技园、中以产业园、德国北威州中心、新川创新科技园、港澳（成都）现代服务业园区、中德中小企业产业园等跨国别和跨地区产业园区，筹建

"一带一路"国际合作园区。加强与印度班加罗尔在软件产业和服务外包方面的合作交流，筹划共建软件产业园。主动参与云南瑞丽国家重点开发开放试验区（中缅边境经贸中心）、缅甸皎漂经济区、密支那经贸合作区、孟加拉达卡工业园区、吉大港特别经济区等特色产业园建设。加速形成与新亚欧大陆桥经济走廊和孟中印缅经济走廊沿线国家和地区互动合作的产业支撑。推动俄罗斯和中东欧企业来蓉投资，加快产业转移承接平台建设，促进军事工业、军转民技术、航空航天工业、信息产业、生物工程技术的发展。积极与新疆、广西、云南等沿边省区对接，发挥成都产业优势和边境地区口岸优势，采取"飞地经济"模式，探索共建合作产业园机制。

（五）加快搭建一批国际经贸文化交流平台和载体

贯彻落实四川省《"一带一路"战略"251三年行动计划"实施方案》，以投资带动贸易发展，拓宽贸易领域，优化贸易结构，挖掘贸易新增长点。在能源开发、基础设施建设、农业发展、工业园区等方面，积极拓展与东盟、印度、巴基斯坦等东南亚、南亚地区的经贸合作，重视国别间和区域间经贸合作机制和平台建设工作。以打造"一带一路"品牌盛会和务实合作高端平台为目标，精心做好西博会组织筹备工作。积极与成都友好城市的项目对接，策划开展丝绸之路经济带国家经贸、科技、文化等领域的合作交流会、研讨班、论坛等系列活动。举办一系列"一带一路"物流合作、旅游精品线路推介会、产业合作项目的对接洽谈会等。加大丝路产品推广和宣传力度，支持成都企业开展的经贸活动，鼓励企业"走出去"，打造国际化O2O平台。加强与"一带一路"沿线国家驻华使馆、领馆的合作，深化与行业商会、协会的联系，拓展与"一带一路"沿线国家相互投资领域。争取"一带一路"沿线国家在成都设立领事馆、商务代表处及办事机构，吸引涉外机构入驻。推进丝绸之路创新中心建设，依托成都天府新区、高新区等国家级新区和国家级创新示范区建设，打造西部创新中心。加强培训教育领域合作，利用在蓉高校资源组建大学联盟，支持高校与"一带一路"和长江经济带沿线国家、地区高校在人才培养、师生互换、合作科研等方面开展交流与合作。

（六）引导推动一批本地企业参与两大国家战略项目建设

鼓励成都企业参与沿线国家基础设施建设和产业投资。利用亚洲基础设施投资银行、丝绸之路基金、中非基金等国内外开发性、政策性金融支持，紧跟亚太经合组织，中俄、中德、中法、中捷、中以等多边和双边合作机制及政策，通过收购国外优质企业、营销渠道、核心技术、关键设备，积极吸引高端人才，提高企业参与"一带一路"建设的质量和水平。尤其要抓住亚投行带来的外需提升机会，加快对外投资进程。要利用亚投行在"一带一路"建设中的金融基础和市场先导作用，推动本地企业参与亚洲国家基础设施建设项目，降低在参与国投资的成本和风险，使亚投行成为成都企业对外投资并购的资金和信息支持平台。推动企业加快国际化步伐，支持企业参与各种境内外会展活动，多渠道开拓潜在的海外新市场，带动和提升成都商品的海外市场需求。培育成都的高端制造业、食品加工、特色农业、文化创意等骨干企业，鼓励企业"走出去"的同时，扩大对中亚、西亚、俄罗斯等"一带一路"沿线国家优势产品的进口。注重发挥协同效应，利用亚投行创造的平台和条件，针对项目需求和国际环境，加强产业垂直整合，通过优势互补的战略联盟，提高服务水平、议价能力和国际竞争力。

第二篇

成都参与"一带一路"的
战略与对策

共建"一带一路",是借助古丝绸之路文化内涵提出的一个新的、开放型国际区域经济合作的重要倡议。从历史长河来看,丝绸之路不是一个具有固定线路的空间现象,而是一个文化符号,其内涵是"和平、友谊、交往、繁荣"。"一带一路"建设的宗旨要义,是顺应世界政治经济格局的调整,基于丝绸之路的文化内涵和文化基础,打造开放型区域一体化发展与合作网络,推动形成新型国际区域治理结构,与沿线国家共同建设利益共同体和命运共同体。"一带一路"建设为西部地区发挥比较优势、进一步提高开放型经济水平提供了新的契机。作为"丝绸之路经济带"的核心节点城市,成都在全方位对外开放的新格局中,面临着一系列新的战略机遇。深入分析"一带一路"沿线国家和国内沿线省市的发展概况,研究成都与沿线国家在经贸、人文、产业等领域的合作基础,明确成都参与"一带一路"建设的战略定位、对外重点区域、重点建设内容,有利于成都促进开放型经济发展,深度参与国际国内分工合作,进一步转变经济发展方式,形成重要增长极,在更大空间范围谋求未来发展。

第四章 "一带一路"建设的基本思路

一 中国对外开放战略的演进

（一）中国古代对外关系

中国自古就有对外开放的传统，是全球经济文化交流的重要建设者和参与者。丝绸之路的历史，可以追溯到汉武帝派遣张骞出使西域之前数千年。西汉使团凿开亚、欧、非三大洲的通道，被德国地理学家李希霍芬（Ferdinand von Richthofen）命名为"丝绸之路"。实际上，就功能而言，还可以称为"茶叶之路"、"瓷器之路"、"欧亚使道"，而且地理上的具体路线也不止一条。历史上，开辟丝绸之路绝非仅仅出于贸易的目的，当时的中原王朝为了巩固北方边界的安全，在信息极端闭塞的情况下，凭借传闻与使团的勇气和信念，搭建起连接东西文明的桥梁。这个过程既有偶然，更是必然。

张骞出使西域开辟了中西交通新纪元，此后中国同西亚和欧洲的通商关系逐步发展，陆上丝绸之路和海上丝绸之路相继开通。中国的铁器、丝绸等商品，以及井渠法、造纸术等先进生产力先后西传，佛教通过丝绸之路传入中国，促进了中国与中亚、西亚、南亚的经济文化交流与友好往来。隋唐时期，中国对外交往活跃，从长安向西经陆上丝绸之路可到达印度、伊朗、阿拉伯、欧洲和非洲国家，经海上丝绸之路可以到达波斯湾。日本曾13次派"遣唐使"到中国学习唐朝文化，唐朝和尚鉴真东渡传播文化；新罗派出使节和大批留学生到唐朝学习中国文化，仿照唐朝建立政治、文化制度，双方贸易往来频繁。宋元时期，海外贸易在中国经济发展中发挥了重要作用，对外交往东达朝鲜、日本，西至阿拉伯半岛和非洲东海岸的一些国家，指南针、火药等先进技术传到欧洲。元朝的大都是闻名世界的大都市，意大利人马可·波罗在其《马可·波罗游记》中有详细的描述。明朝时期，曾七次派遣郑和下西洋，到达亚洲、非洲的三十多个国家和地区，最远到达非洲东海岸和红海沿岸地区。总体上看，中国古代的对外关系是一种积极的、主动的开放，富有创新精神，善于向外学习，以实现本民族经济、文化的发展，在促进世界贸易和文化交流等方面进行了有益的尝试。

（二）中国近代的对外开放历程

中国近代的对外关系是一种被动性的开放。到了明末清初时期，由于封建制度日趋没落，以及西方殖民者的入侵，中国开始实行"闭关锁国"的政策，对外贸易受到严格限制，几乎完全隔断了中国与世界各国的联系。1842 年《南京条约》迫使中国东南沿海门户大开，广州、厦门、福州、上海等地开放为通商口岸，西方列强可在通商口岸租赁土地、房屋和永久居住。1844 年《望厦条约》破坏了中国的领海权，美国兵船可任意进入中国通商口岸"巡查贸易"。1858 年《天津条约》增开十处通商口岸，外国公使可进驻北京，外国人可进入中国经商、传教，外国商船可在长江各口岸自由航行。1860 年《北京条约》增开天津为商埠。这种缺乏主权维护能力的掠夺式的被迫开放，造成中国经济的长期衰退和落后。

受历史条件的限制，在新中国成立之后相当长的一段时间内，中国倡导"独立自主、自力更生"，在经济上只能推行封闭半封闭的自给自足经济。新中国成立后、改革开放前，中国以苏联为样板，与高度集中的计划经济相适应，选择了封闭半封闭的经济模式，导致生产力水平和人民生活水平提高缓慢。当时国际上社会主义和资本主义两大阵营之间总体上也是封闭的，中国的对外经济往来集中体现在有限的对外贸易方面。主要是立足于国内生产发展的需要，在自力更生的原则下，通过一部分出口创汇来进口国家建设必需的技术设备和重要物资。20 世纪 60 年代后期"文化大革命"的发动，使中国对外开放再次出现较大曲折，基本割断了中国经济与世界经济的联系。

（三）中国现代对外开放战略的演进

对外开放战略是指某一特定时期内事关对外开放全局的行动方阵或政策安排。改革开放以来，中国经济快速增长与经济体制转换给经济发展注入了持续的活力，这个过程虽然历经艰辛和挫折，但是却取得了举世公认的辉煌成就，形成了独有的"中国模式"、"中国经验"和"中国道路"。中国对外开放战略的总体思路，是要适应当今世界经济发展趋势，多层次、立体化、全方位扩大对外开放，广泛参与国际分工，在世界领域里配置资源，促进中国经济社会健康稳定发展。改革开放以来，我国对外开放战略的演进可以划分为以下两个阶段。

1. 1978—1997 年：以外向型经济为主导的对外开放战略

中共十一届三中全会确立了改革开放方针，对外开放政策正式提出并被确定为基本国策。1978 年，邓小平同志做了《解放思想，实事求是，团结一致向前看》的讲话，提出改革开放的任务、措施和方法。1980 年，邓小平同志在《贯彻调整方针，保证安定团结》的讲话中指出，"要继续在独立自主、自力更生的前提下，执行一系列对外开放的经济政策，并总结经验，加以改进"。从此，"对外开放"这一提法被广泛接受，为中国对外开放奠定了思想理论基础。

在这一时期，中国实施外向型经济发展战略，从设立经济特区到开放沿海城市，构建对外开放基地，推动对外开放格局由点到面在空间上逐步扩大。1979 年国家批准在深圳、珠海、汕头、厦门建设 5 个经济特区，之后又开放天津、上海、大连等 14 个沿海城市，建立大连、秦皇岛、天津等 14 个经济技术开发区，以带动腹地对外开放和经济发展。1985 年，我国又将珠江三角洲、长江三角洲、闽南三角地区辟为沿海经济开放区，将海南岛设为第五个经济特区，形成由经济特区、开放城市、经济开发区组成的沿海开放地带，为"由点到面、由沿海到内地滚动发展的对外开放格局"奠定了基础。兴办经济特区是对外开放战略实施的起点，经济特区先行的模式取得了巨大的经济效益和社会效益，增强了中国扩大开放的信心，为扩大开放奠定了坚实基础。

外向型经济是一种政策性开放，以出口为龙头带动一国或地区增长和发展。资金来源以外资为主、产品以外销为主、保持贸易外汇收支平衡有余,是外向型经济战略的主要标志。在改革开放初期,国有企业改革释放大量下岗职工,农村出现大量剩余劳动力,人均收入水平低,我国对外开放以商品开放为主,特别是劳动密集型产品。外向型经济战略表现为外贸、外资、特区三个方面,以出口导向为主,大力引进外资,通过经济特区的建设带动其他地区的开放。抓住世界产业结构调整和东亚发达经济体产业升级的机遇,充分发挥劳动密集型产业的比较优势,以加工贸易作为主要形式,通过"三来一补"(来料加工、来件装备、来样加工和补偿贸易)的方式出口创汇,在增加就业机会的同时,充分发展了外向型经济。与此同时,我国在经济特区进行政策试点,通过扩大地方政府自主权和实施外资企业税收优惠政策,吸引 FDI 流入。1983年以后,我国又通过让渡国内市场、改善外资企业微观环境和提高政府行政效率等措施,进一步增强了对 FDI 的吸引力。外资的引进为中国经济高速增长创造了基本条件,在增加就业、提升产业结构、促进市场竞争、改善企业管理、优化资源配置和推动体制创新等方面起到了不可替代的作用。

到 90 年代中期,中国外向型经济体系基本建立起来,形成了以经济特区、沿海开放城市、沿海经济开发区、沿江和内陆开放城市为支撑的多形式、多层次的开放格局。通过发挥经济特区的"窗口"作用,推动经济体制改革试点,引入国际通行的经济运行和管理的体制,建立中国与世界联系的通道,获取国外产品、资本、技术和管理,实现改革开放的长远战略目标。国家在税收、土地等政策上给予了特区较大优惠,没有过多计较开放的短期经济利益,但却从对外开放中获得了长远收益:首先,打破了我国长期存在的高度集权式和行政式的经济管理体制,实现了政企分开,引入了充满活力的市场竞争机制;其次,突破了我国经济长期封闭半封闭的状态,利用国外资源缓解了国内资源的短缺,并借鉴国外经验推动了国内的体制改革和价值观念的再造;最后,从经济特区到沿海、沿江、沿边地区的渐进式开放模式,成为我国 30多年对外开放成功的主要经验之一。

2. 1998 年到加入 WTO 之后:以开放型经济为主导的对外开放战略

90 年代末,以贸易为载体的国际产品流动和以金融为载体的国际资本流动,进一步放大了经济全球化效应。资本、资源、劳动力、技术等生产要素流动日益超出国家界限，导致我国劳动密集型产品优势逐渐流失，为要素的对外流动提供了动力。对外开放逐渐从单一化、片面化转向多元化、综合化。与新的形势和要求相适应，党的十五大明确提出：发展开放型经济，增强国际竞争力，促进经济结构优化和国民素质提高。将建立开放型经济作为中国对外开放的新战略。在这一阶段，中国对外开放战略出现了重大转变：一是开放的战略格局开始由沿海经济特区向内地扩展；二是开放的战略重心开始由体制试点向全面制度建设转型；三是中国的对外开放度大幅提高，外向型经济对国民经济的影响日益显现。

开放型经济是一种制度性开放，强调生产要素的双向流动与国家间的竞争与合作，具有平衡开放、双向开放、制度开放的特点，是对外开放的高级阶段。1999 年，中共十五届四中全会提出了西部大开发战略，标志着开放政策的重大改革和调整，特殊政策开始普遍化。2000 年《国务院关于实施西部大开发若干政策措施》正式实施，拥有全国 2/3 国土、22.8% 人口的西部成为改革开放的新地带。国家给予中西部财政信贷、税收优惠等诸多政策支持，并扩大外商投资领域，拓宽利用外资渠道，完善全方位、多层次、宽领域的对外开放格局。2000 年，党的十五届五中全会首次提出实施"走出去"战略，指出"要努力在利用国内外两种资源、两个市场方面有新的突破"，"鼓励能够发挥我国比较优势的对外投资，扩大经济技术合作的领域、途径和方式，支持有竞争力的企业跨国经营，到境外开展加工贸易或开发资源"。2002 年党的十六大进一步指出：实施"走出去"战略是对外开放新阶段的重要举措，鼓励和支持有比较优势的各种所有制企业对外投资，带动商品和劳务出口，形成一批有实力的跨国企业和著名品牌。自此，我国"引进来"和"走出去"相结合的开放战略态势明朗化。力求通过利用直接投资，获取国外生产制造、组织管理、市场购销技术，实现对内对外双向良性循环。

入世的重大决策是我国实施开放型经济战略的直接动因。为探索建立规范而透明的开放经济体制，我国逐步清理了与 WTO 规则相矛盾的政策法规，修订了与 WTO 规则不一致的规定。2001 年中国政府在多哈正式签署关于加入 WTO 的文件，这是中国进一步扩大对外开放、融入世界主流的重要标志，使中国国内经济与国际经济的互动明显增强，对中国经济社会发展带来了全面而深远的影响。入世后，中国的经济主要表现为开放领域的扩大和开放模式的转型，实现国内体制与世界贸易组织规则的全面接轨，包括努力优化投资和贸易环境，改善贸易结构，提高贸易和投资的自由度，创造更加良好的投资环境，并在银行、保险、证券等服务贸易领域加快了开放步伐。入世之后，中国进入全面开放时期，对外开放度明显提高，吸收外商直接投资和对外直接投资，均居发展中国家第一位，外汇储备高居世界第一位。进出口商品结构进一步优化，机电产品和高技术产品成为主要的贸易增长点。随着开放型经济基本框架的建立，中国经济融入全球经济一体化进程之中，开始从数量扩张型开放向质量效益型开放转变，从有限范围和领域开放向全方位、宽领域开放转变，从政策导向型开放向同国际经济接轨的制度性开放转变，从单边、自主开放向多边、相互开放转变。

（四）对外开放战略的新形势和新动向

1. 对外开放面临的新形势

30 多年来，中国成功保持了接近两位数的年均增长速度。经济总量由 1990 年的 4000 亿美元增长到 2014 年的 10.4 万亿美元，占全球的经济总量由 1.8% 提高到 14%，人均国内生产总值从 344 美元增长到 7500 美元，从一个低收入国家成功进入上中等收入国家行列，国际地位得到空前提升。在外向型经济主导阶段，中国对外开放的特征是规模扩张，不必过多考虑国际责任。进入开放型经济主导阶段，中国成为世界经济和贸易大国，中国经济在数量数据上的优异表现也掩盖了一些深层次问题，比如大量贸易顺差引起的贸易摩擦不断增多、贸易条件恶化、国内流动性过剩、对外技术依存度过高、资源和环境压力不断增大等，制造业出口受到影响，中国威胁论开始出现。面对新环境和新问题，迫使中国必须建立新的开放观，及时调整对外开放战略。

从根本上看，开放的系统比封闭的系统更有活力，开放经济比在一国之内配置资源具有更大的回旋余地。但是，随着经济开放程度的提高，我国经济安全也面临考验，风险防范机制亟待完善。跨国企业通过股权控制、技术控制、品牌控制以及并购对民族产业进行渗透，对我国建立有效的市场经济秩序造成影响。国际热钱的冲击和国际金融市场的动荡，也使我国面临十分复杂的金融市场环境。由于我国对外部资源的依赖度持续上升，随着世界石油、金属矿产品和农产品价格不断上涨，能源保障系数大幅降低，经济发展的外部成本不断提高。金融危机之后，发达经济体遭受重大打击，新兴经济体也遇到巨大困难，全球经济进入新的调整期，寻求新的增长动力成为全球关注的热点。

2. 对外开放战略的新动向

丝绸之路经济带及 21 世纪海上丝绸之路建设战略（"一带一路"）。2013 年，以习近平为总书记的党中央从国际、国内两个大局出发，提出了面向 21 世纪建设丝绸之路经济带和海上丝绸之路的重大战略。2013 年 9 月，习近平主席在访问哈萨克斯坦时发表了题为《弘扬人民友谊共创美好未来》的重要演讲，提出共建"丝绸之路经济带"的战略构想，得到中亚各国领导人的积极响应。2013 年 10 月，习近平主席在印度尼西亚国会演讲时说："中国愿同东盟国家加强合作，……共同建设 21 世纪海上丝绸之路。"党的十八届三中全会通过的《中共中央关于全面深化改革若干重大问题的决定》，明确提出了"加快同周边国家和区域基础设施互联互通建设，推进丝绸之路经济带、海上丝绸之路建设，形成全方位开放新格局"。"一带一路"建设是新一届政府为推动全方位对外开放、构建新的地缘政治格局提出的重大举措，是实现"中国梦"宏伟目标的关键步骤。

建设"一带一路"对于进一步优化开放布局和国内空间发展格局，推动西部地区发展开放型经济，促进区域协调发展，实现海陆统筹，提高我国可持续发展能力具有重要意义，相关政策和规划的制定落实必将在未来的区域发展中起到重要作用。

长江经济带建设战略。长江经济带是中国经济发展的一个重要轴线，覆盖上海、江苏、浙江、安徽、江西、湖北、湖南、重庆、四川、云南、贵州 11 个省市，面积约 250 万平方公里，人口和生产总值超过全国的 40%，横跨我国东、中、西三大区域，具有独特优势和巨大发展潜力。2014 年 3 月，李克强总理在《政府工作报告》中勾勒出了中国区域经济发展的新棋局，即"由东向西、由沿海向内地，沿大江大河和陆路交通干线，推进梯度发展，依托黄金水道，建设长江经济带"。

这是"长江经济带"首次正式出现在政府报告中。2014 年 6 月，李克强总理主持召开国务院常务会议，进一步强调按照统筹稳增长、促改革、调结构、惠民生的要求，实施定向调控、注重标本兼治，推动经济优化升级，部署建设综合立体交通走廊，打造长江经济带。2014 年 9 月，国务院正式出台《关于依托黄金水道推动长江经济带发展的指导意见》（国发〔2014〕39 号），明确了长江经济带的战略定位。依托黄金水道推动长江经济带发展，打造中国经济新支撑带，是国家审时度势，谋划中国经济新棋局作出的既利当前又惠长远的重大战略决策。

长江经济带建设是一个重要的区域发展战略，也是促进区域协调发展的重要举措。建设长江经济带，就是要构建沿海与中西部相互支撑、良性互动的新棋局，通过改革开放和实施一批重大工程，让长三角、长江中游城市群和成渝经济区三个"板块"的产业和基础设施连接起来、要素流动起来、市场统一起来，促进产业有序转移衔接、优化升级和新型城镇集聚发展，形成直接带动超过 1/5 国土、约 6 亿人的强大发展新动力。同时，通过转型升级，加强东、中、西部产业分工合作，进而构建东、中、西联动发展的经济增长新格局，形成"一带一路"的战略互动，打造新的经济支撑带和具有全球影响力的开放合作新平台。

沿边开放战略。2013 年 11 月，党的十八届三中全会通过的《中共中央关于全面深化改革若干重大问题的决定》（以下简称《决定》），将"构建开放型经济新体制"作为深化改革的重要领域。其中"扩大内陆沿边开放"是《决定》提出的重大举措之一。加快推进沿边开放是我国全方位对外开放格局的重要组成部分，对于我国加快形成全方位开放新格局，以开放促改革、促发展、促转型具有重要意义。

我国陆地边境西起广西北部湾，东至辽宁鸭绿江口，长达 2.28 万公里，分布在 9 个省份，与 14 个国家接壤。从 1992 年国家实施沿边开放战略，设立 14 个边境经济合作区以来，沿边开放不断拓展，但开放水平远远落后于东部沿海地区。2010 年新一轮西部大开发战略提出，"提升沿边开放水平，积极建设广西东兴、云南瑞丽、内蒙古满洲里等重点开发开放试验区"。2013 年国务院正式批准了东兴、瑞丽和满洲里国家重点开发开放试验区建设方案，标志着沿边重点开发开放试验区建设进入了实质性实施阶段。加上此前国家已经批准设立的新疆喀什、霍尔果斯经济开发区和珲春国际合作示范区，共同构成了中国沿边开发开放先行区。2013 年 8 月国务院正式批复了《黑龙江和内蒙古东部地区沿边开发开放规划》。为了加快推进我国重点边境城镇、重点口岸、重点开发开放试验区建设，国家发改委、商务部等部门目前正在研究编制《沿边地区开发开放规划（2011—2020）》（以下简称《规划》），抓紧制定推进我国沿边地区开发开放的政策措施。《规划》的制定意味着我国未来将从国家层面加大对国际大通道内外互联互通建设的协调力度，打造沿边对外开放桥头堡和经济增长极。

互联互通的基础设施是支撑沿边开放战略的重要基础。因此，国家将建设横贯东中西、连接南北方对外经济走廊，加快同周边国家和区域基础设施互联互通建设，作为沿边开放战略的重要内容之一。同时，通过创新加工贸易模式和体制机制，推动内陆外向型产业集群发展。加之国家对沿边重点口岸、边境城市、经济合作区在人员往来、加工物流、旅游等方面特殊政策的实施，必将推动沿边地区经济的快速发展和产业结构调整，内陆中心城市的崛起，形成国际物流、贸易枢纽和内陆开发高地，从而缩小与沿海地区的发展差距。

上海自由贸易试验区。2013 年 7 月，国务院会议原则通过了《中国（上海）自由贸易试验区总体方案》。决定在上海外高桥保税区等 4 个海关特殊监管区域内，建设中国（上海）自由贸易试验区（以下简称"上海自贸区试点"）。这是新一届政府在顺应全球经贸发展新趋势、实施积极主动对外开放战略的一项重大举措，是深入贯彻党的十八大提出的"加快实施自由贸易区战略"要求的具体体现，是中国改革开放道路上又一里程碑。更为重要的意义在于，上海自贸区将成为中国积极主动对外开放的"试验田"，形成可复制、可推广的经验。

上海自贸区试点规划面积 28 平方公里，包括洋山保税区、上海外高桥保税区、外高桥保税物流园区以及上海浦东机场综合保税区 4 块区域。将先行试点人民币资本项目开放及逐步实现可自由兑换等金融措施，并采用循序渐进的开放政策，优先开放企业法人的人民币自由兑换；上海自贸区试点也有望成为中国加入"泛太平洋伙伴关系协议"（TPP）的首个对外开放窗口，为中国加入该协议发挥重要作用。主要涉及金融、贸易、航运、投资等五个领域的开放政策，以及管理、税收、法规等五个方面的改革措施。在金融领域,上海自贸区将试点利率市场化、汇率自由汇兑、金融业的对外开放、产品创新等,也涉及一些离岸业务;在贸易领域,上海自贸区试点将实现"国境线放开"、"国内市场分界线安全高效管住"、"区内货物自由流动"的监管服务新模式。

建设上海自由贸易试验区既是我国进一步改革开放的国际化战略需要,也是我国深化改革开放和促进经济转型的需要。进入后危机时代,世界经济多极化和全球化仍是主流趋势,随着世界经济中心东移和中国和平崛起,我国仍需加快转变外贸增长方式,创新利用外资方式,鼓励外资投向中国产业结构优化升级、区域协调发展和科技创新领域,从而在保持经济又好又快发展的基础上,释放国际影响力,提高国际竞争力。因此,坚定不移地实现对外开放的基本国策,更进一步对外开放,在更大范围、更宽领域和更深层次上,扩大开放程度,提高开放型经济水平,依托自由贸易区的建设和发展,努力推进经济发展方式转变,大力发展现代服务业,是中国未来经济发展的必然选择,也必将成为我国深化改革开放的一个重要突破口。中国(上海)自由贸易试验区的建设,标志着我国已经进入全方位、深层次对外开放的新时期。

二 "一带一路"战略提出的时代背景

推动"丝绸之路经济带"和"21世纪海上丝绸之路"建设,是习近平总书记提出的伟大战略构想,也是党中央主动应对全球形势深刻变化和我国发展面临的新形势新任务新要求,统筹国内国际两个大局,立足当下、谋划长远做出的重大决策。当今世界政治经济格局正在发生重大调整,中国经济与世界经济深度融合并进入了新常态。"一带一路"建设是我国实行新一轮对外开放的宏大战略,是构建我国开放型经济新体制的顶层设计,是创新国际区域经济合作模式参与和完善全球治理体系的主动作为,是实现中华民族伟大复兴的中国梦的具体重大实践和行动指南。加快"一带一路"建设,将大大提升我国对外开放的水平和国际形象,对于开创我国全方位开放新格局、促进各国经济繁荣和区域经济合作、推动世界和平发展、互利共赢具有划时代的重大意义。"一带一路"战略借助古丝绸之路这一历史文化符号，使其内涵更为丰富、寓意更为深远，既有经济、社会方面的考量，也有政治、外交方面的考虑，既是着眼长远的战略谋划，也是当前发展的现实需要。

（一）国际国内新形势要求开放战略的调整

从国际形势看，当今世界正在发生复杂深刻的变化，国际金融危机深层次影响继续显现，世界经济缓慢复苏、发展分化，国际投资贸易格局和多边投资贸易规则酝酿深刻调整，各国面临的发展问题依然严峻。随着世界经济进入低速增长阶段，全球产能过剩、竞争加剧、保护主义抬头等情况相继出现。总的来看，全球增长格局发生了重大变化，发展中经济体在全球贸易、经济增长、对外投资和利用外资等方面的比重持续提高，对全球经济增长的贡献80%来自发展中国家。国际政治、经济形势的发展不仅需要我国制定全球外交大战略，而且需要进行国别、区域和周边外交战略调整。在全球经济深刻转型、实现全面复苏仍面临许多不确定因素，国际治理体系深刻变革、世界多极化进程不断深入的形势下，共建"一带一路"顺应世界多极化、经济全球化、文化多样化、社会信息化的潮流，秉持开放的区域合作精神，致力于维护全球自由贸易体系和开放型世界经济。在推动中国经济更加紧密地与世界经济融合发展的同时，可以进一步激活亚欧大陆的经济增长潜力，从而影响带动全球经济的复苏。

从国内形势看，当前中国经济和世界经济高度关联。中国一以贯之地坚持对外开放的基本国策，构建全方位开放新格局，深度融入世界经济体系。开放不是一个独立战略，而是一个为国家发展服务的子战略，必须服从于国家发展的总体战略。随着中国经济发展迈入新常态，对开放提出了新要求。经济发展进入新常态，就是从高速增长进入中高速增长，速度是结果、是表象，背后是结构升级和经济增长动力的转换。靠不断增加要素投入来实现以规模扩张为主的外延式增长，已走到了尽头。进入新常态以后，要靠新的动力，靠结构升级和创新，靠技术进步。对开放的要求是用好外部资源、外部市场，来提升中国经济质量，加速中国技术进步，推动中国经济结构升级。推进"一带一路"建设既是中国扩大深化对外开放的需要,也是加强和亚欧非及世界各国互利合作的需要。

(二) 新时期我国经略大周边的国际战略布局

我国陆上有 14 个邻国,海上与 6 个国家隔海相望,无论从地理方位、自然环境还是相互关系看,周边国家与我地缘相近、人缘相亲、文缘相通,加速相互合作对彼此都具有极为重要的战略意义。审视周边形势,我国同周边国家的关系发生了很大变化,投资和经贸联系更加紧密、互动空前密切。实施"一带一路"战略,就是秉持"亲诚惠容"的周边外交理念,弘扬合作共赢、开放包容的时代精神,主动与沿线周边国家发展睦邻友好、和平安宁的外交关系,将自身发展战略与他国发展战略进行对接,将自身资本、技术和优势产能输出与他国发展经济的现实需求予以衔接,扩大彼此战略契合点和利益交汇点,寻求共赢发展的最大公约数。

"一带一路"战略不是单向的对外输出,而是坚持共商、共建、共享原则,通过推进政策沟通、道路连通、贸易畅通、货币流通、民心相通,与沿线国家携手推动更大区域、更高水平、更深层次的大开放、大交流、大融合,促进沿线国家和地区经济、政治、文化和安全良性互动、共同发展。"一带一路"战略是对国际合作理念与合作模式的重大创新,既为国内发展创造和平、稳定的周边环境,又使我国发展更多惠及周边国家,实现共同发展。

(三) 国际产能合作促进和全球产业链条优化

随着我国产业规模、技术水平和国际竞争力的大幅提升,形成了一批具有比较优势的先进产能,与"一带一路"沿线国家有着巨大的合作对接空间。"一带一路"沿线大部分国家正在积极推进工业化和城镇化,产业结构加速调整、基础设施建设方兴未艾,希望与我共乘发展快车,对与我扩大合作充满期盼。近年来,中国经济面临的实际问题之一是国内产能过剩,资本渴望"走出去"。2012 年,中国工业有 22 个行业产能相对过剩,产业产能过剩率达 80% 以上,尤其是钢铁、水泥、电解铝、平板玻璃等。2015 年,中国钢铁将近 1.3 亿吨热轧板卷的产能利用率低于60%。"一带一路"战略实施带来大量基础建设，无疑将使产能过剩问题得到较大缓解。

实施"一带一路"战略，就是要在坚持面向发达经济体开放的同时，通过把国内资本输出和过剩优势产能转移相结合，把我国重大技术装备带出去，把重要技术标准推出去，从而推动沿线各国特别是周边国家不断深化经贸投资及产业务实合作。连接东南亚、南亚、中东、非洲、中亚、中东欧等全球新兴市场，加强与沿线国家能源资源开发合作，共同设立产业集聚区，既有利于提高我国能源资源保障水平，又可以为我国企业"走出去"开展投资及产业合作、构筑全球生产营销网络、培育国际经济合作竞争新优势提供更广阔的舞台，降低对美、日、欧等发达市场的依赖，为国内经济发展和转型升级拓展更大空间，不断提升我国在全球和区域经济分工体系中的地位和影响力。

（四）推动我国东、中、西地区协调发展

西部地区是我国发展的短板，也是2020年全面建成小康社会的重点和难点地区。"一带一路"建设不仅有利于加速我国与中亚、东南亚乃至欧洲国家的交通、贸易、金融的互联互通，而且可以把广大的西部地区从开放的末梢变成开放的前沿，为深入推进西部大开发增添新的活力，将西部地区打造成我国新的经济增长极，形成与东部两翼齐飞的区域发展新格局。

在坚持实现东部地区率先开放的同时，通过实施西向开放战略，推动我国东、中、西部地区协同开放、联动发展，使西北、西南、东北等地区的地理区位劣势得以改变，从开放的末梢变为开放的前沿，培育形成区域经济的新增长点和区域开放的新高地，促进经济发展方式转变和结构战略性调整，着力打造未来中国经济升级版。

三　"一带一路"战略的内涵特征和建设思路

（一）"一带一路"战略的内涵特征

"一带一路"战略的主要内容可以表述为："一个核心理念"，即和平、合作、发展、共赢;"五个合作重点",即政策沟通、设施连通、贸易畅通、资金融通、民心相通;"三个共同体",即利益共同体、命运共同体、责任共同体。其核心目标是促进经济要素有序自由流动、资源高效配置和市场深度融合,推动开展更大范围、更高水平、更深层次的区域合作,共同打造开放、包容、均衡、普惠的区域经济合作架构。"一带一路"框架包含了与以往经济全球化完全不同的理念,即"和平合作、开放包容、互学互鉴、互利共赢",正是丝绸之路文化内涵的体现。"一带一路"战略具有很强的包容性、开放性、区域互补性和地域延展性,战略指向合作、互信、交流、融合等多重开放功能,是国家的能源安全、地缘政治、军事安全、国际合作、文化复兴、缩小区域差距等方面战略的综合考虑。

"一带一路"战略的基本内涵是:紧密结合经济全球化和区域经济一体化深入发展的新形势,统筹国内国际两个大局,统筹国内发展和对外开放,充分利用国际国内两个市场两种资源,扩大同沿线各国的战略契合点和利益汇合点,有序推进陆海统筹、东西互济的商品资源物流大通道建设,打造开放型区域一体化发展网络,构建新型国际区域治理结构,强化我国对区域经济合作进程的主导性影响,为抓住用好进而拓展延伸我国重要战略机遇期提供重要战略支撑。其具体内涵特征是:

1. 以丝绸之路文化为核心的新开放观

2000 多年前,亚欧大陆上勤劳勇敢的人民,探索出多条连接亚欧非几大文明的贸易和人文交流通路,后人将其称为"丝绸之路"。千百年来,"和平合作、开放包容、互学互鉴、互利共赢"的丝绸之路精神薪火相传,推进了人类文明进步,是促进沿线国家繁荣发展的重要纽带,是东西方交流合作的象征,是世界各国共有的历史文化遗产。远在春秋战国时期(甚至是商周时期),古代中国就与亚欧大陆其他国家存在贸易活动。汉朝以后,这种贸易活动逐步变成由官方主导甚至垄断,贸易规模和范围不断扩大,鼎盛时期遍及亚欧大陆,甚至包括北非和东非。1877 年,德国地理学家李希霍芬在《中国:我的旅行成果》一书中,将自中原经河西走廊和塔里木盆地到中亚和地中海的贸易路线,称为"丝绸之路"(Waugh,2007)。此后,这个具有强烈历史文化内涵的名词得到了广泛的认可和拓展应用。

历史悠久的"南方丝绸之路"和北方丝绸之路，以及自宋、元开始的海上贸易路线，也被称为"丝绸之路"。古代丝绸之路的贸易产品并非丝绸一种，不同历史时期主导贸易产品不同。例如，宋、元、明时期，海上丝绸之路的贸易产品以丝绸、瓷器、茶叶和香料为主。另外，"丝绸之路"不仅是古代贸易的代名词，而且也是历史上中国与亚欧大陆各国文化交流的"符号"。伴随商品贸易和人员交流，丝绸之路沿线各国的文化相互借鉴，产生了灿烂的文明。实施"一带一路"战略，是对千年古丝绸文化与商贸人文精神的传承与弘扬。古代丝绸之路主要存在于和平时期（战乱时往往中断），而且商品和文化的交流带来了共同繁荣，因而这个文化符号的内涵可以归结为和平、友谊、交往和繁荣。从这个角度看，中国借用"丝绸之路"这个文化符号向世界传递了一种理念，那就是"和平、合作、发展、共赢"。

2. 经济全球化治理模式的创新探索

20 世纪 80 年代以来，中国通过渐进式改革开放不断深入参与了经济全球化进程。一方面，通过引进资本、技术和管理经验等推动自身经济的腾飞；另一方面，也逐步建立了适应经济全球化的治理体制。中国经济的高速发展得益于经济全球化，但同时中国也对世界经济增长做出了巨大贡献，改变了世界经济格局。改革开放之初，中国国内生产总值占世界的份额只有 5% 左右，出口额占世界的比重不到 1.5%。到 2013年，中国 GDP 占世界的份额已上升到 12.3%，出口额占比上升到 12%，成为世界第一大货物贸易国。

尽管目前中国经济仍然大而不全，但足以成为世界格局的主要塑造力量之一。在世界各国经济联系越来越紧密的趋势下，"一带一路"就是中国为推动经济全球化深入发展而做出的承诺，也是维护经济全球化成果和机制的努力。从更长的历史时期来看，过去 30 多年中国经济带崛起是近百年以来世界经济格局的最大变化。根据经济史学家安格斯·麦迪逊的估算，18 世纪中叶，中国 GDP 占全球的比重接近 1/3，而彼时美国占全球的份额还微不足道（Maddison，2007；Dicken，2010）。但是，200 年后，即在新中国成立之时，这个比重已下降到 1/20，而美国则上升到 27%。经过改革开放以来的高速增长，目前中国的 GDP 占世界的份额恢复到接近 1/8，美国 GDP 占世界的比重下降到 22% 左右。

东亚地区的经济总量占世界的比重已经超过美国，这也意味着"亚洲世纪"的来临。

如何更好地带动亚洲乃至世界的经济增长，是中国作为一个大国不得不担负的责任。但是，目前中国在多个国际金融机构中所占份额都很低，例如在世界银行、国际货币基金组织和亚洲开发银行中仅分别占 5.17%、3.81% 和 6.47% 的投票权，无法在推动世界经济增长方面发挥与自身经济体量相适应的作用。共建"一带一路"是改变这种不合理局面的重要途径。中国经济增长正在步入"新常态"，"人口红利"消失导致劳动力成本上升，劳动密集型产业正在失去竞争优势；经济增长放缓，出现严重产能过剩，需要向外转移；2004—2014 年，中国对外投资增长了 25 倍，2004 年中国对外投资额只有 55 亿美元，2014 年上升到 1400 亿美元，进入大规模"走出去"的时期。通过共建"一带一路"来完善经济全球化机制，既符合中国"走出去"的需要，也是让全球化惠及更多国家和地区的需要。

3. "引进来" + "走出去"的全方位开放战略

改革开放初期，我国将对外开放战略作为长期坚持的一项基本国策，先后实行了进口替代战略、出口导向战略和利用外资战略。进入 21 世纪，我国又提出了实施"走出去"战略，鼓励和支持企业开展对外直接投资。同时，紧紧抓住加入 WTO 的契机，积极推动国内规则与国际规则接轨。国际金融危机爆发后，为有效应对国际金融危机冲击，更好地适应经济全球化深入发展的大趋势，在坚持世界贸易体制规则的同时，把实施自由贸易区战略放在更加重要的位置。

总的看来，这些战略的提出与实施，对于推动我国国内改革和发展、提高对外开放层次和水平发挥了不可或缺的重要作用。但是，以往的对外开放战略大多侧重于经济的某个领域或某些方面，开放的内容和范围不够全面完整，开放的路径和重点也不够明晰具体，甚至有的至今也尚无相应的规划和可操作的实施方案。"一带一路"战略的提出，突破了以往对外开放战略的局限性，成为新的历史条件下更好地统筹我国出口和进口、引进来和走出去、全球经济合作和区域经济合作的最具综合性的国家开放战略，对我国实行更加积极主动的开放战略、推动形成全方位开放新格局具有重要的引领和支撑作用。

4. 陆海一体化的经贸空间拓展战略

"丝绸之路经济带"和"21世纪海上丝绸之路"是共同推动亚欧非大陆与太平洋、印度洋、大西洋相互连接的陆海一体化战略，虽然它们被简称为"一带一路"，但两者却各具特征、各有侧重。这就要求在共建"一带一路"进程中，不能简单地将"一带"和"一路"混为一谈，而是要在统筹推进中加以区别对待，在整体部署下予以分类实施。"丝绸之路经济带"将构建陆上运输国际大通道，我国对欧洲的货物出口不仅可以降低运费、缩短约2/3的货运周期，而且可以有效减轻或纾解我国对外海上运输的压力，其战略优势和价值尤为明显。"21世纪海上丝绸之路"建设将注重深化与沿线各国和地区经贸投资全面务实合作，加强港口基础设施互联互通和海上合作，推动海洋经济伙伴关系深入发展。

从战略重点任务看，中亚地区是"一带"的重要战略支点。由于该地区与东西两端的亚太经济圈和欧洲经济圈存在较大落差，加上一些大国长期在该地区经营和博弈，短期内要推动全方位、多领域、深层次的务实合作并取得实质成效，难度可能比预想的要大。现阶段，应优先考虑以推进铁路、公路、光缆、石油天然气管道等基础设施互联互通为重点，着力打通向西经济走廊和陆上运输通道，积极推动双多边经贸投资及产业合作上规模、上水平，逐步强化我国对该地区的经济辐射力和影响力，为日后深入开展双多边贸易投资协定谈判奠定基础。而东盟和南亚国家是"一路"的重要战略支点，这些国家大多属于发展中国家和新兴经济体，与我国山水相连、边境毗邻，是我国发展周边外交关系的重中之重。现阶段，我国应立足东盟、着眼周边、辐射南亚，力争在深化海洋经济合作、推进海上丝绸之路建设方面取得新进展。

(二)"一带一路"战略的建设思路

"一带一路"是新形势下经济全球化在区域层面的具体体现，也将是广大发展中国家难得的发展机遇。为此，必须牢牢把握发展这一核心要义，紧紧抓住全球战略格局加快调整的机遇，秉持亲、诚、惠、容理念，坚持睦邻友好、守望相助，促进沿线各国对接发展，尊重彼此文化和发展道路，按照"共商、共建、共享"的原则，从区域基础设施和产能合作入手，以点带面，从线到片，改善区域发展环境，做大区域市场规模，提升我国与沿线国家在基础设施建设、资源开发、产业转移、贸易金融、科技人文等领域的合作水平，为推动建立和平、合作、发展的区域新秩序和全球治理新模式做出积极贡献。面向未来，与沿线不同文化背景和社会制度、不同发展水平和利益诉求的国家共同建设"一带一路"，需要把握以下战略重点。

1. 经略周边，服务我国战略目标

建设"一带一路"，要坚持以我为主，自觉履行发起人、组织者和协调员的角色，牢牢把握主动权，主动谋划全局、善谋定后动，积极引导方向，敢引领担当，高举和平发展、合作共赢的大旗，最大限度地整合沿线国家的诉求与我国的发展目标，把丝绸之路经济带建设与我国扩大内陆沿边对外开放、构建开放型经济体制结合起来，把21世纪海上丝绸之路建设与我国发展海洋经济、建设海洋强国有机结合起来，形成经济、政治、文化和国家安全同步推进的局面。

2. 互利共赢，实现共同发展

建设"一带一路"是我国将自身发展成果更多更好地惠及沿线国家的重要探索。要重视发挥沿线国家各自的区位、资金、技术、人才、产业和市场优势，调动整合各方力量，共同打造区域发展新规则和新秩序。通过扩大双边投资，促进产业转移和技术扩散，形成紧密的产业上下游联系，通过利益互换、利益平衡和利益共享，不断扩大利益汇合点，强化促进发展、改善民生和增强国力的利益纽带；通过人文交流，促进相互理解和认同，加强区域合作，共享发展成果，强化兴衰与共意识；通过推进海上合作，增进互信，为有效管控分歧营造氛围，培育维护海上安全和航道畅通责任意识，共同打造政治互信、经济融合、文化包容的利益共同体、命运共同体和责任共同体，全面提升务实合作水平。

3. 因地制宜，寻求发展共识

虽然"一带一路"沿线国家在国情特点、发展水平、面临问题等方面存在巨大差异，但在加快工业化现代化进程、促进经济发展、改善人民生活方面，沿线国家具有高度的共识。为此，须通过加强与各国的沟通，深入了解各自诉求和核心关切，最大限度地凝聚沿线地区民意基础，求同存异，寻求为各国人民创造财富、振兴区域经济的最大公约数，汇聚区域共同发展主流声音，把沿线各国的发展与整个地区的发展紧密结合在一起，形成推进合作、增进发展机会的合力。要根据沿线各国不同的历史文化背景、现实挑战和核心关切，共同研究把各自资源优势、区位优势和人才、技术以及文化传统优势转化为促进发展的现实优势，共同商定合作重点、合作模式和工作机制，促进区域合作不断深化发展。

4. 陆海统筹，推进务实合作

陆海统筹是推进"一带一路"建设的有效方式。要统筹陆上"一带"和海上"一路"，形成"一带一路"互相支撑、协调推进的格局，在加快高铁、高速公路和管道等陆地交通基础设施，电站和电网等能源基础设施，以及通信和互联网等信息基础设施建设的同时，全面提升港口和航道等海上交通基础设施，加强海洋环保、救灾等海上合作，促进产业、贸易投资和技术等领域的合作不断深化，为扩大区域市场提供有力支撑，真正把"一带一路"建成惠及沿线各国人民的和平、合作、发展之路。

四 "一带一路"战略的空间走向

从表面看，"一带一路"是一个具有高度空间选择性的战略概念。"带"与"路"都是指条带状的经济体，在空间上是排他的。事实上，"一带一路"不是一个封闭的体系，并没有一个绝对的边界。"一带一路"可以视为一个开放、包容的国际区域经济合作网络，并非一个排他性的平台。"一带一路"建设横跨亚欧非，涉及沿线 60 多个国家、44 亿人口（约占世界人口的 63%），是我国对外开放的大格局、大战略。中国国家发改委、外交部和商务部联合发布的《推动共建丝绸之路经济带和 21 世纪海上丝绸之路的愿景与行动》指出："一带一路"贯穿亚欧非大陆，一头是活跃的东亚经济圈，另一头是发达的欧洲经济圈，中间广大腹地国家经济发展潜力巨大。丝绸之路经济带重点畅通中国经中亚、俄罗斯至蒲州（波罗的海）；中国经中亚、西亚至波斯湾、地中海；中国至东南亚、南亚、印度洋。21世纪海上丝绸之路的重点方向是从中国沿海港口过南海到印度洋，延伸至欧洲；从中国沿海港口过南海到太平洋。

（一）历史上丝绸之路的空间走向

古代丝绸之路是贯通中西方的商路，因沿商路输出的代表性商品是丝绸而得名。因其上下跨越历史2000多年，涉及陆路与海路，所以按历史划分为先秦、汉唐、宋元、明清4个时期，按线路划分有陆上丝绸之路与海上丝绸之路之别。陆上丝绸之路因地理走向不一，又分为北方丝绸之路与南方丝绸之路。陆上丝绸之路所经地区地理景观差异很大，又细分为"草原丝绸之路"和"沙漠丝绸之路"。北方丝绸之路是指由黄河中下游通达西域的商路，包括草原丝绸之路和沙漠丝绸之路。古代丝绸之路的具体线路和空间走向随着地理环境变化、经济发展状态以及政治和宗教演变而不断发生变化。

北方丝绸之路以古代中国长安为起点，跨越陇山山脉，穿过河西走廊，抵达今新疆地区，沿绿洲和帕米尔高原，经过中亚、西亚和北非，形成连接中亚、南亚、西亚和非洲、欧洲的一条陆路交通通道。南方丝绸之路泛指历史上不同时期四川、云南、西藏等中国南方地区对外连接的通道，包括蜀身毒道和茶马古道。南方丝绸之路主要有三条线路：一条为西道，即"旄牛道"。从成都出发，经云南至缅甸和东南亚，并进一步通往中亚、西亚和欧洲地中海地区的"蜀身毒道"，是历史文献中所记载的最早的中西交通线路，也是久负盛名的"南方丝绸之路"的西线。南方丝绸之路的中线是从四川经云南到越南和中南半岛的交通线，历史文献中记载为"步头道"和"进桑道"。南方丝绸之路的东道又称为"五尺道"或"夜郎道"，从成都出发，经贵州、广西、广东至南海。南方丝绸之路是古代中国在西南方向与外部世界联系和交流的重要载体。丝绸之路尽管曲折，但仍然是连接亚欧大陆最便捷的通道，极大地滋养了东西文明的交流，但囿于技术条件、自然条件与政治因素的限制，它难以承载大规模的物质转运的任务。随着航海技术的进步，丝绸之路被效率更高的海运所取代。海上丝绸之路自秦汉时期开通，是由当时中国与世界东西海洋间一系列港口网点组成的国际贸易网。唐、宋、元时期航海技术的突破和空前经济贸易诉求使海上丝绸之路达到鼎盛，国内主要由广州、泉州、宁波三个主港和其他支线港组成。海上丝绸之路是古代中外贸易的重要通道，沟通东西方经济文化交流的重要桥梁。

古代丝绸之路既是贯通亚、欧、非三大洲陆路交通的要道，也是沿线各国各民族进行政治、经济、文化交流的主要纽带；既是沿线人类文明高度发展的结晶和产物，又是沿线各国各民族追求美好生活，共谋稳定、共同发展、共同努力的结果，也是沿线各国各民族密切交往、同舟共济、休戚与共的友好关系和优良传统的象征。随着沿线国家政局趋向稳定、经济复苏，"丝绸之路经济带"一经提出就得到各国的响应。丝绸之路经济带是建立在古丝绸之路基础上，继承"丝绸精神"，以推动沿线各国各民族社会经济共同发展为根本目标的经济合作带，从语意上讲不能被理解为具有固定线路的空间现象，更多的是一种抽象意义的文化符号。丝绸之路经济带地域辽阔，自然资源丰富，经过国家地缘毗邻、政治互信、资源和经济互补，民族成分相连，宗教信仰相同，所持语言相通，风俗习惯相近，血缘关系相亲，彼此在民族、宗教、文化方面有强烈的认同感，为沿线经济文化交流合作提供了便利，是丝绸之路经济带区域经济合作的重要推动力量。

(二) "一带一路"战略的空间走向和重点区域

"一带一路"战略规模宏大，地域跨度大，涉及领域广。从战略走向看，考虑到历史上丝绸之路的大致走向以及相关国家和我国发展的客观需要，"一带"战略着眼于从陆上加快向西开放，经中亚、俄罗斯、中东欧、西亚延伸至欧洲。"一路"战略主要着眼于从海上由东向西开放，经东南亚、南亚至印度洋，进而延伸至欧洲。"丝绸之路经济带"主要包括三大走向：从我国西北、东北经中亚、俄罗斯至欧洲（波罗的海）；从我国西北经中亚、西亚至波斯湾、地中海；从我国西南经中南半岛至印度洋。主要依托国际大通道，以沿线城市为支撑，以能源资源区块、重点产业集聚区为合作平台，共同打造中巴经济走廊、孟中印缅经济走廊、中蒙俄经济走廊、新亚欧大陆桥经济走廊、中国—中亚—西亚经济走廊、中国—中南半岛经济走廊六大国际经济合作走廊，形成

"丝绸之路经济带"的骨架。"21 世纪海上丝绸之路"包括两大走向：从我国沿海港口过南海，经马六甲海峡到印度洋，延伸至欧洲；从我国沿海港口过南海，经印度尼西亚向南太平洋延伸。主要依托重点港口城市，建设通畅安全高效的运输大通道，共同建设一批海上战略支点，形成"21 世纪丝绸之路"的支撑。

从重点国家和地区看，"一带"主要包括东北亚的俄罗斯和蒙古国以及中亚、西亚、中东欧等国家和地区。由于一些国家的经济发展水平较低，对外开放程度不高，其着力点似应突出"以政促经"，即将政治关系优势和地缘毗邻优势转化为务实合作优势、持续发展优势，共同打造互利共赢的利益共同体；"一路"沿线国家主要包括东盟成员国及斯里兰卡、印度、巴基斯坦等南亚国家。这些国家与我国经贸合作基础相对扎实稳固，其着力点似应突出"以经促政"，即将经济关系优势和周边毗邻优势转化为政治互信不断深化优势、战略合作持续升级优势，共同打造周边命运共同体，实现区域内经济、政治、安全有机融合、良性互动。

根据"一带一路"走向，陆上依托国际大通道，以沿线中心城市为支撑，以重点经贸产业园区为合作平台，共同打造新亚欧大陆桥，中蒙俄、中国—中亚—西亚、中国—中南半岛等国际经济合作走廊；海上以重点港口为节点，共同建设通畅安全高效的运输大通道。中巴、孟中印缅两个经济走廊与推进"一带一路"建设关联紧密，要进一步推动合作，取得更大进展。

五　"一带一路"建设的战略任务

"一带一路"沿线各国资源禀赋各异，经济互补性强，彼此合作潜力和空间很大。需要找准与沿线国家的利益契合点，拓宽合作范围，丰富合作内容，创新合作模式，提升合作水平，形成你中有我、我中有你的更加紧密的利益格局。按照"政策沟通、设施连通、贸易畅通、资金融通、民心相通"的原则，"一带一路"建设要推进基础设施互联互通，深化投资和经贸、产业、能源合作，扩大金融合作，积极推进人文、生态环境保护合作，提升海上合作水平，逐步形成区域合作的大格局。

（一）优先推进基础设施互联互通

基础设施互联互通是"一带一路"建设的优先领域。在尊重相关国家主权和安全关切的基础上，沿线国家宜加强基础设施建设规划、技术标准体系的对接，共同推进国际骨干通道的建设，逐步形成连接亚洲各次区域以及亚欧非之间的基础设施网络。强化基础设施绿色低碳化建设和运营管理，在建设中充分考虑气候变化影响。目前，我国与沿线国家基础设施互联互通建设滞后，多数骨干通道存在缺失路段，不少通道等级低、通而不畅。今后一个时期，要加强国家和地区间交通建设规划的对接，共同优先推进骨干通道建设，优先打通缺失路段，畅通瓶颈路段，提升道路通达水平，构建连通内外、安全通畅的综合交通运输网络。加强能源基础设施互联互通合作，不断完善能源合作机制，建立稳定供求关系，深化能源生产、运输、加工等多环节合作。同时，加强能效和新能源开发等领域的合作，提升能源资源深加工能力，拓展合作的领域和空间。

（二）深入挖掘经贸合作潜力

投资贸易合作是"一带一路"建设的重点内容。着力研究解决投资贸易便利化问题，消除投资和贸易壁垒，构建区域内和各国良好的营商环境，积极同沿线国家和地区共同商建自由贸易区，才能充分激发释放合作潜力。近年来，我国与沿线国家贸易快速发展，但贸易结构仍不甚合理，服务贸易规模较小，贸易便利化程度也有待进一步提高。要拓宽贸易领域，优化贸易结构，推动与沿线国家巩固和扩大传统贸易，大力发展现代服务贸易，积极培育新的贸易增长点。把投资和贸易有机结合起来，以投资带动贸易发展。进一步创新贸易方式，发展跨境电子商务等新的商业业态，不断提高贸易自由化便利化水平。深化与沿线国家在海关、标准、检验检疫等方面的双多边合作，改善边境口岸通关设施条件。

（三）拓展产业投资合作

拓展产业投资合作契合沿线国家实现工业化的需要，是促进沿线国家经济深度融合的重要途径。推动新兴产业合作，应按照优势互补、互利共赢的原则，促进沿线国家加强在新一代信息技术、生物、新能源、新材料等新兴产业领域的深入合作，推动建立创业投资合作机制。优化产业链分工布局，推动上下游产业链和关联产业协同发展，鼓励建立研发、生产和营销体系，提升区域产业配套能力和综合竞争力。扩大服务业相互开放，推动区域服务业加快发展。要顺应沿线国家加快工业化的趋势，进一步鼓励和引导国内企业到沿线国家投资兴业，探索投资合作新模式，合作建设境外经贸合作区、跨境经济合作区等各类产业园区。鼓励有条件的企业到科技实力较强的地区设立研发中心，充分依托当地的科技资源和人才优势，提升产业层次、增加当地就业、壮大企业实力。

（四）拓宽金融合作

资金融通是"一带一路"建设的重要支撑。深化金融合作，推进亚洲货币稳定体系、投融资体系和信用体系建设。为满足沿线国家互联互通与产业合作的融资需求，支持重大项目建设，需要进一步深化上合组织银行联合体、中国—东盟银行联合体务实合作，积极推进筹建上合组织开发银行，发挥好亚洲基础设施投资银行的作用。扩大双边本币互换规模和范围，开展更多的跨境贸易本币结算，降低区域内贸易和投资的汇率风险和结算成本。充分发挥丝路基金以及各国主权基金的作用，引导商业性股权投资基金和社会资金共同参与"一带一路"重点项目建设。

（五）密切人文交流合作

民心相通是"一带一路"建设的社会根基。坚持弘扬和传承丝绸之路的友好合作精神，广泛开展文化交流、学术往来、人才交流合作、媒体合作、青年和妇女交往、志愿者服务等，为深化合作奠定坚实的民意基础。在教育领域，扩大相互间留学生规模，继续增加向沿线国家提供政府奖学金名额，资助沿线国家有关人员来华研修培训。在文化领域，积极推动与沿线国家互办多种形式的文化年、艺术节、电影节、电视周和图书展等活动，合作开展广播影视剧精品创作及翻译，引导和动员民间力量开展丰富多彩的文化交流。在旅游领域，扩大旅游规模，加强与沿线国家联合打造具有丝绸之路特色的国际精品旅游线路和旅游产品。同时，进一步深化科技、卫生、扶贫等领域的合作。

（六）加强生态环境合作

应对全球气候变化挑战、实现可持续发展，是"一带一路"沿线国家面临的共同课题。要牢固树立生态文明理念，与沿线各国建立健全有效的对话机制和联动机制，规划实施一批各方共同参与的重大项目，统筹推进区域内生态建设和环境保护，共建"绿色丝绸之路"。

（七）积极推进海上合作

进一步扩大并用好中国—东盟海上合作基金，深化农业渔业、互联互通、海洋环保、航道安全、海上搜救、防灾减灾等领域的合作。以海水养殖、远洋渔业加工、新能源与可再生能源、海水淡化、海洋生物制药、海洋工程技术、环保产业和海上旅游等领域为重点，合作建立一批海洋经济示范区、海洋科技合作园、境外经贸合作园和海洋人才培训基地等。

第五章 "一带一路"沿线各区域的发展概况

一 "一带一路"沿线国外区域发展概况

(一) 蒙古国、俄罗斯及中亚区域①

俄罗斯、蒙古和中亚地区的哈萨克斯坦、吉尔吉斯斯坦、塔吉克斯坦、乌兹别克斯坦和土库曼斯坦五个国家均是中国的邻国或近邻。上述七国 2014 年国内生产总值（GDP）12220.8 亿美元，占全世界总量的 2.84%；人口 21428.3 万人，占世界总人口的 2.97%；人均 GDP 10323 美元。

该区域是世界上能源资源最为丰富的地区之一，区域内国家经济发展主要依靠能源和原料输出。依靠矿产开采等大型项目的开发，蒙古国和中亚五国的经济保持普遍增长势头，2014 年增长率在 4.3%—10.3% 之间，但俄罗斯受国际油价下跌和外部制裁影响，经济增长率仅为 0.6%。我国与该区域国家产业互补性强，主要进口油气、矿产资源，并出口机电、交通设备及轻工产品。近年来，双边贸易量、我国对东道国投资额及投资企业数量显著增长，合作深度和广度不断加大。中国已成为俄罗斯、蒙古和土库曼斯坦的最大贸易伙伴，哈萨克斯坦、吉尔吉斯斯坦第二大贸易伙伴和塔吉克斯坦的第三大贸易伙伴，在上述国家设

---

① 根据中国银行业监督管理委员会网站数据资料整理得到。具体请参阅《"一带一路"沿线国家基本信息（蒙古、俄罗斯、中亚五国）》，2015 年 8 月 21 日，中国银行业监督管理委员会网站（http://www.cbrc.gov.cn/chinese/home/docView/031BC0D87EF74FF9A45077C6DB971CEF.html）。

立投资企业已达 2655 家。

1. 蒙古国

蒙古国地处亚洲中部的蒙古高原上，北与俄罗斯联邦接壤，东、西、南与中国交界，是世界第二大内陆国。蒙古国矿产资源丰富，已探明的矿藏 80 多种，矿点 8000 多个。2014 年，蒙古国 GDP 初值 218442.5 亿图格里克（折合 120.2 美元），扣除价格因素后（以 2010 年不变价格计算），实际增长 7.8%。2010—2011 年，蒙古国 GDP 增幅高达 17.3%，主要受益于矿产行业的快速发展。但是自 2012 年以来，由于受到国家政治环境较为复杂以及国际大宗商品价格出现暴跌等内外因素的影响，蒙古国经济一落千丈，蒙古货币图格里克近 3 年年均贬值 20%，外汇储备截至 2014 年年末仅有 16.50 亿美元，FDI 同比下降高达 60%，全国 CPI 增长率达 12.80%。

中蒙贸易、投资方面，中国已连续 14 年成为蒙古国最大贸易伙伴和外资来源国。蒙古国 90% 的产品均出口至中国，大约 30% 的产品需从中国进口。2014 年，中蒙双边贸易总额达 68.41 亿美元，其中我国进口 50.73 亿美元，同比增长 36.77%；出口 17.68 亿美元，同比下降 3.07%。我国主要进口产品包括：焦煤、铜、钼等矿产品以及羊绒羊毛制品；出口产品包括：机械、家用电器、日用品、水果鲜蔬等。

2. 俄罗斯

俄罗斯国土面积 1712.5 万平方公里，是世界上领土面积最大的国家，自然资源特别是石油、天然气储量非常丰富。2014 年，俄罗斯延续了近年来经济增长下滑的态势，国内生产总值为 1.84 万亿美元，增长率仅为 0.6%，创 2008 年金融危机后最低水平，全年资本外流 1515 亿美元，同比增长 148%，已超过 2008 年水平；外国直接投资仅 186 亿美元，同比下降 70%；年末外债 5995 亿美元，较年初减少 1294 亿美元；卢布兑美元汇率大幅下跌，由年初 1 美元兑 32.66 卢布跌至年末 56.26 卢布，贬值 72%；联邦财政赤字 3280 亿卢布（约 58 亿美元），约占 GDP 的 0.5%。俄产乌拉尔原油年末每桶 54.5 美元，较年初每桶 108.5 美元下跌约 50%，对以能源为支柱的俄经济产生了较大负面影响。

中俄互为最大邻国，资源和产业结构互补性强，开展经贸合作领域众多、前景广阔。我国是俄罗斯第一大贸易国，俄罗斯是我国第九大贸易国。2014 年，双边经贸额为 952.8 亿美元，同比增长 6.8%。2014 年我国对俄非金融类直接投资 12 亿美元，俄对华实际直接投资 5000 万美元。中俄双边贸易额的中期目标是在 2015 年达到 1000 亿美元，2020 年达到 2000 亿美元。中国对俄的出口产品主要是机械、电子、鞋类、纺织服装、皮革、家具、汽车等产品，俄向中国出口的产品主要是原油、成品油、铁矿砂及其精矿、原木和煤炭、木材和化工产品等。

3. 中亚五国

中亚五国共同的特点是拥有丰富的土地资源、矿产资源和水利资源，具有一定的物质、技术基础，是原苏联重要的能源、动力、冶金和农牧业基地。产业主要以有色冶金、煤炭、石油、钢铁、化工、粮食种植和畜牧业等为主，采矿业强大，加工业较为薄弱，其轻工业、电子业相对落后，所需日用消费品大部分依赖进口。中亚五国均为原料型出口国，经济对外来依赖性很强，对进出口贸易持宽松、鼓励态度。近年来，经济私有化进程较快，人口快速增长，市场潜力很大。

中亚五国自然资源丰富。哈萨克斯坦石油储量约占世界总探明储量的 3.2%，列全球第九位；天然气占世界总储量的 1.5%；铀矿占全球总量的 25%，居世界第二位；铜矿占世界总量的 5.5%，居世界第四位；钨矿储量占全球总量的 5%，居世界第一位。吉尔吉斯斯坦拥有黄金、锑、钨、锡、汞、铀和稀有金属等，其中锑产量居世界第三位。塔吉克斯坦矿产资源丰富，种类全、储量大，拥有 30 多处金矿，大卡尼曼苏尔银矿为世界最大银矿之一，锑储量在亚洲占第三位，水力资源丰富，位居世界第八位，人均拥有量居世界第一位，占整个中亚的一半左右。乌兹别克斯坦矿产资源储量总价值约为 3.5 万亿美元。截至 2014 年，探明的矿产品近 100 种。其中，黄金储量居世界第四位，石油、凝析油、天然气、煤等储量大，铀储量居世界第 7 位，铜、钨等矿藏也较为丰富。截至 2014 年，乌兹别克斯坦天然气开采量居世界第十一位，黄金开采量居世界第九位，铀矿开采量居世界第五位。土库曼斯坦主要有石油、天然气、芒硝、碘、有色金属及稀有金属等，其中石油和天然气探明储量分别为 1 亿吨和 24.3 万亿立方米，天然气储量居世界第四位，仅南约洛坦气田的储量就高达 4 万亿—14 万亿立方米，为世界第二大单体气田。

中亚五国经济实力相对薄弱，产业较为单一。2008 年后，受国际金融危机、全球经济复苏缓慢、全球石油和矿产价格疲软、周边政治外交以及国内政治经济因素的多重影响，中亚五国经济增速普遍下滑较大。以经济实力最强的哈萨克斯坦为例，其经济实力占中亚五国总量的2/3。石油工业是哈萨克斯坦的支柱行业，石油收入占财政收入的半壁江山，受金融危机和乌克兰危机的双重影响，再加上全球石油需求疲软，国际油价一跌再跌，2014 年哈萨克斯坦经济增长仅为 4.3%，远低于此前政府制定的 6% 的目标。根据哈萨克斯坦外贸发展面临的国际环境，2015 年哈经济下行压力依然存在。经济实力排在中亚五国第二位的是乌兹别克斯坦，其支柱产业是"四金"：黄金、"白金"（棉花）、"黑金"（石油）、"蓝金"（天然气），但加工工业较为落后，农业、畜牧业和采矿业发达，轻工业不发达，62% 的日用品依靠其他共和国提供。乌兹别克斯坦工业在中亚地区举足轻重，天然气、机械制造、有色金属、黑色金属、轻纺和丝绸等工业都比较发达。吉尔吉斯斯坦以农牧业为主，工业基础薄弱，主要生产原材料，经济保持了低增长态势，工业生产恢复性增长，物价相对稳定，通货膨胀水平也降至独立以来最低水平。土库曼斯坦的石油和天然气工业为其支柱产业，农业主要是棉花和小麦种植。2014 年其 GDP 总量为 402 亿美元，与 2013 年相比增长10.3%，外贸总额达 330 亿美元，建筑业投资超过 510 亿美元。塔吉克斯坦 GDP 总量和人均 GDP 在中亚垫底，侨汇收入将近占 GDP 总量的一半，苏联解体后的政治经济危机以及多年内战使塔国民经济遭受严重破坏，因本国经济规模相对较小，其发展对国际社会依赖甚重，同时能源短缺和缺乏支柱产业问题仍然突出，外债压力大。

中国与中亚五国经贸互补优势显著。目前，我国已与中亚五国开放了 17 个一类通商口岸和 12 个二类口岸。近年来，中国与中亚五国经贸合作步伐加快，在贸易、投资和经济技术合作，特别是资源能源领域合作成效显著。据统计，1992 年中国与中亚五国建交之初贸易额仅为 46亿美元，到 2013 年已达 420 亿美元。中国是哈第二大贸易伙伴国，列俄罗斯之后。中国是哈萨克斯坦的最大出口国、第二大进口国，中哈两国贸易额占整个中亚地区与中国贸易额的70%。我国主要出口机电产品、服装、鞋类等，主要进口铜及铜材、钢材、原油等。中吉两国是山水相连的邻邦，中国为吉尔吉斯斯坦第二大贸易伙伴国，中国为吉第二大进口来源国，主要进口商品为服装及服装配件、铸铁和钢铁等。中国是塔吉克斯坦第三大贸易伙伴国，中塔建交以来两国贸易快速增长，从几百万美元发展到每年近20亿美元。中国是塔吉克斯坦第二大投资来源国，投资合作前景广阔。截至2014年6月底，塔吉克斯坦吸引外资总额为26.59亿美元，中国对塔吉克斯坦投资额为4.67亿美元，是塔吉克斯坦第二大投资来源国，主要投资领域包括建材生产、制造加工、商贸服务等行业。中国是乌兹别克斯坦第二大贸易伙伴国，从进出口商品结构上看，我国对乌出口主要商品为机械设备和器具、电机电气设备及其零附件、钢铁制品、车辆及其零配件、塑料及其制品等；我国自乌进口主要商品为天然气、棉花、天然铀等。截至2014年7月，中国对乌投资已达76亿美元，包括直接投资61亿美元，中国政府优惠贷款15亿美元。2013年，中国与土库曼斯坦关系实现战略升级，9月双方正式建立战略伙伴关系，中国是土第一大贸易伙伴国和天然气进口国，中方主要向土出口铁路设备、机械、电器、黑色金属、化纤、鞋和服装等，自土进口天然气、生丝、棉布、棉纱、皮毛和甘草等。

（二）南亚区域①

南亚区域内的国家包括印度、巴基斯坦、阿富汗、孟加拉国、斯里兰卡、尼泊尔、不丹和马尔代夫。这块次大陆包含了超过世界1/5的人口，是世界上人口最多和最密集的地域，同时也是继非洲撒哈拉以南地区后全球最贫穷的地区之一。南亚八国2014年国内生产总值（GDP）为26078.7亿美元，占全世界总量的3.3%；人口169220.5万人，占世界总人口的23.5%；人均GDP为1541美元。由于全球市场对南亚出口产品需求增加、外资的流入及侨汇的增长，近几年南亚

---

① 根据中国银行业监督管理委员会网站数据资料整理得到。具体请参阅《"一带一路"沿线国家基本信息（南亚八国）》，2015年10月20日，中国银行业监督管理委员会网站（http://www.cbrc.gov.cn/chinese/home/docView/8BB429C7A0144B02BA301C0C5EA0A76F.html）。

地区国家经济保持较高增速，且作为石油进口地区，受益于国际油价下跌，2014年经济增速达6.8%。中国是南亚国家主要的贸易伙伴和外资来源国，已成为印度、巴基斯坦、斯里兰卡、孟加拉国、阿富汗最大的贸易伙伴。

南亚国家都属于发展中国家，大都为传统农业国，其经济特点是以农业为主、工业为辅的综合型经济，矿物资源以铁、锰、煤最为丰富。南亚是杧果、蓖麻、茄子、香蕉、甘蔗以及莲藕等栽培植物的原产地。所产黄麻、茶叶约占世界总产量的1/2左右。稻米、花生、芝麻、油菜籽、甘蔗、棉花、橡胶、小麦和椰干等的产量在世界上也占重要地位。热带雨林和热带季风林占有广大面积。世界银行发布的数据显示，2013年南亚国家经济增长4.7%，2012年增长5%。由于制造业表现低迷和印度的投资增长急剧变缓，导致南亚国家经济增长减慢。由于2013年第二季度南亚国家货币贬值，其出口一直呈增长趋势，但自2014年第一季度以来已开始放缓。2015年第一季度，尼泊尔、孟加拉、巴基斯坦和印度的通货膨胀率均达7%以上，食品价格持续上涨。而另一方面，该地区的资本流入自2013年以来持续增长，外部汇款为南亚大部分国家的消费和对外收支平衡提供了支撑。

中国与南亚国家经贸合作日益紧密。2008年以来，由于受国际金融危机及政局不稳影响，南亚国家的经济一度受到冲击，与中国的进出口贸易额也出现下滑。2010年以来，随着南亚各国的经济普遍回升，南亚成为世界经济复苏和增长最快的地区之一，南亚各国政府也在贸易、环境保护等领域积极参与国际合作，中国与南亚各国经贸合作也日趋密切。作为南亚与中国进出口贸易额最大的国家，近年来印度与中国在多个领域开展合作。2011年中印经贸额达739亿美元，2012年为664.7亿美元，2013年为654.7亿美元，2014年为716亿美元。中国已取代美国成为印度第一大贸易伙伴，印度也成为中国在南亚最大的贸易伙伴。中国与巴基斯坦是睦邻友好国家，两国友谊源远流长，两国的经贸关系一直稳定发展，双边贸易额在2000年以后有较大幅度增长，但贸易总量较小，相较两国密切的政治关系稍显逊色。2014年中巴双边贸易额达160亿美元，同比增长12.57%。巴主要对华出口棉纱、家用纺织品、服装、矿石和矿产品、铜、皮革制品、海产品、电子产品、医疗手术器械等；而中国主要对巴出口涤纶及丝绸面料、化肥、轮胎、手机、通信产品、燃气涡轮机、摩托车零件、活塞式内燃机、家用电器、钢铁制品、机械制品等。与此同时，中国与其他南亚国家的经贸往来也恢复了高速增长势头，其中与孟加拉国的进出口增长率达 50% 以上，与尼泊尔、马尔代夫之间的增长率达 70% 以上。

（三）东南亚区域[①]

东南亚地区共有 11 个国家：越南、老挝、柬埔寨、泰国、缅甸、马来西亚、新加坡、印度尼西亚、文莱、菲律宾、东帝汶，国土面积共约 449 万平方千米。其中，越南、老挝、缅甸与我国陆上接壤，菲律宾、文莱、马来西亚和印度尼西亚与我国隔海相望。除东帝汶外，其余十国为东盟组织（ASEAN）成员。2014 年，该地区国内生产总值（GDP）为 24795.5 亿美元，占全世界总量的 3.2%；人口 62417.6 万人，占世界总人口的 8.7%；人均 GDP 3973 美元。

东南亚地区拥有较多重要的新兴经济体国家，并且已经从 2008 年经济危机的阴霾中恢复。2014 年，除泰国（受国内政局动荡）和新加坡外，经济增长趋势都十分强劲，增长率保持在 5% 以上。从产业结构来看，该地区制造业较为发达，印度尼西亚、菲律宾、越南、泰国等多数国家制造业集中在服装加工、农产品加工等低端制造业上，新加坡、马来西亚主要集中在电子制造加工上，处于价值链高端地位。

东南亚地区国家与中国地域相邻，经济结构相似，资源与中国互补，文化较为相通。2014 年，东南亚地区国家与我国贸易量达 4805 亿美元，占对我国贸易总量的 11%，仅次于欧盟和美国。中国已成为越南、泰国、缅甸、马来西亚、新加坡、印度尼西亚第一大贸易伙伴。东南亚地区也是中资企业"走出去"的起点，我国在上述国家设立投资企业已达 4138 家。

---

① 根据中国银行业监督管理委员会网站数据资料整理得到。具体请参阅《"一带一路"国家基本信息（东南亚 11 国）》，2015 年 9 月 23 日，中国银行业监督管理委员会网站（http://www.cbrc.gov.cn/chinese/home/docView/10F7F27584F740FDA0544B18D10BEB29.html）。

（四）中东欧区域①

"一带一路"沿线中东欧地区共有16个国家：波兰、捷克、斯洛伐克、匈牙利、斯洛文尼亚、克罗地亚、罗马尼亚、保加利亚、塞尔维亚、黑山、马其顿共和国、波黑、阿尔巴尼亚、爱沙尼亚、立陶宛和拉脱维亚。除塞尔维亚、黑山、马其顿共和国、波黑、阿尔巴尼亚外，其余十一国为欧盟（EU）成员。斯洛文尼亚、斯洛伐克、爱沙尼亚、拉脱维亚已经加入欧元区。2014年，中东欧十六国国内生产总值（GDP）为15492.9亿美元，占全世界总量的2.0%；人口12003.4万人，占世界总人口的1.7%；人均GDP 12907美元。

中东欧国家，无论是欧盟成员国还是当前的候选成员国，经济规模都相对较小，实行出口导向型、开放性经济，欧盟和欧元区是其主要的出口市场。欧元区债务危机对该地区的深刻影响，充分表明了该地区经济的脆弱性和对欧盟大市场的深度依赖。中国是中东欧16国在亚洲最重要的贸易伙伴，尽管双方贸易额从2003年的83亿美元增长至2013年的551亿美元，但总体水平仍比较低，还不到中欧贸易额的1/10，只相当于中国和意大利一个国家的贸易额。中东欧国家对中国保持了较高的贸易逆差。近年来，中东欧多国加速融入欧洲，也因此形成了对西欧市场和投资高度依赖的发展模式。但世界金融危机和欧债危机爆发后，西欧经济体自身难保，市场需求的萎缩导致大量资金从中东欧国家抽离，对中东欧国家经济造成巨大冲击。中东欧国家在经贸合作方面也有优势。首先，中东欧背靠欧盟这个大市场，对中国企业进入欧洲具有重要意义。中东欧16国中已有11个国家为欧盟成员国，拥有良好教育和相对低廉的劳动力、先进的技术以及丰富的自然资源。其次，这些国家经济相对落后，对基础设施的需求较大。中国在这方面有管理经验、先进的技术和设备以及融资能力。双方优势互补，合作潜力巨大。

中国和中东欧国家经贸合作稳步推进。一是双边贸易持续增长。据

---

① 根据中国银行业监督管理委员会网站数据资料整理得到。具体请参阅《"一带一路"沿线国家基本信息（中东欧十六国）》，2015年10月13日，中国银行业监督管理委员会网站（ht-tp：//www.cbrc.gov.cn/chinese/home/docView/FC3AD1A660DE4AE6A6EA7E2390B73B6E.html）。

中国海关统计，2013 年，中国与中东欧 16 国进出口贸易总额为 551 亿美元，较上年增长 5.9%；2015 年 1—3 月，双方进出口贸易总额同比增长 10.5%，16 国对华出口强劲增长 38.9%，全年双方贸易额有望突破 600 亿美元。二是相互投资不断扩大，合作领域日趋多元。据不完全统计，目前中国企业在中东欧国家投资近 50 亿美元，涉及机械、化工、家电、物流商贸、新能源、研发、金融、农业等领域。中东欧 16 国在华投资超过 11 亿美元，涉及机械制造、化工、乳制品等。双方投资合作显现良好的发展前景。三是基础设施建设合作取得突破。利用中方贷款实施的塞尔维亚贝尔格莱德跨多瑙河大桥项目、科斯托拉茨电站一期改造项目、波黑斯坦纳里火电站项目等进展顺利，塞尔维亚、马其顿高速公路项目启动建设，一批合作项目正在积极探讨中，基础设施建设正成为双方合作的新亮点。①

（五）欧盟②

欧盟作为世界第一大经济体，拥有五亿多消费人群，同时具备全球领先的生产技术和劳动力。从宏观经济上看，欧盟国内生产总值从 2003 年就已经超过美国，成为世界第一大经济体，同时也是世界最大的贸易经济体。2012 年经济总量达到 17.5 万亿美元，比美国高出 1.9 万亿美元，是我国的 2.1 倍。进出口均居世界首位。2012 年欧盟 27 国对其他经济体出口为 2.23 万亿美元，主要目的地为美国、中国和俄罗斯；欧盟 27 国从外部进口 2.37 万亿美元，主要来源国为中国、俄罗斯和美国。总体来看，欧盟属于典型的高收入低增长经济体。但近年来，随着欧洲主权债务危机影响，欧盟经济长期处于低迷状态，欧盟特别是欧元区总体经济表现不佳，未来欧盟个别成员国经济复苏面临较大挑战。从产业结构上看，欧盟 15 个老成员国的产业结构较为相似，服务业占 GDP 比重较高，欧盟在高端制造业拥有比较优势，如化工、医药、

---

① 中华人民共和国商务部新闻办公室：《中国—中东欧国家经贸促进部长级会议专题新闻发布会在北京召开》，2015 年 5 月 22 日（http://www.mofcom.gov.cn/article/ae/slfw/201405/20140500597352.shtml）。

② 根据中国经济新闻网相关内容整理得到。具体请参阅《欧盟经济现状与前景》，2013 年 5 月 23 日，中国经济新闻网（http://www.cet.com.cn/wzsy/gysd/857593.shtml）。

航空、机动车辆、精密仪器等产业，主要特点是质优价高和科技含量高。

欧盟作为国际政治与世界经济中的一支重要力量，具备全球领先的生产技术和劳动力。同时，欧盟不仅是政治经济联盟，也是科技联盟，其总体科教水平在全球名列前茅，在生物技术、航天航空、信息技术、交通运输、新材料、能源、环境、海洋、农业等诸多领域处于世界领先水平。而中国处于快速城镇化及进一步推进改革开放的关键期，积极推动服务贸易开放，加快"走出去"和提高外资利用效益。扩大与欧盟的合作领域和合作深度，对于提升中国产业技术装备水平、缩小与发达国家的科学技术差距具有重要的意义。

从对外贸易上看，欧盟的进出口贸易总额已占世界总量的近20%，分别是世界第一大出口地区和第二大进口地区。就内部贸易而言，欧盟成员国间贸易额远远高于其与外部的贸易额，德国、法国、荷兰、比利时、英国和意大利六国形成了欧盟的内部贸易中心。就外部贸易而言，美国、中国、俄罗斯、挪威、瑞士以及土耳其等国多年来一直是欧盟最大的前几位贸易伙伴国。欧盟整体经济水平高、科技发达，长期以来，是我国西部地区最大的贸易伙伴，在信息产业、节能环保、装备制造业等领域具有很大的合作空间。成都市可以利用自身产业基础和发展需求，积极推进与欧盟国家在高端装备制造业、电子信息产业、节能环保和新能源、新材料等新兴战略性产业的合作，加快地区产业转型和技术更新。

二　"一带一路"沿线国内省区发展定位[①]

推进"一带一路"建设，中国将充分发挥国内各地区比较优势，实

---

① 根据《上海证券报》、新华网等网站相关内容整理得到。具体请参阅《20省份全面布局"一带一路"今年进入实质操作阶段》，2015年1月28日，新华网（http：//news. xinhuanet. com/fortune/2015-01/28/c_ 127429006. htm），《推动共建丝绸之路经济带和21世纪海上丝绸之路的愿景与行动》发布，2015年6月8日，新华网（http：//news. xinhuanet. com/gangao/2015-06/08/c_ 127890670. htm）。

行更加积极主动的开放战略，加强东、中、西、互动合作，全面提升开放型经济水平。在《愿景与行动》的白皮书中，圈定重点的"一带一路"建设区域包括 18 个省市和自治区，其中新疆、山西等西北 6 省，黑龙江、吉林、辽宁等东北 3 省，广西、云南、四川等西南 3 省，福建、广东、浙江、海南等 5 省以及内陆地区重庆（见图 5—1 和图 5—2）。

图5—1　国内各省市"一带一路"发展定位图

西北、东北地区。发挥新疆独特的区位优势和向西开放重要窗口作用，深化与中亚、南亚、西亚等国家的交流合作，形成丝绸之路经济带上重要的交通枢纽、商贸物流和文化科教中心，打造丝绸之路经济带核心区。发挥陕西、甘肃综合经济文化和宁夏、青海民族人文优势，打造西安内陆型改革开放新高地，加快兰州、西宁开发开放，推进宁夏内陆开放型经济试验区建设，形成面向中亚、南亚、西亚国家的通道、商贸

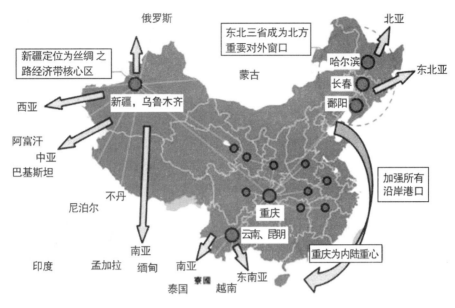

图5—2 我国"一带一路"建设战略方向图

物流枢纽、重要产业和人文交流基地。发挥内蒙古连通俄蒙的区位优势，完善黑龙江对俄铁路通道和区域铁路网，以及黑龙江、吉林、辽宁与俄远东地区陆海联运合作，推进构建北京—莫斯科亚欧高速运输走廊，建设向北开放的重要窗口。

西南地区。发挥广西与东盟国家陆海相邻的独特优势，加快北部湾经济区和珠江—西江经济带开放发展，构建面向东盟区域的国际通道，打造西南、中南地区开放发展新的战略支点，形成21世纪海上丝绸之路与丝绸之路经济带有机衔接的重要门户。发挥云南区位优势，推进与周边国家的国际运输通道建设，打造大湄公河次区域经济合作新高地，建设成为面向南亚、东南亚的辐射中心。推进西藏与尼泊尔等国的边境贸易和旅游文化合作。

沿海和港澳台地区。利用长三角、珠三角、海峡西岸、环渤海等经济区开放程度高、经济实力强、辐射带动作用大的优势，加快推进中国（上海）自由贸易试验区建设，支持福建建设21世纪海上丝绸之路核心区。充分发挥深圳前海、广州南沙、珠海横琴、福建平潭等开放合作区作用，深化与港澳台合作，打造粤港澳大湾区。推进浙江海洋经济发展示范区、福建海峡蓝色经济试验区和舟山群岛新区建设，加大海南国际旅游岛开发开放力度。加强上海、天津、宁波—舟山、广州、深圳、湛江、汕头、青岛、烟台、大连、福州、厦门、泉州、海口、三亚等沿海城市港口建设，强化上海、广州等国际枢纽机场功能。以扩大开放倒逼深层次改革，创新开放型经济体制机制，加大科技创新力度，形成参与和引领国际合作竞争新优势，成为"一带一路"特别是21世纪海上丝绸之路建设的排头兵和主力军。发挥海外侨胞以及中国香港、澳门特别行政区独特优势作用，积极参与和助力"一带一路"建设，为台湾地区参与"一带一路"建设作出妥善安排。

内陆地区。利用内陆纵深广阔、人力资源丰富、产业基础较好的优势，依托长江中游城市群、成渝城市群、中原城市群、呼包鄂榆城市群、哈长城市群等重点区域，推动区域互动合作和产业集聚发展，打造重庆西部开发开放重要支撑和成都、郑州、武汉、长沙、南昌、合肥等内陆开放型经济高地。加快推动长江中上游地区和俄罗斯伏尔加河沿岸联邦区的合作。建立中欧通道铁路运输、口岸通关协调机制，打造"中欧班列"品牌，建设沟通境内外、连接东中西的运输通道。支持郑州、西安等内陆城市建设航空港、国际陆港，加强内陆口岸与沿海、沿边口岸通关合作，开展跨境贸易电子商务服务试点。优化海关特殊监管区域布局，创新加工贸易模式，深化与沿线国家的产业合作。

（一）丝绸之路经济带各省市定位及发展方向

1. 西北五省份和内蒙古

西北地区五个省由于受到自然环境和经济发展不平衡等因素制约，经济发展水平相对滞后（见表5—1）。随着西部大开发"十二五"规划提出培育和壮大成渝地区、关中—天水地区、北部湾地区、呼包银榆地区、兰西格地区、天山北坡地区、滇中地区以及黔中地区、宁夏沿黄地区、藏中南地区、陕甘宁革命老区这11个重点经济区。其中，成渝地区、关中—天水地区和天山北坡地区是丝绸之路经济带的最重要支撑片区，另外还有兰西格经济区、陕甘宁革命老区和宁夏沿黄经济区的一部分也对丝绸之路经济带的发展起到了重要的经济推动作用。

表 5—1　　　　　　　　2012 年西北五省主要经济指标对比

省区	GDP（亿元）	GDP 占比（%）	面积（万平方公里）	面积占比（%）	人口（万人）	人口占比（%）	贸易总额（美元）	贸易总额占比（%）
陕西	16045.21	2.82	20.62	2.15	3753.09	2.77	147.99	0.38
新疆	8360.24	1.47	163.78	17.06	2232.78	1.65	251.7	0.65
甘肃	6268.01	1.1	45.4	4.73	2577.55	1.9	89.01	0.23
宁夏	2565.06	0.45	5.2	0.54	647.19	0.48	22.17	0.06
青海	2101.05	0.37	71.75	7.47	573.17	0.42	11.57	0.03
合计	35339.57	6.21	306.75	31.95	9783.78	7.2	522.44	1.35
全国	568845.2	100	960	100	135404	100	38667.6	100

　　新疆维吾尔自治区的定位是：新疆将依托地缘优势，深化与周边国家和地区的交流合作，形成丝绸之路经济带上重要的交通枢纽、商贸物流和文化科技中心，打造丝绸之路经济带核心区。其主要节点城市为乌鲁木齐、喀什。新疆在 1 月 20 日发布的《政府工作报告》中提出，2015 年要推进丝绸之路经济带核心区建设，加快落实丝绸之路经济带核心区建设实施意见和行动计划，加快五大中心建设。按照北、中、南通道建设规划，切实抓好重大基础设施项目建设和储备。2015 年，乌鲁木齐已申报亚欧经贸合作试验区，喀什综合保税区于 1 月 8 日通过国家验收，霍尔果斯经济开发区也已列为重要产业园区。

　　青海省的定位是：青海正在打造丝绸之路经济带的战略通道、重要支点和人文交流中心，使丝绸之路经济带成为青海向西开放的主阵地和推动全省经济发展的新增长极。其节点城市为西宁、海东、格尔木。青海《政府工作报告》提出，打造与丝绸之路沿线国家和周边省区航空、铁路、公路有效对接的现代交通网络，与沿海沿江地区加强区域通关一体化合作，建成曹家堡保税物流中心。继 2014 年 12 月开放西宁国际航空港，并陆续开通西宁—曼谷、西宁—首尔、西宁—台北三条航线后，国际商城、保税仓库、循化穆斯林产业园等 41 个项目正在抓紧实施。

　　甘肃省的定位是：打造"丝绸之路经济带"黄金段，构建我国向西开放的重要门户和次区域合作战略基地。其重要节点城市为兰州、白银、酒泉、嘉峪关、敦煌。甘肃制定了《"丝绸之路经济带"甘肃段建设总体方案》, 提出要建设 "丝绸之路经济带" 甘肃黄金段, 构建兰州新区、敦煌国际文化旅游名城和 "中国丝绸之路博览会" 三大战略平台。重点推进道路互联互通、经贸技术交流、产业对接合作、经济新增长极、人文交流合作、战略平台建设六大工程。其中, 与丝绸之路沿线国家加强经贸合作, 包括资源开发、装备制造、新能源、特色农产品加工等产业。

陕西省的定位是: 着力建设丝绸之路经济带重要支点, 形成我国向西开放的重要枢纽。其重要节点城市为西安。加快建设丝绸之路经济带新起点, 加强与中亚国家和澳大利亚等国在资源勘探、开发领域的合作; 积极申报建设丝绸之路经济带自由贸易区, 建设国家航空城实验区; 推进省资源交易中心落户能源金融贸易中心, 鼓励各类能源企业积极参与西咸新区建设; 支持西咸新区建设立体化综合交通系统, 启动地铁延伸线建设; 省重大产业项目优先向西咸新区布局。

宁夏回族自治区的定位是: 以国家 "一带一路" 战略为引领, 进一步打造丝绸之路经济带战略支点。2015 年宁夏《政府工作报告》提出, 以宁夏内陆开放型经济试验区为平台, 用好用足中阿博览会 "金字品牌", 着力实施四项行动计划, 加快建设陆上、网上、空中丝绸之路。四项行动计划的第一项就是实施开放通道拓展计划, 一批铁路公路项目将会开始建设, 把银川河东国际机场打造成面向阿拉伯国家的门户机场。

内蒙古自治区的定位是: 内蒙古被纳入 "丝绸之路经济带" 建设范围, 向北开放桥头堡建设迈出重要步伐。内蒙古将编制推进丝绸之路经济带建设实施方案, 争取将内蒙古向北开放重大事项和项目纳入国家顶层设计。今年内蒙古还将加快满洲里、二连浩特国家重点开发开放实验区和呼伦贝尔中俄蒙合作先导区建设, 办好中蒙博览会, 加大口岸建设力度, 推进与俄蒙基础设施的互联互通。

2. 西南 4 省市

西南丝绸之路示意图如图 5—3 所示, 其 4 省市的具体定位如下:

重庆市的定位是: 将重庆建成长江经济带西部中心枢纽。2014 年12 月重庆市委、市政府已正式出台《贯彻落实国家 "一带一路" 战略和建设长江经济带的实施意见》, 提出加快建设长江上游综合交通枢纽，打造内陆开放高地。而2015年重庆《政府工作报告》则进一步指出，加强与"一带一路"沿线国家、国际友城和港、澳、台经贸往来，促进与长江经济带沿线省市协作，务实推进成渝经济区一体化。积极组织周边地区货物搭载"渝新欧"班列，推动国际邮政专列正式运行，增加"渝新欧"开行班次和集装箱运量。

图5—3　西南丝绸之路示意图

四川省的定位是：打造成为国家实施"一带一路"战略的重要交通枢纽和经济腹地。提出推动实施"一带一路"企业"走出去""251三年行动计划"，即在"一带一路"沿线中，筛选20个四川省具有较大产业和贸易比较优势的国家，实施重点开拓、深度开拓；在20个重点国家中，优选50个双向投资重大项目，实施重点跟踪、强力促进；在全省现有近1万家外经贸企业中，精选100家与"一带一路"沿线有较好贸易投资基础的重点企业，实施重点引导、形成示范。

云南省的定位是：成为"一带一路"的战略支点，沟通南亚、东南亚国家的通道枢纽。早在2014年云南省丝绸之路经济带规划就已上报国家发改委，并有望于近期出台。按规划，云南省沿边金融综合改革试验区作为丝绸之路经济带发展的重点之一，吸引东南亚及南亚国家的银行、证券等金融机构入驻云南,全面提升跨境金融服务。2015 年云南《政府工作报告》指出,加快云南连接周边国家的综合交通、电力、信息和仓储物流等基础设施建设。

广西壮族自治区的定位是:"一带一路"有机衔接的重要门户,西南开放发展新的战略支点。广西建设主要围绕北部湾做文章,加快申请设立北部湾自由贸易试验区,并有望成为第三批获批的自贸区。2015 年广西《政府工作报告》指出,升级发展北部湾经济区,着力抓好基础设施、产业升级、港口物流等 256 个重大项目。

(二)"21 世纪海上丝绸之路"沿线各省市定位及发展方向

"21 世纪海上丝绸之路"主要包括东南部沿海的浙江、广东、福建、海南 4 省份(见图 5—4)。其各自的发展定位和发展方向如下:

北海、钦州、防城港、湛江和海口地处北部湾地区,背靠大西南,面向东南亚,是我国面向东盟及"21世纪海上丝绸之路"的重要门户

图 5—4 海上丝绸之路示意图

浙江省的定位是:打造推动"一带一路"战略的经贸合作先行区、"网上丝绸之路"试验区、贸易物流枢纽区,构筑陆海统筹、东西互济、南北贯通的开放新格局。杭州、宁波和温州等为其重要节点城市。浙江政府工作报告中指出,将大力推进宁波—舟山港一体化,积极推进全省沿海港口、义乌国际陆港的整合与建设,积极谋划和推进港口经济圈建设。舟山自贸区正在申报,此外,还要加强江海联运、海陆联运体系和远洋船队建设,稳步推进"义新欧"中欧班列运行常态化。

福建省的定位是：打造"一带一路"互联互通建设的重要枢纽、海上丝绸之路经贸合作的前沿平台和海上丝绸之路人文交流的重要纽带。其以厦门、漳州、泉州、福州为四大支点。出台《福建省融入丝绸之路经济带和21世纪海上丝绸之路发展战略实施意见》，加快推进铁路、高速公路、港口、机场等基础设施互联互通建设。福建参与"一带一路"建设的重点方向是东南亚，将加快建设厦门东南国际航运中心，重点推进厦门新机场建设，增开至东南亚、南亚的国际航线。重点建设合福、赣龙扩能、衢宁、浦建龙梅、吉永泉和福厦高铁等快速铁路，加快建设宁波至东莞、莆田至炎陵、漳州至梅州等高速公路。

广东省的定位是：作为古代海上丝绸之路重要发祥地和改革开放先行地，着力打造21世纪海上丝绸之路的桥头堡。广州是"21世纪海上丝绸之路"的重要节点城市。广东把"加快西江、北江黄金水道扩能升级，推进江海联运，支持广州港与21个友好关系港口建立海上港口联盟"等内容纳入海上丝绸之路建设规划；利用临海优势，以广州、深圳、珠海、汕头、湛江五大港口为枢纽，加快推进海上通道互联互通，积极参与东盟国家港口等重大基础设施建设；加快粤港澳自贸区和南沙、前海、横琴新区建设。

海南省的定位是：紧紧围绕南海资源开发服务保障基地和海上救援基地的两大国家定位，打造海上丝绸之路的门户战略支点。其节点城市是海口和三亚。海南省成立了针对"一带一路"建设战略专门的领导组织机构，制定海南融入21世纪海上丝绸之路的相关战略方案。海南将加快建设"岛上海南"，重点提升海口、三亚作为战略支点的支撑作用。加快建设"海上海南"，全力推进三沙重大基础设施和公共服务设施建设，发展油气资源开发服务保障、远洋捕捞、海上旅游等特色海洋经济。

上海的定位是：上海既是"一带一路"和长江经济带的交汇点和我国江海航运的原点，又是中国（上海）自由贸易试验区制度创新推广的龙头，以及亚太经济圈创新与投资的引擎。目前，上海已引领带动"一带一路"和长江经济带区域发展。未来30年，上海将向成为具有全球意义、拥有自身独特优势、具备引领和借鉴意义的全球城市的目标发展，找到自己在国际、国内、长三角地区和上海地区4个层次的定位和发展机会，将长江经济带发展与"一带一路"发展战略对接，整合国内外、区内外资源，促进亚欧非地区物畅其流、人畅其通，构建统一高效的区域大市场和区域合作体系。

（三）融入"一带一路"建设的省市定位及发展方向

从地理上看，虽然黑龙江、吉林、辽宁东北三省偏居一隅，与"一带一路"主线无直接关联，但在出台的《愿景与行动》文件中提出要完善黑龙江对俄铁路通道和区域铁路网，以及黑龙江、吉林、辽宁与俄远东地区陆海联运合作。目前，东北六海关通关一体化已启动，这将有利于推动东北开放性经济新发展和"一带一路"战略的落实。

黑龙江省的定位是：打造东部陆海丝绸之路经济带，为东部沿海以及日、韩乃至北美提供陆海联运跨境运输。今年黑龙江《政府工作报告》指出，加大铁路、公路、口岸等互联互通及电子口岸建设力度，推动跨境通关、港口和运输便利化，借助俄远东港口，开展陆海联运。

辽宁省的定位是："一带一路"构建亚欧大陆桥出海口的重要区域，是中蒙俄经济走廊的重要一环，辽宁沿海经济带是参与"一带一路"战略的重要平台。辽宁正积极打造3条至欧洲的运输通道，鼓励企业开展境外投资，承揽国际工程，带动产品出口，促进产能合作。3条通道分别为，"辽满欧"综合交通运输大通道，以大连港、营口港为起点，经满洲里、俄罗斯再到欧洲；"辽蒙欧"综合交通运输大通道，以锦州港、丹东港为起点，经蒙古乔巴山再到欧洲；北极东北航道，是以大连港为起点，经白令海峡、楚科奇海至挪威北角、欧洲各港口的海上航运通道。

吉林省的定位是：构筑"一带一路"的东方节点区域，向东构建东北亚地区的海上丝绸之路，向西连接蒙古国与俄罗斯，形成新的亚欧大陆桥，构建起东北亚地区的陆上丝绸之路。吉林正积极建设"长吉图开发开放先导区"的通道，优化和推动吉林、长春空间布局和协调发展，推动两地一体化。在着力提升长吉两区的基础上，全面推进长吉北线、长吉中线、长吉南线三条产业带建设，加快长春与吉林市在工业、农业、服务业、基础设施等10个方面的合作，促进汽车、石化和其他产业之间的整合，实现长吉两区优势互补、良性互动，加快形成长吉经济圈，提高长吉腹地的支撑作用。

第六章　成都市参与"一带一路"的基础分析

一　成都市与"一带一路"沿线国家的经贸合作现状

（一）进出口贸易总额稳步增长

根据成都统计年鉴数据，2012 年，成都实现进出口总额 475.57 亿美元，增长 20.29%。其中，出口总额为 303.70 亿美元，增长 24.41%，占四川省出口总额的 79%；进口总额为 171.87 亿美元，增长 13.02%，占四川省进口总额的 83%。进出口总额、出口额居全国 15 个副省级城市第 9 位，增幅居全国 15 个副省级城市首位。

2012 年，成都市出口 303.70 亿美元，增长 24.41%，占四川省出口总额的 79%。一般贸易出口小幅增长，加工贸易及其他贸易出口快速增长。一般贸易出口 99.89 亿美元，增长 6.75%，占全市出口的 32.9%，占比下降 8 个百分点；加工贸易出口 168.56 亿美元，增长 46.97%，占全市出口的 55.52%，占比上升 6 个百分点；其他贸易出口 35.16 亿美元，增长 65.11%，占全市出口的 11.58%，占比上升 2 个百分点；对外承包工程货物出口 19.31 亿美元，增长 106.12%。

2012 年，成都市进口 171.87 亿美元，增长 13.02%，进口额占四川省进口总额的 83%。全年实现贸易顺差 131.83 亿美元，比上年增加 51.77 亿美元。其中，主要进口商品集中在集成电路及微电子组件、印刷电路、航空设备及零件、矿产品、汽车等机动车辆及其零件、其他机器及零件等领域。

（二）外资企业成为推动外贸增长的主要力量

2012 年，成都市共有 2430 家有进出口实绩的企业。其中，进出口上千万美元的企业 345 家，比上年增加 3 家；进出口上 5000 万美元的企业 139 家，比上年增加 70 家；进出口上亿美元的企业 38 家，比上年增加 5 家。外商投资企业出口 163.57 亿美元，增长 55.97%，占成都出口总额的 53.87%，比去年上升 8 个百分点，外商投资企业成为推动成都市对外贸易增长的主要力量。2012 年，成都高新综合保税区实现进出口 262.23 亿美元，增长 42.3%，占全市进出口总额的 55.16%，比上年提高 7 个百分点。成都高新综合保税区已成为推动成都市外贸增长的主要区域。

2012 年，成都市机电、高新技术产品出口快速增长，形成了以机电、高新技术产品为主导，农产品、家具、鞋类、医药产品等特色产品为补充的出口商品格局，出口商品结构进一步优化。其中，机电、高新技术产品出口分别达 218.79 亿美元、163.69 亿美元，增长 46.58%、51.66%。

（三）出口市场多元化格局逐步形成

2012 年，成都实现进出口总额 475.57 亿美元，同期增长 20.29%。进出口总额的总量和增长幅度主要体现在亚洲，由 2011 年的 162.36 亿美元增长到 2012 年的 229.40 亿美元，增长幅度达 29.18%。其他大洲表现较为平稳，欧洲和北美洲的进出口总额同样占据重要地位，均接近 100 亿美元，拉丁美洲、非洲和大洋洲比重较小（见图 6—1）。

2012 年，成都对亚洲、欧洲和北美洲三大市场分别出口 122.96 亿美元、66.79 亿美元、91.57 亿美元，增长 49.45%、6.98%、39.58%，占全市出口的 40.50%、22%、30.16%；对非洲、拉丁美洲、大洋洲分别出口 9.05 亿美元、9.30 亿美元、3.95 亿美元，增长 11.27%、1.47%、101.68%（见图 6—2）。

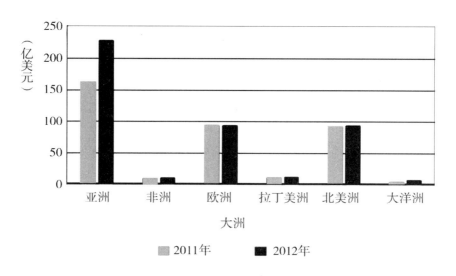

图6—1 成都市与各大洲进出口贸易总额

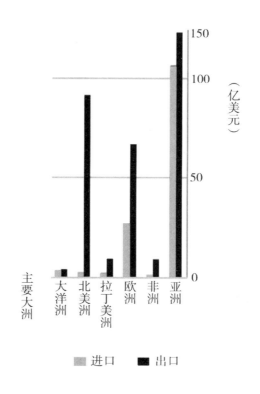

图6—2 2012年成都市对各大洲进出口贸易总额

出口市场多元化格局逐步形成。目前,成都市已和221个国家和地区建立了直接经贸往来关系,美国、荷兰、中国香港居成都市出口市场前三位,分别出口 89.02 亿美元、25.21 亿美元、22.24 亿美元,分别增长 40.18%、23.64%、-8.92%。2014 年成都市实际到位内资 3414.86 亿元,完成全年目标的 101.33%;新批外商投资项目 226 个,实际利用外资 100.16 亿美元,完成目标任务的 100.16%。截至 2015 年上半年,落户成都的世界 500 强企业已达 268 家,稳居中国中西部城市第一位。具体而言,成都对外贸易在各大洲均保持贸易顺差,以北美洲和欧洲顺差最大,其中,北美洲的贸易顺差达到 89.29 亿美元,比例占到贸易总额的 97.51%。

(四)与"一带一路"沿线部分亚洲国家的经贸往来

成都是西部与南亚经济合作最多的城市,在与亚洲各国的经贸往来过程中,成都与印度的进出口贸易占有重要地位。2012 年的进口贸易总额就已经超过 10 亿美元,与 2011 年相比,有了一定提高(见图 6—3、图 6—4)。成都高校众多,人才资源丰富;未来双方在服务业外包、机电和高新技术等领域具有宽广的合作前景。巴基斯坦是成都与南亚贸易的另一个重要伙伴,进出口额在 1.5 亿美元左右。阿联酋和沙特同样是成都市在亚洲的重要贸易伙伴,进出口贸易额维持在 3.3 亿美元左右,且具有较大贸易顺差。其中,成都对其出口产品主要集中在汽车、机械等领域。

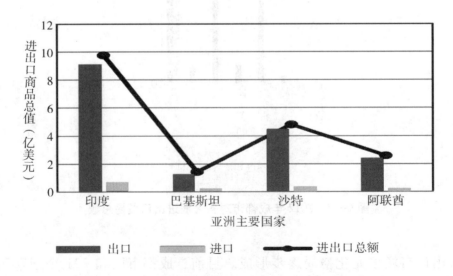

图 6—3　2011 年成都与部分亚洲国家进出口额对比

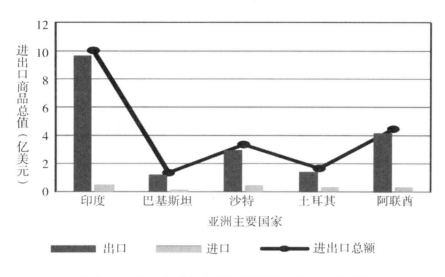

图6—4 2012年成都与部分亚洲国家进出口额对比

（五）与"一带一路"沿线主要欧洲国家的经贸往来

欧洲是成都进行对外贸易的重点区域，近两年的进出口贸易额超过90亿美元，贸易顺差在30亿—40亿美元。受数据来源的限制，这里仅讨论英国、德国、法国、意大利、荷兰和俄罗斯。总体而言，与各国的进出口贸易额均保持一定程度的增长，荷兰和德国构成了总量上的主体，其次是英国、法国和意大利。

根据四川省商务厅最新数据，荷兰已成为成都在欧盟最大的贸易伙伴和重要的投资来源地，并在成都市设立了中国西部首个贸易代表处。双方进出口贸易额由2011年的21.14亿美元增加到2012年的25.89亿美元，增幅达18.34%（见图6—5、图6—6）。而在双方进出口贸易额的构成中，成都出口商品额占据绝对优势。成都主要对荷兰出口机电产品、化工品、金属制品等商品，主要从荷兰进口化工品、光学医疗仪器、机电产品等。截至2013年，荷兰累计在成都投资设立49家企业，实际到位外资金额7亿美元，涉及农业、电子、化工、医药、环保、银行、保险、咨询等行业，壳牌、阿克苏诺贝尔、飞利浦、联合利华、帝斯曼、荷兰邮政、荷兰航空等知名企业已在川投资落户。随着航空物流合作不断发展，双方未来经贸合作潜力仍然很大。

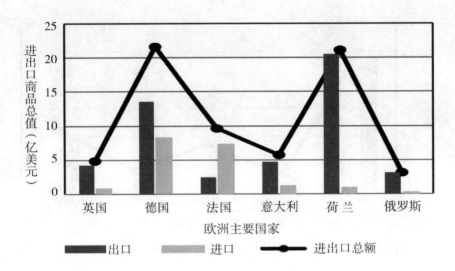

图 6—5　2011 年成都与部分欧洲国家进出口额对比

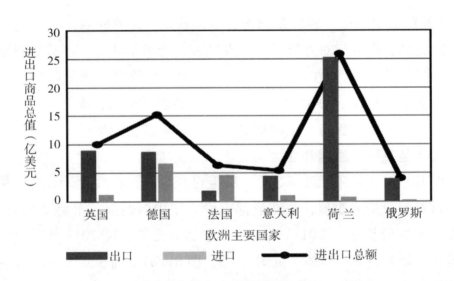

图 6—6　2012 年成都与部分欧洲国家进出口额对比

　　根据成都市外事办提供的数据，截至 2013 年 12 月，成都市共批准德商投资企业 53 家，已有包括大众汽车、西门子、德国邮政等 10 余家世界 500 强在内的德国企业落户成都，态势良好。2013 年成都与德国进出口总额为 15.06 亿美元，占全市进出口总额的 2.98%；出口的主要产品有大中小微型计算机、鞋类、服装、塑料及其制品、家具、灯具及照明装置等，出口额排第一位的是大中小微型计算机（出口额 5.57

亿美元），进口额排第一位的是航空设备及零件（进口额 1.59 亿美元）。成都市有 1000 多家企业与德国有着直接经贸往来关系。

截至 2013 年年底，成都共批准设立英国投资企业 94 家，到位资金 2.14 亿美元。英国在蓉投资按行业划分主要有化学药品制造、工业气体生产、批发和零售业、房地产等，渣打集团、苏格兰皇家银行、怡和集团、汇丰银行、葛兰素史克公司、阿斯利康、英美烟草集团等知名公司均在蓉有投资，成都也有 700 多家企业与英国有着直接经贸往来。2013 年，成都—伦敦直飞航线开通，不仅缩小了成都与伦敦之间的距离，也有助于促进成都与英国的友好交流。

法国是成都在欧盟重要的贸易伙伴。据海关统计，2013 年成都与法国进出口总额达 6.87 亿美元，同比增长 7.11%，占全市进出口总额的 1.36%。截至 2013 年，法国在成都市投资企业为 64 家，其中 13 家为世界 500 强企业，实际使用资金达 4.64 亿美元。法国在成都投资的行业较广，主要涉及工业制造业、公用事业、房地产开发业、商业零售业，苏伊士、达能、家乐福、欧尚、拉法基等公司在蓉均有投资。目前，成都已有 600 多家本地企业与法国有直接经贸往来。

俄罗斯一直是成都的重要贸易伙伴，两者进出口商品具有较强的互补性。成都对俄罗斯出口的主要商品有钻探设备、电视机等机电产品以及鞋类和纺织服装等。而成都从俄罗斯进口的主要商品有纸浆及纸制品、橡胶及制品、金属制品、矿产品等，纸浆及纸制品的比重高达 70%。

二　成都市与"一带一路"沿线国家的人文合作现状

人文合作包括文化、教育、医疗卫生、科技、旅游等各个方面。人文合作对于沟通民心、建立人民之间的理解与共识、传播中华文化意义深远，也可为其他领域的务实性合作奠定良好的人文环境基础。

（一）文化交流与合作

近年来，成都与丝绸之路经济带沿线国家的文化交流不断扩大，演出团、展览团以及文化部门和团体的互访活动日益频繁。同时，文化交流平台逐步完善。借助于中国西部国际博览会，从 2008 年 10 月开始，一年一度在成都召开的中国西部国际合作论坛已成功举办了六届，为中外文化交流搭起了良好的平台。目前，已有 10 个国家的领事馆落户成都，进一步方便了与各国的文化交流，但在丝绸之路沿线国家中仅有巴基斯坦一国在成都设有领事馆。

成都具有深厚的丝绸文化底蕴，如"蜀锦"、"锦城"、"锦江"等产品、地名等均与丝绸有关，2014 年在成都发现了我国最早的汉代纺织机，同时，成都还建有"丝绸博物馆"，有两个与丝绸有关的专科学校，这些都为与丝绸之路沿线国家开展丝绸文化交流奠定了良好的基础。但是，目前以丝绸文化为主题的文化交流还非常少，有待进一步挖掘。

国际友好城市是文化交流与合作的重要载体，也是增进了解、发展友谊、促进合作的重要方式。通过友好城市可以促进城市人民之间的连接和友谊，开展文化、教育、科技、经贸、人才等方面的实质性交流与合作。它是促进人民之间相互了解和增进友谊，促进世界和平的最有效的方式。我国从 1973 年开始开展友好城市活动，截至 2013 年年底，四川省与世界其他国家共建立了 66 对友好城市关系。1981 年成都市才开始友好城市建设，法国的蒙特利尔市第一个与成都结为友好城市。截至目前，成都市与美国、法国、比利时、意大利、德国、日本、韩国、澳大利亚、印度尼西亚、俄罗斯等 16 个国家建立了 22 对友好城市。在丝绸之路经济带沿线国家中，由于历史、政治、文化等因素，只有俄罗斯的伏尔加格勒市在 2011 年与成都市建立了友好城市，2013 年 10 月成都市首次与地处南亚印度的班加罗尔市建立了友好城市关系，逐渐开拓沿线国家的友好城市建设。但是，到目前为止，除这两个城市之外，沿线其他国家和地区的城市尚未与成都建立友好城市关系。

由于民间文化意识形态和经济发展水平的差异，目前成都与丝绸之路沿线国家的文化交流仍以政府交流居多，民间文化交流明显不够。文化交流形式仍以演出、展览等传统形式为主，在信息化时代，其文化交流的形式也有待深化。同时，目前还缺乏中长期文化交流与合作的战略协议，不利于成都市与丝绸之路沿线国家长期稳定可持续的文化合作与交流。

（二）教育合作与人才培养

自 2004 年 11 月全球首家孔子学院在韩国成立以来，国内有 61 所高校和机构在全球建立了 400 多所孔子学院，分布在近百个国家和地区。海外孔子学院是以开展汉语教学为主要活动内容的中国语言文化推广机构，成为传播中国文化和推广汉语教学的全球品牌和平台。

2007 年 5 月，四川大学在海外合作建立了该校的第一所孔子学院——韩国又松大学孔子学院。2007 年 10 月，四川大学与美国亚利桑那州立大学联合建立其在海外的第二所孔子学院；同月，四川大学第三所海外孔子学院在美国犹他大学成立。2010 年 4 月，四川大学又在美国华盛顿州以合作建设的模式成立了其第四所海外孔子学院。2010 年 10 月，成都大学也开启了海外国学课程的开设之旅，与美国新罕布什尔大学联合办学，成立了孔子学院。2011 年 3 月，西南交大与瑞典卡尔斯塔德大学联合打造了孔子学院，这也是四川高校在欧洲建立的第一所孔子学院。2013 年 9 月和 12 月，西南财经大学分别在美国和马其顿与当地高校合作建立了两所孔子学院。2013 年 5 月，四川师范大学与巴基斯坦卡拉奇大学签署了合建孔子学院协议，这是成都市在丝绸之路沿线国家建立的第一所孔子学院。至此，成都高校已在国外联合建立了 9 所孔子学院，但绝大部分分布在欧美国家和东亚地区。

留学生规模不断扩大，但双向交流明显不足。四川省政府虽然设有来华留学生政府奖学金，但就成都市而言，来华留学生规模仍然较小，同时，由于缺乏小语种人才，目前尚没有针对丝绸之路沿线目标国家的专项奖学金。在教育合作方面，目前成都市与南亚、东南亚、中东欧交流较多。南亚主要与印度、巴基斯坦、尼泊尔教育合作较多，主要是因为这些国家承认中国的医学文凭，目前这些国家在成都的留学生有 500 多名，主要是学习医学。中东欧来华的留学生主要来自捷克、波兰等国，通常到四川音乐学院学习音乐和艺术。四川大学巴基斯坦研究中心是教育部国别区域研究中心，是促进南亚地区特别是巴基斯坦的研究和合作的重要平台。同时，在成都师范大学设立有东南亚研究中心（省级中心），在成都中医药大学设有外交部所属的东盟中医药研究中心。

相对于南亚、东南亚和中东欧地区，由于语言问题，成都市与中亚、俄罗斯的交流更少。但近年来，俄罗斯与四川合作较积极。汶川地震后，俄罗斯曾邀请并组织地震灾区学生赴俄疗养团，促进了中俄人文交流和相互了解。

在职业培训方面，在新加坡建立校长培训基地，每年派出 3 名中小学校长进行培训。在德国建立中—德职业培训中心。同时，成都市职业技术学院与西亚的多哈、迪拜等城市合作，在相关城市进行酒店管理、空乘等专业实习。

2014 年 3 月，成都市设立"成都市国际友好城市留学生政府奖学金"，受到了中国外交部、驻蓉领事机构和成都国际友好城市的政府、高校及学生的普遍关注和积极响应。全球 55 个城市的外国留学生来蓉均可争取成都市国际友好城市留学生政府奖学金。这 55 个城市分别为法国蒙彼利埃市、加拿大温尼伯市等成都缔结的 22 个国际友好城市，以及俄罗斯圣彼得堡、泰国乌汶府等 33 个友好合作关系城市。成都设立国际友好城市留学生政府奖学金项目旨在吸引更多外国留学生到在蓉高校学习交流，进一步推动成都市与国际友好城市教育国际交流与合作，增进友城对成都的了解和友谊，也促使成都成为国际学生的留学目的地。该奖学金面向赴成都高校接受学历教育或非学历教育的友城外籍学生。奖学金的发放标准为博士生 3 万元/学年、硕士生 2.5 万元/学年、本科生 2 万元/学年、专科生 1.5 万元/学年，可每年申请。非学历教育交流生每月 0.1 万元/人，累计最高不超过 1 万元/人，实行一次性奖励。首届成都市国际友好城市留学生政府奖学金颁奖仪式已于 2014 年 6 月 17 日在蓉举行，来自 13 个成都市国际友好城市和友好合作关系城市的 52 名留学生获得该奖学金。成都市希望通过创新友城合作平台增进成都与国际友城之间的友谊，促进彼此交流。奖学金项目的顺利实施必将培育出更多成都与世界交流的使者，架起传递信息的桥梁，为成都市与各国友城之间的合作共赢作出更大努力。

（三）科技合作

成都市科技基础较好，科研院所多，科技人才资源丰富，科研实力较强。与教育合作的区域倾向性相同，目前在科技合作方面，成都市与东南亚、南亚和东欧的科技合作较多，而与中亚、西亚的科技合作很少。中亚各国目前与成都尚无科技合作项目。

与东盟、南亚的科技合作领域主要集中在农业（种子）、食品深加工、区域自然灾害防治、传统中医药等领域。中国科学院成都山地灾害与环境研究所在外交部和科技部的共同支持下，利用亚洲区域合作基金，主要与东盟和南亚国家进行山地自然灾害的防治和预警合作研究，并对相关国家技术和管理人员进行培训。成都中医药大学利用东盟合作基金开展中医药东盟行活动。四川农业大学面向东盟开展了超级杂交水稻培训。

在科技对外援助方面，在国家科技部的支持下，由四川农业大学承担的对发展中国家科技援助项目"中国—孟加拉国水稻联合研究中心"建设进展顺利，取得初步成效。四川农业大学与孟加拉国家水稻研究所合作建立"中国—孟加拉国水稻联合研究中心"，旨在联合选育适合当地种植的高产、优质、多抗的杂交水稻新组合，并研究配套栽培技术，帮助建立水稻栽培实验室等科研设施，帮助培训孟方相关技术人员掌握育种、高产制种、高产栽培等应用技术，提高当地杂交稻种子质量及产量，缓解粮食安全问题。截至目前，中孟双方联合开展了收集筛选孟加拉抗病虫优质种质资源，中方推荐多个杂交稻新组合在孟加拉进行初试，大多数杂交稻组合较孟加拉当地对照品种增产显著。双方就中方向孟加拉国家水稻研究所捐赠仪器设备开展实验及试种、中方选育杂交水稻组合参加孟加拉国家区试种、中方培训孟加拉国农业科技人员等内容进行了合作交流并达成共识。通过该项目实施，进一步加深了中孟两国在农业科技领域的合作与交流，增进了两国人民友谊。

在中国科技部资助下，由中国科学院成都山地灾害与环境研究所和尼泊尔特里布文大学联合共建"中国—尼泊尔地理联合研究中心"于2014年4月正式成立。该研究中心以喜马拉雅山南北坡为研究区，基于全球气候变化背景，重点开展包括山地灾害、山地生态与环境监测、山区发展等在内的山地地理研究，旨在培养尼方山地地理学研究的专业人才、提升尼泊尔相关领域的研究能力，并为提升我国的科技影响力和促进中尼科技交流与合作做出贡献。这既是提升尼方地理等相关教学质量、促进人才培养的重要平台，也标志着中尼双方科技合作进入一个新的开端。同时，也为中尼两国今后更紧密、更有成效的科技合作与交流搭建了一个良好的平台。

在与俄罗斯的科技合作方面，主要以四川大学、电子科技大学等部属院校的合作为主，重点集中在电子信息、重大装备、先进制造等领域。与中东欧国家的科技合作主要集中在匈牙利、捷克、波兰等国家，以政府间双边或多边合作为主，合作主体仍以高校和科研院所为主。

（四）旅游合作

四川是我国的旅游大省，正着力建设成为国际旅游目的地城市，是南方丝绸之路旅游的起点，有着丰富的自然和历史人文旅游资源。而古丝绸之路文化历史渊源深厚，跨国丝绸之路世界文化遗产的申报成功，进一步提升了丝绸之路经济带文化旅游的品质。同时，南亚地区在地理区位上是中国同中南半岛、南亚次大陆的过渡地带，文化区位是印度文化和中华文明世界两大文明的交汇点，旅游资源异常丰富，是世界旅游资源高度富集的地区之一。同时，茶马古道、二战中的史迪威公路、驼峰航线等历史廊道，更增加了丝绸之路沿线的旅游吸引力。南亚的缅甸、印度、孟加拉三国均为中国公民自费出境旅游目的地国。中印孟缅四国互为旅游客源市场。2013 年到缅甸的中国游客 9 万多人，到印度的中国游客 14.5 万人。印度、孟加拉、缅甸等国均把中国视为最有发展潜力的目标对象，这些国家对中国的出境市场充满期待。

但是，就目前的次区域合作层面来看，南亚各国与云南的旅游合作基础较好，已开展了多种形式的合作，而与成都市的旅游合作尚未开展。目前，成都市还主要与东南亚、欧洲的旅游合作为主，如与法国开展山地旅游合作。目前仅在泰国设立有成都旅游产品营销点。未来，成都市需要挖掘"丝绸文化"旅游资源，加强对外宣传，提高成都的旅游知名度，并与丝绸之路沿线国家，特别是南亚地区和东南亚地区开展多种形式的旅游合作。

三　成都市与"一带一路"沿线国家的产业合作现状

成都处于工业化、城镇化加速时期，同时也是工业化中期向后期过渡的关键时期、由传统工业化向新型工业化转型的攻坚时期。面对新的形势和要求，成都应牢牢抓住丝绸之路经济带建设的重要机遇，加快推进产业转型升级，开拓产业发展新格局，全面增强城市综合承载能力和可持续发展能力。

（一）成都市吸引外商投资基本情况

1. 外商投资企业发展成效显著，实际利用外资持续增长

2009—2012 年，成都市实际利用外资总额呈现出大幅增长的趋势，增速分别为 42.39%、25.90% 和 23.71%（见表 6—1）。同期投资的企业数量并无明显增加，说明企业平均投资额度增大。

表 6—1　2009—2012 年成都市期末累计注册企业数及实际利用外资总额

类别	2009 年	2010 年	2011 年	2012 年
期末累计注册企业（个）	214	294	236	226
实际利用外资总额（亿美元）	27.97	48.56	65.53	85.90

2013 年，成都新增外商投资企业 684 户（其中，法人企业 188 户，分支机构 496 户），新增注册资本 8.7 亿美元。截至 2013 年年底，全市共有外商投资企业 5833 户（其中，法人企业 2409 户，分支机构 3424 户），注册资本 285.9 亿美元。法人企业户数及注册资本同比增长 8.46% 和 15.9%，同期全国增长率仅为 1.21% 和 4.56%。总体而言，成都外商投资保持稳中求进、持续向好的发展态势。

2. 服务业是外商投资主体，制造业领域投资比重持续增加

从各行业类别期末累计注册企业数来看，服务业和制造业构成外商企业投资的主体，比重超过 95%。其中，服务业是外商投资最为集中

的领域，比重在 80% 左右，而制造业占 20% 左右。从时序上看，各行业类别企业数表现出和外商投资企业数相似的波动趋势，但幅度更大；2010 年服务业企业增幅最大，之后各年份相对稳定（见表6—2）。

表 6—2　　2009—2012 年成都市各行业类别期末累计注册企业数

单位：个

行业类别	2009 年	2010 年	2011 年	2012 年
农业	3	7	8	5
制造业	53	43	48	34
服务业	158	244	180	187
总计	214	294	236	226

从外商投资的行业户数来看，批发和零售业、租赁和商务服务业、住宿和餐饮业、房地产业、科学研究和技术服务业等六大服务业排名前六位。从注册资本来看，服务业集中了 88.4% 的外商新增投资（见图6—7）。同时，外商投资向现代服务业领域的集中趋势在加速，占到新登记外商投资企业数的 12.4%。

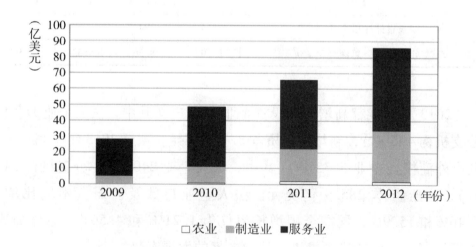

图 6—7　各行业实际利用外资总额

从各行业类别的实际利用外资总额来看，制造业所占比重由 2009

年的 15.12% 提升至 2012 年的 37.31%；而农业实际利用外资额虽然增幅很大，但因其基数小导致仍不足实际利用外资总量的 2%。从时序上看，制造业实际利用外资增速超过服务业，2009—2012 年，其增速分别为 86.79% 和 54.97%，制造业实际利用外资额所占比重接近 40%。

3. 新注册外资企业保持稳定，中外合资企业比重增加明显

从各类型外资方式的期末累计注册企业数来看，外资企业构成主体，2009—2012 年，其所占比重分别为 77.10%、76.54%、74.15% 和 72.57%，均超过 70%；中外合资企业是重要组成部分，比重超过 20%；而中外合作企业和外商投资股份制企业比重很小，低于 3%。从时序上看，各类型企业数均呈现出不同程度的波动，各类型企业数和汇总数均在 2010 年达到峰值（见表 6—3）。

表 6—3　　2009—2012 年成都市各类型外资期末累计注册企业数

单位：个

外资类型	2009 年	2010 年	2011 年	2012 年
外资企业	165	225	175	164
中外合资企业	48	63	55	62
中外合作企业	1	5	6	0
外商投资股份制	0	1	0	0
各类型总计	214	294	236	226

4. 外资、中外合资企业构成实际利用外资主体，且中外合资企业比重增加明显

从各类型外资方式的实际利用外资总额来看，外资企业和中外合资企业构成主体，分别占 70% 和 20% 左右；而中外合作企业和外商投资股份制企业所占比重很小，大约只占 5%（见图 6—8）。从时序上看，中外合资企业的实际利用外资总额增幅逐渐超过外资企业，且呈扩大趋势，具体表现为中外合资企业增幅由原先的 16% 增长到 26%。

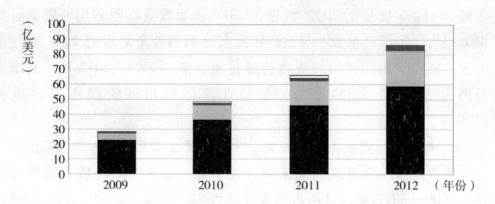

图 6—8　2009 — 2012 年成都市各类型外资实际利用总额

5. 外商投资来源广泛, 中国香港、美国和新加坡构成投资主体

中国香港是成都市外商投资企业数最多的地区, 中国台湾、美国和新加坡紧随其后, 日本、英国、加拿大和韩国也有部分投资企业。2009—2012 年, 中国香港期末累计注册企业数分别为 80 个、125 个、91 个和 101 个, 规模较大, 成为成都市外商投资的最重要来源; 美国、中国台湾和新加坡的平均投资企业数规模大致在 20 个左右, 且各地区或国家的年波动区间相似; 日本和韩国是 2011 年以后才被列入统计对象的, 其比重增速较快; 而加拿大和英国每年的注册企业数基本保持平稳, 平均值为超过 10 个 (见表 6—4)。

表 6—4　2009—2012 年各国家或地区在成都市期末累计注册企业数

单位: 个

国家或地区	2009 年	2010 年	2011 年	2012 年
中国香港	80	125	91	101
中国台湾	30	16	27	20
新加坡	12	23	17	13
日本	—	—	10	12
韩国	—	—	2	3
英国	4	4	9	11
加拿大	11	5	1	5
美国	13	28	21	17

2013 年境外投资者在成都市投资企业数排名前 3 位的国家（地区）分别是：中国香港 68 个，美国 17 个，中国台湾 16 个，分别占新登记外商投资企业数的 36.2%、9.0%、8.5%。与 2012 年比较，港资企业户数仍居第一位，美资企业户数排名上升至第二位。

中国香港是成都市外商投资总额绝对领先的地区，且呈现出持续增长态势；近四年的平均投资强度达 32 亿美元左右，投资总额从 2009 年的 20.31 亿美元增加到 2012 年的 41.85 亿美元，增幅达到 51.47%。其次是新加坡，2009—2012 年，其投资额分别为 2.04 亿美元、3.58 亿美元、9.27 亿美元和 4.76 亿美元，呈现小幅波动。紧随其后的是美国、中国台湾和英国，近四年它们投资额的平均值大致相当，在 1 亿美元左右；中国台湾和美国的数据分布均存在离群值，2011 年之前，中国台湾的投资额一直低于 1.5 亿美元，而在 2013 年激增到 13.92 亿美元，同样美国也由 2011 年的 0.98 亿美元激增到 6.82 亿美元，说明了该地区或国家近年来对成都市市场发展的重视和关注。加拿大、日本和韩国在成都市也有部分投资，近年来年投资额相对较为稳定，均在 0.5 亿美元以下（见图 6—9）。

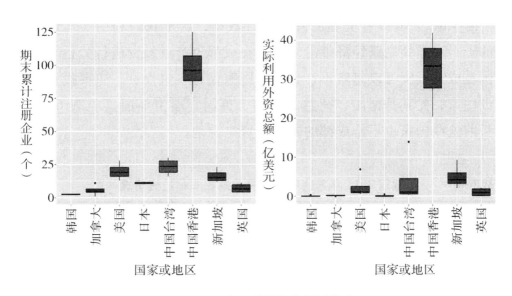

图 6—9　实际利用外资国别分布

6. 落户第二、三圈层的外商投资企业户数明显增加

外商投资企业落户成都市第一圈层 439 户, 注册资本 4.5 亿美元, 分别占新登记企业户数和注册资本的 64.3%和 51.7%; 第二圈层 207 户, 注册资本 3.3 亿美元, 分别占新登记企业户数和注册资本的 30.1%和 37.9%; 第三圈层 38 户, 注册资本 0.9 亿美元, 分别占新登记企业户数和注册资本的 5.6%和 10.4%。与"十二五"初期相较, 落户第二、三圈层的外商投资企业户数有了较为明显的增加, 注册资本同样增加明显 (见表6—5)。

表 6—5　　　　成都市各圈层外商投资落户数与注册资本

圈层	企业落户数 （户）	注册资本 （亿美元）	占新登记企业数 比重（%）	占注册资本 比重（%）
第一圈层	439	4.5	64.3	51.7
第二圈层	207	3.3	30.1	37.9
第三圈层	38	0.9	5.6	10.4

(二)"一带一路"沿线国家在成都市的产业投资

1. 沿线国家在成都投资基本情况

由于缺乏 2013 年完整的外贸统计数据, 这里我们利用实地调研提供的资料对丝绸之路经济带沿线国家在成都市产业投资进行分析。中亚五国在成都投资可以忽略不计, 南亚国家仅有零星投资, 主要投资来自欧洲国家, 尤其是德国、荷兰、法国、英国、瑞士等国 (见表6—6), 但目前这些国家也不是成都的主要投资来源地。

表 6—6　　　　截至 2013 年年底欧洲主要国家在成都投资情况

国家	累计投资 企业数量 （个）	到位资金 （亿美元）	主要投资领域	主要企业
德国	54	11.25	工业气体生产、环境污染处理专用药剂材料生产、商业零售、汽车零部件制造	大众、德国邮政、博世、西门子、麦德龙、宝马、拜耳集团

续表

国家	累计投资企业数量（个）	到位资金（亿美元）	主要投资领域	主要企业
荷兰	34	6.78	燃料销售、商业零售、电子产品开发、动物饲料生产、软件研发、餐饮服务	百胜、壳牌、阿克苏诺贝尔
法国	64	4.64	工业制造业、公用事业、房地产开发业、商业零售业	苏伊士、达能、家乐福、欧尚、拉法基
英国	94	2.14	化学药品制造、工业气体生产、批发和零售业、房地产	渣打集团、苏格兰皇家银行、葛兰素史克公司、阿斯利康、翠丰、英美烟草集团
瑞士	19	0.31	药品、纺织品、电子元器件	

成都投资环境不断优化、综合竞争力大幅提升，与丝绸之路经济带沿线国家和地区的合作潜力巨大。

2. 空间载体建设

依托于"一区多园"战略，成都加快推进与欧盟国家科技合作，重点加强在信息产业、节能环保和新能源、新材料等新兴战略性产业合作，目前正在重点建设的园区主要包括成都高新区、中德（蒲江）中小企业合作园、中瑞（瑞典）中小企业产业园、中波巴尔玛工业园和中法生态园 4 个园区。

中德（蒲江）中小企业合作园。目前，工信部在中小企业领域批复设立了中德（太仓）中小企业合作示范区和中德（连云港）中小企业产业合作区。约有 100 家德国公司进驻四川，会同德国驻蓉商会共同赴德招商，吸引以德资独资、合资为主等德资企业聚集。

中瑞（瑞典）中小企业产业园。2010 年 3 月中国工业和信息化部与瑞典企业、能源和交通部签署《中瑞中小企业合作行动计划》，为四川省加强与瑞典中小企业合作与交流打下了坚实基础。四川与瑞典经济互补性很强，合作潜力很大。

中波巴尔玛工业园。巴尔玛工业园于 2005 年由波兰经济文化交流基金会与成都海峡两岸科技产业开发园筹建。该工业园占地面积 67 万平方米，是成都海峡两岸科技产业开发园的园中园。成都海峡两岸科技产业开发园享受成都高新技术开发区的各项优惠政策，是目前全国四家国家级海峡两岸科技产业开发园区之一，中国西部唯一的国家级海峡两岸科技产业开发园区。

中法生态园。由商务部与法国经济财政就业部签署的合作协议，旨在中法两国政府的合作框架下，在成都的国家级经济开发区开展与法国企业在节能环保和推进产业可持续发展等领域的资本和技术合作。

3. 成都在丝绸之路经济带沿线国家产业投资

近年来，中国对外投资保持高速增长，但增速明显放缓，然而成都对外投资却呈现出了不降反升的趋势。成都对外投资非常活跃，投资领域也比较分散，涉及行业主要包括农业、资源、冶炼、石化、酒业、医药、咨询、信息软件等，咨询、信息软件等服务产业对外投资成为新的热点。对外投资的地域分布相对比较集中，主要分布在西欧、北美、东南亚、大洋洲等地区，对丝绸之路经济带沿线国家直接投资相对较少。此外，对外投资新增项目和增资项目呈现出资本集约度明显提高的趋势，成都对外投资开始从数量密集型向资本密集型转变。2013 年上半年，成都天齐集团并购泰利森锂业和四川博宇投资印尼矿产两个重大项目产生的对外投资额就占到成都对外投资总额的 90% 以上。

受全球经济持续低迷的影响，贸易摩擦和利益矛盾增多，对外投资合作风险加大，项目不确定性有所增加，再加上成都企业"走出去"经验仍不成熟，因此在未来一段时期内，成都对外投资会保持谨慎态度。然而，随着丝绸之路经济带建设进程加快，沿线国家资源丰富且服务业发展水平不高，这给成都企业"走出去"带来了新的发展机遇。

总体来看，成都外商直接投资逐渐增加，利用外商直接投资来源范围逐步扩展，同时成都对外直接投资增长迅猛，产业合作方式多样化，对外经济合作明显增强。然而在丝绸之路经济带沿线国家中，成都与其中的各国投资联系不够紧密，产业合作仍有待发展，尤其是与中亚各国的产业合作处于起步阶段。另外，成都与其他地区的产业合作单向性比较明显，接受外商直接投资远多于对其直接投资。

第七章 成都市参与"一带一路"建设的比较优势分析

一 成都市发展面临的主要机遇与挑战

改革开放以来，成都市经济发展速度不断加快，当前已进入由工业化和城市化中期向后期转变的新阶段，经济社会发展站在新的历史起点上，具备实现新跨越的客观条件。加之国家向西开放战略的实施，为成都发展提供了良好的机遇。同时，国际国内宏观环境不确定因素增多，国际金融危机影响深远，国家宏观调控难度加大，使成都市发展面临诸多可以预见的挑战。

（一）成都市发展面临的主要机遇

（1）"一带一路"（*丝绸之路经济带和 21 世纪海上丝绸之路*）战略和"长江经济带"战略的提出，有利于加快成都市经济建设，为成都市经济社会对外开放、加强区域间经济联系提供了良好的机遇。

成都市自古以来就是*丝绸之路经济带*的参与者和建设者，既是北方*丝绸之路*的重要腹地和支撑，也是南方*丝绸之路*即蜀身毒（印度）道的起点和源头，是南北丝路的交会点。丝绸之路经济带对沿线交通基础设施建设提出了新的要求，促进成都建设成为区域对外开放一级综合交通枢纽，并完善配套设施建设，提升物流仓储、集散能力，重点集结华东、华南地区的货物辐射中东欧、俄罗斯地区。通过经济带的联系，能够深化成都与周边国家和地区的务实合作，促进成都更多地参与国际分工，有利于产业结构的调整升级，将进一步加大成都向外开放力度；有利于不断扩展新的开放领域和空间，对成都外向型经济的发展将起到积极的促进作用。

长江经济带依托黄金水道，沿长江向东进入太平洋，连接了成渝经济区、长江中游城市群和长三角三个"板块"，从而推动内陆地区向东开放。作为长江经济带上重要的节点城市，成都市是支撑丝绸之路经济带、长江经济带和中巴经济走廊、孟中印缅经济走廊（"两带两走廊"）联动发展的战略纽带和核心腹地，随着经济带建设的不断推进，成都市将发展成为扩大内陆开放的战略高地。2014 年 9 月国务院正式出台的《国务院关于依托黄金水道推动长江经济带发展的指导意见》（国发〔2014〕39 号），进一步明确了成都在长江经济带中的战略支点作用。

（2）西部大开发战略及成渝经济区规划的深入实施，为成都市经济社会加快发展增添了强大动力。

西部大开发实施以来，国家不断加大投入力度，西部地区综合经济实力显著增强，投资环境和发展条件不断改善，基础设施建设取得突破进展，综合交通运输网骨架初步形成，人民生活水平明显上升，各族干部群众求发展、奔小康的愿望更加强烈，有利于西部地区进一步解放生产力，加快推进工业化、城镇化进程。另外，整个过程也促进了成都市经济的快速发展，人口规模不断扩大，市场潜力巨大，使成都市进入城镇化发展加速阶段。国家《西部大开发"十二五"规划》中明确提出打造成都内陆开放型经济战略高地，为进一步加快成都外向型经济发展提供了重要的政策保障。

成渝经济区以重庆、成都两个特大城市为龙头，是我国重要的人口、城镇、产业聚集区，是引领西部地区加快发展、提升内陆开放水平、增强国家综合实力的重要支撑，在我国经济社会发展中具有重要的战略地位。成都市是成渝经济区的发展核心，定位为现代服务业中心，建设成为我国西南最大的科技创新基地。进入西部大开发新的十年，国家将着力推进经济基础好、资源环境承载能力强、发展潜力大的重点经济区发展，成渝经济区建设将进一步加快，成都市有望加快建设成现代化、国际化大都市和西部经济发展重要增长极，辐射带动周边区域联动发展。

（3）全球产业分工格局的调整和国内产业转移，为成都市深度参与国际国内合作带来新机遇。

随着经济全球化加快发展，我国国际地位不断提高，国内外产业加快转移，信息技术迅猛发展，成都市正面临着"国家宏观战略调整"和"第四次国际国内产业转移"的重大历史机遇。从国外看，世界经济格局正在发生深刻变化，全球区域经济一体化深入推进，新一轮国际产业分工，生产要素在全球范围内加快流动和重组，以及跨国公司区域布局战略调整，"外资西进、内资西移"的大趋势为成都市发挥后发优势，抢先占据高端产业和产业高端，更广泛深入地参与国际分工合作，全面提升内陆开放型经济发展水平，在更大空间范围谋求未来发展创造了机遇。

从国内看，一是我国经济发展方式加快转变，扩大内需战略深入实施，经济结构调整加快，有利于成都市充分发挥战略资源丰富、市场潜力巨大的优势，积极承接东部产业转移，构建现代产业体系，增强自我发展能力。成都市可利用产业结构的互补性，抓住东部产业转移的良好时机，促进成都产业转型升级和经济增长发展。

（4）"天府新区"晋升为国家级新区，为成都市加快发展新兴产业、转变经济发展方式提供了重大契机。

成都正处在新型工业化、新型城镇化的"双加速"时期，也是经济转型升级的关键期。在成渝经济区建设上升为国家战略的背景下，四川省提出建设"天府新区"，将建成以现代制造业为主、高端服务业集聚、宜业宜商宜居的国际化现代新城区，形成现代产业、现代生活、现代都市三位一体协调发展的示范区，与重庆两江新区齐头并进，共同引领中国西部经济跨越式发展与对外开放高地建设。天府新区将大力发展战略新兴产业、高技术产业和高端制造业，聚集发展高端服务业，加快发展总部经济，优化人居环境，积极发展休闲度假旅游和现代都市农业，完善金融、商贸、物流等综合服务功能。天府新区的规划建设将有利于聚集发展现代服务业所需的人才、资金、技术等要素，为成都服务业加快发展提供强劲动力。

2014年10月，天府新区通过国务院审批，正式成为国家级新区。这意味着天府新区的开发建设将上升为国家战略，同时也意味着将天府新区将在税收、土地和重大项目审批等方面得到国家政策更多的支持。作为内陆开放门户，天府新区是内陆面向亚欧开放的重要组成部分，将成为西部地区与全球经济、技术、信息、文化交流与合作的通道和平台，必将为四川经济乃至西部内陆经济的发展注入新的活力。

科技创新和新兴产业正成为抢占发展制高点的战略突破口，利用天府新区整合产业资源，有利于成都市充分利用电子信息、生物医药、航空航天、新材料、新能源等产业基础，培育更多新兴产业，发挥科技资源优势，着力推动技术进步和自主创新，实践更高水平的集约发展，加快推进成都市经济发展方式转变。

（5）"蓉欧快铁"的开通以及国家开放口岸（2014 年 5 月批准）的获批，为成都发展开放型经济与对外联系提供了机遇。

2013 年 4 月 26 日正式开通定时发班的直达欧洲的蓉欧国际快速铁路货运班列（简称"蓉欧快铁"）。"蓉欧快铁"自成都至罗兹运行时间为 14 天，按照每周一班的频率稳定运行。运输货物包括 IT 产品、汽车零配件、家电产品、服装鞋帽、工业品、日用品等。"蓉欧快铁"与国内其他类似班列相比具有快速直达、定时发运、公共物流平台和贸易便利等优势；存在的共同问题是运输价格相对较高，需要政府给予补贴。"蓉欧快铁"欧洲转运中心同时具备欧盟及俄罗斯与独联体保税优惠便利，作为公共服务平台采用开放式运营模式，是贸易平台和物流平台的结合点，为改善成都市的进出口环境及促进投资贸易便利化提供了良好的条件。

（二）成都市发展面临的挑战

（1）结构性矛盾依然突出，经济持续增长面临困难（加快发展与转型矛盾）。现阶段成都市加快发展与经济转型仍然存在较大矛盾，经济增长主要依靠投资拉动，而投资持续增长动力不足，制约居民消费需求扩大的因素没有得到根本改变；产业结构不够合理，科技对产业的支撑作用有待加强，结构调整和新经济增长点培育缓慢。2011 年以来全市经济增长减慢，GDP 增速从 2011 年的 15.2% 降低到 2014 年上半年的 8.7%，工业生产总值增速下降，由 2012 年的 15.6% 降低至 2014 年上半年的 9.4%，经济保持快速增长面临较大困难。

产业结构不够合理，主要体现在传统工业化特征较强。一是工业发展速度远超过服务业发展速度。"十一五"期间，工业增加值年均增长 20.3%，服务业增加值年均增长仅为 12.9%。2011 年的三次产业结构为 4.7∶45.2∶50.1，2012 年的三次产业结构为 4.3∶46.3∶49.4，以工业为主体的第二产业比重上升，而以服务业为主导的第三产业比重下降，服务业发展不够充分。

二是工业化结构水平偏低。2011 年，食品、冶金建材、石化、制造业等传统产业工业增加值合计占全市的 30% 左右，2012 年战略性新兴产业规模以上工业增加值为 863.28 亿元，软件和信息服务产业增加值为 550 亿元，战略性新兴产业增加值占比为 45.02%。虽然近年来高新技术产业发展较快，但传统加工制造业在未来相当长时间内仍是成都工业发展的主力。目前，新能源产业发展仍处于低迷状态，光伏产业虽较年初有所回升，但市场波动剧烈，且与欧盟的谈判仍存在不确定性，国内市场启动有限，成都市新能源产业面临产能严重过剩、创新基础薄弱、产业集群不够、竞争实力不强、调控手段有限等具体问题。

三是产业高端化不足。各产业内部高端环节普遍发展不足，多数处于国际分工和全球化产业链条的中低端环节，产品多属技术含量少、附加值低、市场竞争力不强的中低端产品。

（2）资源环境制约明显。产业发展与资源环境的矛盾日益突出，长江上游生态保护和都江堰灌区保护对成都市的环境保护要求越来越高，人均占有土地和耕地资源不足，加之自然灾害频发，严重制约工业化、城镇化进程和农业规模经营和社会经济的稳定持续发展。

近年来，成都工业在保持高速增长的同时，也给资源、环境带来了巨大压力。受当前所处工业化阶段及产业结构等因素的影响，成都工业发展对自然资源的需求还将保持较快增长，仍会对生态环境造成一定压力，自然资源和生态环境对工业可持续发展的约束作用也将越来越明显。一是能源资源自给率偏低。成都人均占有本地水资源量仅为 828 立方米，不足世界人均的 10%，已远远低于国际公认的 1700 立方米/人的严重缺水警戒线，水资源短缺将对工业发展产生直接影响。

二是土地资源紧缺。按照土地利用总体规划,成都市可利用的建设用地总规模是 380 万亩,目前全市建设用地总规模已达到约 340 万亩,工业发展空间非常有限。随着成都市工业化、城镇化进程的不断加快,日益增长的用地需求与有限的土地资源之间的矛盾不断加剧,土地已经成为制约成都市工业可持续发展的重要因素。

三是水、大气等环境污染问题较为突出,地表水国控和省控断面水质均未能全部达标,水环境质量改善不明显,水污染综合治理形势还十分严峻,面临着极大挑战。2011—2013 年,城市空气质量达到二级标准的天数逐年减少,城市空气质量有所下降。2010 年空气质量达到二级标准的天数为 316 天,2013 年空气质量达到二级标准的天数仅为 132 天。2000 年以来中心城区环境空气质量仅在 2011 年达到国家二级标准。近年来,自然灾害如地震、泥石流等频发,也对成都市社会经济正常稳定发展构成了一定威胁。

(3)劳动力成本上升,就业和社会保障压力较大。成都市城乡劳动力资源总量将进一步增加,就业总量压力和结构性矛盾并存;社会保障扩面提质和城乡全面接轨对社会保障体系建设提出了更高要求。社会保障制度面临人口老龄化加速的严峻挑战。

就业结构性矛盾突出,普通劳动者就业难与企业招工难并存。一方面,随着传统产业转移升级,大量从业人员需重新安置,从而带来结构性失业加剧的阵痛。他们中的大部分人受教育程度低、技能单一、可就业领域和范围狭窄,无论再就业还是自己创业,能力都较弱(就业难)。另一方面,随着战略性新兴产业的发展和大量重大产业项目入驻,技术工人特别是技能人才短缺的问题将会更加明显(招工难),劳动力成本上升。近两年来,劳动力成本上升较快,据实地调查,目前企业员工的基本工资多在 3000—4000 元/月,与东部地区相比其劳动力成本优势已不再明显,若再上涨 20%,企业成本将难以维持。与此同时,以高校毕业生为主体的青年群体就业问题已经成为结构性矛盾的难点。

社会保障制度需进一步完善,管理、经办、监督三方面体制机制亟待进一步理顺。虽然成都市已在全国率先建立起以城镇职工和城乡居民两大社会保险制度为主体的制度架构，但城乡居民养老保险的统筹层次较低；事业单位养老保险制度亟待统一、完善和固化；持续参保机制和待遇增长机制亟待建立；精确管理的体制、机制亟待健全完善。

截至 2012 年 12 月，成都市有户籍人口 1173.35 万人，其中，60 岁以上老年人口达 223.25 万人，占总人口的 19.03%，比全国（14.3%）高出近 5 个百分点。成都市老年人口具有规模大、增长快、高龄老人比重高的特点，人口老龄化趋势十分严峻，养老服务工作压力较大，而社会保障制度准备还不够充分，特别是城乡居民养老保险的当期支付压力很大；针对老龄化社会的医疗等政策还不健全，能否承受老龄化高峰期带来的冲击，是成都市面临的一个重大挑战。

（4）城乡差距、阶层差距大，维护社会稳定任务艰巨。

伴随着工业化和城市化由中期向后期转变的进程，社会矛盾和社会风险可能进入高发期，城乡人口大规模流动，利益格局发生深刻变化，人口老龄化加剧，对现行公共服务和社会管理都提出了新的挑战。城镇化体系还不完善。成都市域城镇体系属于典型的首尾分布，呈现出"大城市太大，小城镇太小"的总体特征，中心城区聚集了超过 50% 的城镇人口，且聚集态势还在强化，在一定程度上导致交通拥堵、环境污染等"城市病"逐渐显现。

成都市长期呈现出"大城市带大农村"的市域发展格局，城乡之间二元结构特征明显，城乡"市场分割"、"户籍分隔"、"服务分化"、"产业分离"和"管理分治"等问题突出，城乡之间的制度障碍严重制约了城乡经济社会健康持续发展。虽然成都市已在全国率先全面完成了农村土地产权确权颁证，但农村房屋、土地承包经营权以及宅基地等产权在流转中仍面临诸多地方层面难以克服的制度障碍。全域成都统一户籍制度改革主要针对成都市户籍人口，外来农业转移人口在就业、社保、教育、医疗、住房等方面的问题仍需着力解决，引导外来人口向近郊县转移的体制机制尚未健全。社会保障在制度上虽已实现城乡全覆盖，但农村保障水平相对较低，农民还难以真正公平地分享土地增值收益，城乡之间、区域之间、圈层之间基本公共服务还不够均衡。

二 成都市参与"一带一路"建设的比较优势

成都市是四川省省会,是国家统筹城乡综合配套改革试验区,是国家主体功能区规划确定的重点开发区,是西部地区基础条件最好、政策环境最优、发展潜力最大的区域,在丝绸之路经济带建设中具有独特的比较优势。

(一)丝绸文化历史悠久,自古以来就是丝绸之路重要的建设者

成都丝绸文化历史悠久,底蕴深厚。丝绸是古代我国连接亚洲、非洲和欧洲的重要商品,是沿线国家友好往来的历史见证。丝绸文化是沟通丝绸之路沿线国家的情感纽带,同时也是当今丝绸之路经济带的重要历史资源。成都丝绸历史悠久,作为古丝绸之路对外贸易的重要产品,蜀锦和蜀绣在古代丝绸历史上独领风骚千余年。早在 2000 多年前,成都的织锦业就十分发达。成都历来是我国蜀锦生产和商贸中心,设有锦官,专门管理蜀锦的生产,故成都别名"锦官城"、"锦城",文化积淀厚重。大量的历史遗迹和文艺作品中,记录了成都作为我国丝绸制品生产中心的辉煌历史。历朝历代也都将成都作为丝绸生产的重要基地。古丝绸之路沿线国家都曾出土过成都生产的蜀锦蜀绣,成都也曾出土过西亚、南亚等地的产品,表明成都与丝绸之路沿线国家历史交往频繁。

成都是当今世界特大城市中历史最悠久的文化名城。成都是黄帝部族支系南下联姻定居、蚕桑丝绸生产及其商贸业发明滥觞之地,史称"自秦汉以来,赋税皆为天下最",是历代王朝统一的"王业之基"。成都平原上宝墩古城等八座古城遗址考古发掘的成果表明,距今 4500 年前左右,成都地区人口大规模地聚集,社会经济发展及社会组织状况均已达到一个较高的水平。同时,综观古代丝绸之路沿线城市,一些城市如张掖、酒泉、敦煌等,因丝绸之路而兴盛一时,也随着丝绸之路的衰落而湮没。但成都建城 2600 年以来,由于地处成都平原腹地,境内地势平坦、河网纵横、物产丰富、水系发达,自古就有"天府之国"之称,长盛不衰,成为我国未变城址最长久的城市。由此可见,成都在传

承丝绸之路精神、弘扬丝绸之路文化方面使命重大、责无旁贷。

自古以来，成都就是丝绸之路经济带的重要建设者，地位十分重要。一方面，成都是北方丝绸之路的直接腹地和重要支撑，是北方丝绸之路的重要客货源地。丝绸之路上运送的丝织品、茶叶、盐等货物，很多都是出自四川盆地。另一方面，成都也是南方丝绸之路即蜀身毒（印度）道的起点和源头。成都作为四川盆地最为重要的客货集散地，是我国连接南北丝绸之路和海陆丝绸之路的核心枢纽。元代以后，随着海上丝绸之路的兴起，南方丝绸之路继续发挥着重要作用，在南亚、东南亚出海后与海上丝绸之路汇合并继续向西延伸。可以说，与北方丝绸之路、海上丝绸之路一样，南方丝绸之路也对世界文明和我国发展做出了伟大贡献。因此，成都从一开始就参与丝绸之路的建设，在历史上是丝绸之路经济带发展的重要组成部分，未来将会发挥更为重要的作用。

（二）综合实力强大，经济外向度高，产业基础雄厚

综合实力强大，经济外向度高。成都历来在丝绸之路沿线城市具有举足轻重的地位，经济外向度高。2013 年，成都实现地区生产总值9108.9 亿元，地方公共财政收入898.5 亿元，人均生产总值63977 元，在丝绸之路沿线城市中排名第一位；城镇居民人均可支配收入已经达到中等发达国家水平。2013 年，成都实现进出口总额505.8 亿美元，其中，出口总额318.8 亿美元，进口总额187.0 亿美元。实际利用外资增长迅速，2013 年达到87.6 亿美元，落户成都的世界500 强企业和外资金融保险机构数居丝绸之路沿线城市第一。全年实现旅游总收入1285 亿元，入境游客人数176 万人次。

成都开放环境日益优化，领先丝绸之路沿线城市。成都大力实施"开放带动"战略，国际交往范围不断扩大，是中国内陆投资环境标杆城市。截至2012 年年底，在蓉设立领事机构的国家达8 个，外国商会驻蓉机构达17 个，缔结国际友好城市18 个。成都是中西部第一个72小时过境落地免签城市；在成都举办的有国际影响力的国际高端会议、展览、文化艺术、体育等活动逐年增多，规模以上展览、会议数量领先丝绸之路沿线城市，对外经济合作平台建设成效显著。

产业基础雄厚，与丝绸之路经济带沿线国家和地区产业互补性较

强。成都市现代产业体系完善，产业门类齐全，形成了先进制造业、现代服务业和现代都市农业联动发展的新格局。电子信息、汽车制造、新能源、生物医药等主导产业发展迅猛，金融、科技咨询、商务等现代服务业较为发达。更重要的是，成都与丝绸之路经济带沿线国家和地区产业互补性较强，形成了错位发展的格局，尤其是食品加工、装备制造、电子信息、现代农业等产业特色优势突出，适合中亚、西亚、南亚及欧洲等地区的市场需求，为成都与丝绸之路经济带沿线国家和地区经贸合作提供了广阔空间。

核心产业研发实力强，有力支撑经贸合作与产业合作。成都是国家级科技教育资源高地，是西部高技术产业和国防科技工业的研发基地，拥有各类高等院校 93 所、国家及省部级重点实验室 124 个、工程技术研究中心 89 家，两院院士 60 名、对国家有突出贡献的专家 200 多名，高科技人才超过 15 万人，各类人才 718 万人，特别是在电子信息、生物医药、家电制造等方面已经形成了一批具有竞争力的人才队伍，为成都市实现高端发展、可持续发展提供了强大的人才支撑和发展后劲，有力支撑了成都与丝绸之路经济带沿线国家和地区的经贸合作与产业合作。

产业平台高端，政策优势助力区域合作。成都市拥有成都高新技术产业开发区、成都经济技术开发区 2 个国家级开发区；拥有国家软件产业基地、新能源产业国家高技术产业基地、国家生物产业基地、国家民用航空产业高技术产业基地、国家信息产业高技术产业基地等一大批国家级产业基地（见图 7—1）；天府新区建设如火如荼，政策优势迅速显现。未来成都市将新申请七大国家特色产业基地，成为国内独一无二的国家级产业平台密集区，有效保障成都与丝绸之路经济带沿线国家和地区产业合作。

成都市周边国家级高端产业资源密集，为成都市整合四川省和成渝经济区的优势资源，打造丝绸之路经济带经济合作高地打下了坚实基础。成德绵及周边区域共同形成了国家级的军工、电子、核能和航空航天等尖端装备工业体系和科技人才储备体系（见图 7—2）。成都和绵阳的航天航空、核能和电子科技产业发达，成都是全国四大电子工业基地之一，绵阳是全国著名的科学城。军用工业在客观上也大大推动了民用

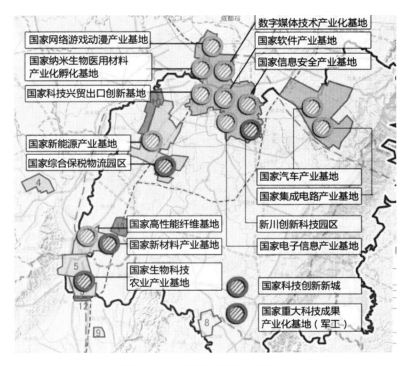

图7—1 成都市部分产业平台

高新技术产业的发展，绵阳的长虹集团、成都飞机设计研究所、成都飞机工业集团、东方电器集团等都是军事工业民营化后的典型案例。国防科技向民用科技的转移和互动、国防工业和民用工业的协同发展，已成为成都市未来发展的独特优势。未来可利用成都及其周边科技资源，与欧盟共同发展高新技术产业，同时也可以与俄罗斯和中东欧国家加强军事工业、军转民技术、航空航天工业等领域合作，与南亚国家加强农业资源和农产品加工领域合作。

（三）成渝经济区发展核心，拥有广阔经济腹地，具有较强辐射带动能力

西部大开发加速、基础设施完善、消费品升级将会释放巨大的内需潜力，将为成都市参与丝绸之路经济带建设提供广阔的市场空间。四川省面积48.5万平方公里，毗邻西部七省（区、市），是西藏、青海、云南、贵州的重要依托，对重庆、陕西、广西也有较强的辐射作用。处于城镇化、工业化加速期的四川拥有常住人口8000多万人，本身就是一个潜力巨大的市场。成渝经济区人口总量大、密度高，常住人口近1

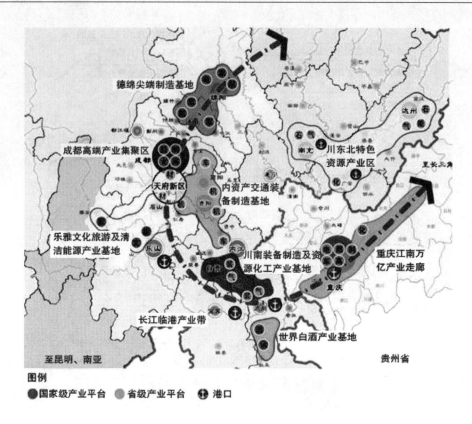

图7—2 成都市周边的产业资源

亿人，占西部总人口的30%，是我国人口总量最大的经济区之一，是西部地区城镇分布最密集的地区，也是丝绸之路经济带直接的市场腹地。西南地区人口达到2.5亿人，是内陆地区最大的消费市场之一。成都市具备我国西南地区中心的区位优势，拥有成渝经济区的直接腹地和西南地区的间接腹地，市场潜力十分巨大。

成都市是西部地区综合实力最强的省会城市，与丝绸之路经济带沿线国家交往密切，具有带动西南地区发展的能力。我国西南地区在国家层面整体属于欠发达地区，需要核心区域和核心城市的带动，引领西南地区实现跨越式发展，在国家发展中发挥更重要的作用。成渝经济区是西南地区的核心区域，成都是国务院确定的我国西南地区的科技中心、商贸中心、金融中心和交通、通信枢纽。通过丝绸之路经济带的建设，更加突出成都市西南地区区域中心城市的地位，带动西南地区科学发展，具有重要的现实意义。2013年，成都市实现地区生产总值9108.9亿元，居全国城市第八位，副省级城市第三位（见图7—3）。丝绸之路沿线省会城市中，西安市虽然曾经是古代北方丝绸之路的起点，但其经济总量和发展速度均不如成都。2013 年生产总值仅为 4884 亿元，人均生产总值为 56869 元。乌鲁木齐市是与中亚交流的桥头堡，但当前面临着恐怖主义的威胁，政治稳定受到挑战，严重影响了经济发展。兰州市作为丝绸之路经济带上的重要节点，在城市发展空间和发展活力上均受到限制。昆明市是中国面向南亚的开放前沿，但云南省整体实力较低和昆明城市建设成本高昂大大限制了昆明的发展。成都市从地区生产总值、财政预算收入、城乡居民可支配收入等统计指标来看，在丝绸之路经济带沿线中心城市中处于领先水平，在西部地区具有绝对优势，是和沿海发达城市差距最小的西部中心城市，并且具备政治稳定、经济活跃、社会和谐等优势，具有较强的辐射带动能力。

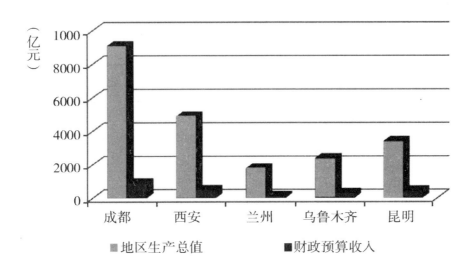

图 7—3　丝绸之路经济带沿线中心城市地区生产总值和财政收入对比

资料来源：根据各城市 2013 年统计公报整理。

成都是我国最具发展潜力的魅力城市，是丝绸之路经济带沿线国家最有吸引力的投资目的地和旅游目的地。成都是我国三大农耕文化发源地之一，也是道教文化发源地，巴蜀文化开放兼容，丰厚的历史文化积淀、多元的城市文化内涵使其成为我国文化底蕴最深厚的城市之一。道家文化的千年积淀，形成了成都文化中天人合一、和谐共生的基本元素。成都平原人与自然和谐相处的田园生态系统，孕育了"山、水、田、林"等独具特色的生态景观要素，独具特色的田园风格和山水林盘为建设世界现代田园城市奠定了良好的本底。成都是世界优秀旅游目的地城市和我国最佳旅游城市，先后被世界银行、联合国教科文组织和联合国减灾战略署分别授予"我国内陆投资环境标杆城市"、"世界美食之都"和"全球灾后重建范例城市"等称号，2010年被《福布斯》杂志评为"未来10年全球最有发展潜力的城市"第一名（见表7—1）。作为我国最具魅力的休闲城市，成都是慢城市生活的代表。较低成本的宜居环境，国际化的文化型和知识型公共设施，区内优良的山水资源和田园特色塑造了成都国际性的文化休闲宜居吸引力。丝绸之路经济带沿线国家自然条件差异巨大，生态系统类型丰富，景观与成都差异巨大。这给成都和丝绸之路经济带沿线国家开展旅游开发与科学研究合作提供了宝贵的空间，对双边产生了强大的吸引力。

表7—1 成都拥有的城市品牌

类型	品牌	出处	时间
城市实力	未来10年全球发展最快的城市	美国《福布斯》杂志	2010
	中国内陆投资环境标杆城市	世界银行	2007
	中国中西部首个"世界城市"	全球化与世界级城市研究小组与网络（GaWC）	2010
	"中国最佳商务城市"	美国《财富》杂志	2010
	中国"十大品牌会展城市"	中国国际会展文化节	2010
	"中国会展之星·最佳城市奖"	中国会展行业年会	2010
	亚洲首个"世界优秀旅游目的地城市"	世界优秀旅游目的地城市中心	2009
	"中国最佳旅游城市"	国家旅游局、世界旅游组织	2011
城市魅力	亚洲首个"世界美食之都"	联合国教科文组织	2011
	"世界第一宜商宜居城市"	《商务旅行》杂志	2010
	中国城市国际形象主观调查第三名	盖洛普咨询公司	2010
	"中国十大最具幸福感城市"，民生贡献特别大奖	国家统计局、新华社	2007—2010
	"国家园林城市"		
	"国家森林城市"		

续表

类型	品牌	出处	时间
转型示范	2009 年度"低碳中国贡献城市"	低碳中国论坛首届年会	2010
	2009 年度"最具竞争力的低碳产业基地城市"	低碳中国论坛首届年会	2010
	政府透明度全国第二	中国社会科学院发布	2009
	"城市管理人民满意城市"	"中国城市科学发展高层论坛"	2010
	世界现代田园城市	成都市	2010

成都是西部地区国际化程度最高的城市，也是与丝绸之路经济带沿线国家交往障碍最小的城市之一。截至 2013 年，世界 500 强企业已有 200 余家入驻成都，实际利用外商直接投资和进出口总额长期居中西部城市之首。成都是全国第五大集成电路出口基地，第六大国际服务外包城市。美国、德国、法国等多个国家在成都设立总领馆，外国领馆数仅次于上海和广州。高度国际化的城市氛围，是成都参与丝绸之路经济带建设不容忽视的软环境优势。

成都是科学发展典范，对丝绸之路经济带沿线城市发展具有示范作用。成都市在统筹城乡发展和跨区域合作等领域进行了先进性探索，走出一条具有创新意义和推广意义的以城带乡、以工促农新途径，为国家推进城乡一体化发展提供经验和示范。在城市发展模式方面，成都始终坚持创新发展，2010 年，在国内率先提出建设世界现代田园城市和国家创新型城市。在贯彻落实科学发展观方面，成都始终走在全国前列。

总体而言，成都在西部省会城市中经济总量最大、人均水平最高、国际开放进程最快，是丝绸之路经济带建设中最具发展潜力的城市。

（四）面向欧亚的国际交通枢纽，集散能力突出

成都市是我国西部地区最大的航空枢纽。成都双流机场是国内四大航空枢纽之一，也是西部地区最重要的航空枢纽港和客货集散地，在客运量和货运量上都占有绝对的规模优势。成都现有民航西南管理局、国航西南公司、四川航空股份有限公司等 20 多个民航和口岸单位驻扎。成都已和 130 多个城市、20 多个国家和地区建立起空中航线，开通 15 条国际/地区直飞航线和 18 条国际国内中转联程航班，2015 年达到 30

条国际/地区直飞航线。2013 年双流机场客运吞吐量达到 3344 万人次，居全国第五位，2015 年形成 4000 万人次左右的吞吐能力。同时，成都第二机场也已经完成选址，即将开工建设。未来，成都市将成为国内唯一拥有双机场优势的省会城市。

成都市是西部地区联系欧洲、东盟的国际性铁路枢纽之一。成都市已形成以国际区域性航空枢纽、铁路枢纽和公路枢纽为重点，以成都为中心、辐射中西部、连接国内外的交通体系，形成内部贯通、外部连通的综合交通网络，集散能力不断加强，为成都参与丝绸之路经济带建设打下了坚实基础。成都是西部地区最大的陆路枢纽，也是我国六大铁路枢纽之一。目前成渝、宝成、成昆、成贵、成康、成兰、达成等铁路在成都交会，将形成 10 条铁路出川大通道。2013 年，蓉欧国际快速铁路货运直达班列开通，进一步强化了成都与丝绸之路经济带沿线国家和地区的联系。

图 7—4　中长期铁路网规划（2008 年）

成都是沟通丝绸之路经济带与长江经济带的重要节点。南北通达、东西联动的独特位置，赋予成都沟通丝绸之路经济带与长江经济带的重要使命。国家两大空间战略在成都交汇，使其成为支撑丝绸之路经济带、长江经济带和中巴经济走廊、孟中印缅经济走廊联动发展的战略纽带和核心腹地，是我国扩大内陆开放、沿江开放、沿边开放和实施向西开放，打造西部大开放升级版的战略高地和重要依托。

　　总之，成都历史底蕴深厚，丝绸文化源远流长，具备与丝绸之路经济带沿线国家和地区人文合作的历史基础；成都产业基础雄厚，产业平台高端，对外开放程度高，在丝绸之路经济带经贸合作和产业合作中发挥着不可或缺的重要作用；成都具有完备的交通运输体系，拥有国际性区域航空枢纽、铁路枢纽和便捷的水运通道，在丝绸之路经济带建设中已经发挥了显著作用，通过进一步整合资源，能够承担面向亚欧畅通丝绸之路国际交通枢纽的重要职能。因此，作为我国与欧盟、中东欧合作的重点区域，与南亚合作的重要支撑区域，成都在参与丝绸之路经济带建设的同时，需要站在时代的前沿，从国家"向西开放"的战略高度，承担起带动西部地区全面建成小康社会的历史使命，找准自身在丝绸之路经济带建设中的战略定位，积极参与丝绸之路经济带的全方位建设，在丝绸之路经济带建设中实现更大担当，成为丝绸之路经济带的重要节点和国际化大都市。

第八章 成都市参与"一带一路"
建设的战略定位与对策

一 战略定位

"一带一路"建设的总体思路是：高举和平合作发展大旗，紧紧围绕"五通"合作，统筹考虑经济收益和地缘政治利益，充分利用现有合作机制和平台，创新合作模式，广泛吸纳各方参与，构建开放型大区域合作新格局，形成沿线国家共同发展的利益共同体和命运共同体。同时，针对沿线国家国情及其与我国双边关系的差别，实施一国一策，确定重点，集中力量，在产业、能源、基础设施、人文、经贸合作等方面取得早期收获，形成示范效应。

根据这个总体思路，虽然冠以"经济带"的名称，但是这条经济带的实质是一个国际区域合作网络。它并非一个带状的经济体，而是一个网络式的经济体。在这个国际区域合作网络中，节点、枢纽、通道、口岸、基地是重要的组成要素。在网络中，不存在起点；或者说，任何一个节点都可能是起点。

在这个总体思路下，"一带一路"建设实际上可以理解为我国全方位对外开放战略的主要载体之一。不过，其对外开放的空间指向不是泛全球化的，而是主要指向我国向西和向南的周边国家，以及利益攸关的近周边国家，具有清晰的地缘政治经济目的。其重点是"走出去"及其相关的国际合作，包括产品（贸易）、投资（产业）、技术、教育、文化、援助等。

在此背景下，成都市参与"一带一路"建设的核心比较优势是其作为西部重要国际性门户城市的地位，以及拥有的国际交往和国际合作的基础。具体包括以下几点：（1）成都是历史文化名城和丝绸文化的起源地，可以打好"蜀锦"这张牌，利用好这张"名片"；（2）成都经济总量大，位居西部各省会城市之首（不含直辖市重庆），具有较为雄厚的产业基础和科技基础，具有进一步发展外向型制造业的良好基础；（3）成都是西部地区国际化程度最高的城市以及最受外国人喜爱的城市，也是内陆地区投资环境最好的城市，是国际旅游和投资目的地；（4）成都是西部地区重要的国际交通枢纽，特别是已成为西部最大的航空枢纽，开行了蓉欧快铁"五定班列"，设立了铁路一类口岸。

根据上述分析，成都市在"一带一路"建设上的战略定位应是："一带一路"沿线上的核心节点城市（或国际门户城市）、重要开放平台和早期收获示范城市，国际合作的战略指向主要为俄罗斯、中东欧和南亚地区。其内涵包括"一带一路"沿线上重要的外向型高端制造业基地、战略性综合物流枢纽、人文合作基地、国际品质的旅游休闲基地。

考虑到发展的基础，成都市参与"一带一路"建设应该有一个清晰和务实的定位。其重点并不是让企业盲目"走出去"。应该说，西部地区还未到企业大规模"走出去"的阶段。重点应该是承接国际或东部地区的产业转移，集聚国内外人才、资金、科技等要素，发挥科技创新优势，打造面向欧盟、俄罗斯、中东欧和南亚等地区的外向型制造业高地。相应地，围绕外向型制造业基地的发展以及国家建设丝绸之路经济带的整体需要，打造高水平、具有示范意义的对外开放平台，包括内陆自贸区，高效、便捷和安全的综合性物流枢纽和国际信息中心等。此外，充分发挥成都作为一个国际化程度高、最具吸引力的休闲城市的作用，努力打造丝绸之路经济带上的人文合作基地和旅游休闲基地，成为让沿线国家与我国交往和了解我国文化的基地。

二 对外重点区域

从 1993 年的西南地区"三中心、两枢纽"到当前"打造西部经济核心增长极、建设现代化国际化大都市",加之四川省提出建设"首位城市"和"开放型区域中心和国际化城市"的要求,成都的发展目标从西南逐渐转向国际,其参与更广领域合作及发展外向型经济的需求日益迫切。近些年,成都不断加强国际联系,积极融入国际分工服务体系,对外开放进程日益深化,其作为西南地区国际门户城市的地位不断凸显。在该过程中,成都与"一带一路"沿线国家的经贸及人文合作不断加深。

在"一带一路"沿线国家中,成都与欧盟及南亚地区经贸往来较为密切。在欧洲地区,成都的外贸主要集中在荷兰、德国、英国、法国和意大利,其中荷兰已成为成都在欧盟最大的贸易伙伴和重要的投资来源地,并在成都市设立了中国西部首个贸易代表处。同时,成都是西部与南亚经贸往来最多的城市,其中印度、巴基斯坦、阿联酋及沙特均是成都的重要贸易伙伴。

人文合作方面,成都与欧盟及南亚地区人文往来较为密切。成都市与法国、比利时、意大利、德国、印度尼西亚、俄罗斯、印度等国家建立了友好城市关系。教育方面,成都与印度、巴基斯坦、尼泊尔等南亚国家,捷克、波兰等中东欧国家交流较多。科技合作方面,成都市与东南亚、南亚和东欧的科技合作较多,主要包括孟加拉、尼泊尔、俄罗斯、匈牙利、捷克、波兰等国家。

基于成都与"一带一路"沿线国家的经贸及人文合作交流情况,四川省及成都市在"一带一路"建设中定位为辐射带动西南地区、重点面向俄罗斯及中东欧的开放平台;同时应加强与重庆的合作,在推动云南等省区市向南亚地区开放中起到重要支撑作用。而成都市作为"一带一路"沿线国家的核心节点、四川省最重要的经济增长点,集聚了西部地区大量的人力、物力、技术、资金等资源,在参与"一带一路"经济带建设中,应该发挥本市的辐射带动能力,以西南地区作为纵深腹地,建设成为面向中东欧、俄罗斯和南亚的内陆开放高地。

三　重点建设内容

在未来建设布局中，成都市应该重点建设"一带一路"的战略性物流及商务平台，中国与俄罗斯、中东欧和南亚交流的科教文化教育基地，以及电子信息产业、装备制造业及丝绸产业等外向型产业基地（简称"一枢纽一平台两基地"）。其具体内容如下：

基于"蓉欧快铁"国际运输通道及成都双流国际机场，建设"一带一路"的战略性物流枢纽；

基于成都高新综合保税区、青白江集装箱铁路口岸及航空口岸，建设"一带一路"沿线上的重要开放平台；

基于成都市的信息产业、汽车产业、装备制造业等产业基础，建设"一带一路"沿线上的重点外向型产业基地；

基于高校、科研院所、丝绸博物馆等机构，建设"一带一路"沿线上的科教合作基地。

（一）战略物流枢纽——"蓉欧快铁"国际运输通道及航空枢纽

1. 发展现状及主要问题

对外交通体系不断完善，西部综合交通成都主枢纽已初步成型，极大地拓展了成都市及四川省对外开放发展空间。目前，成都"蓉欧快铁"国际班列已实现稳定运行，搭建起内陆地区通往欧洲的陆上货运大通道，极大地改善了成都及四川乃至周边地区与欧洲、中亚地区的通达性。2014 年 4 月，成都青白江集装箱铁路口岸获批国家临时对外开放口岸，这为"蓉欧快铁"双向开行提供了重要支撑条件。同时，成都双流国际机场的枢纽作用日益凸显。2013 年，成都机场的旅客吞吐量仅次于"北上广"，成功晋升"航空第四城"。依托于"蓉欧快铁"及成都航空枢纽的建设，成都将建设成为丝绸之路经济带上重要的综合交通及战略物流枢纽。

（1）"蓉欧快铁"国际运输通道。

①"蓉欧快铁"发展概况。

"蓉欧快铁"从成都青白江集装箱中心站出发，经宝鸡、兰州到新疆阿拉山口出境，途经哈萨克斯坦、俄罗斯、白俄罗斯等国到达波兰的罗兹，线路全长9826公里（见图8—1）。其中，成都至阿拉山口3511公里，阿拉山口至罗兹6315公里。由于我国和欧洲铁路使用标准轨道，独联体国家铁路使用宽轨，途中需进行2次换轨吊装作业。"蓉欧快铁"于2013年4月26日开始按照每周一列的频率正式稳定运行，早期每个班列只有几个集装箱能装满货物，目前每个班列的货源相对充足。截至2014年6月初，"蓉欧快铁"共运行了45班，累计发送标准箱3704个，实现货值1.56亿美元，货运量8292.6吨。

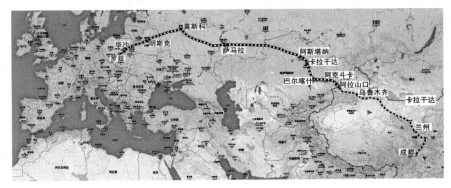

图8—1　"蓉欧快铁"国际铁路运输通道运行路线

平台公司："蓉欧快铁"国际货运班列由中外合资的成都亚欧班列物流有限公司负责运行，其按照市场化模式负责提供全程物流服务。成都亚欧班列物流有限公司是由波兰HATRANS物流有限公司、江苏飞力达国际物流股份有限公司、深圳越海全球物流有限公司合资共同组建的物流运行平台。

货源：从货源角度来看，"蓉欧快铁"运输的货物以机械产品、电子信息产品（以笔记本电脑为主）、汽车零配件为主；另外，还有一些服装鞋帽、家电产品、灯具、工业品、日用品等货物（见表8—1）。其中，大部分是国际电子商务的货物运输。从货源地角度来看，"蓉欧快铁"运输货物的来源还是以成都生产的产品为主；另外，还有一些从重庆、长三角、珠三角、西南地区等其他城市运输过来的货物。主要客户包括 DHL、UPS 等多家国际知名货代和 DELL、TCL 等生产商。目前，已经与 DHL 签订协议，DHL 每周承运 20 个大箱。

表 8—1　　　　　　　　　　"蓉欧快铁"货物数据

货物品类	集装箱量（个）	占比（%）
机械产品	81	19
笔电 Dell	43	10
衣服裤子	48	11
汽配	40	9
鞋类	26	6
整体浴房	19	4
防盗门	16	4
灯具	18	4

运价："蓉欧快铁"国际铁路联运通道从成都至波兰罗兹，全长 9826 公里，运输时间为 12—14 天，运价约为 10700 美元/FTU。"蓉欧快铁"是传统铁海联运时间的 1/3，费用仅为空运费用的 1/4。

政府补贴：至 2013 年年末，"蓉欧快铁"运行的 31 个班列已经补贴了 7000 万元人民币。其中，成都市政府补贴 4000 万元，成都欧亚班列物流有限公司的三个大股东补贴 3000 万元。每个集装箱约补贴 5000 美元，按补贴后的价格计算，"蓉欧快铁"的运价只是略高于铁海联运的价格。

②"蓉欧快铁"的优劣势分析。

a. 优势

快速直达。"蓉欧快铁"独有的 EDI 过境申报系统，可与独联体及欧盟国家实现快速对接，通关便捷。在平台公司的 EDI 过境申报系统下，"蓉欧快铁"仅用 14 天即可到达波兰罗兹，运行时间短。2014 年进一步优化站到站时效性，把运行时间压缩到平均 12 天。运输时间是传统铁海联运时间的 1/3，稳定高效的运输效率能有效帮助企业快速抢占市场，降低在途库存和现金流。

开放型公共物流平台。"蓉欧快铁"实现了市场化运作，搭建了面向全社会的物流运作平台。"蓉欧快铁"自行开发的 IT 信息管理系统同时连接客户—承运人— 海关—收货人,实现实时化、可视化、标准化物流服务。"蓉欧快铁"作为公共物流服务平台,采用开放式运营模式,可为广大代理人及发货人提供端到端的从散货到整柜全程全面的物流解决方案;同时也提供菜单式服务,由客户自主选择服务内容。

定时发运。"蓉欧快铁"每周定时发班,冬季不停运,稳定运行。"蓉欧快铁"在冬季采用恒温集装箱,能实现一年四季的正常开行。"蓉欧快铁"每周六固定时间发运,成都周边以及其他地区的货物无论是成列、成组、拼箱均可通过"蓉欧快铁"按时抵达欧洲。

贸易便利。成都市与波兰合建的"蓉欧快铁"波兰保税仓库,将能保证成都及罗兹都具备货物集散能力。同时,"蓉欧快铁"欧洲转运中心波兰保税仓库同时享受欧盟、俄罗斯与独联体(CIS)保税优惠便利,可分别为欧盟、俄罗斯及独联体客户提供运抵缴税及延后 160 天缴税的便利。

b. 劣势

运输价格高,需政府补贴。目前,"蓉欧快铁"国际铁路联运通道的运价是 10700 美元/FTU,而江海联运的价格是 3000 美元/FTU,铁海联运的价格是 3600 美元/FTU,铁路联运的价格不具有竞争力。"蓉欧快铁"处于长期亏损状态,2013 年运行的 31 个班列补贴了 7000 万元人民币,如何持续、市场化运行是目前面临的最大问题。

回程返空问题。双向同频率的班列对开有利于集装箱和车板的有效利用。但由于中欧贸易不平衡、传统海运低价竞争以及欧洲货运分散导致欧洲公路短驳费用高等问题的影响,使得返程班列难以组织。尤其是"蓉欧快铁"冬季运行所采用的恒温集装箱,不能纳入全球集装箱系统进行循环,每个班列都是空车返程,大大增加了"蓉欧班列"的运输成本。

国内城市之间的恶性竞争。目前,国内包括重庆、武汉、郑州、苏州、西安等众多城市已相继开通前往欧洲的货运班列。其中,"渝新欧"、"郑欧班列"、"汉新欧"等几条联运大通道与"蓉欧快铁"的运行线路高度重合,都是沿着丝绸之路经济带运行,终点都是针对欧盟市场。目前,我国几大内陆城市对于国际物流通道的争夺已经开始呈现出恶性竞争，为了城市宣传、吸引投资以及竞争国内外货源，有的城市甚至出现空箱运行的情况。这种恶性竞争对我国形象产生了一定的影响；同时，也使我国已有的有限货源更加分散，对丝绸之路沿线的国际运输通道发展极其不利。

（2）航空枢纽。

①发展概况。

成都航空枢纽建设的区位条件优越，同时政策优势明显。成都地处欧亚航路的中点，4 小时内可飞达东亚、南亚及东南亚，6—10 小时航程内可飞达中东以及欧洲，区位优势优越。自 1993 年成都机场被批准为"国际口岸机场"以来，先后获得"落地前政权"、航油保税和 72 小时过境免签等一系列国家优惠政策，省政府还设立了民航发展专项基金，支持国际航线拓展。2013 年 9 月 1 日，成都正式实施 72 小时过境免签政策，成为继北京、上海和广州之后第四个过境免签的城市。

截至目前，成都已晋升"航空第四城"，航空枢纽地位不断凸显。根据 2014 年年初国家民航局官网公布的《2013 年全国机场生产统计公报》，2013 年，成都双流国际机场完成旅客吞吐量 3344.46 万余人次，仅次于北京、上海及广州；货邮吞吐量 50.14 万吨，位列全国第五位；起降架次共 250532 次，位列全国第六位，每次起降飞机约 687 架次。截至 2014 年 7 月初，成都机场开通客货运航线 231 条，通航国内外城市 173 个，位居中西部地区第一位。此外，随着成都第二机场的开工建设，成都航空输送能力将得到进一步提升。

同时，成都国际航线发展迅速，对成都扩大开放及门户城市建设起到重要作用。截至目前，成都双流国际机场国际（地区）航线已达 74 条，同样位列中西部首位。其中国际直航线路近 30 条，至欧洲的有阿姆斯特丹、法兰克福、伦敦三条直航线路，至北美则开通了旧金山和温哥华的直航线路。另外，成都机场先后加密了成都前往曼谷、普吉、新加坡、吉隆坡、阿联酋、尼泊尔、马尔代夫、伦敦等地的国际航班，国际航线网络日趋完善。

②存在的主要问题。

航空市场仍较小，机场的中转功能尚不成熟。由于航线网络密度不够、中转手续复杂且等待时间较长、中转效率较低等原因，当前成都机场的旅客中转率相对较低，航空枢纽的中转功能发育相对缓慢。2012年4月，根据民航西南管理局的报告，成都双流机场国际和地区航班仅占航班总量的9.2%，旅客中转率仅为5.7%。

航空中心建设竞争激烈，发展难度大。近年来，西南地区的云南昆明、重庆以及陕西西安等机场建设力度不断加大，均力图构建西南地区航空中心。一方面，西南地区多个机场的建设分散了航空的客货流，不利于成都机场规模化建设及核心竞争力的构筑。另一方面，随着西南地区（尤其是重庆、昆明等）机场建设加速，快速增长的空域需求与紧张的空域资源之间的矛盾日益突出，这也对成都航空枢纽的建设形成一定制约。此外，由东南亚、西亚等国家和地区出入中国境内的旅客多数经由新加坡、泰国曼谷及中国香港等地区转机，成都双流国际机场的竞争力尚不足，发展前景不容乐观。

2. 建设重点

2007年，国务院颁布的《综合交通网中长期发展规划》提出将成都建设成为综合交通枢纽；2013年，《全国物流枢纽发展规划（2013—2020）》提出将成都建设为一级物流园区；2014年，《中长期铁路网发展规划》提出在全国建立18个集装箱中心站，由中外合资公司（"中铁联集"）经营，其中成都中心站已建成。

因此，在"一带一路"建设中，应依托于"蓉欧快铁"国际通道及成都双流国际机场，将成都建设成为"一带一路"发展的国际铁路联运平台、中国西南面向南亚和欧洲地区的航空中转中心，以及对外开放的一级综合交通枢纽。未来发展中，成都应加强与重庆市的分工协作，重点集结华东、华南地区的客货流。

依托双流国际机场和"蓉欧快铁"，建设具备国际中转、国际配送、国际采购、国际转口贸易、国际商品交易展示等多种功能的国际物流中心。加强不同交通方式的相互衔接及无缝换乘，建成亚欧航空铁路货物转运中心。

完善对外交通网络，进一步提升成都国际性区域交通及物流枢纽的通达性。打通成都主要出川高速公路及西南、西北方向出境高等级公路，加强与周边中心城市及省内二级城市的交通联系；构建"二环十射"对外铁路网，构建全国第五大铁路枢纽，加强与沿海港口、沿边口岸的铁路线建设；全面构建成都至欧、美、澳、亚的客货直飞航线网络，进一步完善国内航线网络，建成至京、沪、穗密集的空中快线。

加强与周边地区的分工协作，保证客货流的充足供给。与丝绸之路经济带内重点城市分工协作，优化运输组织，加强对西南地区经济腹地的联系，保证"蓉欧快铁"对外运输货物的稳定供给，以及成都机场的规模发展，提升对周边地区乃至国家的影响力。

加快组织回程货物运输，进一步降低运输成本。波兰农业及畜牧业产品丰富，每年有大量肉类出口；此外，国内对欧洲汽车需求旺盛，成都市应加快整车进口及肉类、红酒等进口的申报工作，实现回程货物的稳定运输，从而进一步降低"蓉欧快铁"运输成本。

大力提升航空港能级。加密至北京、上海、广州等中心城市的航班，充分利用第五、第六航权，积极拓展国际航线，重点开发通达欧洲、中亚、东南亚主要国家的定期直航航线。积极引进深航、海航等基地航空公司，从土地、财税等方面加大对基地航空公司的扶持力度。积极发展航空研发、航空制造、航空维修与技术服务、航油航材供应、航空培训等航空运输保障、配套服务和通用航空企业，构建完善的航空产业体系。着力引进欧洲、亚洲大型航空货运公司或具有整合能力的战略性投资商建设亚太区域分拨中心，鼓励现有的东南亚国家和中国香港地区至欧洲的货运航班经停并中转货物，开展航空快件国际中转集拼业务，建设空转陆的区域性综合物流中心和航空快递物流中心。

（二）开发开放平台

1. 发展现状

西部地区受深处我国内陆的区位条件限制，改革开放以来一直处于对外开放的末端。在这样的背景下，具有"境内关外"政策优势的海关特殊监管区域，以及作为对外商贸交流重要通道的口岸，可以极大改善西部内陆地区区位条件，是西部地区扩大对外开放及推动外贸发展的重要平台。总体而言，海关特殊监管区域及口岸的设立，在促进西部地区吸引国际及沿海产业转移、参与国际竞争及发展外向型经济中具有重要的平台作用。在成都参与丝绸之路经济带的建设中，现有的重要开发开放平台包括成都高新综合保税区、航空口岸——成都双流国际机场、铁路口岸——成都一类铁路口岸等。

成都高新综合保税区的设立，对于四川省尤其是成都市承接东部地区产业转移及发展对外贸易具有重要的拉动作用。在"十二五"期间，根据成都市的比较优势，成都高新综合保税区重点发展笔记本电脑、平板电脑制造，晶圆制造及芯片封装测试，电子元器件、精密机械加工以及生物制药产业。目前，成都高新综合保税区已吸引英特尔、富士康、德州仪器、戴尔、莫仕等世界 500 强及跨国企业入区发展，投资总额超过 25 亿美元。2012 年，四川省出口增速达到 32.5%，其中成都高新综合保税区的出口额达到 155.71 亿美元，占全省出口总额的40.5%。

成都铁路口岸获批国家临时对外开放口岸，助力成都对外开放。2013 年，成都铁路集装箱中心站集装箱吞吐量达 38.5 万标箱，同比增长 13.2%，发展势头良好。2014 年 4 月，成都铁路口岸获批国家临时对外开放口岸，这为"蓉欧快铁"双向开行提供了重要支撑条件，同时对于成都建设西部综合交通枢纽、物流中心具有重大意义，极大拓展了成都市乃至四川省对外开放的深度及广度。

成都双流国际机场的枢纽作用日益凸显。截至 2014 年 7 月，成都航空口岸国际（地区）航线达到 77 条，其中，成都往返美国、英国、德国、澳大利亚、荷兰、阿联酋、卡塔尔、印度、巴基斯坦、韩国、日本、马尔代夫、新加坡、马来西亚、泰国、柬埔寨、越南、老挝等定期直飞客运航线 24 条、货运航线 27 条，中转和包机客运航线 25 条。2013 年，成都航空口岸出入境旅客数量突破 245 万人次，是丝绸之路经济带上出入境人次最多的机场之一。

2. 存在的主要问题

通关便利化水平较低。成都市的铁路一类口岸以及航空口岸，其口岸服务体系的效率和竞争力相对较低，口岸大通关系统建设比较滞缓。

优惠政策有限，发展空间受限。在国家层面上，成都市口岸政策研究及争取力度不够，政策优惠不及重庆等地。多种商品检验检疫及审批程序复杂，进一步降低了成都口岸的通关效率，对成都对外贸易发展空间形成一定制约。

在区域辐射及空间联系上，成都口岸服务腹地的纵深有待进一步拓展。目前，成都口岸主要服务于本市经济发展，与周边地区产业经贸合作程度不够，经济规模相对较小，对口岸规模扩张及长期发展的支撑能力不足。

3. 建设重点

在成都参与"一带一路"的建设中，应该基于已有的成都高新综合保税区、成都双流国际机场、成都一类铁路口岸等优势平台，与重庆协作发展，加强与周边地区的产业及经贸合作，建设重点面向中东欧、俄罗斯地区的内陆开放型高地，形成全方位的对外开发开放平台。一方面，通过完善特殊监管区域的基础设施、政策体系及扩大其作用范围，将成都建设成为西部地区外贸发展的重要平台。另一方面，加快推进口岸开发升级，完善配套基础设施，充分发挥口岸的对外开放及通道作用，为成都市物流枢纽中心建设及产业经贸发展提供重要支撑。

扩大综合保税区范围，积极推进大通关及电子口岸建设。充分发挥成都高新综合保税区等特殊监管区的作用，加快申报成都高新综合保税区双流园区，加大产业转移承接力度，推动成都电子信息出口基地建设；同时，推进成都与主要口岸之间快速转关通关合作，简化跨关区转关手续，实现口岸单位联网申报和监管核查；另外，还要进一步加快口岸服务设施的建设。

加快出口加工区、保税区、保税物流园区和保税港区等海关特殊监管区域的申报和建设，支持现有海关特殊监管区扩区增容。推进高新综合保税区、铁路保税物流中心（B型）、空港保税物流中心（B型）、国家级出口基地、省级外贸发展专业型示范基地等平台建设。成都铁路口岸进一步申报成为国家开放口岸，积极争取获批成都铁路口岸的整车、水果及肉类进关。

积极改善成都市的投资贸易环境，促进贸易投资便利化。一方面，积极发展电子商务，为成都市的航空口岸和铁路口岸提供信息平台，优化货物服务平台；另一方面，加强外汇管理和服务创新，积极开展跨境贸易结算试点，为成都市对外开放提供便利。

大力发展跨境电子商务，构建内陆地区服务贸易高地。加快跨境电子商务园区和出口商品跨境零售运营中心、进口消费品保税中心建设；推进与国内外知名电子商务企业合作，引导大型电子商务企业在成都设立西部地区物流运营和订单生产中心；鼓励快递企业与电子商务交易企业结成战略联盟，成为电子商务交易企业物流配送承运商，促进同城配送业务快速发展。

（三）重点外向型产业基地

1. 发展现状

"十二五"期间，成都作为承接东部沿海地区及国外产业转移的前沿城市，其电子信息产业、汽车产业、装备制造业等新兴产业发展尤为迅速。2011 年以来，成都市集成电路产业快速发展，以英特尔、德州仪器为代表，形成封装优先发展，带动芯片制造、集成电路设计聚集发展的产业特色，成都已成为与长三角、珠三角比肩的集成电路产业发展最活跃的地区之一。截至 2012 年年底，英特尔成都工厂已完成 12.8 亿只 IC 芯片封装测试，全球每两台笔记本电脑中就有 1 台使用"成都造"处理器芯片，在计算机处理器芯片封装方面居全国第一位。同年，成都市规模以上主营业务收入达 2075.6 亿元，工业增加值为 582.7 亿元，占全市工业的比重为 22.5%。此外，富士康、仁宝、纬创、联想、戴尔等计算机项目均建成投产。

同时，成都生物医药业发展也取得显著成效。成都已成功获批国家生物医学材料及医疗器械高新技术产业化基地、国家（成都）生物医药产业创新孵化基地。天府生命科技园、天河生物医药科技研发及产业化中心已投入使用。2013 年 1—5 月，生物医药产业实现规模以上主营业务收入 129.30 亿元，增长 5%，工业增加值 52.01 亿元，增长 2.3%，保持了较好的增长势头。

此外，成都的汽车产业以及食品饮料及烟草产业等行业发展态势良好。2013 年，成都市汽车产量 75.9 万辆，比 2012 年增长 91.8%。同年，成都市啤酒产量 59.2 万千升，比 2012 年增长 19.9%；白酒产量 12.8 万千升，比 2012 年下降 11.1%；卷烟 998.7 亿支，比 2012 年增长 2%。

2. 存在的主要问题

受全球经济形势影响，成都特色优势产业发展增速放缓。2013 年，成都市的八大特色优势产业中，除汽车产业和机械产业增加值增速略有提高外（较 2012 年分别提高 3.2 个和 0.3 个百分点），其余六个产业增加值增长速度均有所减缓，其中电子信息产品制造业增加值回落15.9 个百分点。

行业发展前景不明晰，项目投资及企业配套建设推进较为缓慢。受我国宏观经济形势的影响，成都市部分企业投资迟缓不定、徘徊观望，相关产业发展项目推进缓慢。例如，富士康 801 项目由于尚未拿到国家发改委正式批文迟迟不能落地；虹视 AMOLED 项目目前资金缺口较大，导致无法顺利实施，仍停留在中试环节。

生产成本增加进一步压缩企业的盈利空间，承接产业转移困难。根据四川省"十二五"中期评估的数据，2014 年第一季度四川省招聘岗位薪酬成本同比增长 10% 左右，全国铁路货物平均运价上涨 10% 左右，这极大地压缩了企业的盈利空间，使得四川省承接东部沿海地区产业转移的优势不断弱化。

3. 建设重点

发挥"蓉欧快铁"国际运输通道优势、铁路口岸、航空口岸的优势，以海关特殊监管区、天府新区、成都高新技术开发区、成都经济开发区等各类开发区为重点，大力发展外向型经济。培育壮大一批外向型产业基地，积极承接产业转移，继续深化区域合作，努力提高开放合作的广度和深度，将成都建设成为内陆开放型经济战略高地。具体布局中，成都应重点发展电子信息产业、机械设备制造业、轻纺、农副产品加工以及生物医药等行业外向型生产基地。

电子信息产业基地。应重点依托于电子商务建设，发展计算机、智能视听、集成电路、通信与网络、新型显示、软件与信息服务业、电子信息技术应用设备及装备、电子节能照明与光伏等电子信息产业加工区。

机械设备制造业基地。基于现有的机械产业基础，重点加强重大电力装备生产、汽车产业、数控机床研发生产基地和民用航空产业基地的建设。

轻纺产业基地。以丝绸文化为重要抓手，加大成都丝绸文化的宣传力度，重点加快成都丝绸产业园区建设。

农副食品加工基地。与遂宁、资阳、眉山等周边地区分工协作，建设肉食品、畜产品及农副产品等加工出口基地。

生物医药基地。以天府新区（含成都及双流部分）为基础，重点打造生物医药产业园；同时在邛崃市发展配套产业，重点发展化学药物制造、中药制剂和保健食品。

（四）科教及文化合作基地

1. 发展现状

成都市具有良好的国际性科教文化合作氛围。截至目前，成都举办的具有国际影响力的国际高端会议、展览、文化艺术、体育等活动逐年增加，如中国西部国际博览会、中国西部国际合作论坛等。同时，成都市设有欧盟项目创新中心，该中心与 27 个欧盟成员国家的 56 个欧盟机构、产业集群和大学建立了合作伙伴关系。此外，2012 年，成都市挂牌成立了中国留学服务中心成都分中心，为海内外留学生提供双向服务；2012—2013 年，成都连续承办了两届亚洲教育论坛年会，具有比较成熟的国际性科教文化交流氛围及环境。

成都与欧洲地区科技教育交流与合作程度不断加深。截至 2013 年年底，成都市欧盟创新合作中心成功引进 43 家欧洲企业落户成都，举办了中国—欧盟投资贸易合作洽谈会，并成功参与欧盟的转变亚洲援助项目和第七框架项目（FP7）。另外，截至 2013 年年底，成都市已与英国、法国、美国、澳大利亚、芬兰等 7 个国家和地区建立了 14 家教育合作机构，创设 8 个教师国际化培训基地，202 所中小学与境外学校缔结为姊妹校；成功引进英国哈罗公学、澳大利亚 TAFE 学院等十多个优质教育合作项目，举办国外课程班和特色项目超过 35 个。同时，成都市的市属高校招收外国留学生已达 230 余人。

成都形成了以政府为主导、企业及高校多主体共同参与的对外科教合作格局。一方面，成都市政府积极开展国际科教文化的交流合作，除设立各种交流平台及服务机构外，还设置了"成都市国际友城留学生奖学金"等，对来成都攻读博士学位的外国留学生每年提供 3 万元奖学金，攻读硕士学位则提供 2 万元奖学金。另一方面，成都市还积极引导企业及社会机构参与与"一带一路"沿线国家的科教文化合作。例如，成都市吸引知名企业来蓉开展留学奖学金服务；部分高校如四川大学、成都外国语学院等也与国外部分高校签订了科教合作协议。

2. 存在的主要问题

（1）文化背景及管理制度存在差异，科教文合作困难较大。

由于不同国家之间历史文化背景、社会经济发展水平及管理制度的差异，各国的科研管理体制和运行机制也有所不同，加之各国科研水平之间的差别，造成我国和各国科教文合作的需求存在一定差异，导致成都市与"一带一路"沿线国家的科教文化合作存在需求不同、制度不顺畅等问题，增大了合作成本。

以科技合作为例，问题突出表现在两个方面：①科研人员出入境签证难度大，科研合作经费按照正常途径划拨到国外的困难更大，科技合作项目所需的科研仪器和设备运输到国外的手续烦琐，时间长；②由于"一带一路"沿线部分国家政局不稳定、法制不健全，在外的科技合作人员的安全和权益得不到保障的现象时有发生，使得科研人员的国际合作热情降低，迫切需要良好的保障体系来维护。

（2）合作形式较传统，重大合作研究项目比例较少。

成都与"一带一路"沿线国家的教科文合作，特别是科技合作长期以来都是以考察访问、参加国际会议和展览会等形式为主，而实质参与重大科学研究和国际科学计划的比例相对较少。一些高水平的合作研究，尤其是一些国际性的大科学研究项目和欧盟的科学研究计划中的研究项目，参与的数量不多，深度有限。2005 年，国际合作研究经费支出比例仅占 17%，2012 年也仅增至 19%，尤其是缺乏在人文社会科学方面的重大合作项目。

3. 建设重点

（1）中国—中东欧科技合作中心

依托成都国家创新型城市试点，加强成都与中东欧的科技合作，重点加强高新科学技术、人文领域的合作。一是积极推进与中东欧国家的科技交流与合作，鼓励本地企业与国内外大专院校、科研院所建立战略联盟，引进和吸收中东欧国家的高新科学技术。二是整合科技资源，提升创新能力，加快科技成果向现实生产力转化，建立企业主体、市场导向、政府支持、产学研结合的技术创新体系。三是与沿线国家共同建设一批共性技术创新平台，加强工程（技术）研究中心、工程实验室、重点实验室、企业技术中心建设,完善多层次产业创新支撑体系。

（2）中俄、中欧教育合作基地

充分利用成都已签署的中俄友好合作协议,进一步开展师生互派、外语教学、合作科研、人才培训等领域合作;合作共建孔子学院,共建中俄、中欧青少年教育发展研究中心,互设语言文化中心等;支持高校与丝绸之路沿线国家高校开展合作研究、教师交流、学生互换、学分互认等深度合作;加强国内青少年对外交流活动,如组织"丝路学生研学夏令营项目"等。

（3）文化合作基地

实施文化"走出去"战略,依托熊猫文化、世界遗产、文博资源、都市旅游吸引物和古镇文化资源,以及川剧、川菜、蜀锦蜀绣等非物质文化遗产等,充分利用国家定点的"非物质文化遗产节"平台资源及成都72小时过境免签政策,打造具有国际吸引力的文化旅游精品,大力发展国际旅游服务贸易;同时,充分利用多边和双边机制,扶持和加强与"一带一路"沿线国家的文化交流与合作,着力引进一批国际知名会议展览活动和高端专业学术会议落户成都,积极争取具有国际影响力的顶级赛事在蓉举办,并积极争取在中东欧等重点国家（地区）开展具有国际影响的对外交流活动,从而提高成都的国际知名度和影响力。

四　对策建议

（一）争取国家支持成都建设"一带一路"内陆西向开放战略高地

对外开放是成都参加"一带一路"建设的核心。成都承担着国家扩展内陆开放先行先试的责任。2013年成都市对外贸易首次突破500亿美元大关,实现进出口总额506亿美元,进出口额、出口额稳居全国15个副省级城市中的第9位。其中,出口318.84亿美元,占四川省出口总额的76%;进口187.16亿美元,占四川省进口总额的82.66%。2013年成都市新增加境外投资项目42个,核准投资总额171717万美元。但受制于开放平台等方面的制约,成都市推进内陆开放高地建设仍然存在诸多困难。建议加快以下几个方面的建设。

1. 支持设立自由贸易区

支持在成都设立与上海自由贸易区错位发展的科技型自由贸易区。依托成都科技实力雄厚、人才资源丰富和金融机构数量多、种类全等优势，发挥成都作为西部中心城市在东盟地区合作、欧洲经贸合作、亚欧大陆航空枢纽建设中的作用，积极争取设立与上海自贸区错位发展的科技型内陆自由贸易区，加快先进制造业和现代服务业在西部集聚。

2. 扩展西向开放

深化成都与西北五省区和中亚、西亚地区的合作，重点推进亚欧物流大通道建设。打通长江经济带至中亚、西亚乃至欧洲的陆路大通道。继续深化与云南及东盟各国的经贸物流合作，以产业链的整合为轴心，积极推进南向跨境交通基础设施建设。全力推进成都国家级国际航空枢纽建设，巩固成都至南亚、东南亚航线优势，重点辐射中亚、西亚、南亚、东南亚、俄罗斯及东欧国家及地区，构建高效便捷的亚欧航空物流通道。

表 8—2　　　　成都与"一带一路"沿线国家的重点合作领域

在深入分析成都与"一带一路"沿线国家历史文化联系和现实经贸往来的基础上，建议成都重点加强与俄罗斯、中东欧和欧盟的经贸合作，并成为与南亚合作的主要支撑区，积极扩展与中亚和南亚经贸合作。重点合作领域如下：

与中亚合作重点及方向：以推动国内产业转型和中亚经济发展为目的，以哈萨克斯坦为重点，深化与中亚国家贸易和投资领域合作，重点加强对中亚的冶金、建材、机械装备、新能源和农业等领域投资，以工程承包带动工程装备和劳务出口。

与俄罗斯合作重点及方向：加大、深化与俄罗斯农业合作力度和规模，不断加快在电力、核能等领域合作步伐，加强在航空产业、汽车、电子信息产业和化工产业等领域合作。积极参与俄罗斯伏尔加河流域和西伯利亚开发。

与南亚合作重点及方向：重点通过扩大与巴基斯坦汽车、机械电子、通信和金融等领域合作，支持巴基斯坦经济发展。扩展中印在高科技领域合作，继续加强与南亚国家农业合作，扩大在南亚承包工程，带动工程机械出口，提升中巴自贸区水平和孟中印缅合作层次，扩展与印度洋沿线国家合作。

与中东欧合作重点及方向：充分利用中东欧地理位置优越、劳动力素质高、工业基础和技术积淀雄厚、靠近欧盟大市场等优势，以白俄罗斯和波兰为重点，加强与中东欧国家在装备制造、高铁等领域合作，鼓励企业本土化生产。参与重要交通枢纽城市建立商贸物流中心建设。

与欧盟合作重点及方向：继续扩大双边贸易规模，加大在通信设备和服务、工业机械、设备、新能源、化工、汽车及零部件制造业领域的双边投资。积极加强欧盟技术引进，重点联合发展信息通信产业、生物医药和生物工程、新能源和新材料、通用航空和高端装备制造、环保产业与现代农业等领域合作。

与西亚合作重点及方向：继续扩大与西亚的能源贸易，加强资源深加工合作，探索以资源入股发展模式，共同发展石油化工产业。发挥我国能源装备制造、技术研发等优势，积极加大能源设备产品出口。在中亚条件优良地区，与西亚国家合作建立农业示范园区，重点展开节水灌溉技术与设备、旱作农业、设施农业、病虫害综合防治合作，推动我国旱作农业技术发展。加大对西亚阿拉伯国家穆斯林日用品出口。积极引进阿联酋、沙特和土耳其等阿拉伯国家金融资源，建立中阿金融中心。

3. 加大外商投资与境外投资促进力度

针对沿线不同国家的资源禀赋和产业状况，探索产业合作园区和境外经贸合作区等载体建设，鼓励企业集群式"走出去"。鼓励符合条件的企业和金融机构在境外以发债、融资租赁等方式筹措资金，引进先进技术设备。鼓励企业投资或利用中方贷款积极参与境外基础设施建设，化解我国产能过剩。引导企业参与国外农产品种植、加工、农机设备生产和农业示范园等项目。鼓励成都企业参与丝绸之路沿线国家重要节点城市商贸物流合作园建设。不断完善和优化境外投资的相关政策法规，有重点、有步骤地研究制定鼓励"一带一路"地区企业境外投资的相关政策，引导和鼓励外商加大对成都的投资力度，积极探索合作产业园区建设机制。

（二）建立跨区域产业合作机制

跨区域创业合作机制是推动"一带一路"建设的重要内容和制度保障。目前，成都与"一带一路"相关省区市的合作进一步深化，但跨区域产业分工协作机制还未形成，影响了"一带一路"区域比较优势的发展，出现了恶性竞争的苗头。因此，建议加快以下几个方面的建设。

1. 建设"一带一路"国内重点城市跨区域协调合作机制，促进"一带一路"联动发展

建议在国内相关部门的指导性下，建立"一带一路"沿线城市市长联席会议制度，建立区域综合开发管理与合作新机制，形成统一开放、竞争有序的市场体系，形成互联互通、优势互补、整体联动、利益共享的发展格局。有效利用与丝绸之路经济带沿线国家和地区的资源优势，突出产业结构互补性强、产品相互需求空间大的特点，全面深化能源化工、现代农业、装备制造、旅游文化等产业对接合作，从而实现"一带一路"各经济板块互利共赢。

2. 积极加强与丝绸之路经济带沿边省区沟通，探索共建合作产业园机制

成都地处丝绸之路经济带和长江经济带的交会处，是我国南北纵贯的交通枢纽、成渝经济圈的中心点。随着丝绸之路经济带和长江经济带建设上升为国家战略，成都作为内陆开放经济高地的地位将进一步凸显。但同时，成都也是内陆地区，需要"借道出国"。建议成都积极加强与新疆、广西、云南等地沟通，发挥成都产业优势和边境地区口岸优势，采取"飞地经济"模式，探索共建合作产业园机制。

3. 加快体制机制创新，通过内引外联，促进成都产业转型升级，将成都建设为丝绸文化高地，加快构建现代产业体系

不断优化产业结构，实现产业转型升级，是成都建设丝绸之路经济带的重要支撑。2013年成都市工业增加值突破4000亿元（4181.5亿元），产业结构进一步优化，三次产业结构为3.9∶45.9∶50.2。规模以上工业增加值为2917.6亿元，增速在省内市州中位居第一位，在副省级城市继续保持领先，居第二位。汽车产业、电子信息等特色优势产业增加值份额不断提升。但成都市产业结构优化升级依然存在很大空间，发展质量仍需提高。建议加快以下几个方面的建设：

一是积极与"一带一路"沿线国家和地区进行文化合作，加强丝绸文化建设，打造丝绸文化高地。丝绸文化既是沿线国家和地方的集体记忆和共同印记，也是沟通"一带一路"沿线国家的情感纽带，还是沿线国家和地方经济社会发展和合作共赢的重要引擎和保障。成都盛产蜀

锦，既是古代北方丝绸之路的重要腹地，也是南方丝绸之路的起点和源头，在传承丝绸之路精神、弘扬丝绸之路文化方面使命重大、责无旁贷。建议成都依托深厚的历史文化渊源，联合丝绸之路经济带沿线国家和地区，加强丝绸文化研究，建设以丝绸文化主题公园、丝绸之路风情街、丝绸之路国际博览会、丝绸文化博览园、丝绸文化学研基金构成的"五丝"项目体系，努力将成都建设成为丝绸文化展示窗口，丝绸科研、学术、技术和市场以及衍生产业发展的重点基地，国际丝绸品牌的展示总部和创意人才聚集高地（见表8—3）。

表 8—3　　　　　　　　　丝绸文化产业建设重点

丝绸文化城市名片（锦门）建设：以成都北大门为起点，以南丝绸之路起点纪念碑、南丝路博览馆为原点，以承接千年丝绸商贸精神、发展现代文化创意和休闲旅游产业为着力点，加快建设锦门文化旅游广场、丝绸文化主题公园。

南方丝绸之路博物园：以四川丝绸博物馆为基础，建设国际南方丝绸之路博物园。将其建设成为展示南方丝绸之路历史的平台，传播南方丝绸之路历史知识和研究的重要基地，与中、西亚的艺术和科技文化交流的重要平台，重要旅游目的地。

丝绸文化产业创意园：以现有成都双流的中国丝绸文化产业创意园为基础，加快建设"丝绸文化产业创意园"。以丝绸文化为载体，以文化创意为理念，打造成为集中国丝绸设计制作、科研创新、展示交易、旅游休闲、情景购物、青少年素质教育、互动体验等功能为一体的时尚创意园区。

丝绸文化研究院：以成都市社科院为主体，联合成都相关高校、科研机构和丝绸之路沿线相关国家，联合成立丝绸文化研究院，设立丝绸文化研学基金，开展丝绸文化深入研究，挖掘丝绸文化的内涵，打造成都丝绸文化品牌。

二是积极与"一带一路"沿线国家和地区产业合作，加快成都产业转型与改造，打造中国西南产业高地。加快推进成都与欧盟国家科技合作，重点加强在信息产业、节能环保和新能源、新材料等新兴战略性产业方面的合作。采取"一区多园"，加快建设中德（蒲江）中小企业合作园、中瑞（瑞典）中小企业产业园、中波巴尔玛工业园。加强体制机制创新，积极推动俄罗斯和中东欧企业来蓉投资，共同加快军事工业、军转民技术、航空航天工业、计算机软硬件开发、生物工程等技术孵化和商业化。发挥成都农业资源丰富和农产品资源优势，将成都稳步建设成为中国农产品出口加工基地。把握全球产业布局调整趋势，加强与南亚、东南亚及中亚至欧洲经济通道等区域合作，加快产业转移承接平台建设，加大承接产业转移力度。

三是积极推进服务业综合改革试点，努力将成都建设成为面向"一带一路"沿线国家和地区的现代服务业基地。加强与成都周边地区合作，以成峨乐、成雅攀、成雅甘三条文化旅游走廊为主线，大力发展以旅游业为主体的现代服务业，打造南方丝绸之路文化旅游品牌。以信息技术为支撑，依托综合交通枢纽和信息枢纽，加快构建高效顺畅的物流体系和商贸网络。把握内外贸一体化发展的趋势，探索国际国内物流商贸一体化运作模式。鼓励电商企业来蓉投资，大力发展电子商业，支持大型商贸企业加快电子支付平台的建设，支持企业利用网络、微博、微信等现代营销手段。整合现有会展及论坛平台，提高水平，鼓励现有平台升级。加快发展金融保险、商贸流通、信息咨询、服务外包等生产性服务业。

（三）加强基础设施建设，完善与"一带一路"沿线国家的协调机制

进一步加强成都市的基础设施建设，完善物流园区、保税区、海关监管区、检验检疫区等配套设施建设，提升成都市的物流仓储、集散能力。与重庆、西安等城市进行错位发展，成都定位为西南地区国际铁路运输物流枢纽，重点集结华东、华南地区的货物，通过"蓉欧快铁"国际运输班列辐射中东欧、俄罗斯地区。

建立和完善成都市与丝绸之路经济带沿线国家的国际协调机制，提高"蓉欧快铁"现有国际铁路运输班列的国际集装箱多式联运组织管理水平，加强包括铁路运量、运价、运力、安全等方面的协调，建立各国铁路的信息沟通机制和快速处理突发事故机制。

建立健全政府和市场双规运作机制，与丝绸之路经济带沿线各国铁路部门合作，建立货物运输安全、环保协调机制，保障货物和运输安全（涉及危化品运输），确保在每段的安全快速运行；加强沿线各国海关监管互认、信息共享、执法互助，提高现有国际铁路运输班列的物流仓储、集散能力。

统筹协调，进一步完善海关、检验检疫、外贸、铁路等部门以及沿途各省区工作协调、利益分享机制，充分利用成都已设立的内陆铁路一类口岸，积极组织"蓉欧快铁"国际联运大通道上回程货物的组织、进关工作；同时，进一步推进"蓉欧快铁"班列在波兰罗兹物流集散中心的建设。

不断提高宣传力度，扩大"蓉欧快铁"的知名度；不断加强与国内城市的联系，尤其是加强对西南地区经济腹地的联系，不断吸引各地货源，扩大并保障"蓉欧快铁"对外运输货物的货源。

（四）加快发展外向型产业基地

优化产业投资环境，促进产业基地发展。积极推进产业园区及产业基地的交通、水电、通信、网络等硬件基础设施建设；建立健全以出口退税为主体，以金融支持、信息服务等为支撑的出口政策服务体系；优化产业基地投融资环境，吸引、培育大型外向型龙头企业，带动产业园区及基地发展。

实施差异化发展策略，优化产业基地布局。挖掘成都市各种不同类型产业园区或基地的比较优势，引导其科学合理地进行产业布局，科学选择出口的重点目标地区，不同类型产业园区与产业基地进行分工协作，避免重复建设与恶性竞争，营造良性竞争环境。

整合现有产业资源，推动产业集约发展。依托现有产业开发区、产业园区、经济技术开发区、出口加工区等已有园区，充分整合已有优惠政策，引导资源要素理性聚集，培育具有国际竞争力的产业集群，促进产业集约发展。

优先发展先进制造业，带动产业转型升级。依托现有龙头企业，积极培育和建设先进制造业基地，进一步带动成都市及成渝经济区的产业转型升级。

注重技术创新，培育产业核心竞争力。重点支持现代制造业、高新技术产业和特色优势农业等产品出口；注重扩大具有自主知识产权、自主品牌的本地产品出口；出台优惠政策，鼓励自主创新产品、高附加值产品出口。

积极延伸产业链，提升产业基地的经济带动能力。通过不断发展上下游产业，拓展各地优势产业的产业链，进一步扩大外向型产业基地对地区经济的贡献能力。

（五）完善人文合作交流平台，促进民心相通

充分利用成都市高校资源丰富的优势，积极开展与"一带一路"沿线国家的教育交流与合作。加强成都与"一带一路"沿线国家，特别是南亚和东南亚国家的高等教育合作与交流，在成都市政府奖学金的基础上，增加来华留学生名额。加强与国际教育机构、外国政府部门的交流与合作，不断拓展和完善多元化教育国际交流平台。同时，完善成都市参与丝绸之路经济带建设人才支撑机制，在子女入学、住房、家庭就业等方面，对"一带一路"建设急需人才的引进和培养，如小语种人才、国际化视野经贸人才、高科技人才等，给予政策倾斜和优惠。加快成都高校在"一带一路"沿线国家，特别是南亚和东南亚地区的孔子学院建设。

积极发挥成都市科研机构众多的人才优势和技术优势，加强与"一带一路"沿线国家的科技交流与合作。鼓励企业"走出去"，在南亚和东南亚地区开展农业科技培训与开发。继续加强与俄罗斯和东欧国家在高科技、航空航天领域的合作和交流。在已有中外合作研究中心平台的基础上，借助中科院成都山地所的人才力量，联合国家科技部、外交部等相关部委，进一步加强与南亚国家在山地减灾、防灾领域的合作与发展。同时，不断拓展和加强与丝绸之路沿线国家人文社会科学领域的交流与合作。

大力弘扬和宣传成都"丝绸文化"，将"丝绸文化"打造成成都市参与"一带一路"建设的一个重要品牌，借助"丝绸文化"品牌，加大与"一带一路"沿线国家的交流与合作。同时，在"一带一路"沿线国家，特别是南亚、东南亚和东欧国家举办系列"成都文化周"活动。派遣和鼓励文化团体的交流演出，加强民间艺术交流。加快与丝绸之路沿线国家，特别是南亚、东南亚、东欧等国家的友好城市建设，搭建成都与"一带一路"沿线国家交流的平台。

积极推进旅游的交流与合作。以联合国教科文组织授予成都"国际

美食之都"称号为契机,积极推进特色美食街和古镇建设,打造形成吸引"一带一路"沿线国家来成都旅游的主要品牌。利用成都大熊猫繁育基地,进一步发挥世界遗产大熊猫的品牌影响力,挖掘其生态和文化价值,融合科普教育和娱乐,吸引国外机构参与大熊猫基地建设,打造国际熊猫主题旅游和文化传播中心。引进国际旅游组织机构和知名旅游运营商落户成都,提升成都旅游综合服务水平。加大针对"一带一路"沿线国家的旅游宣传力度。

总之,在未来参与"一带一路"的建设中,成都市应该基于已有与俄罗斯及中东欧地区的交流与合作基础,充分发挥其在教育及科技人才方面的优势,努力建设成为面向俄罗斯及中东欧的科教文化合作中心。其次,成都市需要加强对南亚、东南亚、中亚、西亚等新兴潜力市场的开拓,重点加强与南亚区域合作交流,搭建经贸合作促进平台,引导成都与南亚(印度)在软件和服务外包等方面的合作。具体而言,需要不断扩大成都市对外开放格局,充分调动政府、科技组织、高等院校、企业等不同主体的积极性,在科技研发、教育及文化等领域开展全方位、多层次的交流与合作。

(六)尽快研究编制成都市参与"一带一路"建设规划

待国家"一带一路"战略批复之后,在国家整体战略框架指导下,应尽快启动编制成都市参与"一带一路"建设规划。同时,将成都市社会经济发展"十三五"规划的编制工作与成都市参与"一带一路"建设规划紧密结合。进一步明确成都市参与"一带一路"建设的阶段性目标、建设的重点内容和方向,并研究制定相应的政策配套体系。协调好与周边地区,特别是重庆在"一带一路"建设中的分工、合作和协调,避免恶性竞争。

第三篇

成都参与长江经济带建设的
战略与对策

长江是世界第三、亚洲第一大河，干流流经青海、西藏、四川、云南、重庆、湖北、湖南、江西、安徽、江苏、上海11个省、自治区、直辖市，横跨我国三级阶梯，自西向东横贯中国，流域面积180万平方公里，约占中国陆地总面积的20%。

建设长江经济带，是党中央、国务院审时度势，谋划中国经济新棋局作出的既利当前又惠长远的重大战略决策。成都作为长江经济带中重要的中心城市，积极参与并主动融入长江经济带建设，发挥引擎带动和支撑作用，拓展发展空间，改革创新、转型升级，奋力构建西部经济核心增长极，提升中心城市功能和国际化水平，打造成为现代产业基地、西部地区重要经济中心和长江上游开放高地，建设深化内陆开放的试验区和统筹城乡发展的示范区，都具有重要战略意义，更是成都"新常态、万亿级、再出发"的一个全新的发展战略机遇。

第九章 国家建设长江经济带的基本思路

一 长江流域开发战略思路的形成与发展

长江流域是中华文明的发祥地之一，但上游地区是近代以来经济欠发达的地区。从推动长江流域的区域合作、促进长江流域的共同发展，继而带动全国发展的战略性构想，到长江经济带成为国家区域发展战略，经历了一个长期的思想酝酿、理论准备和实践探索过程。

（一）长江流域开发的最初设想

我国伟大的民主主义革命先驱孙中山，是近代以来长江流域开发的首倡者。他在1918年的《建国方略·实业计划》中指出，开发长江水运及其沿岸资源，发展水陆运输事业，在长江流域发展计划中占有非常重要的地位。"长江为全国中枢，关系极重。"他设计的长江流域开发方案，首先在长江入海口建立"东方大港"，也就是今天的上海港及周边的洋山港、宁波港；然后溯流而上，在长江沿岸重要城市武汉设立内河商埠；最后整治荆宜水路，在宜昌修筑三峡大坝，开发长江电力，治理长江水患，拓展黄金水道，开通"水深十尺之航路，下起汉口，上达重庆，可得而致"，使重型船队直达重庆，上海、武汉、重庆这三座城市担负起了长江流域经济带的发展重任。

孙中山最早提出了长江流域开发是中国经济发展全盘计划中的主要部分的重要思想，对于长江经济带的发展规划，是基于长江流域所处的重要地位，着眼全国大局所制定的。他在设计全国经济发展战略格局时，始终将长江流域置于非常突出的地位，全国铁路网络的建设中，有一半涉及长江流域，使得长江流域的经济发展走在全国的前列，并带动中国经济的全面发展。

（二）对长江流域的治理与开发

新中国成立后，几代党和国家领导人将长江流域的治理与开发相结合、理论与实践相结合，在时间上循序渐进、依次推进，在空间上从干流到支流、从东部到西部，逐步展开，形成了治理开发、开发开放、长江经济带整体发展战略三个不同的阶段。三个阶段各有重点、各具特色，但在许多基本问题和基本方针上，有着明显的连续性、继承性和互补性，建立了前所未有的丰功伟绩。

1. 第一代中央领导集体：以治水为核心的流域开发

新中国成立后，以毛泽东为代表的第一代中央领导集体，遵循"治国先治水"的古训，将治理长江作为社会主义现代化建设的一项根本任务，从关系长江中下游人民群众生命财产的切身利益出发，强调了治理长江洪水的紧迫性，在长江流域掀起了以荆江分洪工程、丹江口水利枢纽工程等为重点的建设高潮，实现了由防洪到以防洪为中心进行综合治理的历史性转变。

新中国成立之初，中央即在武汉成立了长江水利委员会；在1958年3月中央成都会议上，通过了《中共中央关于三峡水利枢纽和长江流域规划的意见》，明确了要把治理长江与治理全国主要河流结合起来，把治理荆江和川江与治理整个长江流域结合起来，把防洪、发电与整个经济发展结合起来，提出了综合利用、全面发展的思想，以及"统一规划，全面发展，适当分工，分期进行"的重要原则。这一阶段的主要特征是强调了防洪的重要性，为进一步探索治理开发长江流域的新途径，奠定了思想基础。

2. 第二代中央领导集体：长江流域开发开放

以邓小平为核心的第二代中央领导集体，从长江中下游防洪考虑，首先把注意力集中于兴建长江三峡工程上，并在沿海经济特区的基础上，提出了长江流域开发开放的全面构想，按照分阶段、分层次、分区域逐步推进的发展战略方针，从沿海向内陆推进，形成了长江流域总体发展的战略思路。1985 年发布的《中华人民共和国国民经济和社会发展第七个五年计划》，提出东、中、西部的概念，长江经济带被确定为国家经济发展的轴线，明确要求加快长江中游沿岸地区的开发，使之成为推动我国经济布局由东向西逐步转移的重要纽带。1991 年又进一步从全国的经济发展总体布局上考虑，提出了"开发浦东"，"利用上海这个基地发展长江三角洲和长江流域的问题"，勾画出了长江流域开发开放战略的轮廓。

3. 第三代中央领导集体：长江流域经济一体化发展新战略

第三代中央领导集体，创造性地制定了长江流域经济一体化发展新战略。1992 年，党中央、国务院提出了沿江开发开放初步设想，在党的十四大报告中提出了"抓紧长江三峡水利枢纽"等跨世纪特大工程的兴建，"以上海浦东开发开放为龙头，进一步开放长江沿岸城市，尽快把上海建成国际经济、金融、贸易中心之一，带动长江三角洲和整个长江流域地区经济的新飞跃"。

1995 年 9 月，党的十四届五中全会进一步明确提出，要建设以上海为龙头的长三角及沿江地区经济带。至此，"长江经济带"的联合开发，正式提上国家和沿江省市的议事日程，标志着长江流域总体发展战略的形成。在整个长江经济带形成了跨省区、跨地区、辐射全国及海外的"三圈"、"两区"，即以上海为龙头的长江三角洲经济圈、以武汉为中心的长江中游经济圈、以重庆为首包括四川在内的长江上游经济圈，以及皖赣经济区、三峡经济区。长江经济带的发展日趋活跃，深化改革，扩大开放，市场经济的发展速度加快，成为"支撑我国经济的又一主轴"，为实现东西部经济的合理布局和协调发展创造了条件。

西部大开发战略的实施，长江上游经济带作为重点区域之一，肩负着引领西部欠发达地区实现经济社会协调发展的重要历史使命，其发展在西部大开发中具有重要的战略地位和作用。长江上游经济带的战略取向，是对内实施地区联合发展模式，对外充分利用资源优势，实现与长江中下游的良好对接；其发展定位是注重特色产业和战略产业的发展，以成渝经济区为增长极，以城市化和工业化战略辐射和带动整个长江上游经济带发展，并实现生态建设和经济建设的有机结合。

2005 年，上海、江苏、安徽、江西、湖北、湖南、重庆、四川和云南等长江沿线 7 省 2 市共同签订了《长江经济带合作协议》，旨在对长江经济带上发展水平不一的各省市，实现跨区联动乃至合作互补。2011 年正式发布的《全国主体功能区规划》（国发〔2010〕46 号）中，明确提出构建"两横三纵"为主体的城市化战略格局，构建以亚欧大陆桥通道、沿长江通道为两条横轴，以沿海、京哈—京广、包昆通道为三条纵轴，以国家优化开发和重点开发的城市化地区为主要支撑，以轴线上其他城市化地区为重要组成的城市化战略格局。推进环渤海、长江三角洲、珠江三角洲地区的优化开发，形成 3 个特大城市群；推进江淮、长江中游、成渝等地区的重点开发，形成若干新的大城市群和区域性的城市群（见图 9—1）。

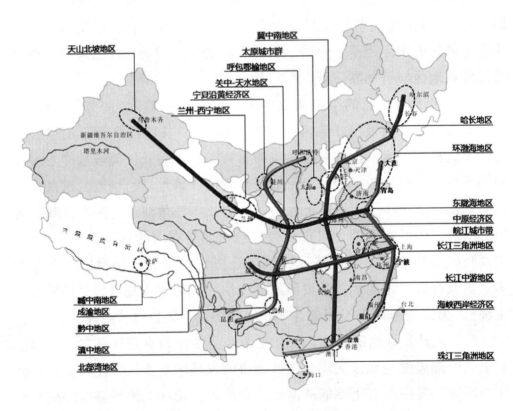

图 9—1　两横三纵城市化格局中的长江经济带城市群

（三）依托黄金水道建设长江经济带

以习近平同志为总书记的党中央，审时度势，把培育新的区域经济带作为推动发展的战略支撑，提出了要谋划区域发展新棋局，由东向西、由沿海向内地，沿大江大河和陆路交通干线，推进梯度发展。依托黄金水道，建设长江经济带，以海陆重点口岸为支点，形成新的区域经济增长极。

2013 年 7 月 21 日，习近平同志在武汉考察时，提出长江流域要加强合作，把长江全流域打造成黄金水道；9 月 21 日，国务院总理李克强在国家发改委呈报件上批示："沿海、沿江先行开发，再向内陆地区梯度推进，这是区域经济发展的重要规律。请有关方面抓紧落实，深入调研形成指导意见，依托长江这条横贯东西的黄金水道，带动中上游腹地发展，促进中西部地区有序承接沿海产业转移，打造中国经济新的支撑带。"2014 年李克强总理在《政府工作报告》中，首次明确提出了"建设长江经济带"。长三角地区是我国经济增长的重要一极，中西部具有经济发展最大的回旋余地，建设长江经济带，就是要构建沿海与中西部相互支撑、良性互动的新棋局，通过改革开放和实施一批重大工程，让长三角、长江中游城市群和成渝经济区三大"板块"的产业和基础设施连接起来、要素流动起来、市场统一起来，促进产业有序转移衔接、优化升级和新型城镇集聚发展，形成直接带动超过 1/5 国土、约6 亿人口的强大发展新动力。2014 年 9 月，国务院《关于依托黄金水道推动长江经济带发展的指导意见》（国发〔2014〕39 号）和《长江经济带综合立体交通走廊规划》（2014—2020 年）正式发布，标志着长江经济带的战略进入正式实施阶段。

二　长江经济带战略的理论、政策与规划准备

长江经济带战略思路的形成与发展，实际上已经历了长达 30 年以上的深入调查和研究。长江经济带整体开发的构想，肇始于 20 世纪 80 年代初，雏形是原国务院发展研究中心主任马洪提出的中国经济发展"一线一轴"战略，"一线"指沿海发展一条线，而"一轴"即为长江经济带；此后，地理学家陆大道于 80 年代中期提出了"点轴"布局和"T"字型开发战略；经济学家孙尚清于 80 年代中期提出"长江产业密

集带"的概念。在长期研究积累的基础上，通过对重点地区的深入调查和科学分析，形成了我国区域发展的重大战略，把长江流域作为继沿海经济带之后，我国产业基础最好、开放条件最佳、资源条件最优、发展潜力最大、腹地范围最广、辐射力度最强的区域经济增长轴。这些重要研究成果，都为当前的长江经济带提供了资料铺垫、理论依据、政策支撑和规划基础。

（一）理论层面：点—轴开发模式与"T"字型发展战略

中科院地理科学与资源研究所研究员陆大道院士，于 1984 年 9 月底在乌鲁木齐召开的"全国经济地理与国土规划学术讨论会"上，作了《2000 年我国工业生产力布局总图的科学基础》的学术报告，首次提出"点—轴开发"理论和我国国土开发、经济布局的"T"字型宏观战略。陆大道院士在分析我国各地区资源、经济潜力分布等因素的基础上，提出东部沿海地带和长江沿线地带，应作为我国国土开发和经济布局的战略重点，这两个一级轴线构成横卧的字母"T"。即由沿海为一个战略主轴线，沿长江为另一主轴线，由此构成的整体空间开发，作为今后几十年我国国土开发和经济布局的一级轴线的战略（见图 9—2）。此即是长江经济带整体开发战略构想的最早思路。

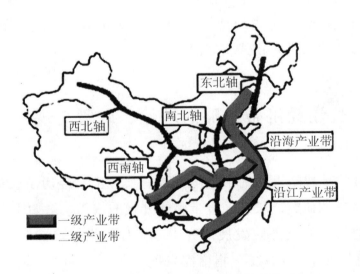

图 9—2 我国 T 字型空间开发结构战略

1985—1987 年，陆大道院士参与由国家计委组织的《全国国土总体规划纲要》的制定工作，并承担"全国生产力总体布局"部分的编写。作为未来 15 年我国国土开发和经济布局基本框架，"T"字型战略被明确写进了"纲要"。此后，他又参与和组织了《环渤海地区经济发展规划》、《西部大开发重点区域规划前期研究报告》等多项国家级及地区级规划和战略研究，提出了西部大开发要实施"以线串点，以点带面"的重点开发战略。将"点—轴开发"理论和"T"字型宏观战略思路，融入相关研究与规划中。

总体上看，陆大道的研究更为重要的是提出了"点—轴开发"理论和未来"T"字型宏观产业布局的设想，从理论上为长江经济带的开发与建设奠定了坚实的基础，为未来长江经济带的开发开放和建设提供了科学的决策依据。

（二）政策层面：长江经济带开发研究

国务院发展研究中心原主任马洪早在 20 世纪 80 年代初，就提出了我国"一线（沿海一线）一轴（长江）"的战略构想。1984 年，国务院发展研究中心主任孙尚清进一步系统地提出了长江经济带的战略定位：沿长江建设一条横贯东西、连接南北的"产业密集带"，以上海、南京、武汉、重庆为中心，辐射连接各自腹地的大、中、小型城市；大力发展长江水运，使之成为兼具生产性与公益性的交通运输通道。在"九五"期间乃至 21 世纪，要建设一个辐射和支撑全国的开发开放架构。这个架构就是以沿海开放地区为纵轴，以长江流域为横轴的开发开放战略。1993 年孙尚清再次提出：以交通、流通为突破口，加快长江开放开发；利用黄金水道的航运优势，把长江经济带打造成新的经济增长区。他在考察调研的基础上，主编了《长江经济开发》（经济出版社 1985 年版）、《长江经济研究》（中国展望出版社 1986 年版）、《长江开发开放》（中国发展出版社 1996 年版），从政策层面对长江经济带的开放与开发进行了全面、系统、深入的阐释。他们的不少成果最终进入国家"九五"和"十五"发展计划，成为指导长江流域发展的纲领性意见。

（三）规划层面：21 世纪长江经济带综合开发

1997 年，国家计委宏观经济研究院将"加快长江经济带综合开发的思路研究"列为重点课题，由徐国弟、王一鸣主持了该项目研究，提出：长江经济带是我国今后 20 年经济增长潜力最大的地区，实施"长江战略"是我国第二步、第三步经济发展战略的重要组成部分，无论从资源赋存，还是从现有产业基础、开放条件看，长江经济带都将是支撑 21 世纪中国经济成长的重要区域经济增长轴线；提出了"十五"至 2020 年长江经济带综合开发的战略目标，是亚太地区最大的内河经济带，这一目标要经过 20—30 年的努力才能实现；提出了较为清晰的总体发展思路与战略重点；科学地分析了长江经济带发展，对 21 世纪初叶我国国民经济持续发展的战略作用，分析了长江经济带成为我国新兴经济增长区域的条件和依据；从科学发展的角度、较长时间跨度，提出了长江经济带综合开发思路和分阶段发展目标；提出了浦东新区、苏州工业园区、三峡经济区以及其他各类开发区融入长江经济带总体开发的具体设想；提出了综合开发中的产业结构调整和大型企业集团发展思路；对投资环境、筹资途径和运作机制，也进行了深入分析。研究报告对长江经济带的范围进行了明确界定，提出了开发定位、发展目标、阶段目标、重点产业、区域布局等，已经深入到了战略规划的前期阶段，为后来的规划奠定了坚实的基础。

三 建设长江经济带的基本思路

当前，国际环境发生了深刻变化，国内发展面临着诸多矛盾，党中央在这一背景下，提出依托黄金水道推动长江经济带发展。其基本思路是：挖掘中上游广阔腹地蕴含的巨大内需潜力，促进经济增长空间从沿海向沿江内陆拓展；优化沿江产业结构和城镇化布局，推动我国经济提质增效升级；形成上中下游优势互补、协作互动格局，缩小东、中、西部地区发展差距；建设陆海双向对外开放新走廊，培育国际经济合作竞争新优势；保护长江生态环境，引领全国生态文明建设。对于全面建成小康社会，实现中华民族伟大复兴的中国梦，具有重要的现实意义和深远的战略意义。

（一）挖掘内需潜力，拓展增长空间

我国经济在经过 30 多年的高速增长以后，已经进入了一个新的换挡期，GDP 增速从 2012 年起开始回落，2012 年、2013 年、2014 年分别为 7.7%、7.7%、7.4%，结束了过去 30 多年平均 10% 左右的高速增长；从 2013 年起，我国第三产业增加值占 GDP 比重达 46.1%，首次超过第二产业，到 2014 年第三季度更升至 47%。第三产业比重有可能超过 50%，超过第一、二产业的总和，这意味着中国经济结构开始出现重大变化；我国经济发展对投资依赖还很高，但比重正在下降。2012 年固定资产投资增长 19.6%，是近 10 年来第一次跌破 20%，2014 年已经降到 17.2%；同时，消费增长却比较稳定，从 2012 年起，消费对经济增长贡献率占比首次超过投资。据 2014 年上半年数据：最终消费对 GDP 增长贡献率达 54.4%，投资为 48.5%，出口则为 -2.9%。经济增长结构逐步转向以消费、服务业为主，更多地依靠内需，更多地从要素效率提升获取动力。从 2011 年起，我国城镇化率首次突破 50%，达到 51.3%，到 2013 年，这一比重继续升至 53.73%，城乡结构发生了重大变化，是中国社会结构的一个历史性变化，将产生持续而深远的冲击和影响。

中国经济已经进入了"新常态"，发展方式从外需拉动为主转向外需、内需并行；模仿型排浪式消费阶段基本结束，个性化、多样化消费渐成主流。长江流域腹地广阔，人口密集，市场空间大，需求旺盛。长江经济带是构建完善国内市场体系，扩大国内市场总体规模的最佳区域。长江经济带建设，促进经济增长空间从沿海向沿江内陆拓展，开放市场，让自然纽带变市场纽带，通过区域联动，突破行政区划限制，打造统一的开放性市场，让市场在资源配置中起决定性作用，激活内需动力，释放消费潜力，使消费继续在推动经济发展中发挥基础作用，可以依托广阔的腹地，推进上中下游一体化，培育中国扩大内需的主战场。

（二）优化产城布局，推动提质增效

我国正处于城镇化深入发展的关键时期，深刻认识城镇化对经济社会发展的重大意义，把握城镇化蕴含的巨大机遇，加快推进城镇化进程，加快产业结构转型升级，是我国未来经济发展的新引擎。根据世界城市化发展的普遍规律，我国仍处于城镇化率30%—70%的快速发展区间；研究表明，中国经济未来通过城镇化引擎驱动，将实现新增消费9000亿元，实现新增投资64890亿元，实现GDP增加值为2.6个百分点，约占GDP增长值的37.15%，城镇化是未来推动我国区域加快发展和协调发展的主要动力。

改革开放以来，长江流域各省市积极推进城镇化进程，已经形成了长江三角洲、长江中游和成渝三大城市群，以及若干实力比较雄厚的区域性中心城市。但长江经济带上中下游城镇化水平差距大、经济社会发展差距大、居民收入差距大，目前长江下游地区城镇化已经发展到较高阶段，长江经济带中上游城镇化水平低于长三角地区近10个百分点。长江经济带建设，就是要依托三角洲城市群辐射带动作用，促进整个长江经济带城镇化建设，通过加快中西部地区发展和城镇化进程，引导约1亿人在中西部地区就近实现城镇化，优化空间布局，完善城镇体系；通过城镇化带来的创新要素集聚和知识传播扩散，增强创新活力，促进产业结构转型升级，驱动传统产业升级和新兴产业发展，打造成中国经济持续健康发展的支撑带。

（三）形成优势互补，缩小地区差距

长江流域的人口、淡水资源和粮食产量均占全国的1/3。2013年，沿江九省二市GDP总量约占全国的45.6%；在2013年中国城市GDP前50强的排名中，长江经济带占22个，比重高达44%，其中居前10位的城市中，长江经济带占6个。从图9—3可以看出，长江下游地区经济发展已经走在全国的前列，在全国城市50强中占16个，近1/3；长江的中游和上游也已呈现发展较快的态势。改革开放以来，中西部地区经济社会各个方面都得到了较大的发展，但与东部地区相比，差距仍然在明显扩大。从长江经济带内来看，进入全国城市50强的城市中，

中游、上游各仅为 3 个，且均为省会城市，总体水平远远落后于下游地区。

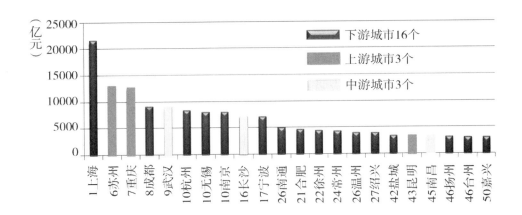

图 9—3　2013 年全国城市 GDP 前 50 强中的长江经济带城市及其位次

加快中西部地区经济发展步伐，缩小东、中、西部的差距，已成为我国经济社会发展中的一项重要战略任务。打造长江经济支撑带，就是要利用长江这一横贯东、中、西部的经济发展轴，承东启西、辐射南北，缩小地区差距，促进区域协调发展，通过改革开放和实施一批重大工程，让长三角、长江中游城市群和成渝经济区三大板块的产业和基础设施连接、要素流动、市场统一，促进产业有序转移衔接、优化升级和新型城镇集聚发展，带动西部地区发展，使之成为继中国东部沿海经济带之后的第二条新支撑带，让长江这条东、中、西联动的"巨龙"舞动起来，真正成为中国经济发展的脊梁。

（四）海陆双向开放，培育竞争优势

我国的对外开放起始于沿海，继而拓展到沿江重要城市。包括长江上游在内的中国西部，地域辽阔，人口众多，山河壮美，资源富集，西部地区经济发展、社会进步、民族团结、边疆稳定，正在成为我国重要的生态安全屏障、战略资源接续地和沿边开放的前沿阵地。中国西部与周边 13 个国家接壤，拥有各类口岸 100 多个，与亚欧各国处于协同共振的经济带上，是我国扩大对外开放潜力最大的地区，也为进一步扩大国内有效需求、推进改革开放和现代化进程开辟了更为广阔的市场空间。

建设长江经济带，就是要使长江上游地区发挥集通江、达海、沿边于一体，具有贯通南太平洋和印度洋，连接中国、东南亚、南亚三大市场的独特区位优势，由东向西、由沿海向内地，沿大江大河和陆路交通干线，推进梯度发展，推进孟中印缅、中巴经济走廊建设，推出一批重大支撑项目，加快基础设施互联互通，拓展国际经济技术合作新空间。在提升东部沿海发展质量的同时，重视做好内陆开发开放，建设我国面向西南开放的重要桥头堡，打造长江经济带各省市走向东南亚、南亚的重要战略支点（见图9—4）。

图9—4　孟中印缅、中巴经济走廊走向示意图

（五）保护资源环境，引领生态文明

长江是中华民族的母亲河，上游地区更是流域经济社会发展的生态屏障、资源保障和环境支撑。随着全流域开发速度加快，目前生态环境承载能力已经达到或接近上限。近年来的调查表明，长江已形成近600

千米的岸边污染带，其中包括 300 余种有毒污染物。自 2007 年以来，长江流域废污水排放量突破 300 亿吨，相当于每年一条黄河总水量的污水被排入长江。长江接纳的废水量位居全国各大流域首位，占全国近四成。同时，流域森林覆盖率下降，江河泥沙含量增加，生态环境急剧恶化；枯水期不断提前，水质恶化，危及城市饮用水；生物物种受到威胁，珍稀水生物日益减少；固体废物严重污染，威胁水闸与电厂安全；湿地面积缩减，河流湖泊的天然自洁功能日益衰退。

保护长江，维护长江流域生态平衡，实现长江流域水土资源可持续发展，既是一项惠及亿万人民、泽被子孙后代的宏伟事业，也是一项庞大的社会系统工程，需要上中下游、方方面面的鼎力支持与密切配合，通过合理的产业布局、创新的制度设计以及有效的区域联动，实现经济发展与生态文明的双赢。长江经济带建设，就是要促进沿江各省市共同争取开展环境税、节能量、碳排放权、排污权、水权交易等试点，联合开展水生态修复、PM2.5 防治、机动车排气污染防治等城市环境保护重大项目科研合作，加强水环境和流域生态保护合作，共同推进全流域生态文明建设。

四　长江经济带的战略定位

长江经济带的战略定位，是发挥长江黄金水道的独特作用，构建现代化综合交通运输体系，推动沿江产业结构优化升级，打造世界级产业集群，培育具有国际竞争力的城市群，使长江经济带成为充分体现国家综合经济实力、积极参与国际竞争与合作、具有全球影响力的内河经济带。

（一）具有全球影响力的内河经济带

1. 发挥长江黄金水道的独特作用

长江属天然河流，是横跨我国东、中、西三大地带的水路运输大通道，是最重要、最繁忙的交通运输线，在全国交通网络中占据关键地位，是沿江省市经济发展的重要依托。

改革开放极大地推动了长江内河航运的发展，干线货运量不断攀升，1980 年年底，长江货运量比 1975 年增长了 77.6%。2000 年干线年货运量为 4 亿吨；2005 年长江货运量超过莱茵河、密西西比河，跃居世界货运量最大通航河流，迄今已经连续 9 年稳居第一位，成为全球货运量最大的黄金水道；2008 年货运量超过 12 亿吨，是 1978 年运量的 29 倍，相当于 18 条京广铁路的年货运量；2010 年货运量达 15.02 亿吨，是 2000 年货运量的 376%，占长江七省二市 2010 年水路货物运输量（18 亿吨）的 83.4%；2013 年更达 19.2 亿吨，再次刷新了世界内河航运纪录，这个运量相当于 20 条京广铁路的货运量（见图 9—5），是美国密西西比河的 4 倍，是莱茵河的 5 倍。长江航运承担了沿江地区 85% 的煤炭、铁矿石运输，以及 90% 以上的外贸货物货运量。

目前，影响长江航运进一步发展的因素主要有三个方面：一是长江干线航道的通航标准需进一步提高；二是三峡船闸的通过能力已趋于饱和；三是部分早期建成的桥梁对通航有较大影响。

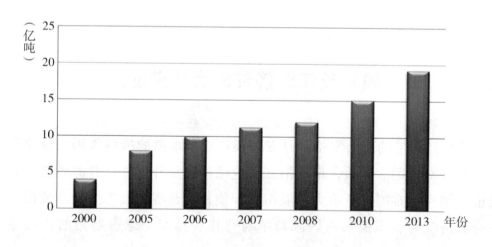

图 9—5　近年长江干流货运量增长状况

2. 构建现代化综合交通运输体系

综合运输体系是各种运输方式按其技术经济特点，组成分工协作、有机结合、连续贯通、布局合理的交通运输综合体；主要由铁路、公路、水路、管道和航空等各种运输方式及其线路、站场等组成。改革开放以来，长江经济带综合交通建设已经取得了显著的成效（见表9—1）。未来长江经济带的建设，要依托长江黄金水道，统筹铁路、公路、航空、管道建设，加强各种运输方式的衔接和综合交通枢纽建设，加快多式联运发展，建成安全便捷、绿色低碳的综合立体交通走廊，增强对长江经济带发展的战略支撑能力，形成快速高效的铁路通道，建设高等级广覆盖公路网，推进航空网络建设，完善油气管道布局，建设综合交通枢纽加快发展多式联运。发挥各种运输方式的比较优势和组合效益，优化交通运输结构，降低社会综合物流成本，转变交通运输发展方式，增强国防交通功能，构建现代综合运输体系。

表9—1　　　　　改革开放以来长江经济带综合交通建设情况

指　标	1978 年	2013 年	增长（倍）
一、内河航道里程（万公里）	8.9	8.9	—
高等级航道里程（万公里）	0.23	0.67	1.9
二、铁路营业里程（万公里）	1.4	2.96	1.1
高速铁路里程（万公里）	0	0.4	—
复线率（%）	11.9	49.8	—
电化率（%）	2.7	69.7	—
三、公路通车里程（万公里）	35	188.8	4.4
国家高速公路里程（万公里）	0	3.2	—
四、输油（气）管道里程（万公里）	0.06	4.4	72.3
五、城市轨道交通营业里程（公里）	0	1089	—
六、民用运输机场数（个）	20	74	2.7

3. 推动沿江产业结构优化升级

长江流域范围跨度大，产业结构层次比较明显，资源、技术和产业之间互补性也较强，具备跨区域合作的基础条件和优势。分析10年来长江经济带产业结构演变的特征可知：一是长三角地区产业基础好，产业结构效应强，有效促进地区经济增长；而长江中上游地区则凭借较快的产业增长速度带动地区经济增长。二是长三角地区第一产业发展停滞，甚至是负增长；而长江中上游地区第一产业增长力优势明显，第一产业产值增长呈西高东低态势。三是长三角地区第二产业增速放缓；而长江中上游地区产业增长速度较快，第二产业重心逐渐由东向西转移。

四是长三角地区第三产业优势明显；而长江中上游地区第三产业优势尚未显现，第三产业仍以沿海地区为中心。

长江经济带的建设，要推动沿江产业由要素驱动向创新驱动转变，大力发展战略性新兴产业，加快改造提升传统产业，大幅提高服务业比重，引导产业合理布局和有序转移，培育形成具有国际水平的产业集群，增强长江经济带产业竞争力。要按照区域资源禀赋条件、生态环境容量和主体功能定位，促进产业布局调整和集聚发展，引导产业有序转移和分工协作。在着力推动下游地区产业转型升级的同时，依托中上游地区广阔腹地，增强基础设施和产业配套能力，引导具有成本优势的资源加工型、劳动密集型产业和具有市场需求的资本、技术密集型产业向中上游地区转移。

4. 打造世界级产业集群

产业集群是一种新的空间经济组织形式，它超越了一般产业范围，形成特定地理范围内多个产业相互融合、众多类型机构相互联结的共生体，从而构成这一区域特色的竞争优势。产业集群发展状况，已成为经济区域和地区发展水平的重要指标。

打造世界级产业集群，首先要提升产业集群的竞争力。目前长三角上海的宝钢、上汽、江南造船，湖南南车的轨道交通设备制造、重型机械设备制造业，湖北武汉的钢铁、汽车等产业，都已经在全国乃至世界处于领先水平，要遵循梯度发展的模式，部分产业可以继续向长江中上游迁移，在中西部地区建设分厂。要大力发展战略性新兴产业，加快改造提升传统产业，大幅提高服务业比重，引导产业合理布局和有序转移，培育形成具有国际水平的产业集群，增强长江经济带产业竞争力。在工业领域，以沿江国家级、省级开发区为载体，以大型企业为骨干，打造电子信息、高端装备、汽车、家电、纺织服装等世界级制造业集群，建设具有国际先进水平的长江口造船基地和长江中游轨道交通装备、工程机械制造基地。

5. 培育具有国际竞争力的城市群

进入21世纪，我国区域经济发展的重要特点之一，就是城市群的出现。城市群的建设是我国改革开放和工业大规模发展的重要阶段性表现，与城市及区域工业化的升级，以及产业集中化发展有着密切的关系。从国际竞争的角度看，一个国家能真正参与到国际竞争的地域，实质上是城市群。城市群成为国家参与全球竞争与国际分工的基本地域单元，它的发展深刻影响着国家的国际竞争力以及一个国家城市化发展的水平和质量，对国家经济持续稳定发展具有重大意义。目前我国城市群总面积占全国的 25%，集中了全国 62% 的总人口、80% 的经济总量、70% 的固定资产投资、76% 的社会消费品零售总额、85% 的高等学校在校学生、92% 的移动电话用户、98% 的外资。国家"十一五"规划纲要明确提出，"要把城市群作为推进城镇化的主体形态；已形成城市群发展格局的京津冀、长江三角洲、珠江三角洲等区域，要继续发挥带动和辐射作用，加强城市群内各城市的分工协作和优势互补，增强城市群的整体竞争力；具备城市群发展条件的区域，要加强统筹规划，以特大城市和大城市为龙头，发挥中心城市作用，形成若干用地少、就业多、要素集聚能力强、人口分布合理的新城市群"。

　　我国城市群规划已进入正式编制阶段，现有的基本思路是，从重点培育国家新型城镇化政策作用区的角度出发，打造 20 个城市群，包括5 个国家级城市群、9 个区域性城市群和 6 个地区性城市群。其中，重点建设五大国家级城市群，包括长江三角洲城市群、珠江三角洲城市群、京津冀城市群、长江中游城市群和成渝城市群；稳步建设九大区域性城市群（国家二级城市群），包括哈长城市群、山东半岛城市群、辽中南城市群、海峡西岸城市群、关中城市群、中原城市群、江淮城市群、北部湾城市群和天山北坡城市群；引导培育六大新的地区性城市群，包括呼包鄂榆城市群、晋中城市群、宁夏沿黄城市群、兰西城市群、滇中城市群和黔中城市群（见表9—2、图9—6）。

表 9—2　　　　　　　　我国城市群规划范围和战略定位

级别	发展方向	数量	名称
国家级城市群	重点建设	5	长江三角洲城市群、珠江三角洲城市群、京津冀城市群、长江中游城市群、成渝城市群

续表

级别	发展方向	数量	名称
区域性城市群（国家二级城市群）	稳步建设	9	哈长城市群、山东半岛城市群、辽中南城市群、海峡西岸城市群、关中城市群、中原城市群、江淮城市群、北部湾城市群、天山北坡城市群
地区性城市群	引导培育	6	呼包鄂榆城市群、晋中城市群、宁夏沿黄城市群、兰西城市群、滇中城市群、黔中城市群

图9—6 我国城市群规划范围

按照这一战略思路，未来长江经济带中的国家级城市群中的三大主体，即长江三角洲城市群、长江中游城市群、成渝城市群，将重点建设；以合肥为中心的江淮城市群，包括合肥、芜湖、蚌埠、淮南、马鞍山、铜陵、安庆、滁州、六安、池州10个省辖市，将作为区域性城市群（国家二级城市群），稳步建设；长江上游以昆明、贵阳为中心的滇中城市群、黔中城市群，将作为地区性城市，加以引导培育。对长江全流域、全方位、全覆盖的城市群发展战略，必将强有力地推进长江经济带的快速发展（见图9—7）。

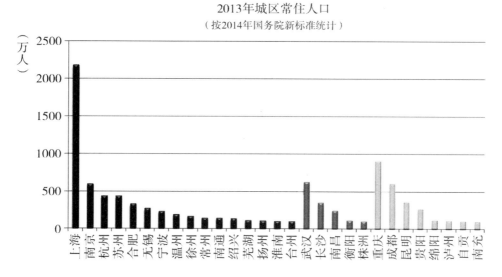

2013年城区常住人口
（按2014年国务院新标准统计）

（万人）

图9—7　长江经济带上中下游城区人口百万以上城市规模比较

（二）东中西互动合作的协调发展带

我国东、中、西部经济发展存在巨大落差；这种差异的形成和扩展，是历史、自然、社会等综合因素长期影响的结果；加强东、中、西部地区多种形式的合作，形成东中西互动、优势互补、相互促进、共同发展的新格局，是促进区域协调发展的重大战略举措。从改革开放初期东部率先发展，到后来的西部大开发、中部崛起、东北振兴，中国经济发展已经进入了由东向西梯度推进的关键时期。如何把梯度推进由东向西串联起来，需要一条"横向"的支撑轴，而长江经济带横贯我国腹心地带，长江黄金水道正是东部产业向西转移的一个重要横向通道。建设长江经济带，就是要构建沿海与中西部相互支撑、良性互动的新棋局，通过改革开放和实施一批重大工程，使长三角、长江中游城市群和成渝经济区三个"板块"的产业和基础设施连接起来、要素流动起来、市场统一起来，促进产业有序转移衔接、优化升级和新型城镇集聚发展，形成强大的新发展动力。

长江经济带的建设与以往区域发展战略的区别，是在中华大地由东向西织就一条资金、人口、资源、产业等各要素流动的高速通道，成为贯穿东、中、西部三大地带的新支撑带。加快正在推进的产业梯度转移，有利于经济转型升级，并继续向西与丝绸之路经济带连接，形成开放新局面。

长江经济带将带动上中下游合作、东中西一体化，立足地区的比较优势，统筹人口分布、经济布局与资源环境承载能力，发挥长江三角洲地区的辐射引领作用，促进中上游地区有序承接产业转移，提高要素配置效率，激发内生发展活力，使长江经济带成为推动我国区域协调发展的示范带。

（三）全方位推进的对内对外开放带

1978 年，我国在进行经济体制改革的同时，即有计划、有步骤地实行对外开放政策，先后建立了五个经济特区、14 个沿海开放城市，又陆续将长江三角洲、珠江三角洲、闽南三角地区、山东半岛、辽东半岛、河北、广西辟为经济开放区，形成了沿海经济开放带。1990 年开发和开放上海浦东新区，并进一步开放一批长江沿岸城市，形成了以浦东为龙头的长江开放带。1992 年以来，又对外开放一批边疆城市，进一步开放内陆所有的省会、自治区首府城市；同时，还在一些大中城市建立了 15 个保税区、49 个国家级经济技术开发区和 53 个高新技术产业开发区。由此，形成了我国沿海、沿江、沿边、内陆地区相结合的全方位、多层次、宽领域对外开放的格局。

我国的对外开放，为我国经济社会发展注入了新的动力和活力，加快了现代化进程，促进了中国与世界经济的共同发展。对外开放的地区，由于实行不同的优惠政策，在发展外向型经济、出口创汇、引进先进技术等方面，起到了窗口、示范和对内地的辐射作用。

长江经济带的建设，就是要用好海陆双向开放的区位资源，创新开放模式，促进优势互补，培育内陆开放高地，加快同周边国家和地区基础设施互联互通，加强与丝绸之路经济带、海上丝绸之路的衔接互动，使长江经济带成为横贯东中西、连接南北方的开放合作走廊。

（四）生态文明建设的先行示范带

长江生态安全关系全局，在长江经济带建设中，要按照科学发展的要求，处理好发展和保护的关系，避免产业转移带来污染转移。要加强生态系统修复和综合治理，做好重点区域水土流失治理和保护。在全流域建立严格的水资源和水生态环境保护制度，控制污染排放总量，促进水质稳步改善，确保一江清水绵延后世、永续利用，把长江经济带建设成绿色生态廊道，走出一条绿色发展的新路。统筹江河湖泊丰富多样的生态要素，推进长江经济带生态文明建设，构建以长江干支流为经脉、以山水林田湖为有机整体，江湖关系和谐、流域水质优良、生态流量充足、水土保持有效、生物种类多样的生态安全格局，使长江经济带成为水清地绿天蓝的生态走廊。

五　长江经济带的空间格局及战略走向

（一）空间格局：一轴四中心，两廊三主体

区域发展在空间上的体现，就是要构建科学合理的交通运输格局、城市化格局、产业发展格局、生态安全格局。长江经济带建设的空间格局，可以概括为"一轴四中心，两廊三主体"。

一轴：即是要以沿江综合运输大通道为轴线，提升长江黄金水道功能；充分发挥长江运能大、成本低、能耗少等优势，加快推进长江干线航道系统治理，整治浚深下游航道，有效缓解中上游瓶颈，改善支流通航条件，优化港口功能布局，加强集疏运体系建设，发展江海联运和干支直达运输，打造畅通、高效、平安、绿色的黄金水道。

四中心：就是要加快上海国际航运中心、武汉长江中游航运中心、重庆长江上游航运中心、南京区域性航运物流中心建设，促进港口合理布局，加强分工合作，推进专业化、规模化和现代化建设，大力发展现代航运服务业。

两廊：指综合立体交通走廊和绿色生态廊道。

一是建设综合立体交通走廊，依托长江黄金水道，统筹铁路、公路、航空、管道建设，加强各种运输方式的衔接和综合交通枢纽建设，加快多式联运发展，建成安全便捷、绿色低碳的综合立体交通走廊，增强对长江经济带发展的战略支撑力（见图9—8）。

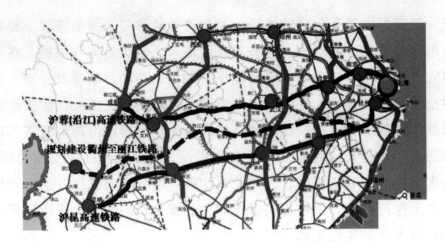

图9—8 长江经济带交通走廊中的三条高铁走向

二是建设绿色生态廊道，按照《全国主体功能区规划》，长江经济带从上游到下游分别为青藏高原生态屏障、川滇生态屏障、秦巴生物多样性保护功能区、滇黔喀斯特生态功能区、三峡库区生态保护功能区、南方丘陵山地生态屏障、武陵山生物多样性保护功能区、大别山水土保持生态功能区，以及长江三角洲地区的农地和绿色开敞空间，形成连续的绿色生态廊道（见图9—9）。长江经济带建设要顺应自然，保育生态，强化长江水资源保护和合理利用，加大重点生态功能区保护力度，加强流域生态系统修复和环境综合治理，稳步提高长江流域水质，显著改善长江生态环境。

三主体：以沿江综合运输大通道为轴线，以长江三角洲、长江中游和成渝三大跨区域城市群为主体，提升长江三角洲城市群国际竞争力，培育发展长江中游城市群，促进成渝城市群一体化发展；促进城市群之间、城市群内部的分工协作，强化基础设施建设和连通，优化空间布局，推动产城融合，引导人口集聚，形成集约高效、绿色低碳的新型城镇化发展格局（见图9—10）。

（二）战略走向：协调东中西，辐射南北方

长江经济带建设的战略走向，是协调东中西、辐射南北方；由东向西、由沿海向内地，沿大江大河和陆路交通干线，推进梯度发展；并通过重要节点实现经济向南北辐射，产生更为突出的区域统筹效应。

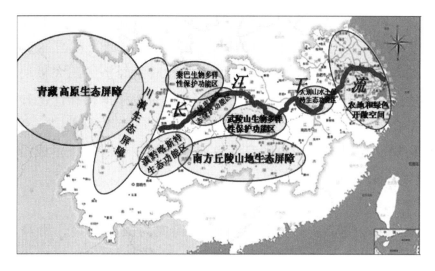

图9—9　长江经济带生态廊道

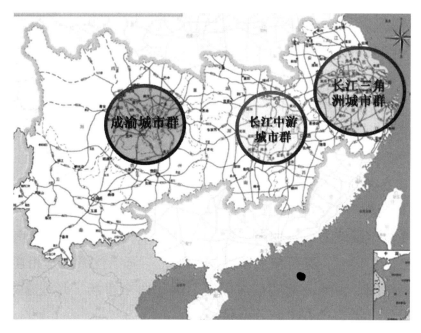

图9—10　长江经济带建设的主体：三大城市群

1. 空间维度

从沿海起步先行、溯内河向纵深腹地梯度推进，是世界区域经济发展史上的一个重要规律，也是许多发达国家在现代化进程中的共同经历。长江作为中国的第一大河和排名世界内河货运量第一的"黄金水道"，自西向东连接着发达的沿海和广袤的内陆，对中国经济社会发展的作用是非常重要的。长期以来，我国重点打造并逐步形成的经济区域主要为"块状"，而长江经济带这一"带状"区域，横亘东、中、西部，可以串联起长三角、长江中游城市群和成渝经济区三大板块，更好地实现地区间生产要素的流动和互补、产业的转移衔接和优化升级以及市场的整合统一。同时，长江经济带将与沿海一线构成"一纵一横"的 T 型格局，支撑起未来中国经济发展空间的主干骨架，形成沿海与内陆的良性互动。

2. 时间维度

当今长江经济带从提出概念和设想到成为战略决策，历经 30 年。目前付诸实施的条件已经成熟。一方面，实现 2020 年全面建成小康社会的目标，如何有效推动相对落后的中西部地区发展，使之与全国同步小康，必然是一个关键性任务；另一方面，中国当前处于发展速度换挡期、结构调整阵痛期、前期刺激政策消化期"三期叠加"阶段，需要新的发展引擎和促动转型升级的抓手。而东部沿海地区发展相对饱和、遭遇"瓶颈"制约的现实，正与中西部内陆地区加快开发开放的需求相呼应、相契合，横贯东西的长江经济带，是把这两者对接的载体。长江经济带所要解决的是东、中、西发展失衡的问题，建设长江经济带既恰逢其时，又是当务之急。

3. 国际合作角度

长江经济带溯江而上，不仅深入中国腹地，还可通过成都、重庆等节点重要城市继续向西延伸，与丝绸之路经济带相连接，通向南亚、东南亚大市场；向东，则可拓展至沿海一线，与海上丝绸之路相连接，走进亚太经济圈。由此，能够融通国内、国际两个市场，形成东西双向，沿海、沿江、沿边全方位开放新格局。

4. 网络密度

长江经济带内已经形成 5 条南北走向的纵向的跨省区经济轴线，从东到西依次为：以沿海综合交通运输通道为纽带，以连云港、盐城、南通、上海、杭州、宁波、台州、温州为节点城市的中部沿海综合经济轴线；以蚌埠—合肥—九江—赣（江）综合交通通道为纽带，以淮南、蚌埠、合肥、九江、南昌、吉安、赣州等为主要的徽赣经济轴线；以汉（水）湘（江）综合交通运输大通道为纽带，以十堰、襄樊、随州、孝感、武汉、岳阳、长沙、湘潭、衡阳、株洲等为重要节点的汉湘综合经济轴线；以西安—重庆—贵阳交通运输大通道为纽带，以重庆、贵阳为主要中心城市的渝黔经济轴线；以成昆—成兰交通运输大通道为纽带，以成都、昆明为主要中心城市的成昆经济轴线。这些纵向经济发展轴线与多条横向轴线纵横交错，形成不同层次的经济网络和战略节点，必将有力辐射与带动南北方向经济的发展。

六　长江经济带建设的主要内容

（一）提升长江黄金水道功能

目前，长江干线2808公里航道已经全面达到三级或三级以上航道标准，实现了高等级航道的全线贯通。在长江经济带建设中，要进一步提升长江黄金水道功能。

1. 干流——增强航运能力

下游（湖口至长江口）重点实施深水航道延伸至南京工程；中游（宜昌至湖口）重点实施荆江河段航道整治工程；上游（水富至宜昌）重点研究实施重庆至宜宾段航道整治工程。

2. 支流——改善通航条件

提高支流航道等级，形成与长江干线有机衔接的支线网络。加快信江、赣江、江汉运河、汉江、沅水、湘江、乌江、岷江等高等级航道建设；研究论证合裕线（安徽合肥—裕溪口）、嘉陵江高等级航道建设和金沙江攀枝花至水富段航运资源开发。

3. 港口——优化功能布局

加快上海国际航运中心、武汉长江中游航运中心、重庆长江上游航运中心和南京区域性航运物流中心建设；提升上海港、宁波—舟山港、江苏沿江港口功能；加快芜湖、马鞍山、安庆、九江、黄石、荆州、宜昌、岳阳、泸州、宜宾等港口建设。

同时，还要加强集疏运体系建设，扩大三峡枢纽通过能力，健全智能服务和安全保障系统，合理布局过江通道。

（二）建设综合立体交通走廊

1. 铁路——高速铁路三横

建设沿江（沪蓉）高速铁路：上海—南京—合肥—武汉—重庆—成都；

建设沪昆高速铁路：上海—杭州—南昌—长沙—贵阳—昆明；

规划建设衢州至丽江铁路：衢州—九江—岳阳—常德—黔江—遵义—昭通—攀枝花—丽江（见图9—8）。

形成覆盖50万人口以上城市的快速铁路网，20万人口以上城市客货共线的普通铁路网。

2. 公路——高等级广覆盖

以上海至成都、上海至重庆、上海至昆明、杭州至瑞丽等国家高速公路为重点，建成连通重点区域、中心城市、主要港口和重要边境口岸的高速公路网络。

提高国省干线公路技术等级和安全服务水平，普通国道二级及以上公路比重达到80%以上。

3. 航空

国际航空枢纽——上海；

区域枢纽——强化重庆、成都、昆明、贵阳、长沙、武汉、南京、杭州等机场的功能；

干线机场——南昌、合肥、宁波、无锡等；

支线机场——推进建设，形成长江上、中、下游机场群。

4. 油气管道——完善布局

加强长江三角洲向内陆地区、沿江地区向腹地辐射的原油和成品油输送管道建设，完善区域性油气管网，加快互联互通，形成以沿江干线管道为主轴，连接沿江城市群的油气供应保障体系。

5. 综合交通枢纽

加强水运、铁路、公路、航空和管道的有机衔接，建设和完善能力匹配的集疏运系统。

全国性综合交通枢纽14个——加快建设，具体有上海、南京、连云港、徐州、合肥、杭州、宁波、武汉、长沙、南昌、重庆、成都、昆明、贵阳。

区域性综合交通枢纽——有序发展，提高综合交通运输体系的运行效率，增强对产业布局的引导和城镇发展的支撑作用。

（三）创新驱动产业转型升级

1. 增强自主创新能力

强化企业的技术创新主体地位，引导创新资源向企业集聚，培育若干领军企业。发挥上海张江、武汉东湖自主创新示范区和合芜蚌（合肥、芜湖、蚌埠）自主创新综合试验区的引领示范作用，推进长株潭自主创新示范区建设和攀西战略资源创新开发。

2. 推进信息化与产业融合发展

骨干节点——上海、南京、武汉、重庆、成都等，支持沿江地区加快新一代信息基础设施建设，完善骨干节点，加强网间互联互通，增加中上游地区光缆路由密度。

推进沿江下一代互联网示范城市建设，优化布局数据中心，继续完善上海、云南面向国际的陆海缆建设。

充分利用互联网、物联网、大数据、云计算、人工智能等新一代信息技术改造提升传统产业，培育形成新兴产业，推动生产组织、企业管理、商业运营模式创新。

3. 培育世界级产业集群

以沿江国家级、省级开发区为载体，以大型企业为骨干，打造电子信息、高端装备、汽车、家电、纺织服装等世界级制造业集群，建设具有国际先进水平的长江口造船基地和长江中游轨道交通装备、工程机械制造基地，突破核心关键技术，培育知名自主品牌。

在沿江布局一批战略性新兴产业集聚区、国家高技术产业基地和国家新型工业化产业示范基地。

推动石化、钢铁、有色金属等产业转型升级，促进沿江炼化一体化和园区化发展，提升油品质量，加快钢铁、有色金属产品结构调整，淘汰落后产能。

4. 加快发展现代服务业

围绕服务实体经济，优先发展金融保险、节能环保、现代物流、航运服务等生产性服务业。

围绕满足居民需求，加快发展旅游休闲、健康养老、家庭服务、文化教育等生活性服务业。

依托国家高技术服务业基地，发展信息技术、电子商务、研发设计、知识产权、检验检测、认证认可等服务产业。

大力发展特色旅游业，把长江沿线培育成为国际黄金旅游带。

5. 打造沿江绿色能源产业带

水电：以金沙江、雅砻江、大渡河、澜沧江等为重点，加快水电基地和送出通道建设，扩大向下游地区送电的规模。

火电：加快内蒙古西部至华中煤运通道建设，在中游地区适度规划布局大型高效清洁燃煤电站，增加电力、天然气等输入能力。

新能源：研究制定新城镇新能源新生活行动计划，大力发展分布式能源、智能电网、绿色建筑和新能源汽车，推进能源生产和消费方式变革。

页岩气：建设四川长宁—威远、滇黔北部、重庆涪陵等国家级页岩气综合开发示范区。

6. 提升现代农业和特色农业

上游地区：立足山多、草多、林多、地少的资源条件，在稳定优势农产品生产的基础上，大力发展以草食畜牧业为代表的特色生态农业和以自然生态区、少数民族地区为代表的休闲农业与乡村旅游。

中游地区：立足农业生产条件较好、耕地资源丰富的基础，强化粮食、水产品等重要农产品供给保障能力，提高农业机械化水平，积极发展现代种植业，打造粮食生产核心区和主要农产品优势区。

下游地区：立足人均耕地资源少、资本技术人才资源优势，在稳定粮食生产的同时，大力发展高效精品农业和都市农业，加快推进标准化生产和集约化品牌化经营。

7. 引导产业有序转移和分工协作

在着力推动下游地区产业转型升级的同时，依托中上游地区广阔腹地，增强基础设施和产业配套能力，引导具有成本优势的资源加工型、劳动密集型产业和具有市场需求的资本、技术密集型产业向中上游地区转移。

建立产业转移跨区域合作机制，以中上游地区国家级、省级开发区为载体，建设承接产业转移示范区和加工贸易梯度转移承接地，推动产业协同合作、联动发展。

加强对产业转移的引导，促进中上游特别是三峡库区产业布局与区域资源生态环境相协调，防止出现污染转移和环境风险聚集，避免低水平重复建设。

（四）全面推进新型城镇化

1. 优化城镇化格局

以沿江综合运输大通道为轴线，以长江三角洲、长江中游和成渝三大跨区域城市群为主体，以黔中和滇中两大区域性城市群为补充，以沿江大中小城市和小城镇为依托，优化空间布局，形成集约高效、绿色低碳的新型城镇化发展格局。

2. 长三角城市群：提升国际竞争力

促进长江三角洲一体化发展，打造具有国际竞争力的世界级城市群。充分发挥上海国际大都市的龙头作用，加快国际金融、航运、贸易中心建设。

提升南京、杭州、合肥都市区的国际化水平。推进苏南现代化建设示范区、浙江舟山群岛新区、浙江海洋经济发展示范区、皖江承接产业转移示范区、皖南国际文化旅游示范区建设和通州湾江海联动开发。

优化提升沪宁合、沪杭主轴带功能，培育壮大沿江、沿海、杭湖宁、杭绍甬舟等发展轴带。

3. 长江中游城市群：培育发展

优化提升武汉城市圈辐射带动功能，开展武汉市国家创新型城市试点，建设中部地区现代服务业中心。加快推进环长株潭城市群建设，提升湘江新区和湘北湘南中心城市发展水平。培育壮大环鄱阳湖城市群，促进南昌、九江一体化和赣西城镇带发展。

4. 成渝城市群：一体化发展

提升重庆、成都中心城市功能和国际化水平，发挥双引擎带动和支撑作用，推进资源整合与一体化发展，把成渝城市群打造成为现代产业基地、西部地区重要经济中心和长江上游开放高地，建设深化内陆开放的试验区和统筹城乡发展的示范区。

重点建设成渝主轴带和沿长江、成绵乐（成都、绵阳、乐山）等次轴带，加快重庆两江新区开发开放，推动成都天府新区创新发展。

5. 黔中滇中区域性城市群：推动发展

贵阳：增强产业配套和要素集聚能力，重点建设遵义—贵阳—安顺主轴带，推动贵安新区成为内陆开放型经济示范区，打造西部地区新的经济增长极和生态文明建设先行区。

昆明：提升面向东南亚、南亚开放的中心城市功能，重点建设曲靖—昆明—楚雄、玉溪—昆明—武定发展轴，打造面向西南开放重要桥头堡的核心区和高原生态宜居城市群。

6. 城市群交通网络：强化建设

长三角城市群——要建设以上海为中心，南京、杭州、合肥为副中心，"多三角、放射状"的城际交通网络。

中游城市群——要建设以武汉、长沙、南昌为中心的"三角形、放射状"城际交通网络。

成渝城市群——要建设以重庆、成都为中心的"一主轴、放射状"城际交通网络，实现城市群内中心城市之间、中心城市与节点城市之间1—2小时通达。

（五）培育全方位开放新优势

1. 上海：沿江开放的引领带动作用

加快建设自由贸易试验区，充分发挥上海对外开放的辐射效应、枢纽功能和示范引领作用，带动长江经济带更高水平开放，增强国际竞争力。

2. 云南：提升西南开放桥头堡功能

推进孟中印缅、中老泰等国际运输通道建设，实现基础设施互联互通；推动孟中印缅经济走廊合作，深化参与中国—东盟湄公河流域开发、大湄公河次区域经济合作。

将云南建设成面向西南周边国家开放的试验区和西部省份"走出去"的先行区，提升中上游地区向东南亚、南亚开放水平。

3. 一带一路：加强战略互动

发挥重庆长江经济带西部中心枢纽作用，增强对丝绸之路经济带的战略支撑；发挥成都战略支点作用，把四川培育成为连接丝绸之路经济带的重要纽带。

优化整合向西国际物流资源，提高连云港陆桥通道桥头堡水平，提升"渝新欧"、"蓉新欧"、"义新欧"等中欧班列国际运输功能，建立中欧铁路通道协调机制，增强对中亚、欧洲等地区进出口货物的吸引能力，着力解决双向运输不平衡问题。

提升江苏、浙江对海上丝绸之路的支撑能力。加快武汉、长沙、南昌、合肥、贵阳等中心城市内陆经济开放高地建设；推进中上游地区与俄罗斯伏尔加河沿岸联邦区合作。

（六）建设绿色生态廊道

1. 保护和利用好长江水资源

明确长江水资源开发利用红线、用水效率红线。加强流域水资源统一调度，保障生活、生产和生态用水安全。加强饮用水水源地保护，优化沿江取水口和排污口布局，取缔饮用水水源保护区内的排污口，鼓励各地区建设饮用水应急水源。加快推进云贵川渝等地区大中型骨干水源工程及配套工程建设。建设沿江、沿河、环湖水资源保护带、生态隔离带，增强水源涵养和水土保持能力。

2. 严格控制和治理长江水污染

明确水功能区限制纳污红线，严格控制入河（湖）排污总量。大幅削减化学需氧量、氨氮排放量，加大总磷、总氮排放等污染物控制力度。加大沿江排污行业环境隐患排查和集中治理力度，实行长江干支流沿线城镇污水垃圾全收集全处理，加强农业畜禽、水产养殖污染物排放控制及农村污水垃圾治理，强化水上危险品运输安全环保监管、船舶溢油风险防范和船舶污水排放控制。强化重点水域保护，确保流域水质稳步改善。

3. 加强流域环境综合治理

完善污染物排放总量控制制度，加强二氧化硫、氮氧化物、PM2.5（细颗粒物）等主要大气污染物综合防治，严格控制煤炭消费总量。加强挥发性有机物排放重点行业整治，扭转中下游地区、四川盆地等区域性雾霾、酸雨恶化态势，改善沿江城市空气质量。推进农村环境综合整治，强化重点行业和重点区域重金属污染综合治理。大力推进工业园区污染集中治理和循环化改造。

4. 强化沿江生态保护和修复

实施主体功能区制度，率先划定沿江生态保护红线，构建中上游生态屏障。推进太湖、巢湖、滇池、草海等全流域湿地生态保护与修复工程，加强金沙江、乌江、嘉陵江、三峡库区、汉江、洞庭湖和鄱阳湖水系等重点区域水土流失治理和地质灾害防治。

中上游重点实施山地丘陵地区坡耕地治理、退耕还林还草和岩溶地区石漠化治理，中下游重点实施生态清洁小流域综合治理及退田还草还湖还湿。加大沿江天然林草资源保护和长江防护林体系建设力度，加强长江物种及其栖息繁衍场所保护，强化自然保护区和水产种质资源保护区建设和管护。

第十章　长江经济带及各区域的发展

从国外发达地区的实践经验来看，区域差距显著并不是一种异常现象；但从国家层面上看，如何认识不同区域的比较优势和发展潜力，在区域发展"新棋局"中扬长避短，准确定位，将长江经济带的上中下游全盘激活，充分利用好这条黄金水道，打造经济增长的升级版，为我国经济发展提供新的经济支撑。

一　长江经济带发展现状

长江经济带是整个长江流域最发达的地区，也是全国除沿海开放地区以外，经济密度最大的区域；长江是货运量位居全球内河第一的黄金水道，长江通道是我国国土空间开发最重要的东西向轴线；与沿海和其他经济带相比，长江经济带拥有我国最广阔的经济腹地和发展空间，是我国未来经济增长潜力最大的地区，也有望成为世界上可开发规模最大、影响范围最广的内河经济带，在全国区域发展总体格局中，具有举足轻重的战略地位。

（一）自然条件优越、资源丰富

长江流域面积广袤，横跨多个不同的自然地理区，其中山地和丘陵占流域面积的 84.7%，平原占 11.3%，河流湖泊等水面占全流域的 4%。流域内气候温和湿润，雨量丰沛，多年平均降水量 1100 毫米，多年平均入海径流量约 9600 亿立方米。流域地势西高东低，由河源至河口，总落差达 5400 多米。

上游的成都平原，地势平坦、河网纵横、物产丰富；长江三峡以东的长江中游平原，北接淮阳山，南接江南丘陵，地势低平，包括江汉平原、洞庭湖平原、鄱阳湖平原；下游平原包括安徽长江沿岸平原和巢湖平原以及江苏、浙江、上海间的长江三角洲，海拔高度在 50—10 米之间。平原上河汊纵横交错，湖荡星罗棋布，著名的洪泽湖、洞庭湖、鄱阳湖、太湖、高邮湖、巢湖等大淡水湖，都分布在这一狭长地带，湖泊面积 2 万平方公里，相当于平原面积的 10%。两湖平原上，较大的湖泊有 1300 多个，加上小湖泊，共计 1 万多个，面积 1.2 万多平方公里，占两湖平原面积的 20% 以上，是中国湖泊最集中、数量最多的地方，素有"水乡泽国"之称。

地下矿产资源丰富，品种多，分布广，大多数矿藏量在全国占有重要地位。在全国已探明的 130 种矿产中，长江流域就有 110 余种，占全国的 80%。各类矿产中储量占全国 80% 以上的有钒、钛、汞、磷、萤石、芒硝、石棉等；占 50% 以上的有铜、钨、锑、铋、锰、高岭土、天然气等。全国 11 个大型锰矿、8 大铜矿，长江流域分别占有 5 处和 3 处；湖南、江西的钨矿，湖南的锑矿，湖北的磷矿，均居全国之首。流域内煤矿储量少，仅占全国的 7.7%，主要集中于黔、川、滇三省，其中黔北六盘水煤矿居全国第三位。

长江干支流上游的森林资源丰富，是我国重要的林区之一，全流域活立木总蓄积量 25.8 亿立方米，占全国的四分之一。主要林区在川西、滇北、鄂西、湘西和江西等地，用材林仅次于东北林区；经济林则居全国首位，以油桐、漆树、柑橘、竹林等最为著称。

长江是我国水量最丰富的河流，水资源总量 9755 亿立方米，约占全国河流径流总量的 36%，为黄河流量的 20 倍。在世界仅次于赤道雨林地带的亚马孙河和刚果河（扎伊尔河），居第三位。水能资源丰富，总蕴藏量 2.68 亿千瓦，可开发量 1.97 亿千瓦，占全国可开发量的 53.4%，主要分布在长江上游的西南地区。

（二）自古即是重要的农业区

长江流域内现有耕地 3.63 亿亩。从上游到中、下游的平原地区，历来是重要的农业区。成都平原属亚热带季风气候，以紫色土为主，主要种植水稻、小麦、油菜，自古就有"天府之国"的美誉，是全国著名的商品粮油基地；长江中下游地区大部分属北亚热带，小部分属中亚热带北缘，气候温和，无霜期240—280天，年降水量1000—1400毫米，集中于春、夏两季，农业一年二熟或三熟，素称"鱼米之乡"，是重要的粮、棉、油生产基地。盛产稻米、小麦、棉花、油菜、桑蚕、苎麻、黄麻、水产等，历来就有"湖广熟，天下足"之美誉。

（三）长江流域文化特色鲜明

在长江流域特殊的自然地理环境和人文地理条件下形成的长江流域文化，是以生产力发展水平为基础的归趋性文化体系，是长江流域文化特性和文化集结，在文化体系上同属中国南方文化体系，与黄河文化并列，成为在"多元一体"的中华文明中，最具代表性和影响力的两大主体文化。

长江文化的特色，一是水稻种植。这是长江文明区别于黄河文明（小麦）最显著的特点之一，与长江流域受季风气候特征影响关系很大，长江流域降水量大，大部分地区雨热同季，适合水稻种植。在长江流域已经发现早期稻谷遗址接近150处，水稻成为长江流域历史最悠久的农作物，至今也是产量最大的农作物。二是茶文化。长江流域的四川、湖南、江西、江苏、安徽、浙江等地，均为重要产茶区，上游地区历史上有茶马古道，目前我国名茶大多数产于长江流域。三是丝绸及绣品。长江流域自古以来就是丝绸的重要产区，中国四大名绣（除粤绣外）中的湘绣、蜀绣、苏绣都出自长江流域。四是瓷器。最为著名的是江西景德镇，集天下名窑之大成，汇各地良工之精华，发展成为中国最著名的瓷都，所产瓷器"行于九域，施及外洋"。五是舟船。它是古代主要的交通工具，长江干流和主要支流自古都通航，舟楫不断，发展到现在，已成为世界第一的内河航运大动脉。六是园林文化。明清江浙经济繁荣，重视构建园林亭阁，故园林文化兴盛，而以苏州、扬州为最。江南园林淡雅、朴素，白墙黑瓦、假山红柱、碧水翠竹、奇花异木，构成了一幅幅高雅、幽静的画面。此外，还有丰富的非物质文化，先后产生了流传至今的昆曲、川剧、越剧、楚剧、苏剧、沪剧、扬剧、苏州评弹，使长江流域成为中华音乐与艺术之源。

（四）近代工商业的发源地

中国的近代工商业主要分布在沿海城市和长江中下游地区的大中城市。这些城市大多是鸦片战争以来开放的通商口岸，其主要特点：一是自然资源比较丰富，尤其是拥有比较丰富的煤炭资源。江西萍乡煤矿、湖北大冶铁矿为沿海以及长江中下游地区的工业发展，提供了丰富的煤炭和铁矿资源。二是地势平坦，多为平原，河流湖泊较多，为工商业发展提供了良好的场地和水源。三是气候湿润，水资源比较丰富，能够满足近代工业所需要的水资源。而且湿润的气候有利于农业发展，农业发展能够为工业提供充足的原料。四是运输便利。长江一直以来都是中国最重要的、运输量最大的河流，京杭大运河在当时也起着重要的作用。同时，沿海的优良港湾，吞吐量大，为工业的发展创造了良好的交通运输条件。五是市场条件较好。近代长江中下游地区成为我国人口密度最大的地区，可以为近代工业提供比较充足的劳动力。而且这一地区人口众多，相对富裕，购买力较强，拥有比较广阔的市场。

长江流域近代经济起步缘于第二次鸦片战争后，清政府被迫增开中国北部沿海口岸和长江沿岸口岸，其中长江沿岸就有 20 余个。在欧美列强的威逼下，晚清政府不得不推行洋务运动，间接地带动了近代长江沿线经济的发展。1861 年，曾国藩设立了安庆军械所，为长江军事工业的兴起揭开了序幕；李鸿章在上海开设江南制造局，成为全国第二个军工企业；张之洞在湖北兴办包括汉阳枪炮厂在内的一大批军工企业。1870 年以后，轮船招商局、上海机器织布局等洋务企业相继设立，更加强了长江下游近代工商业的实力，加之上海租界西方列强开办的各种工商业，使得 19 世纪末在上海形成独具特色的海派工商业文明，并向长江上游沿江城市扩散。此外，在长江上游的四川、云南等省的大中城市中，也兴办了火柴厂、造纸厂、煤矿、铜矿等近代工矿企业。

汉口自 19 世纪 60 年代开埠后，货物吞吐量仅次于上海，水陆航运输可达海外诸国。1905 年卢汉铁路竣工，使武汉成为名副其实的"九省通衢"城市。1890 年重庆开为商埠，次年重庆海关成立，长江上游被纳入了世界资本主义市场体系，成为西方列强侵略四川乃至西南地区的一个据点。开埠在客观上加强了重庆与外部世界的联系，西方的现代化因素由此逐渐输入重庆，从而加快了重庆的城市现代化进程。

（五）人口与经济总量比重大

长江经济带范围包括上游的重庆、四川、云南、贵州，中游的江西、湖北、湖南，下游的上海、江苏、浙江、安徽，共 11 省市（见图 10—1），面积约 205 万平方公里，占全国总面积的 21.35%。2013 年年末整个长江经济带内常住人口达 58132.41 万人，占全国总人口（136072 万人）的 42.72%（见图 10—2、表 10—1）。

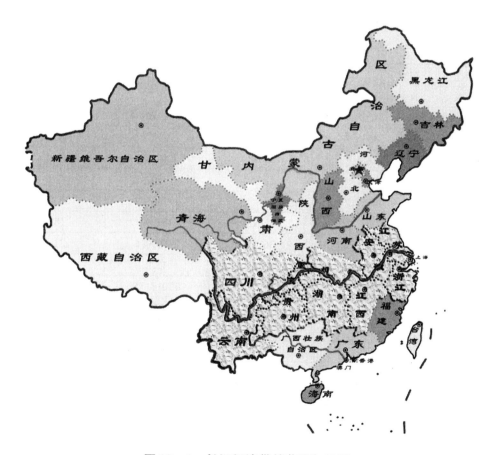

图 10—1 长江经济带的范围与位置

2013 年长江经济带地区生产总值 259525.4 亿元，占全国（56.9万亿元）的 45.6%。2014 年创造的地区生产总值达 28.46 万亿元，占全国（63.6万亿元）的44.75%。①

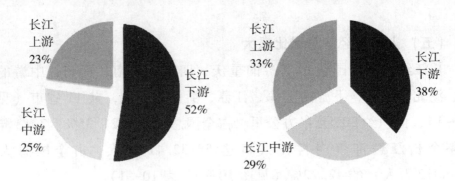

图10—2　2014年长江经济带内经济总量（右）与人口（左）比重

表10—1　　　　2014年长江经济带各区域 GDP、人口与面积

	省市	GDP（亿元）	人均 GDP（元）	常住人口（万人）	面积（万平方公里）
上游	重庆	14265.4	42795	2970	8.3
	四川	28536.7	32454	8107	48.5
	云南	12814.59	25083	4659	39.4
	贵州	9251.01	22922	3502.22	17.6
上游		64867.7		19238.22	113.8
中游	湖北	27367.04	42613	5799	18.6
	湖南	27048.5	36763	6690.6	21
	江西	15708.6	31771	4522.15	16.7
中游		70124.14		17011.75	56.3
长三角	上海	23560.94	90092	2415.15	0.6
	江苏	65100	74607	7939.49	10.2
	浙江	40153	68462	5498	10.1
	安徽	20848.8	31684	6029.8	14
长三角		149662.74		21882.44	34.9

资料来源：国务院及各省市2015年《政府工作报告》。

（六）经济带内部差距巨大

长江经济带横贯中国东、中、西部，上、中、下游，以及各省市之

① 数据源于国务院及各省市2015年《政府工作报告》。

间，经济发展极不平衡，区域经济差异显著，经济发展水平从东向西呈明显的阶梯状分布，体现了我国东、中、西部三大经济地带经济发展的特点。西部大开发、中部崛起等重大战略实施 15 年来，长江经济带中上游地区得到了较大的发展，但与东部地区的绝对差距并没有显著改变，长江经济带下游地区各省市的经济增量仍普遍大于中西部的省市（见图 10—3）。

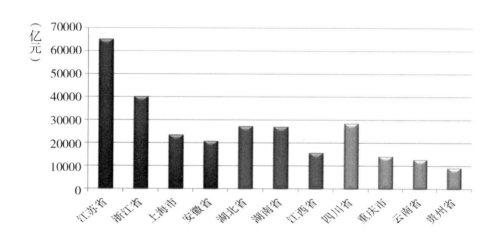

图 10—3　长江经济带 2014 年 GDP

（七）巨大的发展潜能

长江经济带横跨我国东、中、西三大区域，具有独特优势和巨大发展潜力。其首尾两大金融中心（重庆江北嘴、上海陆家嘴）是中国最具影响力的金融中心。改革开放以来，长江经济带已发展成为我国综合实力最强、战略支撑作用最大的区域之一。国家级新区是 20 世纪 90 年代初期设立的一种新开发开放与改革的大城市区，在现有的 16 个国家级新区中，上海浦东新区、重庆两江新区、浙江舟山群岛新区、贵州贵安新区、四川天府新区、湖南湘江新区、南京江北新区、云南滇中新区 8 个新区均在长江经济带，占全国国家级新区总量的一半，集聚了巨大的发展潜能（见表 10—2）。

表 10—2　　　　　　　　　　　长江经济带的国家级新区定位

名称/批复时间	定位及目标
上海浦东新区 1992 年 10 月 11 日	围绕建设成为上海国际金融中心和国际航运中心核心功能区的战略定位，在强化国际金融中心、国际航运中心的环境优势、创新优势和枢纽功能、服务功能方面积极探索、大胆实践，努力建设成为科学发展的先行区、"四个中心"（国际经济中心、国际金融中心、国际贸易中心、国际航运中心）的核心区、综合改革的试验区、开放和谐的生态区
重庆两江新区 2010 年 5 月 5 日	依托重庆及周边省份，服务西南，辐射中西部。作为国家综合配套改革试验区，根据国务院批复，中央赋予重庆两江新区五大功能定位：统筹城乡综合配套改革试验的先行区，内陆重要的先进制造业和现代服务业基地，长江上游地区的经济中心、金融中心和创新中心等，内陆地区对外开放的重要门户，科学发展的示范窗口
浙江舟山群岛新区 2011 年 6 月 30 日	浙江海洋经济发展的先导区、海洋综合开发试验区、长江三角洲地区经济发展的重要增长极。发展目标：舟山群岛新区将建成中国大宗商品储运中转加工交易中心、东部地区重要的海上开放门户、中国海洋海岛科学保护开发示范区、中国重要的现代海洋产业基地、中国陆海统筹发展先行区
贵州贵安新区 2014 年 1 月 6 日	深入实施西部大开发战略，探索欠发达地区后发赶超路子的重要举措，加快推进体制机制创新，发展内陆开放型经济，努力推动贵州经济社会又好又快发展
四川天府新区 2014 年 10 月 2 日	深入实施西部大开发战略，积极稳妥扎实推进新型城镇化，深入实施创新驱动发展战略的重要举措，天府新区为发展内陆开放型经济、促进西部地区转型升级、完善国家区域发展格局等发挥示范和带动作用
湖南湘江新区 2015 年 4 月 25 日	实施国家区域发展总体战略和长江经济带重大国家战略的重要举措，对于促进中部地区崛起、推进长江经济带建设、加快内陆地区开放发展

续表

名称/批复时间	定位及目标
南京江北新区 2015 年 7 月 2 日	实施区域发展总体战略、建设长江经济带的重要举措，充分发挥在创新驱动发展和新型城镇化建设等方面的示范带动作用，推动苏南现代化建设和长江经济带更好更快地发展。逐步建设成为自主创新先导区、新型城镇化示范区、长三角地区现代产业集聚区、长江经济带对外开放合作重要平台
云南滇中新区 2015 年 9 月 15 日	作为实施"一带一路"、长江经济带等国家重大战略和区域发展总体战略的重要举措，打造我国面向南亚东南亚、辐射中心的重要支点、云南桥头堡建设重要经济增长极、西部地区新型城镇化综合试验区和改革创新先行区

二 长江三角洲地区

（一）规模最大的超级经济区

长江三角洲地区指上海、江苏、浙江、安徽一市三省①。这一地区是我国综合实力最强的区域，也是最大的城市群，在我国经济发展全局中具有重要的战略地位和引领作用。

长三角地区面积为 34.9 万平方公里，常住人口 2.19 亿人，在区域面积和人口规模上已经超越纽约大都市区（面积 13.8 万平方公里、人口 6500 万人）、东京大都市区（面积 3.5 万平方公里、人口近 7000 万人）、巴黎大都市区（面积 14.5 万平方公里、总人口 4600 万人）、伦敦大都市区（面积 4.5 万平方公里、人口 3650 万人）等，中国社会科学院 2014 年 5 月 12 日发布的《中国城市竞争力报告》指出，这一区域已经成为世界上面积和人口规模最大的超级经济区。

---

① 关于安徽省的区域属性，过去的规划与文件均将其列入长江中游，有"中四角"之说。《国务院关于进一步推进长江三角洲地区改革开放和经济社会发展的指导意见》（国发〔2008〕30号）和国务院正式批准实施的《长江三角洲地区区域规划》均未将其列入长江三角洲范围。2015年 4 月国务院发布的《长江中游城市群发展规划》不再将其列入长江中游；《国务院关于依托黄金水道推动长江经济带发展的指导意见》（国发〔2014〕39号）正式将安徽归入长江三角洲地区。

《中国城市竞争力报告》认为，从1990—2020年，长三角两小时经济圈的范围不断扩大；基于空间引力模型，通过对不同时期长三角地区吸引力指数的比较，进一步证明：至2020年，一个在综合经济、交通体系、市场体系、产业体系等领域实现全面一体化，以上海为中心，北至连云港、徐州，西至安庆、六安，南至温州、丽水，包括沪、苏、浙、皖40个地级及以上城市在内的世界超级经济区将形成，面积达到34.4万平方公里（见图10—4）。

图10—4　长江三角洲城市群

（二）全世界六大城市群之一

城市群建设是现代城市发展和完善功能的大趋势，也是发达国家城市化发展的重要经验。目前，已形成六大世界级城市群，分别是以纽约为中心的美国东北部大西洋沿岸城市群、以芝加哥为中心的北美五大湖城市群、以东京为中心的日本太平洋沿岸城市群、以伦敦为中心的英伦城市群、以巴黎为中心的欧洲西北部城市群、以上海为中心的中国长江三角洲城市群（见表10—3）。

长江三角洲地区是我国综合实力最强的区域，在社会主义现代化建设全局中，具有重要的战略地位和突出的带动作用。改革开放以来，长三角地区经济社会发展取得了举世瞩目的巨大成就，已成为全国发展基础最好、体制环境最优、整体竞争力最强的地区之一，具有在高起点上加快发展的优势和机遇。长三角城市群在世界经济重心转移和中国面向国际化的发展格局中，作用尤为突出。其经济综合实力较强，城镇等级体系完善，区域内经济联系密切，具备了成为世界级城市群的基本条件。长三角城市群协调发展的重点，是建立弱行政边界的网络化联系，实现功能提升、互补和空间有机集散，统筹基础设施建设，建立内部协调机制。

表 10—3　　　　　　　2014 年世界六大城市群比较

位序	名称	中心	主要城市	范围	地位
1	美国东北部大西洋沿岸城市群（波士华城市群）	纽约	波士顿、纽约、费城、巴尔的摩、华盛顿等大城市以及 200 多个市镇	长约 1000 公里，宽 50—200 公里	面积 13.8 万平方千米，占美国总面积的 1.5%，人口 6500 万人，占美国总人口的 22.5%，城市化水平达到 90% 以上
2	北美五大湖区城市群	芝加哥	从芝加哥向东到底特律、克里夫兰、匹兹堡以及加拿大多伦多和蒙特利尔	集中 20 多个人口 100 万以上的特大城市	北美重要的制造业区。该城市群与美国东北部沿海城市群共同构成了北美的城市群
3	日本太平洋沿岸城市群（东海道城市群）	东京	从东京湾的千叶开始，经东京、横滨、静冈、名古屋、大阪、神户直达北九州的长崎	呈条带状从东北向西南延伸 1000 公里	占日本总面积的 6%，人口将近 7000 万人，占日本总人口的 61%
4	英伦城市群	伦敦	由伦敦大城市经济圈、伯明翰城市经济圈、利物浦城市经济圈、曼彻斯特城市经济圈、利兹城市经济圈组成	以伦敦—利物浦为轴线	面积 4.5 万平方千米，占国土总面积的 18.4%，人口 3665 万人，占总人口的 62.7%，集中了英国经济总量的 80%

续表

位序	名称	中心	主要城市	范围	地位
5	欧洲西北部城市群	巴黎	巴黎、阿姆斯特丹、鹿特丹、海牙、安特卫普、布鲁塞尔、科隆等。人口达 10 万以上的城市有 40 座	地跨法国、荷兰、比利时、卢森堡、德国	总面积为 14.5 万平方千米，总人口 4600 万人
6	中国长江三角洲城市群	上海	南京、苏州、无锡、常州、镇江、南通、扬州、泰州、盐城、淮安、连云港、宿迁、徐州、杭州、宁波、温州、嘉兴、湖州、绍兴、金华、衢州、舟山、台州、丽水、合肥、马鞍山、芜湖、滁州、淮南等，共 40 座城市	上海市以及江苏、浙江全境，安徽部分城市	面积约 30 万平方千米，人口超过 1.7 亿人，占全国 2.1% 的国土面积上集中了全国 1/4 的经济总量和 1/4 以上的工业增加值

资料来源：上海交通大学城市科学研究院和《瞭望东方周刊》等联合发布的《中国城市群发展报告 2014》，2014 年 12 月 30 日，上海。

（三）全球最重要的航运中心

港口口岸是对外开放的重要门户和窗口，世界经济全球化，更推进世界的主要港口加快扩张规模；现代航运业发展的基本特点之一是船舶的大型化、集装箱化；长江三角洲凭借沿海开放带与长江经济带交会的优越区位，集"黄金海岸"与"黄金水道"于一体，空间优势十分明显。面向海洋、依托长江、背靠内陆的区位优势，促进了长三角大都市圈发达综合交通运输网络形成。由上海港、宁波—舟山港、南通港、镇江港和南京港等 10 多个大中型港口组成的港口群，是我国最大的沿海沿江港口群，是我国对外经济联系的重要门户，目前吞吐量已经跻身于世界港口前列。2013 年世界货物吞吐量十大港口中，该区域独占三席：宁波—舟山港和上海港分别位列第一、第二，苏州港名列第 6 位；2013 年世界集装箱吞吐量最大的十大港口中，该区域占 2 个，即居于首位的上海港和居于第 6 位的宁波—舟山港（见图 10—5、图 10—6）。上海作为国际航运中心，带动了港口、城市、腹地的联动发展，为推动长江"黄金水道"新一轮开发创造了机遇。

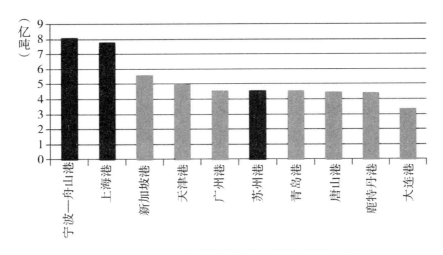

图 10—5　2013 年世界货物吞吐量十大港口排名

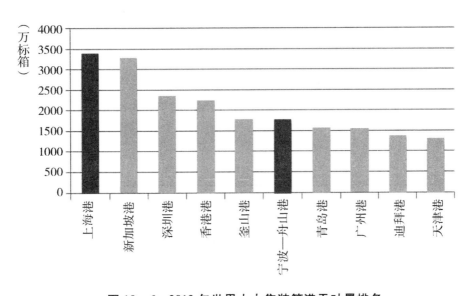

图 10—6　2013 年世界十大集装箱港吞吐量排名

（四）中国最大的城市群

长江三角洲城市群是目前国内最大的城市群，其范围包括 40 个城市。2013 年长江三角洲地区生产总值相当于每平方公里土地上创造的 GDP 达 3936 万元；以占全国 3.58% 的国土面积，贡献了 24.2% 的生产总值（见图 10—7），更占整个长江经济带 GDP 总量的 53%（见表 10—4）。是全国经济效率最高、密度最大的区域之一，也是中国城市化程度最高、城镇分布最密集、经济发展水平最高的地区。全国百强县（市）中占有 46 个（其中江苏 28 个、浙江 17 个、安徽 1 个），其中前 10 名中占 9 个。建设中国（上海）自贸区的重大决策，将进一步提升这一城市群在国内的制高点地位。作为中国经济的龙头，顺应客观趋势，因势利导，促进这一城市群的建设，对于带动全国发展、参与全球竞争具有重要意义。

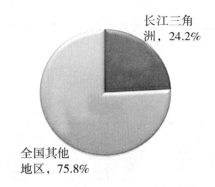

图 10—7　2013 年长江三角洲 GDP 占全国的比重

表 10—4　　　　　　　2013 年长三角主要经济指标

省市	GDP 总量 （万亿元）	增长速度 （%）	人均 GDP （元）	进出口总额 （亿美元）	服务业 比重（%）
上海	2.36	7.0	97300	8634.55	64.8
江苏	6.51	8.7	81874	5637.6	46.7
浙江	4.01	7.3	72967	3551.5	47.9
安徽	2.08	9.2	34427	492.7	34.8

（五）产业发展与比较优势

随着区域产业关联度的提升，长三角各地的产业结构转换速度呈现明显的同向变化趋势，产业一体化程度显著提升，产业同构成为一体化的基础，长三角将作为一个整体，进行产业升级和结构调整，并形成集群优势，对外参与国际分工与竞争。长三角的产业优势，是服务化、高端化、国际化、金融化。

服务化。一是服务业增长快。2014 年上海服务业占全市 GDP 比重已经接近 65%，江苏近 47%，浙江也近 48%，均超过第二产业比重，比重高，发展快；上海第三产业增长速度为 8.8%，江苏为 9.3%，浙江为 8.7%，均超过 GDP 增长速度。二是服务业增长质量提升。金融、信息服务、房地产业增长领先，继续保持两位数高速增长；新兴服务业发展态势较好，其中文化创意和社会服务业亮点突出。三是服务业外向型经济发展迅速。2014 年上海服务进出口总额 1753.9 亿美元，比上年增长 9.7%，实际到位金额 163.85 亿美元，增长 20.8%，占全市实际利用外资的比重达到 90.2%。

高端化。一是高端企业集聚。长三角地区产业吸引外资由加工制造向"微笑曲线"两端延伸，运营中心、物流中心、营销中心、订单中心、维修中心等新业态不断增加。二是高端制造集群发展。2014 年浙江一般贸易出口同比增长 10.4%，高于加工贸易增速 9.1 个百分点；江苏一般贸易增长 8.8%，加工贸易出口下降 0.6%；上海一般贸易增长 10.2%，加工贸易增长 6.3%；安徽一般贸易增长 64.9%，加工贸易减少 0.9%，这些都在一定程度上表明长三角地区制造业正由低附加值环节向高附加值环节提升。

国际化。2014 年江苏利用外资规模在全国居于领先地位，全年新批外商投资企业 3031 家，新批协议外资 431.9 亿美元；实际使用外资 281.7 亿美元，比上年下降 14.2%；新批及净增资 3000 万美元以上项目 701 个，对外投资增势良好，全年新批境外投资项目 736 个，比上年增长 21.7%。安徽全省亿元以上在建省外投资项目 5564 个，当年实际到位资金 7942.4 亿元，比上年增长 16.9%；全年新批外商投资项目 256 个，增长 4.1%；合同利用外资 31.1 亿美元，增长 15.7%；实际利用外商直接投资 123.4 亿美元，增长 15.5%；到 2014 年年底，在安徽投资的境外世界 500 强企业增加到 71 家。浙江新批外商直接投资项目 1550 个，比上年减少 22 个；合同外资 244 亿美元，实际利用外资 158 亿美元，分别比上年增长 0.1% 和 11.6%；上海全年新设外商直接投资合同项目 4697 个，比上年增长 25.6%；合同金额 316.09 亿美元，增长 26.8%；至 2014 年年末，在上海投资的国家和地区达 159 个。年内新增跨国公司地区总部 45 家。

金融化。全球化经济金融化的发展，使各经济体彼此间相互依赖、相互促进、相互合作、相互竞争和共同发展的依存性空前增强。上海市 2014 年实现金融业增加值 3268.43 亿元，比上年增长 14%；新增各类金融单位 96 家，其中货币金融服务单位 37 家，资本市场服务单位 40 家，全市各类金融单位已经达到 1336 家，在沪经营性外资金融单位达到 216 家，外资金融机构代表处 190 家，国际金融中心地位凸显。江苏省境内上市公司 254 家，在上海、深圳证券交易所筹集资金 701.5 亿元，比上年增加 417.8 亿元。江苏企业境内上市公司总股本 1596.6 亿股，比上年增长 15.7%；市价总值 19631.0 亿元，增长 53.5%。浙江现有境内上市公司 266 家，累计融资 3706 亿元，其中，中小板上市公司 123 家，占全国中小板上市公司总数的 16.8%；创业板上市公司 41 家，占全国创业板上市公司总数的 10.1%。

（六）文化科技教育资源高度集聚区

长江下游历史文化积淀深厚，是吴越文化、徽州文化、江南文化、海派文化的发源地。近代以来，由于受到西方工商业文明的熏陶，形成了农耕文化与海洋文化、本地文化与西洋文化的广泛交流，这些地域文化从传统的农业文化转化为商业气息浓厚的商业文化，并在我国各文化区中冠领群雄，水平最高。改革开放以来，长江三角洲以敢为人先的崭新风貌与商业意识，抓住机遇，不断创新，创造了以民营经济见长的浙江模式，以外资与乡镇企业为特色的苏南模式，传承、丰富和创新了地域文化。快速积聚的国际资本和民间资本，不仅规模越来越大，而且以其特有的活力强有力地推动着这一地区的经济快速发展。

全国重要的科技与创新中心。仅中国科学院就在此区域设有数十个研究机构，奠定了科技创新的基础，具备了较强的原始创新能力。江苏省区域创新能力连续六年保持全国第一，全省科技进步贡献率达59.0%。2014年5月，习近平总书记在上海视察工作时指示，上海要努力在推进科技创新、实施创新驱动发展战略方面走在全国前头、走到世界前列，加快向具有全球影响力的科技创新中心进军。

人才聚集度和科研实力强，拥有丰富的高素质劳动力资源。杭州是国家信息化试点城市、电子商务试点城市、电子政务试点城市、数字电视试点城市和国家软件产业化基地、集成电路设计产业化基地。合肥是中国四大科教城市之一（见表10—5），国家自主创新示范区，有合芜蚌自主创新综合试验区。上海张江2万余家企业中，世界500强占200多个；800多个研发机构中，外资研发机构有300多个，形成生物医药、电子信息、文化创意、航空航天、先进装备制造、汽车及零部件等主导产业。苏南自主创新示范区由9个国家高新区组成，横跨南京、无锡、常州、苏州、镇江5个国家创新型试点城市。2013年苏南五市就以占全国0.29%的土地面积创造了全国6.4%的经济总量，人均地区生产总值超过1.7万美元。

表10—5　　　　　　　　2014年长江三角洲高等教育资源

省市	在学研究生（万人）	普通高校（所）	普通本专科在校生（万人）	R&D经费支出占GDP比重（%）
上海	13.36	66	50.66	3.60
江苏	15.07	134	169.86	2.5
浙江	6.0511	82	97.8	2.34
安徽	4.6590	107	108.1	1.96

高等教育资源密集。国家211工程大学（共112所）中，长三角有25所，占22.3%，仅次于京津冀城市群（30所），居全国第二位。全国"985工程"的39所大学中，长三角集中了8所，占20.5%，仅次于京津冀城市群（10所），居全国第二位。最初入选"985工程"的高等学校共有9所（北京大学、清华大学、浙江大学、复旦大学、上海交通大学、南京大学、中国科学技术大学、哈尔滨工业大学、西安交通大

学,即"九校联盟",或 C9,被称为"中国的常春藤盟校"),其中 5 所在长三角地区,占 56%。江苏省现有普通高校 134 所,数量居于全国首位。

(七)对外开放引领区

以上海为中心的长三角地区,是中国对外开放重要的引导区,国际化发展的先导区之一。尤其是浦东新区和中国(上海)自由贸易试验区,效果更加明显。改革开放以来,长江三角洲的对外开放跨越三个阶段:一是利用外资促进制造业起步和发展(1979—1992 年)。引进和利用外资主要用来克服国内资金短缺和经济迅速外延扩张的矛盾;外商直接投资大多数集中于劳动密集型加工工业。长三角制造业吸收利用外资的规模很小,1992 年实到外资只有 29.55 亿美元;外贸进出口总额为 371.06 亿美元,占全国的 22.4%,其中出口 195.37 亿美元,进口 175.69 亿美元,贸易顺差为 19.68 亿美元。二是全面利用外资促进产业成长和调整(1992 年至"入世"前)。主要是培育支柱产业、优化布局结构、提升产业层次,在对传统产业调整改造、优化布局结构的同时,加大建设产业基地,重点培育了汽车、通信设备、机电制造业、钢铁、家用电子电器制造业等支柱产业。但是,外资结构中劳动密集型产业仍然偏高、技术和资本密集型产业偏低。以浦东开发开放为标志的全面对外改革开放,吸收外资合同金额迅速增长,1995 年长三角吸引跨国直接投资 91.99 亿美元,2001 年长三角合同外资 274.84 亿美元,实到外资 137.26 亿美元。这一阶段,长三角地区积极实施外贸出口产品市场多元化战略,大力拓展新的出口增长点。2001 年外贸进出口总额为 2046.48 亿美元,占全国的比重为 40.15%。三是内外资共同发展促进产业结构升级(2001 年"入世"后至今)。长三角引进和利用外资已经从注重物质资本的引进转向知识资本的引进和消化,高技术制造业和知识技术密集型的产业比重增大。2014 年外贸进出口总额达 18316.35 亿美元,这一阶段吸引外资的一个重要亮点是第三产业吸收外资增幅较大,但是地区分布不均,其中上海吸收外资增幅最大,2014 年全年第三产业实际到位金额 163.85 亿美元,增长 20.8%,占全市实际利用外资的比重达到 90.2%。上海吸收外资的一个重要特点是总部经济加快集聚，金融业对外开放步伐加快。

（八）长三角在长江经济带建设中的战略定位

长江三角洲是亚太地区重要的国际门户、全球重要的现代服务业和先进制造业中心、具有较强国际竞争力的世界级城市群；长三角地区要率先实现全面建设小康社会的目标；到 2020 年力争率先基本实现现代化。

长江三角洲是整个长江经济带的龙头，在长江经济带建设中的战略定位主要是辐射集聚、支撑引领、带头示范、综合枢纽、技术扩散、科技文化高地等方面。在长江经济带建设中，长江三角洲要提升城市群国际竞争力，发挥长江三角洲地区的辐射引领作用，促进长江三角洲一体化发展，打造具有国际竞争力的世界级城市群。

长江三角洲城市群在长江经济带中的战略定位，首先是发挥辐射和集聚作用，促进中上游地区有序承接产业转移，提高要素配置效率，激发内生发展活力，带动长江经济带成为推动我国区域协调发展的示范带。从空间上看，长三角对内开放已经形成"一圈三带"多维并进格局。"一圈"即长三角城市圈；"三带"，分别指起始于上海的长江经济带、新丝绸之路经济带和以上海为轴心的沿海经济带。要依托长江黄金水道通江达海的优势，统筹铁路、公路、航空、管道建设，加强各种运输方式的衔接和综合交通枢纽的建设，实现江海联运、江海直达，多式联运，从而把长江经济带建成安全便捷、绿色低碳的综合立体交通走廊，促进上中下游要素合理流动。同时，长江经济带要加强与丝绸之路经济带的战略互动，推进双向开发，形成全方位开放新格局，从而可以为江海航运一体化发展，提供更加广阔的发展空间。

三 长江中游地区

长江中游地区包括湖北、湖南、江西三省；该地区交通便捷，区位优越，劳动力资源丰富，且水土配合条件好，各类要素成本相对较低，资源和环境承载能力较大，现有产业基础较好，是大规模集聚人口和产业、加快工业化和城镇化的国家重点开发区域（见图10—8）。该地区是长江经济带的重要组成部分,也是实施促进中部地区崛起战略、全方位深化改革开放和推进新型城镇化的重点区域,在我国区域发展格局中占有重要地位。长江中游城市群面积大,在开发潜力、发展后劲、辐射国内市场等方面具有较明显优势。

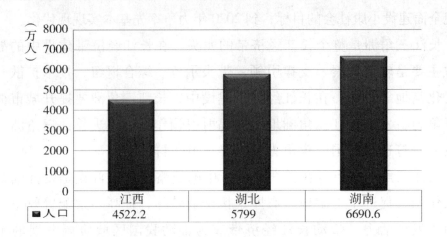

图 10—8　长江中游 3 省 2013 年常住人口

长江中游城市群,也称"中三角",是以武汉城市圈、环长株潭城市群、环鄱阳湖城市群为主体形成的特大型城市群,国土面积约 31.7 万平方公里,2014 年实现地区生产总值 6 万亿元,年末总人口 1.21 亿人,分别约占全国的 3.3%、8.8%、8.8%(见图 10—9)。向东、向南分别接受长江三角洲和珠江三角洲两大经济发展的动力源的辐射,在长江经济带建设中,具有承东启西、连南接北的区位优势(见图 10—10)。

图 10—9　2014 年中游城市群面积(左)、人口(中)和 GDP(右)
占全国的比重

图 10—10　长江中游城市群地理位置示意图

　　长江中游三省的经济总体发展水平相对滞后于长江三角洲；三个省会城市武汉、长沙、南昌之间地形复杂，经济发展水平相对滞后，目前区域经济协作与经济联系相对较弱。三省山水相连、省情相似，长江中游城市群是我国具有较大发展潜力、科技教育资源相对丰富的城市群之一，区位优势较为明显，经济互补性强，在《国家新型城镇化规划（2014—2020 年）》中，长江中游城市群的发展目标是要加快培育成为推动国土空间均衡开发、引领区域经济发展的重要增长极；正在编制中的全国城市群规划，将其与长三角、珠三角、京津冀、成渝城市群并列为 5 个国家级城市群。《指导意见》提出要培育发展长江中游城市群，增强武汉、长沙、南昌中心城市功能，促进三大城市组团之间的资源优势互补、产业分工协作、城市互动合作，把长江中游城市群建设成为引领中部地区崛起的核心增长极和资源节约型、环境友好型社会示范区。国务院 2015 年 3 月发布的《长江中游城市群发展规划》，要求加快实施新型城镇化战略，促进中部地区崛起战略和创新驱动发展战略，以全面深化改革为动力，推动完善开放合作、互利共赢、共建共享的一体化发展机制，走新型城镇化道路，着力推进城乡、产业、基础设施、生态文明、公共服务"五个协同发展",积极探索科学发展、和谐发展、转型发展、合作发展新路径和新模式,努力将长江中游城市群建设成为长江经济带重要支撑、全国经济新增长极和具有一定国际影响力的城市群。

(一)区位与自然条件优越

从区位条件来看,长江中游具有承东启西的区位优势。湖北在中国地理的"居中"优势,自古有"九省通衢"之称,在新棋局中处于"天元之位",长江自西向东流经湖北 48 个县、市、区,流程 1062 公里,占长江干线通航里程的 38%,武汉是长江经济带中游重要的节点城市。江西是全国范围内唯一与 3 个三角区(长江三角洲、珠江三角洲和闽南三角区)毗邻的省,也是长江经济带和京九铁路沿线经济带的交会区,在我国区域经济发展新构架中的区位优势明显。湖南作为东部沿海地区和中西部地区过渡带、长江开放经济带和沿海开放经济带接合部(即"一带一部"),"六纵八横"的高速网、"三纵三横"的铁路网,以及京广、沪昆、渝厦高铁网,把湖南带入了一个全新的交通环境。

从空间距离来看,武汉、长沙和南昌之间三点的连线呈等边三角形。相互之间相距仅约 300 公里,在全国大多数省会城市,尤其是在中部省会城市之间具有明显的空间距离优势;为三个省会城市之间的人流、物流的流通和集聚创造了优越条件。

从自然地理条件来看,鄂湘赣三省连接区域多为低山丘陵区。长江中下游平原地区,除局部分布有海拔高于 500 米的山地外,绝大部分地区海拔在 500 米以下,且地势起伏小,较为平坦。开阔的空间消除了城市之间的经济往来自然障碍的阻隔,为各项基础设施、公路铁路等交通道路的选线建设和道路交通网络的形成,提供了得天独厚的条件。

从资源条件来看,湖南素有"有色金属之乡"的美誉。有色金属矿产分布广且相对集中,钨、铋居全国之首,锡、锑、汞、铅、锌位居全国前列;湖北有铁、钛、铜、锑、银、磷、硫铁矿;江西有铜、钨、钽、铯、铊、钪、稀土、硒、碲、铷、锂等。另外还有不少金属、非金属矿产在全国占有重要地位。现代工业和城市的发展与水资源密不可分，水资源条件是制约大型城市群发展的重要因素之一，长江中游城市群的淡水资源优势突出。武汉地处汉江、长江交汇处，长沙位于湘江畔并北靠洞庭湖，南昌横跨赣江并北临鄱阳湖等，充足的淡水资源为城市经济和产业发展提供了有力的水源支撑。

从农业发展条件来看，这一区域位于长江中游平原地区。农业自然条件优越，江汉平原、鄱阳湖平原、洞庭湖平原均为中国重要的商品粮基地，自古以来就有"湖广熟，天下足"之美誉，发达的农业为三大核心城市圈和工业的发展，提供了充足的粮食和农业原料基础。

（二）经济发展势头较好

近年来，长江中游地区经济发展稳中有进，势头较好。2013 年湖北、湖南、江西三省 GDP 增长均为 10%，呈比肩发展态势（见图 10—11）。其中，武汉、长株潭、环鄱阳湖三大城市群 GDP 总量达到 54613.18 亿元，占整个长江中游三省 GDP 总量的 86%，成为长江中游地区发展的核心动力。

表 10—6　　　　　　　　长江中游 2014 年主要经济指标

省份	GDP（亿元）	增速（%）	人均GDP（元）	三次产业构成	固定资产投资（亿元）	进出口总额（亿美元）	实际利用外资（亿美元）	常住人口（万人）
湖北	27367.04	9.7	47192.69	11.6∶46.9∶41.5	24303.05	430.64	79.28	5816
湖南	27048.5	11.1	40287	11.6∶46.2∶42.2	21950.8	300	102.7	6737.2
江西	15708.6	9.7	34661	10.7∶53.4∶35.9	14677.0	427.83	84.51	4542.2

资料来源：相关各省 2014 年国民经济和社会发展统计公报。

从表 10—6 中可以看出，2014 年湖北省实现地区生产总值

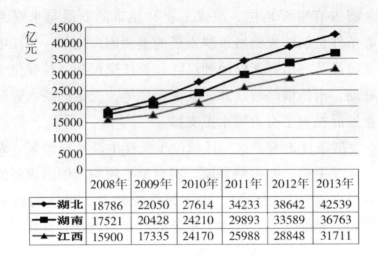

	2008年	2009年	2010年	2011年	2012年	2013年
湖北	18786	22050	27614	34233	38642	42539
湖南	17521	20428	24210	29893	33589	36763
江西	15900	17335	24170	25988	28848	31711

图 10—11　长江中游 3 省近年 GDP 增长趋势

27367.04 亿元，比上年增长 9.7%，高于全国平均水平。粮食产量 2501.30 万吨，比上年增产 59.49 万吨，增长 2.4%。油料作物产量增长 6.7%。其中，油菜籽产量连续 18 年保持全国第一位。全年生猪出栏增长 4.2%，"中部粮仓"地位进一步凸显。以电子信息、先进制造、新材料、生物医药与医疗器械为代表的高新技术产业实现增加值增长 16.1%，其中高新技术制造业增加值增长 16.5%。汽车产业发展势头较好，全年累计生产汽车 158.7 万辆，同比增长 9.6%，产量占全国汽车总量的 7.2%。其中，乘用车累计产量 98.5 万辆，同比增长 24%；专用汽车累计产量 21 万辆，同比增长 14%，占全国专用汽车产量的比重为 10.5%。东风汽车公司产销均超过历史最好水平。全省公共财政预算收入增幅一直稳定在 20% 左右。全年共实现财政总收入增长 15.4%，其中地方公共财政预算收入增长 20.1%，增幅比上年加快 0.7 个百分点。城镇居民人均可支配收入 22906.42 元，增长 9.9%。农村居民人均纯收入 8866.95 元，增长 12.9%。

　　江西省 2013 年主要经济指标增长幅度也高于全国平均水平，企稳回升、逐渐向好的积极态势进一步显现：全省生产总值 14338.5 亿元，增长 10.1%，增速高于全国平均水平 2.4 个百分点，居全国第 13 位，比上年前移 6 位。全省农林牧渔业增加值 1636.5 亿元，增长 4.6%。全年粮食种植面积 5536.3 万亩，粮食总产 423.2 亿斤，增加 6.3 亿斤，增长 1.5%。全省规模以上工业增加值 5755.5 亿元，增长 12.4%，延续回升势头，高于全国平均水平 2.7 个百分点，在全国排第 11 位，比上年前移 2 位。在规模以上工业中，全年装备制造业实现增加值 1218.4 亿元，比上年增长 16.3%，高于规模以上工业平均增速 1.9 个百分点，其中电气机械和器材制造业增长 20.5%，通用设备制造业增长 16.7%，汽车制造业增长 16.7%。

近年来，湖南省坚持以"四化两型"（新型工业化、新型城镇化、农业现代化、信息化，资源节约型、环境友好型）支撑经济转型发展，成效显著：2013 年，工程装备工业连续 3 年进入全国 10 强，当年全球工程机械 50 强榜上，湖南企业中联重科位列第 6 位；在湘投资的世界 500 强企业达到 125 家，与 71 家央企对接项目 294 个。通过发展，催生出三一、中联、中国南车等一批优势本土企业，成功实现跨国经营；"长株潭自主创新现象"引来全国乃至世界的瞩目，汽车工业迅速崛起，已快速成长为中国第七大汽车产业基地，汽车产业成为第三个产值超千亿元的产业集群；沪昆高铁和京广高铁在长沙对接，10 余条铁路正在快速建设中，全省高速公路通车里程突破 5000 公里，排名全国第 4 位。稻米产量一直稳居全国前列，2013 年产量继续超过 600 亿斤，约占全国总产量的 6%。

表 10—7　　　　　长江中游城市群 2013 年主要经济指标

城市群	地级市	GDP（亿元）	常住人口（万人）	人均 GDP（元）
长株潭城市群	长沙	7153.13	714.66	100091.37
	岳阳	2430.52	552.31	44006.45
	常德	2264.94	576	39321.88
	衡阳	2169.44	719.83	30138.23
	株洲	1948.01	390.66	49864.59
	湘潭	1438.05	278.1	51709.82
	益阳	1123.13	434.24	25864.27
	娄底	1118.17	381.21	29332.13

续表

城市群	地级市	GDP（亿元）	常住人口（万人）	人均GDP（元）
环鄱阳湖城市群	南昌	3336.03	508.9	65553.74
	赣州	1672	842.78	19839.10
	九江	1601.73	478.94	33443.23
	上饶	1401.3	740	18936.49
	宜春	1400	550	25454.55
	吉安	1120	481	23284.82
	抚州	940.64	400	23516
	新余	835	115.56	72256.83
	萍乡	798.33	187	42691.44
	景德镇	680	170	40000
	鹰潭	560	113.8	49209.14
武汉城市群	武汉	9051.27	1022	88932.81
	宜昌	2816	408.83	68879.49
	荆州	1334.9	571.94	23339.86
	黄冈	1332.55	623.19	21382.72
	孝感	1230	483.31	25449.5
	荆门	1215	288.52	42111.47
	黄石	1144	244.07	46871.8
	十堰	1080	335.68	32173.5
	咸宁	872	247.5	35232.32
	鄂州	630.5	105.35	59848.13
	仙桃	503	118.49	42450.84
	潜江	492.7	95.04	51841.33
	天门	370	133.9	27632.56

资料来源：相关省市2014年国民经济和社会发展统计公报。

（三）科技教育实力雄厚

长江中游两湖地区在春秋战国时期是荆楚文化、湖湘文化中心区，江西则号为"吴头楚尾"，历来有重视文化与教育的传统。长江中游为全国重要的科教和智力资源密集区，武汉市是全国重要的科技、教育中心，科技教育综合实力仅次于北京、上海，居全国第三位；长沙也是全国的科教重镇，科技、人才和智力资源较为密集。

2013 年湖南省有普通高校 107 所，普通高等教育本专科毕业生 29.4 万人，研究生毕业生 1.7 万人。湖北省普通高等教育招生 40.39 万人，在校生 142.14 万人，毕业生 36.16 万人；研究生招生 3.9 万人，在校研究生 11.27 万人，毕业生 3.46 万人。江西省全年研究生教育在校研究生 2.6 万人，普通高校在校生 86.2 万人。著名"211 高校"有武汉大学、华中科技大学、中国地质大学、武汉理工大学、华中师范大学、华中农业大学、中南财经政法大学、国防科技大学、湖南大学、中南大学、湖南师范大学、南昌大学等。其中"985 高校"有武汉大学、华中科技大学、国防科技大学、湖南大学、中南大学等，教育事业全面协调发展，为区域经济发展培育和储备了大量人才（见表 10—8）。

表 10—8 　　　　　　　　**长江中游各省高等教育现状**

单位：万人

	招生人数			在校生人数		
	江西	湖南	湖北	江西	湖南	湖北
研究生教育	—	2.1	3.9	2.6	6.5	11.27
普通高等教育	23	32.7	40.39	86.2	110.1	142.14

2013 年湖南省有国家工程技术研究中心 14 个，省级工程技术研究中心 169 个；国家级重点实验室 12 个，省级重点实验室 104 个。承担国家各类科技计划项目 662 项，其中国家"863"计划项目 53 项，签订技术合同 6544 项，技术合同成交金额 77.1 亿元，登记科技成果 902 项，获得国家科技进步奖励成果 15 项、国家技术发明奖励 4 项、国家自然科学奖 1 项。超级杂交稻创造亩产 988.1 公斤的世界最高纪录，"天河二号"亿亿次超级计算机刷新全球运算速度纪录，全球首台长距离大坡度煤矿斜井隧道掘进机（TBM）研制成功。

湖北省从事科技活动的人员约 20 万人，居全国前 5 位。其中，两院院士有 54 名；拥有各类科研机构 1300 多家。其中，代表原始创新实力的国家实验室（华中科技大学武汉光电国家实验室）1 个、国家工程研究中心 6 个、国家重点实验室 15 个，居全国第 4 位，仅次于北京、江苏、上海，国家部委重点实验室 58 个，国家野外试验台站 5 个，国家级工程技术研究中心 18 个，国家级企业技术中心 23 个。2013 年共取得省部级以上科技成果 1621 项，技术合同成交金额 418.74 亿元，增长 78.5%。

近年来，江西科技投入力度加大，2013 年全年研究与试验发展（R&D）经费支出 136 亿元，占 GDP 比重为 0.95%，比上年提高 0.07 个百分点。年末拥有国家重点实验室 1 家，江西省重点实验室 90 家；国家工程技术研究中心 8 家，江西省工程技术研究中心 126 家。全年通过省级科技主管部门鉴定的科技成果 122 项，获得国家级科学技术奖的科技成果 7 项。全年受理专利申请 16938 件，比上年增长 36.0%；授权专利 9970 件，增长 25.0%。全年技术市场合同成交金额 43.7 亿元。高新技术产业增加值 1403.8 亿元，增长 10.8%；占 GDP 的比重为 9.8%，比上年提高 0.8 个百分点。

（四）航运条件影响较大

京广铁路、京九铁路、沪昆高铁、沪蓉高铁和长江黄金水道，纵横交错，构成长江中游地区的主要交通骨架。中游 3 省已经形成了汽车、钢铁、轻纺、水电等产业集群，外贸货物运输量增长迅猛，煤炭、石油、天然气及制品、金属矿石、钢铁、矿建材料等运输需求持续旺盛，大宗货物的水上运输，主要依靠长江航运。

长江中游 3 省中，长江干流只经过湖南的岳阳一市、江西的九江一市，岳阳的长江沿岸有 100 多公里，九江的长江过境长度 151 公里。湖北则有 8 个沿长江城市，拥有长江、汉江两条大水系和发达的水运网络，长江湖北段航道里程全长 1061 公里，是沿江省份最长的一个区段，占干线总长的 1/3 以上。武汉的港口体量，也远比岳阳、九江大得多。目前，长江、汉江沿线集聚了湖北 85% 以上的大中城市、88% 的人口和 92% 的经济总量。

但受制于三峡船闸梗阻，以及中游水位浅、堵塞问题严重，航运能力最差。三峡船闸已提前 19 年达到设计能力，目前近于饱和；中游航道不畅通，通过能力不足，干线航道总体上已呈现"两头深、中间浅，两头通、中间堵"的状况；荆江河段有近20处碍航浅滩，目前枯水期只能勉强维护2.9米的航道水深，船舶搁浅、阻航等事件仍然频发；窑监河段航运年年受阻，不仅给长江干线运输大动脉畅通造成严重威胁，让航运企业蒙受巨大经济损失，而且航运整体上还处于自然状态，万吨级船队无法在枯水期重载运行，无法实现汉（武汉）渝（重庆）直达，严重影响了长江航运效率和服务水平，成为制约长江黄金水道航运优势发挥的主要障碍，制约了沿江社会经济发展。

（五）产业优势明显而趋同性较显著

现代农业优势突出。长江中游城市群地处中国的鱼米之乡，现代农业发达，产业化水平较高，农业特色和优势突出。近年来，长江中游现代农业发展势头良好，形成了一批特色优势农业和农产品生产基地，粮食、棉花、油料、畜禽、水产、蔬菜、林果、茶叶、蚕桑等产业均在全国占有重要地位。

制造业优势明显。长江中游城市群拥有一大批老工业基地，如武汉、黄石、长沙、株洲、湘潭、衡阳、南昌、九江、景德镇、萍乡等，制造业基础雄厚，特色和优势突出。目前，长江中游城市群已经形成了汽车、电子信息、钢铁、有色冶金、装备制造、石油化工、生物医药等支柱产业，并在光电子、重型机械、重大成套设备制造、汽车、轨道交通设备制造、船舶等行业拥有一批核心技术和关键技术。其中，武汉城市圈的钢铁、汽车、光电子信息、石油和盐化工、装备制造、纺织服装等行业已成为具有全国影响的行业；长株潭城市群在工程机械制造、交通运输设备、电子信息、有色金属、石油化工等行业具有明显的规模和技术优势；环鄱阳湖城市群新型制造业发展迅速，近年来正在着力打造光电、新能源、生物、铜冶炼及精深加工、优质钢材深加工、炼油及化工、航空、汽车及零部件生产等产业基地。

高新技术优势凸显。长江中游城市群拥有14个国家级高新区。其中，南昌高新区是江西省唯一的"千亿"园区，云集着2600多家企业，其中世界500强、上市公司、年收入超亿元的工业企业、外资企业等300多家。已经形成航空、电子信息、生物医药、服务外包、新材料等战略性新兴产业集群,战略性新兴产业对园区经济贡献率突破60%。南昌市五大战略性支柱产业,有四个主要集中在此区。武汉东湖高新区为第二个国家自主创新示范区,由关东光电子产业园、关南生物医药产业园、汤逊湖大学科技园、光谷软件园、武汉软件新城、佛祖岭产业园、机电产业园、光谷生物城等园区组成。北部科研院所、大专院校群是其科技与产业依托的重要基础,又称中国光谷。长株潭城市群是国家级综合性高新技术产业带,拥有2个国家级和1个省级高新区,10多个国家级高新技术产业化基地,形成了电子信息、新材料、先进制造、生物与医药、航空航天、生产性服务业等优势领域。

产业趋同性较突出。长江中游区域间缺乏专业化分工协作和密切经济联系,产业集群发展与产业关联带动能力弱。三省在千亿元支柱产业类别上有近半数重合。在存量方面,石化、食品均为三省千亿元产业。在承接转移的产业和各地的比较优势方面,中游城市群产业同构现象严重。在增量方面,承接的产业多为食品制造、电子信息、建材等,趋同性突出。武汉、长沙、南昌三个省会城市,规模较大,在本省的地位较高,相距不远,有条件合作,也互有需求,但产业同质化现象严重。如汽车产业同为支柱产业,汽车产业引领武汉工业发展,武汉—襄樊—十堰已经形成汽车工业带。2014年上半年,武汉市汽车及零部件产业完成工业总产值1124.48亿元,同比增长19.4%,高于全市平均速度3个百分点,占全市规模以上工业产值的21.1%,是武汉市第一大支柱产业。实现营业收入1081.89亿元,同比增长20.3%,利润总额91.84亿元,增长44.9%,上缴税金78.13亿元,成为武汉市第二大利税产业。湖南则以长沙为中心,方圆100公里的范围之内聚集了广汽三菱、广汽菲亚特、北汽股份、比亚迪、福田、吉利、众泰、陕汽等整车汽车厂家,并吸引了大批零部件企业入驻。目前湖南已有1000多家汽车零部件企业,一辆汽车上85%的零部件都可以在省内实现采购。江西省拥有汽车、专用汽车及零部件生产企业200多家,列入国家汽车生产企业及产品公告内的汽车生产企业有24家,全行业资产总额522.5亿元,从业人数近7万人,江西南昌小蓝经济技术开发区已经聚集了江铃股份、江铃控股、伟世通、天纳克、上海宝钢等125家汽车及零部件企业,其中整车生产企业6家,成为名副其实的汽车工业城。武汉和长沙都重点发展电子信息产业，生物医药在长沙和南昌的产业比重中较高，在项目、资金争取和承接产业转移方面，三省的竞争大于合作。

长江中游城市群产业发展中，省内形成集群，彼此缺乏协作，各省之间少有资源共享、协同互动，难以实现充分的对接互动，主要是政策资源和市场资源没有达到合理配置，实质是由于政策资源围堵市场资源，行政力抵制市场力。市场力量不足以消除经济发展的空间不平衡，短期内甚至还可能在一定程度上强化这种不平衡。

（六）区域协作程度有待提高

历史上，鄂湘赣三省在经济上存在密切的经济往来。如近代史上著名的"汉冶萍"工矿业基地，由大冶铁矿、江西萍乡煤矿、汉阳铁厂组成，是中国第一家，也是最大的新式钢铁联合企业。以此为基础建设的汉阳兵工厂，也成为晚清规模最大、设备最先进的军工制造企业。

由于行政区划的制约，各省均在本省行政区域范围内规划培育城市群，资源分割、力量分散，长江中游三个城市群势均力敌，难以形成合力。近10多年来，国家极力促成，3省政府也大力推进区域一体化，推动产业协作，整合发展，但实际效果均不突出，尚未真正有效带动整个长江中游的崛起。

当前中游城市群较难在城市群共融协同上实现跃升，其主要原因包括：一是区位与基础条件相似度高。对比区域经济发达地区，中游城市群三省及城市集群的经济发展程度均一般，区位资源雷同，第一、二产业的比重仍较大，且处于产业升级转型期，三省在经济社会和发展等方面的政策重合率高。二是经济增长稳定性不高，优势产业雷同但效益不高，城市集群间和区域内合作机制尚不健全，在经济、社会发展方面关联度不高，缺乏有效的分工协作和良性互补关系。

长江中游城市群分属于不同的行政区域，受行政区划体制的束缚，区域协调的难度较大；同时，各省内部的城市群一体化尚处于打基础阶段，这就必然使小圈（群）合作远远强于大区域合作。如何在区域内实现产业协调配套发展，避免同质竞争，在基础设施和基础产业建设方面，加强交通、能源、水利、电力、信息等设施的合理布局和有效对接，尤其要放大武广高铁、沪昆高铁效应，逐步实现区域交通运输一体化，是三省在建设长江经济带中面临的重要问题。

（七）城市群均有南下倾向

长江中游位于长三角、泛珠三角经济圈辐射的接合部，湖北、湖南、江西三省均位于泛珠三角经济圈内，能接受两个经济板块的双重辐射。这是其区位的优势。三省在区域合作中的发力方向，是"在两个经济地区的渗透融合中发挥作用"。三省与珠江三角洲的合作尝试，在一定程度上超过了长江经济带，尤其以湖南、江西两个长江干流少、南下倾向强的省份，分别建立承接珠三角产业转移示范区，有利于顺应国内外产业转移的新趋势，通过加强规划引导和政策扶持，深化体制机制改革，构建承接产业转移新平台，深化与珠三角发达地区的分工合作，推动建立了跨区域的协作机制和利益的共享机制。

（八）中游的发展战略定位

中国经济新增长极。发展壮大先进制造业，提升现代服务业发展水平，积极培育战略性新兴产业，大力发展现代农业，建设具有全球影响的现代产业基地和全国重要创新基地，打造长江经济带发展重要支撑，带动中西部地区加快发展，构建中国经济新的增长极。

中西部新型城镇化先行区。调整城镇行政区设置，优化城市空间形态和空间布局，提高城镇综合承载能力，促进城镇发展与产业支撑、转移就业和人口集聚相统一，促进城乡融合互动，推动建立城市群一体化发展模式。

内陆开放合作示范区。以长江黄金水道和重要交通通道为纽带，依托中心城市和产业基地，畅通内外联系，加强与长三角、珠三角、成渝等地区的合作互动，构建统一开放的市场体系和高水平的对外开放平台，深化全球合作和国际交流，打造内陆地区全方位、多层次开放合作的先行示范区。

"两型"社会建设引领区。加快资源节约型与环境友好型社会建设，推动形成绿色低碳的生产生活方式和城市建设管理模式，建立跨区域生态建设和环境保护的联动机制，扩大绿色生态空间，打造具有重要影响力的生态型城市群，为全国"两型"社会和生态文明建设积累新经验、提供典型示范。

在这个目标下，各省市结合自身区位条件与发展目标，提出了相应的战略定位。

1. 湖北：两圈两带

重点打造两圈两带，即武汉城市圈、鄂西生态文化旅游圈，湖北长江经济带、汉江生态经济带（见图10—12）。统筹推进武汉建设国家中心城市，支持襄阳建设鄂西北特大城市和汉江生态经济带枢纽城市，支持宜昌建设鄂西南特大城市和长江经济带枢纽城市。

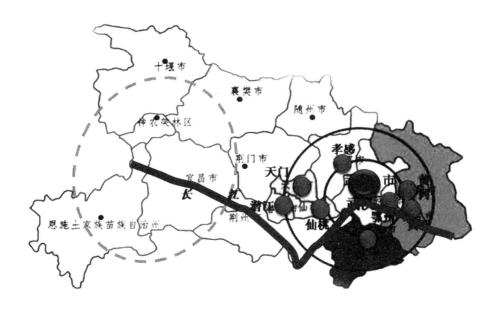

图10—12　武汉城市群与两圈两带

2. 湖南：一带一部

"一带一部"就是东部沿海地区和中西部地区过渡带、长江开放经济带和沿海开放经济带接合部（见图10—13）。2013年11月，习近平总书记在湖南考察时，要求湖南发挥作为东部沿海地区和中西部地区过渡带、长江开放经济带和沿海开放经济带接合部的区位优势，不断提高经济整体素质和竞争力，给予了湖南未来一个时期改革发展方向全新的定位。

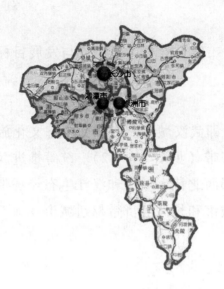

图 10—13 长株潭城市群

3. 江西：昌九一体

大力推进"昌九一体化"进程，促进南昌、九江一体化，深入推进两地规划一体化、基础设施一体化和产业互补对接，为全面融入长江经济带提供更有竞争力的战略平台，努力在激烈的长江中游城市群竞争中占据主动地位（见图 10—14）。

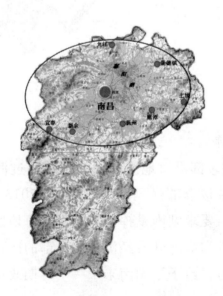

图 10—14 环鄱阳湖城市群与昌九一体化

　　由于中游三省产业重合度较高，均形成了以钢铁、建材、汽车等为主的偏重型产业结构，而目前钢铁、建材等行业持续低迷，产能过剩严重。能否打破产业低水平的同质化竞争，切实加强经济协作与产业互补，成为产业集群目标能否实现的关键。总体上看，长江中游各省产业的低水平重复性建设依旧存在，产业生态相近，导致同质化竞争、区域间壁垒与不当竞争现象丛生，由此影响到省域及城市集群发展的目标与定位存在一定的同质化。此外，一些核心城市定位和发展层次较低，与周边中小城市在较低层次上展开同质化竞争，相互争夺资源、资金、人才和市场。作为长江中游城市群的核心城市和国际大都市，武汉的中心功能严重不足，产业高端化和服务化水平有待提高，对武汉城市圈其他城市的吸引力远远大于互补性，而对长株潭和环鄱阳湖城市群的影响力和吸引力则远不够强大。

四　长江经济带上游地区

　　长江经济带上游地区包括四川、重庆、云南、贵州四省市。2013年总人口近 2 亿人，占长江经济带人口总量的 33%；GDP 总量达58645.8 亿元，占长江经济带 GDP 总额的 23%（见图10—15、图10—16）。改革开放以来，特别是实施西部大开发战略以来，长江上游四省市经济社会发展取得显著成效，成为西部地区综合实力最强的区域之一，虽然与长三角和长江中游地区相比，仍然属于发展相对滞后的区域，但是由于近年来经济转型升级，已经具备了在新起点上加快发展的良好条件，同时也面临着重大机遇和挑战。

（一）自然经济社会环境多样

　　长江经济带上游地区地处西南内陆，跨我国地势一、二级阶梯，地形复杂，民族多样，经济发展水平悬殊，是中国各大区中，内部自然条件、经济发展水平和社会结构最为复杂的区域（见图10—7）。

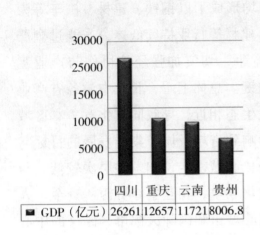

图 10—15 长江上游 2013 年 GDP

	四川	重庆	云南	贵州
■ GDP（亿元）	26261	12657	11721	8006.8

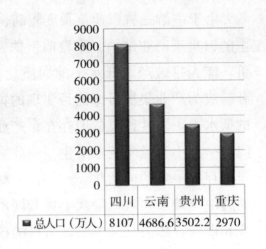

图 10—16 长江上游 2013 年人口规模

	四川	云南	贵州	重庆
■ 总人口（万人）	8107	4686.6	3502.2	2970

图 10—17 长江上游地区和成渝、黔中、滇中城市群

1. 自然条件复杂

长江上游地区跨越了青藏高原、横断山脉、云贵高原、四川盆地、秦巴山地、滇桂岩溶山地等地貌单元，以高原山地为主，地形结构十分复杂，地势西高东低。与地形区域相对应，长江上游地区的自然区也主要分为三类：一是四川盆地湿润区，气候比较温和，湿度较大，多云

雾，地势较为平缓，是农业集中发展的区域，人口也较为集中。大城市如重庆、四川成都等都属于此类区域。二是云贵高原南亚热带季风气候区，低纬高原，四季如春，代表城市有昆明、大理等，山地适合发展林牧业，坝区适宜发展农业、花卉、烟草等产业。三是高山立体气候分布区，是主要的牧业区。此外，在南端还分布有少部分热带季雨林气候区，干湿季分明，多产橡胶、热带水果等。

2. 自然资源丰富

西南地区地域辽阔，地形起伏大，资源类型复杂多样，区域差异明显，具有发展特色农业、特色旅游等资源禀赋，具有多样性经济发展的良好条件。云南个旧锡矿、兰坪铅锌矿、东川铜矿；四川攀枝花钒钛磁铁矿、自贡盐矿以及天然气、石棉县的石棉；贵州六盘水的煤矿，毕节、都匀的汞矿，以及铝、磷等，均居全国前列；还有重庆綦江的铁矿，奉节的煤矿等。矿产种类多，储量大，分布集中，能源匹配和地域组合较好，可重点发展钢铁、有色冶金、化工等重化工业。

我国水能资源总量居世界首位，而水能资源主要集中在云南、贵州、四川、重庆等省市，约占全国的67%，我国的大型水电基地也主要分布在西南部地区。云南、四川两省的水能资源主要集中在大渡河、雅砻江、金沙江、澜沧江、怒江五大流域。五大流域在两省境内规划的干流大型梯级水电站总装机容量约为1.6亿千瓦。

长江上游拥有十分丰富的生物资源，其生物多样性在全国首屈一指。森林树种多、类型多，材用树种多，经济林木种类繁多，伴生山林资源丰富，野生植物资源和野生动物物种资源、野生经济动物资源，还保存有一些古老的原始动物种类，是不可多得的野生动物物种基因库。

3. 经济发展差距较大

长江上游也是内部区域经济差距最大的地区。这种差距首先反映在各省市之间的巨大悬殊，2013年，四川省GDP为26261亿元（其中成都市GDP为9108.89亿元，占1/3），重庆市GDP为12657亿元，云南省GDP为11720.91亿元，贵州省GDP为8006.79亿元，四川省经济总量是贵州省的3.3倍。

其次，从一个省市内部来看，这种差距悬殊更为突出。成都GDP

是甘孜州（201.2亿元）的45.3倍。重庆区域的差距也很大，如城口县（42.6亿元）和渝北区（1001.76亿元），人均GDP差距在23.5倍以上，而在重庆直辖时（1997年）这一差距更高达10倍。昆明（3415.31亿元）是怒江（85.80亿元）的近40倍，贵阳（2085亿元）是安顺（427.85亿元）的近5倍。

再次，从人均GDP来看，这种差距仍然非常突出（见图10—18）。居民收入水平、区域基本公共服务水平的差距依然显著，特别是长江上游地区农村公共服务更为落后，与城市地区悬殊更大。

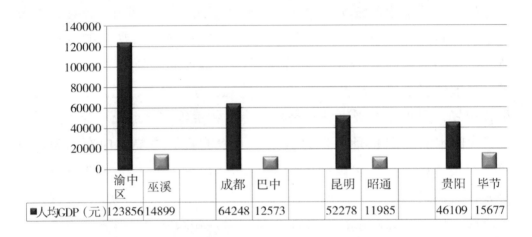

图10—18　2013年长江上游各省市内部人均GDP差距

区域发展不平衡是一个长期存在的现象，目前，上游地区区域协调发展的体制机制尚不健全，促进区域协调发展依然面临着一系列突出的矛盾和问题。这些省市正处于工业化、城市化加速推进时期，从国际经验看，这个时期往往也是区域差距趋于扩大的时期。可以预见，在今后一个时期内，长江上游地区区域经济发展水平的差距还将呈扩大趋势。

4. 民族构成多样

以云贵高原为中心的西南地区是我国民族种类最多的区域，这片面积不大的国土上集中分布了30多个世居民族。其中云南一省就有23个民族聚居，是我国民族种类最复杂的省份。贵州少数民族人口占总人口的比重为39.7%，全省民族构成除汉族外，还有苗族、布依族、侗族、土家族等17个少数民族。四川也是多民族大省，世居少数民族14个，少数民族总人口 415 万人，是全国最大的彝族聚居区、第二大藏区和唯一的羌族聚居区。重庆是唯一拥有自治地方的直辖市，全市共有 4 个民族自治县（秀山、酉阳、彭水、石柱），全市常住少数民族人口 19.37 万人，人口最多的为土家族和苗族。

（二）资源型产业占较大比重

长江上游三省一市具有得天独厚的资源优势，尤其是与重工业相关的矿产资源、水能资源等。现代工业的发展，主要依托丰富的资源，形成资源密集型工业。

重工业：主要包括钢铁、化工、建筑材料、能源及机械电子等工业，形成了七大工业集聚发展区，即绵阳、德阳、成都、乐山工业区，内江、自贡、宜宾、泸州工业区，遵义、贵阳、安顺工业区，曲靖、昆明、玉溪工业区，攀枝花工业发展区，个旧工业发展区，重庆工业发展区。这七大重工业发展区，以网格状的形式，将整个西南地区连在一起，各区域之间有较强的互补性。

化学工业：尤其是化学矿采选（主要是磷矿）、基本化学原料（主要是硫酸、烧碱）、化纤、化肥四个行业在全国占有重要地位，在空间上形成四大基地，即以有机化工为例、精细化工为重点的重庆综合化工基地；以基本化工、化肥为主的川南化工基地；以磷化工为主的滇池周围地区化工基地；以磷化工为主的黔中地区化工基地。四川彭州、重庆长寿、云南安宁等石化项目，是近年来依托外来原料兴建的，对当地资源依赖性不高。

钢铁工业：主要集中在攀枝花、重庆、成都、水城、昆明、贵阳等地，地区分布不均衡，几个大型的钢铁企业均分布在川滇黔接壤地区，靠近丰富的煤炭资源和铁矿资源，是典型的资源型产业。

有色金属工业：西南地区是我国有色金属特大型富矿聚集区，具有发展有色金属工业的强大资源基础，主要集中在铝、铅、锌、铜等行业。其中，铅锌工业主要分布在云南兰坪、四川攀西地区；铝工业主要分布在黔中、黔北、滇东及重庆的西彭；铜工业主要分布在云南东川和四川攀西地区。大中型有色金属冶炼加工企业主要分布在成都、自贡、重庆、贵阳、昆明等大中城市。

能源工业：西南地区能源资源丰富，尤其是以水能和煤炭为主，而石油资源较少，主要分布在四川。能源工业对环境的污染度很高，尤其是火电等，在生态环境已经变得越来越脆弱的前提下，在发展能源工业的同时，必须要加强对生态环境的保护。

（三）产业转型升级发展较快

上游三省一市均处于工业化中期阶段，面临加快工业化进程与工业转型升级的双重压力。近年来各省市大力推进产业转型升级，从传统的资源密集、要素驱动的外力增长，到创新驱动的内生增长，不断探寻新的发展动力，以加快集聚发展、绿色发展、创新发展，增强经济发展，尤其是工业经济发展的内生动力。

四川省：在清洁能源领域，截至2013年年底，四川省发电总装机容量达到6862万千瓦，其中水电5266万千瓦，居全国第一位，火电1582万千瓦，风电11万千瓦，光伏发电3万千瓦。在信息化方面，近两年支持了160余个项目建设，带动项目总投资近20亿元。全省已建成2000亿元产业园区1个、1000亿元产业园区1个、500亿元园区8个、100亿元园区50个。产业园区产业集中度达到66.8%，比2007年提高近23个百分点。全省共有10个产业园区为国家新型工业化产业示范基地，总量居全国前列、西部第一。在节能减排方面，吨钢综合能耗比"十一五"初下降60公斤标准煤，吨水泥综合能耗下降35公斤标准煤，每千瓦时发电煤耗下降近50克标准煤。

贵州省：工业产业结构开始由初级层次向高级层次发展，依托能源、矿产资源优势的基础工业比重上升，新兴工业比重上升，轻工业比重有所下降，形成了以能源、化工、冶金、有色金属、装备制造及建材为主的重型工业体系和以卷烟、白酒、特色食品、民族制药、旅游商品为主的轻型工业体系。目前能源工业成为全省第一支柱产业，改变了长期以来支柱产业一直锁定在单一的烟酒产品上的状况。2013年贵州省烟、酒、茶、民族医药、特色食品工业增加值达883亿元，占全省轻工业增加值比重的90%左右，仍然是贵州省工业的中坚力量。

云南省：近年来工业经济实现5个"提高"：一是重工业比重提高，资源优势得到更有效发挥；二是非烟工业比重提高，支柱产业单一的局面得到明显改善；三是规模以上工业的比重和产业集中度提高；四是非公有制工业的比重提高；五是重点行业竞争能力提高，煤炭、电力、有色、化工、机械、医药、制糖等重点产业的竞争力明显增强，转型升级成效显现。2014年更进一步加快了传统产业改造升级和战略性新兴产业的培育，作为推动工业结构调整与转型升级的重要抓手，加快实施一批产业升级关键项目，强力提振工业投资。非烟工业比重不断提升，有色、化工、装备制造等产业增加值均突破百亿元，电力装机容量成倍增长，有色金属产业链条进一步延伸，光电子、新材料、生物医药等新兴产业成为新的增长点。目前，非烟工业占全省全部工业的比重已达68.9%，装备、医药、消费品工业投资占全省工业投资的比重达到40%。

重庆市：转型升级主要体现在四个方面：一是十大新兴产业稳步推进。SK海力士芯片封装、奥特斯集成电路基板、富士康高清显示模组、莱宝触摸屏、华数机器人、广数机器人投产。MDI一体化装置完成机械竣工，京东方8.5代液晶面板开始设备安装。天地药业肿瘤类原料药开工建设。物联网基地推进27个示范项目和10个重点项目建设。石墨烯手机触摸屏、裸眼3D等项目稳步推进，页岩气产量达12亿立方米。二是互联网、云计算、大数据产业加快发展。2014年全市软件和信息服务业实现收入1350亿元，增长25.9%。太平洋电信数据中心、中国联通西部数据中心一期正常运营，租售服务器3000台。惠普大数据、华硕云端、宜信互联网金融等一批重点项目落户重庆，计划总投资140亿元。三是生产性服务业积极推进。重庆跨境电商综合服务平台投入运营。重庆国际电子商务交易认证平台服务企业超过1000家，年结汇量超过2.8亿美元，增长近4倍。惠普、广达结算中心结算量累计达800亿美元，佳杰科技、伟仕电脑内销结算量超过170亿元人民币。四是高耗能高污染和过剩产能有效控制。2014年完成12户主城区企业环保搬迁。化解船舶过剩产能40万吨，淘汰铁合金2万吨、平板玻璃125万重量箱、铅蓄电池12.7万千伏安时、电解铝2.6万吨。

2013年长江上游各省市经济增速均保持两位数以上增长；贵州的经济增速达到12.5%，重庆达12.3%，云南为12.1%，四川为10.1%，均高于全国7.7%的平均增速；到2014年，四川、云南二省增长速度低于10%，但仍然高于全国平均增速（见表10—9）。随着国家西部大开发的进一步深入推进、长江经济带和新丝绸之路经济带的建设，这一地区的发展速度明显增快，并有望成为中国经济增速最快的地区之一（见图10—19）。

表10—9　　　　　　　　长江上游各省市 GDP 增长速度

单位:%

省市	2010 年	2011 年	2012 年	2013 年	2014 年
四川	15.1	15	12.6	10.1	8.5
云南	12.3	13.7	13	12.1	8.1
贵州	12.8	15	13.6	12.5	10.8
重庆	17.1	16.4	13.6	12.3	10.9
成都	15	15.2	13	10.2	8.9
全国	10.6	9.5	7.7	7.7	7.4

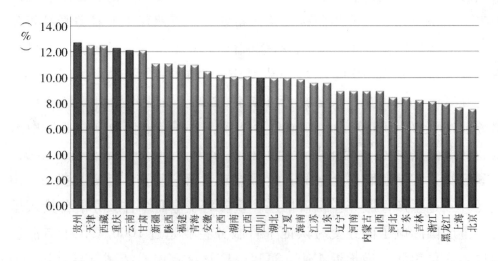

图10—19　2013 年全国 GDP 增长速度排名

（四）城市群和国家级新区多

《指导意见》提出，要以长江三角洲、长江中游和成渝三大跨区域城市群为主体，以黔中和滇中两大区域性城市群为补充，以沿江大中小城市和小城镇为依托。在 5 个城市群中，长江上游占 3 个。但 3 个城市群的差距很大，实力悬殊，规模不在同一层面上（见表10—10）。

表 10—10　　　　　　　　长江上游各个城市群比较

城市群	范围	发展目标	空间发展结构
成渝城市群 20.6 万平方公里，常住人口 9267 万人，城镇化率 43.8%	重庆市的万州、涪陵、渝中、大渡口、江北、沙坪坝、九龙坡、南岸、北碚、万盛、渝北、巴南、长寿、江津、合川、永川、南川、双桥、綦江、潼南、铜梁、大足、荣昌、璧山、梁平、丰都、垫江、忠县、开县、云阳、石柱 31 个区县，四川省的成都、德阳、绵阳、眉山、资阳、遂宁、乐山、雅安、自贡、泸州、内江、南充、宜宾、达州、广安 15 个市	到 2015 年经济实力显著增强，建成西部地区重要的经济中心。GDP 占全国的比重达到 7%，人均地区生产总值达到 39000 元，城镇化率达到 52%，到 2020 年成为我国综合实力最强的区域之一，人均地区生产总值达到 65000 元，城镇化率达到 60%	"双核五带" 空间格局。双核：成都、重庆；五带：沿长江发展带、成绵乐发展带、成内渝发展带、成南（遂）渝发展带、渝广达发展带
滇中城市群 9.6 万平方公里，常住人口 1751.8 万人，城镇化率 36%	昆明、曲靖、玉溪、楚雄	带动云南省发展的增长区域，中国西部特色鲜明、竞争力较强的门户城市群，中国面向西南开放桥头堡的核心区域。到 2030 年年末，总人口规模约为 2400 万人，城镇化水平达到 75%	"一核三极两环两轴"。一核：以昆明都市区（昆明主城、呈贡新区、空港经济区）为核心，涵盖周边安宁、富民、嵩明、澄江、宜良、晋宁新城和昆阳海口新城 7 个二级城市；三极：曲靖都市区、玉溪都市区、楚雄都市区；两环：依托滇中内、外环交通体系，以昆明城市为核心，联系昆明半小时通勤圈和一小时通勤圈的两个环状区域；两轴："曲靖—昆明—玉溪"发展轴，"楚雄—昆明—文山"发展轴

续表

城市群	范围	发展目标	空间发展结构
黔中城市群 5.3802 万平方公里，常住人口 1571 万人	贵阳市及遵义市红花岗区、汇川区、遵义县、绥阳县、仁怀市，安顺市西秀区、平坝县、普定县、镇宁县，毕节市七星关区、大方县、黔西县、金沙县、织金县，黔东南州凯里市、麻江县，黔南州都匀市、福泉市、贵定县、瓮安县、长顺县、龙里县、惠水县等，共计 33 个市、区县	综合经济实力显著增强。GDP 总值力争达到 6000 亿元以上，地方财政收入达到 450 亿元以上，基础设施建设取得突破。2020 年地区生产总值和地方财政收入力争比 2015 年翻一番，现代产业体系基本形成，经济发展质量和效益明显提高，综合竞争力和辐射带动能力显著增强	"一核三带多中心"。一核：以贵阳安顺一体化为核心区，遵义、毕节、都匀、凯里等中心城市为支撑；三带：依托交通干线，打造贵阳—遵义，贵阳—都匀、凯里，贵阳—毕节经济带，提升中心城市承载能力

国家级新区是国家重点支持开发的区域，新区的成立乃至开发建设上升到国家战略层面，总体发展目标、发展定位等由国务院统一进行规划和审批，相关特殊优惠政策和权限由国务院直接批复，在辖区内实行更加开放和优惠的特殊政策，鼓励新区进行各项制度改革与创新的探索工作。目前全国已经有 12 个国家级新区，其中 4 个在长江上游（两江新区、贵安新区、天府新区、滇中新区），是各大区域中国家级新区数量最多的一个区域。

1. 成渝城市群

自然禀赋优良，产业基础较好。农业开发历史悠久，是我国粮食主产区之一；工业门类齐全，配套能力强，形成了以装备制造、汽车摩托车、电子信息、生物医药、能源化工、冶金建材、轻纺食品、航空航天等为主导的工业体系；第三产业发展较快，市场辐射力强，是西部地区重要的物流、商贸、金融中心和全国重要的旅游目的地。

城镇分布密集，人力资源丰富。拥有 2 个特大城市、6 个大城市、众多中小城市和小城镇，城镇人口 4046 万人，城镇化率 43.8%，城市密度达到每万平方公里 1.76 个，是西部地区城镇分布最密集的区域，已经形成了以重庆、成都为核心的城市群。人口总量大、密度高，常住人口9267万人，劳动力资源总数达6900万人，专业技术人员超过210万人。拥有各类高等院校135所、职业技术学校789所，在校学生280万人以上；科研机构众多，科技活动人员约30万人。

交通体系完整，初步形成了铁路、公路、内河、民航、管道运输相互衔接、安全可靠、高效便捷的综合交通运输体系。目前，铁路、高速公路总里程分别达3936公里和3353公里，民用机场9个，港口货物年吞吐能力达到13000万吨（见图10—20）。

未来发展目标是要建设西部地区重要的经济中心，成为全国重要的经济增长极；统筹城乡发展的示范区，为全国城乡统筹发展提供示范；建设长江上游生态安全的保障区，保障长江上游生态安全。

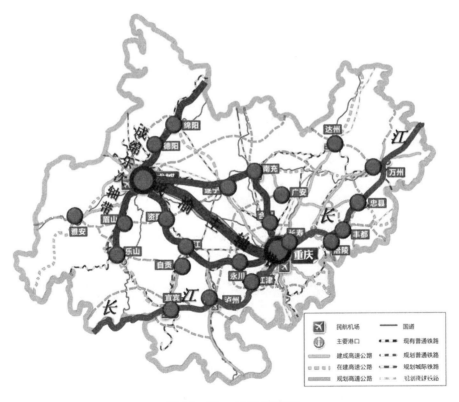

图 10—20 成渝城市群

2. 滇中城市群

滇中城市群是云南省内最重要、最具发展活力的区域，也是我国面向南亚、东南亚增长最快，竞争力、影响力较强的地区之一。滇中城市群以占云南省37.4%的人口，实现了占全省59.5%的GDP总量，城镇化水平为36%左右，已成为云南名副其实的经济核心区（见图10—21）。滇中经济和产业结构不断优化，经济活力不断增强，形成了以烟草、有色金属冶炼、装备制造业等产业为主，高新技术产业为增长点，在国内及周边地区也具有较强竞争能力的产业群体。

图10—21 滇中城市群

滇中城市群的目标是打造带动云南省全面发展的战略核心区域，中国西部具有较强竞争力和影响力的特色城市群，中国面向西南的桥头堡，中国、东南亚、南亚接合地带的区域中心。提升昆明面向东南亚、南亚开放的中心城市功能，重点建设曲靖—昆明—楚雄、玉溪—昆明—武定发展轴，推动滇中产业集聚区发展，建设特色资源深加工基地和文化旅游基地，打造面向西南开放重要桥头堡的核心区和高原生态宜居城市群。

3. 黔中城市群

黔中城市群位于贵州中部，面积53802平方公里，占贵州省总面积的 31%；常住人口 1571 万人，占贵州省总人口的 45%。地处西南地区腹心地带，水能资源、煤炭资源丰富，煤炭查明储量占西南地区的36%，水煤结合、水火互济的能源组合优势明显。磷、铝、稀土、锰等矿产资源丰富，磷矿资源查明储量占西南地区的 42%，是国家重要的能源基地和资源深加工基地，能矿资源富集，区位优势突出，民族历史文化资源富集，文化独具特色。综合实力较强，GDP 占贵州省的 60%；固定资产投资 2538 亿元，占贵州省的 50%（见图 10—22）。以能源资源深加工、装备制造、食品等轻工业为主的特色优势产业粗具规模，交通、水利、电力等基础设施保障能力显著增强，基本具备实现率先跨越发展的基础条件。

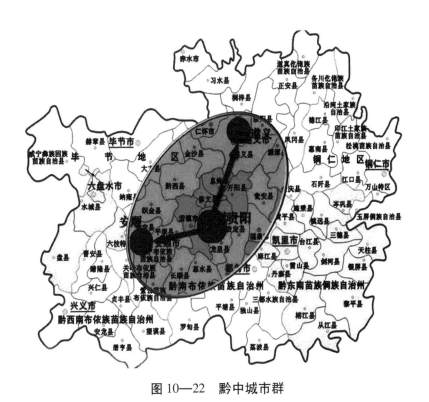

图 10—22　黔中城市群

黔中城市群的建设目标是打造国家重要能源资源深加工、特色轻工业基地和西部地区装备制造业、战略性新兴产业基地，建成西部地区新的经济增长极；国家文化旅游发展创新区，建设国际知名、国内一流的休闲度假旅游目的地和文化交流的重要平台；全国山地新型城镇化试验区，探索形成山地城镇化发展的新机制、新经验、新模式；东西互动合作示范区，打造富有活力和竞争力的内陆开放新高地；区域性商贸物流中心，建成西南地区重要的物流枢纽。

（五）长江上游生态地位重要

长江上游地处我国一级阶梯向二级阶梯的过渡地带，地质构造复杂，地貌类型多样，生态环境纷繁，生物多样性丰富。特殊的自然条件和生态环境，赋予长江上游特殊的生态环境功能。一是长江上游拥有丰富的水资源，在全流域和全国占有重要的地位，决定着长江水资源的变化情势，左右着全国水资源利用的格局，是长江和全国水资源保护的核心地区。二是长江上游是全流域生态最脆弱的地区，长江上游地区山地占4/5，地势陡峭，山高谷深，土层浅薄，森林植被一旦被破坏，就很难恢复，尤其是金沙江等干热河谷地区，生态系统自我调节能力较低，水土流失已经相当严重。三是长江上游是全球环境变化的敏感区，特别是在青藏高原东南边缘部分，是对全球气候变化反应较敏感的区域。四是长江上游是生物多样性宝库，由于地域辽阔，跨高原、北亚热带和中亚热带三大气候区，由于独特的地理环境和气候、土壤条件，汇聚了我国西南、青藏高原和华中三大动植物区系的繁多种类，是我国重要的生物资源宝库、物种资源宝库和基因宝库。长江上游地区是全流域水资源保护的核心区域和生态环境脆弱地区，是全球气候变化反应敏感地区和生物多样性宝库，因而也是整个长江流域的生态基础和抵御自然灾害的天然屏障，为中下游甚至全流域的发展，提供了生态支撑和保障，具有重要的生态地位。

（六）内陆开放创新充满活力

长江上游3省1市创新内陆开放模式，激发了广袤内陆地区的开放活力，形成对外开放的战略腹地和新的经济增长点，为我国的全方位开放，注入更为持久的动力。

重庆：内陆开放高地已经基本形成。2013年全年重庆实现货物进出口总额687.04亿美元，比上年增长29.1%。累计有230家世界500强企业落户重庆。2014年，重庆西永和寸滩两个综合保税区贸易额度达到 900 亿美元，驻渝外国领事机构 10 家，居全国第四位，内陆开放高地已经基本形成。

四川：打通南向、西向国际通道。以建设两条开放大通道，破解内陆开放的诸多制约。向西的"蓉欧快铁"开行车次占到我国内陆直达欧洲铁路的近四成；向南的东盟取代美欧，已成为四川第一大贸易伙伴。2014 年，成都高新综合保税区高新园区实现进出口总额 285 亿美元，同比增长 19%，在全国 25 家有进出口实绩的综合保税区中名列第三位。落户四川的境外世界 500 强企业 262 家，驻川外国领事机构 12 家，居全国第三位。

贵州：借力综合保税区打造内陆开放型经济新高地。2013 年 9 月贵阳综合保税区获批，2015 年 1 月设立贵安综合保税区，目前正在争取遵义综合保税区申建工作。地处西南腹地不沿边、不沿海、不沿江的贵州，正借力综合保税区这一对外开放平台，打造贵州对外开放的"桥头堡"和经济加速的"新引擎"，促进全省努力实现后发赶超。

云南：建设南向开放的桥头堡。云南是长江经济带上游唯一的沿边省份，其西部与缅甸相连，南部和东南部分别与老挝、越南接壤，共有陆地边境线 4061 公里。云南区位优势独特，为发掘潜力、提升对外开放水平带来了前所未有的机遇，成为中国走向印度洋的重要通道，是中国与东南亚、南亚等国家开展经贸合作的重要枢纽，也是维护中国西南边疆安全的重要屏障（见表 10—11）。2013 年，全省外贸进出口总额达 258.29 亿美元，比上年增长 22.9%。其中出口总额 159.6 亿美元，增长 59.3%，对东盟进出口 109 亿美元，增长 61.0%；对南亚进出口 7.8 亿美元，增长 35.6%。

表 10—11　　　　　　　　西南主要国际合作走廊

名　称	涉及国家	主要路线	作用
中巴经济走廊	中国—巴基斯坦	中国乌鲁木齐—喀什—红其拉普—巴基斯坦苏斯特—洪扎—吉尔吉特—白沙瓦—伊斯兰堡—卡拉奇—瓜达尔港，全长 4625 公里	保障边疆区域安全和稳定，发展经济，改善民生，有效增加能源进口路径

续表

名　称	涉及国家	主要路线	作用
孟中印缅经济走廊	中国、缅甸、孟加拉国、印度	中国西南—缅甸—孟加拉国—印度东部	促进中国西部地区对外开放与经济发展，促进中国南下战略实施

（七）区域经济一体化进程加快

长江上游云贵川渝诸省市，地缘相接，人缘相亲，经济相融，声气相通，文化相近，具有很好的合作基础。近年来合作领域不断扩大，相互合作不断加深，合作水平不断提升，共同推进了区域经济社会发展。但由于行政区域分隔，区域一体化程度仍然不高。四川和重庆二省市同处四川盆地，属于一个自然地理区；历史文化生活与风俗同属于巴蜀文化区；在产业发展与经济联系上相互融合，共同构成了成渝经济区；两地原来同属四川省，常用"老四川"代指川渝，具有很好的合作基础。所以"川渝"既是一个自然地理区概念，也是一个文化区概念，更是一个有机融合的经济区概念。自从 1997 年重庆直辖后，由于分别属于不同的行政区，在经济上合作不断、竞争加深，一直在竞争中合作、在合作中竞争。从传统计划经济体制向市场经济体制转轨过程中，行政区划对区域经济刚性约束的现象较为典型。

目前川渝合作快速发展，合作层次不断加深，从最初的政府推动逐步转向市场驱动，由规范市场转向全面开放市场，为两地企业在更大的空间实现要素整合和川渝"经济一体化"，搭建了公平公正的平台。

近年来，云南、贵州两省在经济、社会、文化、旅游等领域进行了广泛的交流与合作。合作领域不断扩大，成果日益突出，经济合作呈稳步增长趋势。2004—2013 年，贵州在滇投资项目 814 个，实际到位资金 218.15 亿元。其中，2013 年贵州省在滇投资项目 152 个，实际到位资金 86.11 亿元，同比增长 72.93%，居于外省区市在滇投资到位资金第 12 位。2014 年 1—8 月，贵州在滇实施各类合作项目 200 个，实际到位资金 94.3 亿元，位居外省区市在滇投资到位资金第 11 位。贵州在滇投资领域涵盖能源、制造、资源综合利用、水电开发、房地产开发、服务业、农业等诸多领域；投资主体主要是民营大中型企业及个体私营企业，投资灵活，适应能力强。对云南资源利用、旧城改造、农民增收脱贫等，都起到了积极的作用（见图10—23、图10—24）。

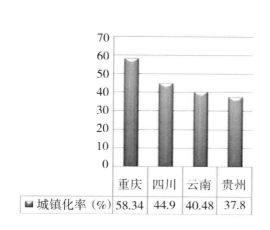

图 10—23 长江上游 2013 年城镇化率

	重庆	四川	云南	贵州
城镇化率（%）	58.34	44.9	40.48	37.8

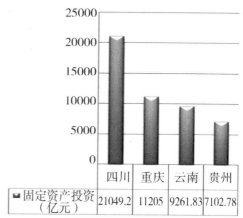

图 10—24 长江上游 2013 年固定资产投资

	四川	重庆	云南	贵州
固定资产投资（亿元）	21049.2	11205	9261.83	7102.78

四川与云南省区域合作也在不断深化，投资合作规模逐年扩大、领域逐步拓宽、质量稳步提升。四川企业对云南省投资领域主要为房地产、农业、农副食品加工、非金属矿物制品、道路运输、矿产资源开发等行业。2014 年，四川企业对云南省投资达 760.1 亿元，同比增长 49.1%，成为云南省内资引进第一大来源地。

（八）发展战略定位特色鲜明

四川提出在长江经济带发展中的战略定位，是要致力打造成依托黄金水道，推动长江经济带发展的"战略腹地"和"重要增长极"，促进长江经济带与丝绸之路经济带联动发展的"战略纽带"和"重要依托"，保障国家安全和维护民族团结的"战略前沿"和"生态屏障"。围绕战略定位，四川省将从建设国家重要的现代产业基地、建设战略资源创新开发基地、建设跨区域协调合作机制等八个方面，推动长江经济带的建设发展。

重庆市则提出了"战略支点"的定位，明确提出要建设为长江上游经济带西部中心枢纽，努力建设成为西部开发开放的重要战略支撑，通过打造综合交通、物流、金融科教信息等枢纽，发挥中心枢纽的作用，着力培育特色优势产业集群，强力打造现代产业集群，把集成电路、物联网、页岩气、生物医药、环保产业等培育成产业新支撑点。加快发展现代服务业，大力发展特色效益农业，加快发展特色旅游业。

云南是长江经济带各省区走向东南亚、南亚的重要战略支点，面向西南开放的重要桥头堡，要主动对接、积极融入长江经济带，不断提高改革开放水平，推动经济社会持续健康发展。

贵州融入长江经济带的发展，包括综合交通运输体系、产业转型升级、对内对外开放、建设长江上游生态安全屏障、推进山地特色新型城镇化五个方面的定位。一是加快贵州省连接长江上游中心城市和主要港口的通道建设；二是推进长江经济带经贵州省连接南亚、东南亚的通道建设；三是打通长江经济带中上游地区经贵州省连接海上丝绸之路的快捷通道；四是推进"一干十三支"机场布局建设，大力发展民航运输；五是积极推动区域内交通网络互联互通。主动加强与长江经济带各省市的战略对接和规划衔接，共同推进区域内重大交通等基础设施项目建设。

第十一章　成都参与长江经济带建设的基本现状

一　成都经济社会发展现状分析

近年来，面对世界经济深度调整、国内经济换挡调速的复杂形势，成都经济稳中求进，改革创新，转型升级，统筹发展，深入实施"五大兴市战略"，使全市经济加快转向内生增长、创新驱动，平稳进入经济发展的新常态阶段，为参与和融入长江经济带建设，奠定了坚实的基础，积蓄了发展的力量。

（一）发展进入新常态

成都经济和全国一样，同步进入发展新常态，发生了一系列具有趋势性、转折性的深刻变化。首先是经济增长速度在一定程度上放慢，但总体上仍然与整个宏观经济环境基本适应（见图11—1）。经济运行的质量及可持续发展能力，呈现出稳中有进、稳中有新、稳中有力的良好格局，符合经济可持续发展的需要。

发展稳中有进。一是经济增长速度仍快于全国平均水平，在经济总量已经达到较高水平的背景下，仍然能保持这样的经济增长速度，已属相当不易。二是投资仍是拉动经济增长的重要力量，在整个市场相对疲软的情况下，2014年固定资产投资完成6620.4亿元，比上年增长1.8%（见图11—2）。全年新增固定资产3768.7亿元。2015年第一季度，成都的固定资产投资仍继续保持较好态势，纳入国家7大工程包中

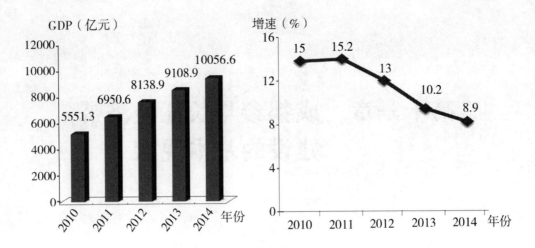

图 11—1　近 5 年成都 GDP 总量及增长速度

的 12 个重大项目和计划总投资 1.57 万亿元的 765 个市级重点项目，都在加快建设，且新引进的投资项目越来越多、结构越来越优。三是消费正在成为拉动成都经济的主要力量。2014 年全年实现社会消费品零售总额 4468.9 亿元，比上年增长 12.0%。2015 年第一季度，全市实现社会消费品零售总额 1176.1 亿元，同比增长 10.7%，强劲的消费能力，对经济增长发挥了十分重要的作用。

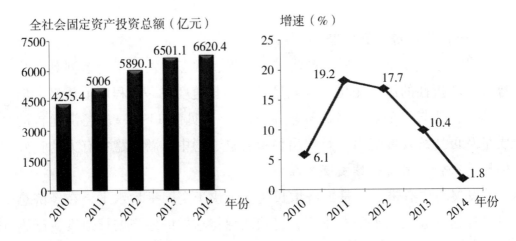

图 11—2　近 5 年成都固定资产投资总额及增长速度

结构稳中有新。在成都市的经济结构中，第三产业已显示出强大的支撑力和推动力，不仅增长速度很快，而且占比越来越高。2015 年第一季度，服务业增加值达到 1297.3 亿元，增长 9.1%，占全部地区生产总值的比重也超过 50%，达到 52.7%。服务业的发展，已朝着金融、电子商务、通信、医疗卫生等现代服务领域集聚，形成更符合现代服务业发展要求的格局。而在第二产业中，传统工业的模式也正在被新兴产业所改变，被技术创新和品牌培育等所取代，传统制造业正逐步为高端装备制造、航空航天、医药等更具有发展潜力、更符合产业发展要求、更具有市场前景的领域所取代。

（二）经济稳中求进、提质升位

2011 年年底，成都提出大力实施"五大兴市战略"，打造西部经济核心增长极，建设现代化国际化大都市的奋斗目标。这是成都顺应时代、抓住机遇的又一次主动作为，也是成都推动经济社会转型升级的重要一步。

近年来，成都经济总体发展势头较好。2014 年完成地区生产总值 10056.6 亿元，登上了万亿级的新高度，比上年增长 8.9%，已经呈现出稳中快进、提质升位的良好势头，有效推动了经济逆势快速增长。大力实施"产业倍增"战略，产业转移及成都产业高端和高端产业的总体定位，成为推动全市经济高速增长的主要因素，尤其是在电子信息产业和汽车产业方面，众多大项目相继落户成都，释放出巨大产能。2014年规模以上工业增加值比上年增长 12.2%，比全省平均水平高 2.6 个百分点。八大特色优势产业增长 13.2%，其中汽车产业、电子信息产业分别增长 15.4%、13.7%。成都已经基本确立了全国重要的电子信息产业基地，中国新型工业化产业示范基地，中国软件名城以及中国重要的航空、航天、核动力、新能源、新材料产业基地的地位。

（三）城市功能品质跃升

成都大力实施"交通先行"和"立城优城"战略，一大批打基础、利长远的重大项目集中开工、加快建设，支撑城市未来发展的基础骨架进一步成形。加强对外交通，双流机场第二航站楼投入运营，成自泸高速等一批出蓉大通道建成通车，成渝、成绵乐等一批快铁干线加快建设，蓉欧快铁稳定开行，中亚班列开通，成都新机场选址获批，成都更加紧密地融入全国和全球交通大循环。另外，成都大抓内部交通建设，同时推进 5 条地铁线路集中建设，地铁 2 号线及西延线等项目建成通车，成温邛快速、天府大道中轴线等项目加快推进。特别是克服巨大困难，以超常决心建成二环路"双快"工程，为城市缓堵保畅发挥了重要支撑作用。加快推进天府新区建设，"三纵一横"一期工程全面建成，新川创新科技园建设等顺利推进。加快推进"北改"这项最大规模的民生工程，全力打响旧城改造的攻坚决战，初步探索出破解旧城改造难题的曹家巷自主改造模式，城北面貌正在发生积极可喜的变化。

（四）城市国际化的重大突破

大力实施"全域开放"战略，通过有针对性地招大引强，一大批具有国际水准、代表产业高端的龙头企业和重大项目集中落地，过半世界 500 强企业落户成都。成功举办了财富全球论坛和世界华商大会等一系列国际盛会，大力传播了"财富之城、成功之都"的城市形象，城市经济竞争力、国际影响力和综合承载力借势提升。积极推进区域合作，成都经济区、成渝经济区一体化进程不断加快，与 223 个国家和地区建立了直接经贸关系。2014 年实现进出口总额 558.4 亿美元，比上年增长 10.4%。一般贸易出口额 105.3 亿美元，下降 3.4%；机电产品出口额 247.3 亿美元，增长 7.4%；高新技术产品出口额 196.2 亿美元，增长 10.6%。已分别开通了成都直飞阿姆斯特丹、伦敦、法兰克福、俄罗斯 4 条欧洲客运航线，进一步加强了成都面向欧洲的中西部航空枢纽地位。

（五）改革不断深入

充分发挥"先行先试"的政策优势，大力抓好全国统筹城乡综合配套改革试验区建设，制定出台了《2013—2017 年全市统筹城乡改革发展工作方案》，在社会保障制度、户籍制度改革等方面探索出新鲜经验。农村产权制度改革获得第七届中国地方政府创新奖，有力推动了都市现代农业发展和幸福美丽新村建设，城乡协调发展的态势进一步形成。深入实施"三圈一体"战略，大力推动全域交通无缝对接、资源统筹配置、产业错位竞争，加快构建起三大圈层紧密承接、梯度推进、抱团融合的新型区域发展格局。深入推进金融、财税、投融资体制等经济领域改革，深入推进简政放权，进一步深化行政管理体制改革，取消、调整一批行政审批事项，成为全国保留行政审批数量最少的副省级城市之一。

（六）奠定了和谐发展的坚实基础

大力保障和改善民生，宜人成都建设迈出坚实步伐。近两年共实施民生工程项目316个，全市财政累计投入790亿元。加快完善就业和社会保障体系，成功创建充分就业城市和国家级创业型城市。不断健全社会公共服务体系，积极推进优质教育、卫生资源全覆盖，成为全国首个整体实现县域义务教育基本均衡发展的城市，成功创建首批国家公共文化服务体系示范区。积极推进城市管理转型升级，以坚定的决心开展城乡环境综合治理和城市风貌整治，大力实施"六大工程"和"四大专项行动"，城市文明程度和人居环境明显改善，巩固和扩大了全国文明城市创建成果。特别是把环城生态区作为城市生态文明建设的龙头项目来抓，就势造景、傍河成湖，加快打造规模宏大的大都市湿地景观，锦城湖和自鹭湾生态湿地已率先建成。

二　在长江经济带各层次区域中的地位

（一）是成都城市群的核心

成都城市群，又称成都平原城市群，是成渝经济区的重要组成部分，也是四川省四大城市群之一（其他三个城市群分别为川东北城市群、川南城市群、攀西城市群）。范围包括成都市、绵阳市、德阳市、遂宁市、眉山市、雅安市、资阳市以及乐山市的市中区、沙湾区、五通桥区、金口河区、夹江县、峨眉山市，国土面积约7.8万平方公里，占成渝经济区的37.9%。2013年年末常住人口3580.3万人，地区生产总值15911亿元，分别占成渝经济区的38.6%、44.7%。成都城市群城镇化率达55.2%，是四川省经济发展水平、人口密度、城镇化率最高的区域。

　　成都作为成都城市群的核心、西部重要经济极核、四川省"首位城市"，在成都城市群中的比重高达 56.39%（见图 11—3），居于绝对主导地位。

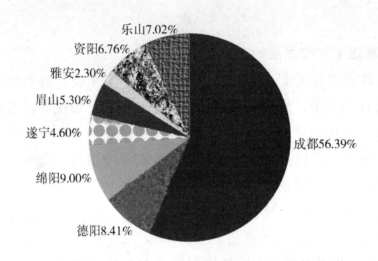

图 11—3　2013 年成都城市群各市 GDP 份额

表 11—1　　　　　　　　　成都城市群人口与经济指标

地区	2013 年 GDP（亿元）	2013 年年底常住人口（万人）	人均 GDP	
			人民币（元）	美元
成都	9108.89	1429.76	64247.56	10373.89
德阳	1359.94	352.37	39530.48	6382.89
绵阳	1455.12	467.64	31358.99	5063.46
遂宁	736.6	327.50	22541.85	3639.77
眉山	860	297.84	28991.37	4681.16
雅安	418	153.37	27382.90	4421.45
资阳	1092.36	357.12	30440.57	4915.16
乐山	1134.79	194.7	34896.41	5630.27
全省	26260.77	8107.0	32516.25	5250.31

　　资料来源：2014 年四川省统计年鉴，中国统计出版社。

　　注：根据四川省政府发布的《成渝经济区成都城市群发展规划（2014—2020 年）》，乐山市纳入成都城市群的几个区县 2013 年末常住人口为：乐山市中区 60.4 万、沙湾区 18.8 万、五通桥区 31.7 万、金口河区 5.3 万、夹江县 35.2 万、峨眉山市 43.3 万。

未来成都城市群的发展目标，是强化成都发展核心，拓展成德绵眉乐、成雅遂、成资城市轴线，培育绵雅眉资遂城市环线，优化完善城镇体系结构，推进形成"一核三轴一环"的城镇空间格局。建设国家重要的现代产业基地、西部创新驱动发展先导区、西部内陆开放前沿区。大力发展高附加值的先进制造业和战略性新兴产业，推进信息化与工业化深度融合，加快现代服务业发展，建设西部金融、物流和商贸中心，建设现代高端产业的集聚区，引领西部产业发展。充分发挥科教资源和人才资源优势，建立健全企业主导研发转化的创新机制，着力构建区域创新体系，增强自主创新能力，在西部地区率先实现发展向主要依靠科技进步、劳动者素质提高、管理创新转变。抓住国家规划建设长江经济带和丝绸之路经济带的重大机遇，改善内陆开放环境，打造国际化城市，努力建设西部地区外商投资首选地、最具国际影响力的产业聚集地、最重要的入境旅游目的地、最大的国际商务中心。

（二）是四川省的首位城市

作为四川省的省会和首位城市，从市域范围考察，成都的人口规模和经济规模历来在全省位居首位，四川省人口规模第二的城市为南充市，经济规模第二的城市为绵阳市。从经济首位度来看，从2000年的4.30上升至2007年的5，已经属于高度首位分布，近年来一直保持加速上升趋势，到2013年增加到6.2，年均提升0.2，到2014年成都市的经济首位度进一步上升到6.37。成都作为首位城市，在经济方面的高度集聚特征突出，并呈进一步增长态势。近年来，成都经济总量在四川省的比重已经从2008年的接近30%，上升到35.24%，仍然呈现出上升的趋势（见图11—4）。

目前成都仍然处于首位度提升的发展阶段，从目前的人口规模和主要经济指标分析，成都集中了四川省17.6%的人口和1/3以上的经济总量（见图11—5），占西部地区生产总值的8%，已经成为中国西部经济的一个增长极，在全省处于绝对领先地位；随着城市核心竞争力的不断加强，推进区域一体发展，内陆开放水平的大幅度提升，成都在全省作为首位城市的地位不可改变；随着天府新区建设进程加快，1578平方公里的区域、650万人口（其中成都直管区人口约为585万人，占

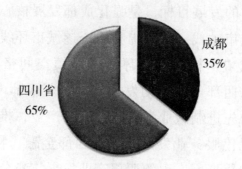

图 11—4 2014 年成都 GDP 占四川省的比重

90%），再造一个产业成都，长江经济带建设的推进，也将提升和强化成都在西部的枢纽地位和支撑作用。这些都会促使成都经济在未来较长一段时期内，在全省持续保持较高比重（见图 11—6）。

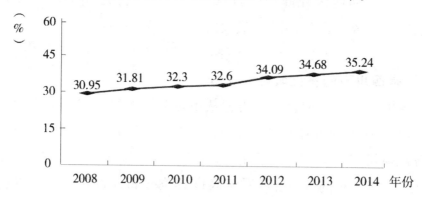

图 11—5 近年来成都经济总量占四川比重变化

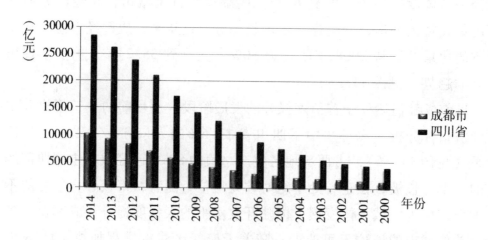

图 11—6 成都与四川省 GDP 增长比较

当前，成都"一城独大"的单核式空间发展格局，已经成为制约四川实现区域协调发展的主要瓶颈，同时也影响了成都经济转型、升级、优化发展。2012年年末，四川省委对未来四川的发展做出了新的战略部署，即深入实施"多点多极支撑"战略，在提升首位城市的同时，着力次级突破，夯实底部基础，形成首位一马当先、梯次竞相跨越的生动局面。这一战略构想的实施，是推动当前四川经济社会发展进入新阶段的正确举措，更是成都转型升级的重大机遇，成都是多点多极发展的首位，提升首位城市，核心在于成都自身能够做大做强。一个足够强大的成都才能担当核心增长极的作用，才能引领区域经济竞相发展。因此，在四川构建"多点多极支撑"的区域发展新格局中，成都将发挥愈加重要的示范带动作用。

（三）是成渝经济区两大引擎之一

成渝经济区是中西部地区人口最为稠密、产业最为集中、城镇密度最高的区域，也是我国重要的经济增长极，在西部地区和长江经济带内都具有重要的战略意义。重庆与成都是长江经济带上游最大的城市，共同构成成渝城市群的两大核心。2014年成渝经济区GDP总量为39240.19亿元，其中四川部分（15个市）为26405.34亿元，为四川省全省GDP的92.53%，占成渝经济区GDP的67.29%；重庆部分（31个区县）为12834.85亿元，为重庆全市GDP的90%，占成渝经济区GDP总量的32.71%（见表11—2、图11—7）。

表11—2　　　　　2014年成都在成渝经济区中的经济份额

	GDP（亿元）	占所在省市比重（%）	占成渝经济区比重（%）
成渝经济区	39240.19	—	100
四川部分	26405.34	92.53	67.29
重庆部分	12834.85	90	32.71
成都市	10056.6	35.24	25.63

成都作为成渝经济区内重要的中心城市，2014年GDP总量占成渝经济区的25.63%。作为我国西南地区的两大增长极，重庆和成都因为

图 11—7 2014 年成都 GDP 占成渝经济区的比重

地域、文化和历史的原因，经济发展中存在着许多相似之处。1997 年 3 月重庆直辖时，GDP 总量为 1509.75 亿元，同年成都为 1007 亿元，成都为重庆经济总量的 66.7%。经过十多年的努力，重庆形成了汽车摩托车、装备制造、资源加工、电子工业、能源产业和劳动密集型工业"八大支柱"产业体系，经济发展较快，到 2014 年 GDP 总量达 14265.4 亿元，是直辖之初的 9.45 倍。成都近 15 年来的经济总量与重庆相比，一直波动在67%—76%，波动幅度没有超过 8.5 个百分点（见图 11—8），这在一定程度上表明，虽然成渝二市在众多经济指标上有较大差距，但仅从经济总量来看，两市均保持持续较快发展，两市经济总量的比例也时有波动，但其比例关系也是相对较为稳定的。

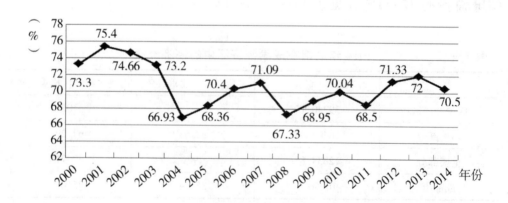

图 11—8 成渝二市经济总量比较（重庆为 100）

（四）是长江上游重要的经济中心

长江经济带上游包括重庆市、四川省、云南省和贵州省，共三省一市，即是除西藏外的西南地区。主体属于四川盆地及其周边山地（主要范围包括重庆大部分地区和四川省中东部），云贵高原中高山山地丘陵区（主要范围包括贵州全境与云南省的南部和中东部）两大地貌单元。

与长三角和中游地区相比，长江上游地区经济发展总体滞后，近年来在国家政策的支持下，长江上游四省市经济增长速度相对较快，已经超过了全国平均增速。2014年长江上游GDP总量为64867.7亿元，其中成都占总量的15.5%（见图11—9），波动幅度仅为1.75个百分点，即使是2008年受特大地震灾害影响，成都的份额降到最低，也达到了14.11%；近3年来，一直稳定在15.5%。这表明，作为西南地区第二大城市和重要的经济中心，成都的份额和地位都是相对稳定的（见图11—10、图11—11）。

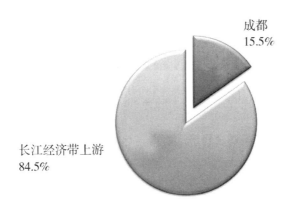

成都
15.5%

长江经济带上游
84.5%

图11—9 2014年成都GDP在长江经济带上游的比重

（五）是长江经济带重要节点和战略支撑

长江经济带是我国经济规模和发展潜力最大的经济区。成都在长江经济带中的经济份额，决定了其经济实力、辐射能力。2014年整个长江经济带11个省市GDP总量为284654.58亿元，其中成都的比重为3.53%（见图11—12、图11—13）。近15年来，成都市GDP在长江经

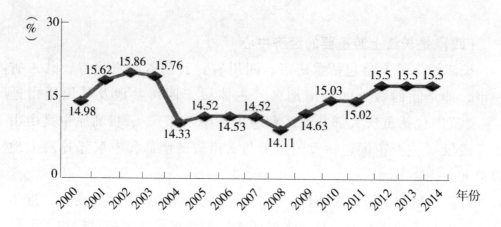

图 11—10　成都经济总量在长江经济带上游的比重变化趋势

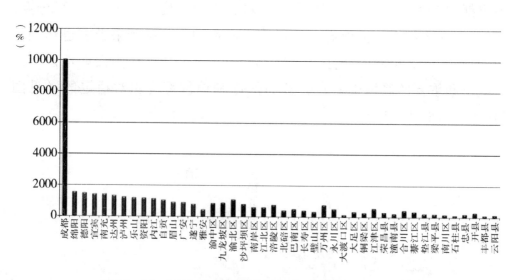

图 11—11　2014 年成渝经济区各市（区县）GDP 总量

济带中所占的比重波动在 2.94%—3.53%，变化幅度接近 0.6 个百分点（见表 11—3）。值得注意的是，自 2008 年以来，这一比重一直保持上升趋势，最近 7 年已经上升了约 0.6 个百分点。成都作为中心城市，当前正处于工业化城镇化的加速期、打造西部经济核心增长极的攻坚期、推进现代化国际化的关键期，在参与长江经济带的建设中，奋力打造西部经济核心增长极，这一比重还有可能稳步上升。

表11—3　近15年来长江经济带各省市GDP总量及成都在长江经济带中的比重变化

单位：亿元，%

地区	省市	2000年	2001年	2002年	2003年	2004年	2005年	2006年	2007年	2008年	2009年	2010年	2011年	2012年	2013年	2014年
长江下游	上海市	4771.17	5210.12	5741.03	6694.23	8072.83	9247.66	10572.24	12494.01	14069.87	15046.45	17165.98	19195.69	20181.72	21602.12	23560.94
	江苏省	8553.69	9456.84	10606.85	12442.87	15003.6	18598.69	21742.05	26018.48	30981.98	34457.3	41425.48	49110.27	54058.22	59161.75	65100
	浙江省	6141.03	6898.34	8003.67	9705.02	11648.7	13417.68	15718.47	18753.73	21462.69	22990.35	27722.31	32318.85	34665.33	37568.49	40153
	安徽省	2902.09	3246.71	3519.72	3923.11	4759.3	5350.17	6112.5	7360.92	8851.66	10062.82	12359.33	15300.65	17212.05	19038.87	20848.8
长江中游	湖北省	3545.39	3880.53	4212.82	4757.45	5633.24	6590.19	7617.47	9333.4	11328.92	12961.1	15967.61	19632.26	22250.45	24668.49	27367.04
	湖南省	3551.49	3831.9	4151.54	4659.99	5641.94	6596.1	7688.67	9439.6	11555	13059.69	16037.96	19669.56	22154.23	24501.67	27048.5
	江西省	2003.07	2175.68	2450.48	2807.41	3456.7	4056.76	4820.53	5800.25	6971.05	7655.18	9451.26	11702.82	12948.88	14338.5	15708.6
长江上游	重庆市	1791	1976.86	2232.86	2555.72	3034.58	3467.72	3907.23	4676.13	5793.66	6530.01	7925.58	10011.37	11409.6	12656.69	14265.4
	四川省	3928.2	4293.49	4725.01	5333.09	6379.63	7385.1	8690.24	10562.39	12601.23	14151.28	17185.48	21026.68	23872.8	26260.77	28536.7
	贵州省	1029.92	1133.27	1243.43	1426.34	1677.8	2005.42	2338.98	2884.11	3561.56	3912.68	4602.16	5701.84	6852.2	8006.79	9251.01
	云南省	2011.19	2138.31	2312.82	2556.02	3081.91	3462.73	3988.14	4772.52	5692.12	6169.75	7224.18	8893.12	10309.47	11720.91	12814.59
长江经济带		—	40228.24	44242.05	49200.23	56861.25	68390.23	80178.22	93196.52	112095.5	132869.7	146996.6	177067.3	212563.1	235915	284654.58
成都市		—	1312.99	1490.86	1667.1	1870.89	2031.07	2370.76	2750.48	3324.17	3900.98	4502.603	5551.33	6854.6	8138.9	10056.6
成都在长江经济带比重		—	3.26	3.37	3.39	3.29	2.97	2.96	2.95	2.96	2.94	3.06	3.14	3.22	3.45	3.53

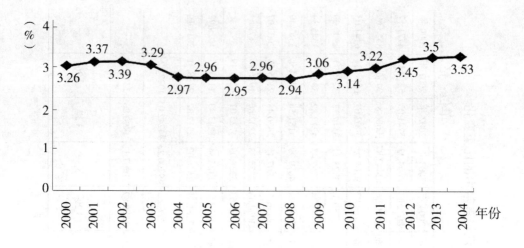

图 11—12　成都经济总量在长江经济带中的比重变化趋势

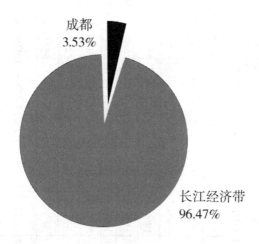

图 11—13　2014 年成都经济总量在长江经济带中的比重

（六）跻身副省级城市第一方阵

副省级城市由计划单列市转化而来，指的是城市"行政级别"，而不是城市的"行政区划级别"；但这些城市均是所在区域的重要增长点和增长极，在推动区域经济发展方面，具有较强辐射和带动作用。全国15 个副省级城市中，广州、深圳一直以保持绝对优势的经济实力，稳居前两位（见表 11—4）。近 10 年来，成都在副省级城市中的名次，总体上呈上升趋势，2012 年、2013 年，成都超过杭州，从第七位上升到仅次于广州、深圳的第三位，实现了从副省级城市第二方阵向第一方阵的跨越；2014 年武汉以 12.88 亿元的优势超过成都，成都退居第四位，增长速度居于第五位（见表 11—5）。

2014 年全年成都规模以上工业增加值按可比价格计算比上年增长 12.2%，增速分别比全国、全省平均水平高 3.9 个、2.6 个百分点，在全国 15 个副省级城市中居第一位，成都教育发展指数则位居全国副省级城市首位（见图 11—14）。

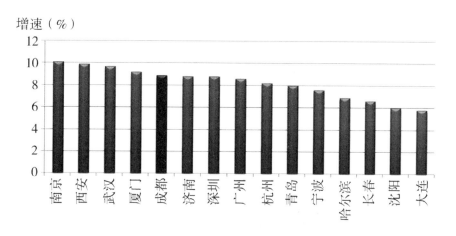

图 11—14　2014 年 15 个副省级城市经济比较增长

三　成都与几个同类城市发展比较

2014 年，在 15 个副省级城市中，广州和深圳二市 GDP 排第 1、2 位，武汉排第 3 位，成都排第 4 位，杭州排第 5 位，南京排第 6 位（见图 11—15）。其中，广州 16706.87 亿元、深圳 16001.98 亿元，均已超过 1.6 万亿元，保持了 20 多年来的绝对领先优势。武汉、成都、南京、杭州 4 市 GDP 在 8800 亿—10100 亿元（见表 11—6），经济实力不相上下，均位于长江经济带内，都是省会城市，相互竞争、相互赶超日趋激烈，都在奋力争先升位，与成都具有较强的可比性。

（一）总量与增速比较

2014 年，成都地区生产总值 10056.6 亿元，武汉为 10069.48 亿

表11—4　2013年全国15个副省级城市部分发展指标比较

地区	GDP（亿元）	比上年增长（%）	人均GDP（元）	三次产业结构（%）	公共财政预算收入（亿元）	固定资产投资（亿元）	进出口总额（亿美元）	常住人口（万人）	城镇人口比重（%）	城镇居民人均可支配收入（元）	农村居民人均纯收入（元）
成都	9108.9	10.2	63977	3.9：45.9：50.2	898.5	6501.1	505.8	1429.8	65.51	29968	12985
哈尔滨	5010.8	8.9	49565	11.8：34.8：53.4	402.3	5219.9	65.43	995.2	48.3	25197.0	10800.4
沈阳	7158.6	8.8	86850	4.6：51.8：43.6	801	6383.9	143.3	825.7	78.5	29074	14467
大连	7650.8	9.0	111268.18	6.2：50.9：42.9	850	6478.1	688.23	591.4	76	30238	17717
长春	5003.2	8.3	66286	6.7：53.1：40.2	381.8	3408.4	204	752.7	45.3	26034	10060
南京	8011.78	11.0	98011	2.3：43.3：54.4	831.31	5265.55	557.57	818.78	80.5	39881	16531
杭州	8343.52	8.0	94566	3.2：43.9：52.9	945.20	4263.87	650.71	884.4	74.9	39310	18923
宁波	7128.9	8.1	93176	3.9：52.5：43.6	792.8	3423	2119.0	580.1	69.4	41729	20534
厦门	3018.16	9.4	81572	0.9：47.5：51.6	490.60	1347.54	840.94	373	81.1	41360	15008
济南	5230.2	9.6	75254.53	5.4：39.3：55.3	482.0	2638.3	95.7	699.9	66	35648	13248
青岛	8006.6	10	89797	4.4：45.5：50.1	788.72	5027.9	779.12	896.4	67.72	35227	15731
武汉	9051.27	10.0	88932.81	3.7：48.6：47.7	978.52	6001.96	217.52	1022	66.08	29821.22	12713.46
广州	15420.14	11.6	120104.84	1.48：33.90：64.62	1141.79	4454.55	1188.88	1292.68	85.27	42049	18887
深圳	14500.23	10.5	136947	0.1：43.4：56.6	1731.26	2501.01	5373.59	1062.89	100	44653	—
西安	—	11.1	57104.61	4.5：43.3：52.2	501.98	5134.56	179.82	858.81	72.05	33100	12930

成都在15个副省级城市中的名次变化

表 11—5

1978年	1985年	1991年	1995年	1996年	1998年	2000年	2002年	2004年	2006年	2008年	2009年	2010年	2011年	2012年	2013年	2014年
沈阳	广州	广州	广州	广州	广州	广州	广州	广州	广州	广州	广州	广州	广州	广州	广州	广州
广州	沈阳	沈阳	深圳	深圳	深圳	深圳	深圳	深圳	深圳	深圳	深圳	深圳	深圳	深圳	深圳	深圳
大连	武汉	深圳	杭州	杭州	杭州	杭州	杭州	杭州	杭州	杭州	杭州	杭州	杭州	成都	成都	武汉
武汉	杭州	成都	沈阳	宁波	武汉	武汉	青岛	成都	青岛	青岛	青岛	成都	成都	武汉	武汉	成都
哈尔滨	成都	杭州	成都	武汉	宁波	青岛	成都	青岛	宁波	武汉	武汉	青岛	青岛	杭州	杭州	杭州
青岛	青岛	大连	大连	成都	成都	成都	武汉	宁波	南京	宁波	成都	武汉	武汉	青岛	南京	南京
成都	哈尔滨	哈尔滨	青岛	沈阳	沈阳	宁波	宁波	大连	成都	成都	大连	大连	南京	南京	青岛	青岛
南京	南京	武汉	武汉	大连	青岛	南京	南京	武汉	武汉	南京	宁波	宁波	大连	大连	大连	大连
杭州	大连	青岛	宁波	青岛	大连	沈阳	大连	南京	大连	大连	沈阳	南京	宁波	沈阳	沈阳	宁波
长春	宁波	南京	南京	南京	南京	大连	沈阳	沈阳	沈阳	沈阳	南京	沈阳	沈阳	宁波	宁波	沈阳
西安	济南	宁波	哈尔滨	哈尔滨	济南	哈尔滨	哈尔滨	哈尔滨	济南	济南	济南	济南	济南	济南	济南	济南
济南	长春	济南	济南	济南	哈尔滨	济南	济南	济南	哈尔滨	哈尔滨	哈尔滨	哈尔滨	长春	哈尔滨	哈尔滨	西安
宁波	西安	西安	长春	长春	长春	长春	长春	长春	长春	长春	长春	长春	哈尔滨	长春	长春	长春
深圳	深圳	长春	西安	西安	西安	西安	西安	西安	西安	西安	西安	西安	西安	西安	西安	哈尔滨
厦门	厦门	厦门	厦门	厦门	厦门	厦门	厦门	厦门	厦门	厦门	厦门	厦门	厦门	厦门	厦门	厦门

表 11—6 　 2014 年长江经济带各省（市）及省会城市部分发展指标比较

区域		GDP（亿元）	比上年增长（%）	人均GDP（元）	三次产业结构（%）	公共财政预算收入（亿元）	固定资产投资（亿元）	进出口总额（亿美元）	常住人口（万人）	城镇人口比重（%）	城镇居民人均可支配收入（元）	农村居民人均纯收入（元）
上游	云南省	11720.91	12.1	25083	16.2 : 42.0 : 41.8	1610.69	9621.83	258.29	4686.60	40.48	23236	6141
	昆明市	3415.31	12.8	52094	5.1 : 45.0 : 49.9	450.75	2931.5	174.22	657.9	68.05	28354	9273
	贵州省	8006.79	12.5	22922	12.9 : 40.5 : 46.6	1205.72	7102.78	82.90	3502.22	37.83	20667.07	5434.00
	贵阳市	2085.42	16.0	46108.94	3.9 : 40.7 : 55.4	277.21	1958.14	63.18	452.19	49.78	23376	9592
	四川省	26260.8	10.0	32454	13.0 : 51.7 : 35.3	2784.1	21049.2	645.9	8107	44.9	22368	7895
	成都市	9108.9	10.2	63977	3.9 : 45.9 : 50.2	898.5	6501.1	505.8	1429.8	65.51	29968	12985
	重庆市	12656.69	12.3	42795	7.9 : 50.5 : 41.6	1692.92	11205.03	687.04	2970.00	58.34	25216	8332
中游	湖南省	24501.7	10.1	36763	12.7 : 47 : 40.3	2023.6	18381.4	251.6	6690.6	47.96	23414	8372
	长沙市	7153.13	12.0	99570	4.1 : 55.1 : 40.8	536.63	4593.39	98.93	722.14	70.60	33662	19713
	湖北省	24668.49	10.1	42686.43	12.6 : 49.3 : 38.1	2189.98	20177.45	363.9	5799	54.51	22906	8867
	武汉市	9051.27	10.0	88932.81	3.7 : 48.6 : 47.7	978.52	6001.96	217.52	1022	66.08	29821.22	12713.46
	江西省	14338.5	10.1	31771	11.4 : 53.5 : 35.1	1620.2	12866.2	367.38	4522.2	48.9	21873	8781
	南昌市	3336.03	10.7	64678	4.7 : 55.5 : 39.8	291.91	2909.76	97.22	518.42	69.83	26151	10806
	安徽省	19038.9	10.4	31684	12.3 : 54.6 : 33.1	2075.1	18251.1	456.3	6029.8	47.9	23114	8098
	合肥市	4672.91	11.5	61555	5.3 : 55.3 : 39.4	438.62	4707.99	181.90	761.1	67.8	28083	10352
下游	江苏省	59161.8	9.6	74607	6.1 : 49.2 : 44.7	6568.5	35982.5	5508.4	7939.49	64.1	32538	13598
	南京市	8011.78	11.0	98011	2.3 : 43.3 : 54.4	831.31	5265.55	557.57	818.78	80.5	39881	16531
	浙江省	37568	8.2	68462	4.8 : 49.1 : 46.1	3797	20194	3358	5498	62.96	37851	16106
	杭州市	8343.52	8.0	94566	3.2 : 43.9 : 52.9	945.20	4263.87	650.71	884.4	74.9	39310	18923
	上海市	21602.12	7.7	90100	0.6 : 39 : 60.4	4109.51	5647.79	4413.98	2415.15	88.02	43851	19208

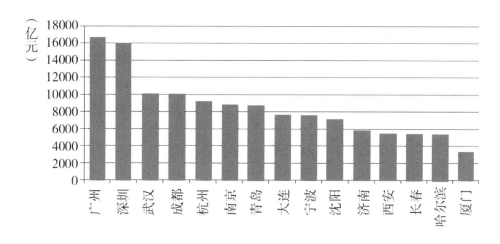

图 11—15　2014 年 15 个副省级城市 GDP 比较

元，武汉以 12.88 亿元的差额超越成都，名列副省级城市第三位；杭州为 9201.16 亿元，比成都少 855.44 亿元，居于第五位；南京 8820.75 亿元，比成都少 1235.85 亿元，名列第六位；成都地区生产总值比上年增长 8.9%，武汉为 9.7%，比成都增长快 0.8 个百分点；杭州增长 8.2%，比成都少 0.7 个百分点；南京增长 10.1%，比成都快 1.2 个百分点。杭州自 20 世纪 90 年代以来，约 20 年一直仅次于广州、深圳，稳居第三位，直到 2012 年被成都、武汉超越，退居第四位，近 3 年一直稳定在第五位；南京则长期位居第 10 位，从 2009 年起，增长速度加快，2014 年增长居于首位，位次也逐年上升，近两年保持在第六位。在 4 个城市中，杭州发展最为稳健，南京增速最快，成都与武汉竞争最为激烈，多年来位次一直处于胶着状态，彼此赶超。

（二）产业结构比较

随着经济的发展，产业结构不断进行调整，这既是经济发展的结果，又是经济进一步发展的基础；第一产业和第二产业在国民经济中的比重逐渐下降、第三产业比重上升，是多数发达国家和地区产业结构演进的基本趋势。2014 年成都一、二、三产业比例关系为 3.7：45.3：51.0，武汉为 3.5：47.5：49.0，杭州为 3.0：41.9：55.1，南京为 2.5：41.7：55.8。四个城市产业结构均属于三二一型，按照钱纳里提出的"标准结构"理论判断，都处于工业化从中期向后期过渡发展的阶段。成都与杭州、南京的第三产业比重均超过 50%。四个城市中，成都的第一产业比重最高，武汉的第二产业比重最高，南京则为第三产业比重最高。

一般来说，处于工业化比较成熟阶段的地区，产业结构变动速度会放慢。一个地区产业结构变动是否有利于当地经济发展，关键在于结构变动的方向，是否体现了产业升级和工业结构优化的客观要求。如果结构变化方向正确，变化速度又较快，无疑会有力地推动当地经济的持续快速发展，增强其在全国的相对地位。武汉的产业结构调整中，保持着相对较高的工业比重和增长速度，是推动经济较快发展、实现超越的一个重要原因。

成都市的第三产业已显示出强大的支撑力和推动力，不仅增长速度很快，而且占比越来越高（见图 11—16）。服务业的发展，已朝着金融、电子商务、通信、医疗卫生等现代服务领域集聚，形成更符合现代服务业发展要求的格局。

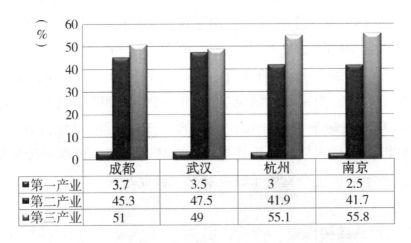

%	成都	武汉	杭州	南京
第一产业	3.7	3.5	3	2.5
第二产业	45.3	47.5	41.9	41.7
第三产业	51	49	55.1	55.8

图 11—16　2014 年成都等 4 城市产业结构比较

（三）工业发展比较

2014 年成都全部工业增加值为 3855.4 亿元，比上年增长 11.2%，其中规模以上工业增加值增长 12.2%，分别较全国、全省平均水平高 3.9 个和 2.6 个百分点，居副省级城市第一位（见图 11—17）。规模以上工业八大特色优势产业增加值增长 13.2%，较全市平均水平高 1 个百分点，拉动全市工业增长 11.4 个百分点，对全市工业增长的贡献率达 93.4%，其中汽车产业、电子信息产业分别增长 15.4%、13.7%。全年电子信息产品制造业、机械产业、汽车产业、石化产业、食品饮料及烟草产业、冶金产业、建材产业、轻工行业八大特色优势产业完成增加值比上年增长 13.2%。其中，石化产业增加值同比增长 84.2%，高居各产业之首。

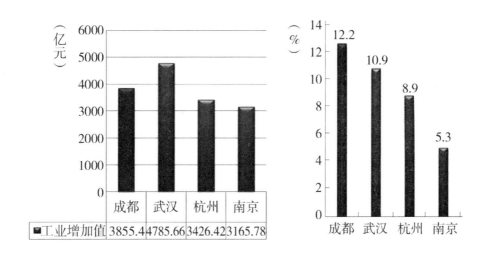

图 11—17　2014 年 4 城市工业增加值和规模以上工业增长速度比较

近年来，武汉市一直把发展工业放在经济工作的首位不动摇，全年规模以上工业增加值 3453.35 亿元，比上年增长 10.9%。规模以上工业总产值 11764.59 亿元，增长 12.3%，其中制造业增长 16.0%。在规模以上工业企业中，全年 11 大工业行业完成工业总产值 11487.12 亿元，占规模以上工业的 97.6%。其中 5 个行业产值超千亿元，分别是汽车及零部件 2346.15 亿元、电子信息 1713.03 亿元、装备制造 1676.49 亿元、食品烟草 1351.32 亿元、能源及环保 1004.99 亿元。两大开发区工业总产值 4628.88 亿元，增长 14.8%。其中，东湖新技术开发区 2011.51 亿元，增长 16.3%；武汉经济技术开发区 2617.37 亿元，增长 13.1%。

2014 年武汉汽车产销量突破百万辆，成为全国第 8 个年产汽车超百万辆的城市；工业产值过百亿元企业达 15 户；引进世界 500 强企业达 216 家；上海通用武汉生产基地一期、北车轨道交通装备修造基地等 5 个投资 50 亿元以上工业项目建成投产，开工建设武汉华星光电、东风雷诺、华为光电子生产研发基地等 5 个投资 50 亿元以上工业项目，新引进 10 个投资 50 亿元以上工业项目。

2014 年南京市规模以上工业企业实现工业总产值 13239.73 亿元，比上年增长 5.3%。规模以上工业八大特色优势产业增加值增长 13.2%，较全市平均水平高 1 个百分点，拉动全市工业增长 11.4 个百分点，对全市工业增长的贡献率达 93.4%。工业产值超百亿的行业 21 个，实现产值 12682.90 亿元，占规模以上工业总产值的 95.8%。其中计算机、通信和其他电子设备制造业、化学原料及化学制品制造业和汽车制造业 3 个行业产值均超千亿元。全年高技术制造业增长 7.3%，占规模以上工业总产值的 22.2%。装备制造业增长 8.8%，占规模以上工业总产值的 51.1%。

杭州全市实现工业增加值 3426.42 亿元，增长 8.6%，其中规模以上工业增加值 2805.25 亿元，增长 8.9%。战略性新兴产业实现增加值 813.12 亿元，增长 13.0%；装备制造业实现增加值 921.40 亿元，增长 9.3%；高新技术产业实现增加值 1096.63 亿元，增长 10.5%。新产品产值率由 2013 年的 27.9% 提高到 31.2%。

通过比较可以看出，武汉第二产业优势进一步扩大，由 2013 年超过成都 214.67 亿元，扩大到超过 224.56 亿元；八大特色优势产业增加值增长 13.2%，其中汽车产业和电子信息产品制造业分别增长 15.4% 和 13.7%。工业结构更趋优化，规模以上高技术工业增加值增长 14.2%，比全市规模以上工业平均增速高 2.0 个百分点；尤其是"大光谷、大车都、大临空、大临港"四大工业板块建设扎实推进，是推动全市经济升位的重要动力。同时应当注意到，成都规模以上工业增长速度快，发展潜力和空间较大，武汉市与成都仍然存在相互超越的可能。杭州与南京高新技术产业产值高、比重大、增长快，发展潜力仍然较大。

（四）投资力度比较

固定资产投资是经济增长的一个重要因素。2014 年成都固定资产投资完成 6620.4 亿元，比上年增长 1.8%（见表 11—7）。第一产业完成投资 57.3 亿元，下降 14.2%；第二产业完成投资 1412.2 亿元，下降 13.2%，其中制造业投资 1402.7 亿元，下降 13.4%；第三产业完成投资 5150.9 亿元，增长 8.6%。分行业看，制造业完成投资 1263.9 亿元，下降 14.1%。全年房地产开发投资完成 2220.8 亿元，比上年增长 5.2%。

表 11—7　　　　　　　　　2014 年 4 城市投资结构比较

单位：亿元，%

地区	固定资产投资		第一产业		第二产业				第三产业		房地产	
	额度	增长	额度	增长	额度	增长	其中制造业		额度	增长	额度	增长
							额度	增长				
成都	6620.4	1.8	57.3	-14.2	1412.2	-13.2	1402.7	-13.4	5150.9	8.6	2220.8	5.2
武汉	6962.53	16.5	22.33	67.7	2643.81	16.6	2606.32	15.4	4296.39	16.3	2353.63	23.5
杭州	4952.70	16.2	19.07	127.0	915.25	0.3	913.4	0.3	4018.38	20.2	2301.08	24.2
南京	5460.03	3.7	34.87	48.1	2180.71	-12.5	2152.36	-14.2	3244.45	17.6	1125.49	0.5

资料来源：2014 年各市国民经济和社会发展统计公报。

武汉全年固定资产投资 6962.53 亿元，比上年增长 16.5%。其中，第一产业投资 22.33 亿元，增长 67.7%；第二产业投资 2643.81 亿元，增长 16.6%；第三产业投资 4296.39 亿元，增长 16.3%。第二产业中，工业投资 2606.32 亿元，增长 15.4%。工业投资中，装备制造业 586.58 亿元，比上年增长 11.4%；汽车及零部件业 490.2 亿元，增长 2.0%；电子信息业 405.54 亿元，增长 40.8%；食品烟草业完成投资 148.95 亿元，增长 4.2%；石油化工业 112.75 亿元，增长 4.9%。全年房地产开发投资 2353.63 亿元，比上年增长 23.5%。

杭州完成固定资产投资 4952.70 亿元，比上年增长 16.2%。从产业投向看，第一产业投资 19.07 亿元，增长 127.0%；第二产业投资 915.25 亿元，增长 0.3%，其中工业投资 913.4 亿元，增长 0.3%；第三产业投资 4018.38 亿元，增长 20.2%。完成房地产开发投资 2301.08

亿元，比上年增长 24.2%。

南京全年完成全社会固定资产投资 5460.03 亿元，比上年增长 3.7%。分产业看，第一产业投资 34.87 亿元，比上年增长 48.1%；第二产业投资 2180.71 亿元，下降 12.5%，其中工业投资 2152.36 亿元，下降 14.2%；第三产业投资 3244.45 亿元，增长 17.6%。分行业看，工业投资深度调整，全年完成工业技改投资 842.63 亿元，增长 18.3%，占工业投资的 39.2%，比上年提高 10.8 个百分点。全年完成房地产开发投资 1125.49 亿元，比上年增长 0.5%。现代服务业投资增长较快，信息传输、软件和信息技术服务业投资增长 32.9%，科学研究和技术服务业投资增长 192.4%。民生领域投入加大，公共服务业投资增长 40.2%。

投资、消费和出口是拉动经济增长的三驾马车。从发达国家经济发展的经验来看，随着工业化进程的加速，投资对经济增长的贡献不断加大。比较四个城市相关数据，可以看出：武汉在 2014 年投资力度最大，增幅也最大，对第二产业投资增长 16.6%，其中制造业投资增长 15.4%，房地产业投资增长 23.5%；相比之下，成都与南京的制造业投资均呈负增长；成都对第三产业投资强度最大，杭州增长幅度最大。投资驱动仍是成都经济发展的主要动力之一，保持投资规模的适度增长，努力提高投资质量，优化投资结构，是新常态下成都经济持续稳定发展的必要保障。

（五）金融规模比较

2014 年年末成都全部金融机构人民币存款余额 26798 亿元，比上年末增长 13.3%；全部金融机构人民币贷款余额 19779 亿元，增长 12.3%。武汉金融机构本外币存款余额 16268.71 亿元，贷款余额 14463.40 亿元，增加 1659.52 亿元。杭州全市金融机构本外币存款余额 24450.51 亿元，增长 10.3%；贷款余额 21316.83 亿元。南京存款余额 20733.39 亿元，比年初增加 2306.79 亿元，比上年末增长 12.6%；贷款余额 16448.55 亿元，比年初增加 1759.29 亿元，比上年末增长 13.1%（见图 11—18）。

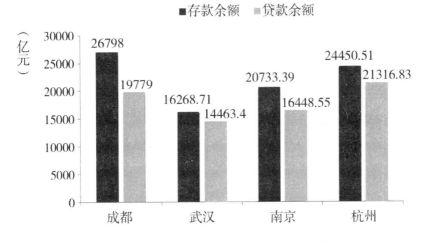

图 11—18　2014 年 4 城市金融机构存贷款余额

金融发展与地方经济发展保持密切关联，在生产技术一定的条件下，金融机构数量与金融产品种类越多，则金融活动对经济渗透能力就越强，经济增长速度就越快。2014 年，四个城市中，成都的存贷款余额最高，杭州次之，武汉最低。这在一定程度上表明成都的金融规模更大。进一步分析可知，成都金融机构的单位存款增加，个人存款增长，短期贷款、中长期贷款投放均增加。境内中长期贷款余额为 13683.69 亿元，比年初增加 1570.64 亿元，同比增长 13.0%，增幅较上年同期上升了 3.8 个百分点。从新增贷款投向来看，主要集中于交通运输、仓储和邮政业，租赁和商业服务业，批发和零售业，电力、热力、燃气及水的生产和供应业以及个人消费信贷领域。

（六）市场潜力比较

2014 年成都全年实现社会消费品零售总额 4468.9 亿元，比上年增长 12.0%（见图 11—19）。从行业看，商品零售额 3924.5 亿元，增长 12.6%；餐费收入 544.4 亿元，增长 7.4%。从城乡看，城镇实现零售额 4293.8 亿元，增长 10.9%；乡村实现零售额 175.1 亿元，增长 47.3%。

武汉全年社会消费品零售总额 4369.32 亿元，比上年增长 12.7%。

其中，限额以上企业零售额 3183.23 亿元，增长 15.4%。按行业分，批发零售业零售额 3966.10 亿元，增长 12.8%；住宿餐饮业零售额 403.22 亿元，增长 10.8%。

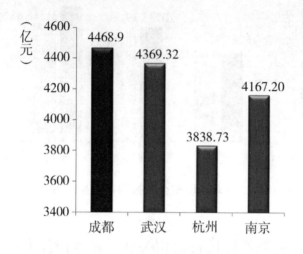

图 11—19 2014 年 4 城市商业零售总额比较

杭州全年实现社会消费品零售总额 3838.73 亿元，比上年增长 8.7%，扣除价格因素，实际增长 7.8%。其中商品零售额 3451.15 亿元，增长 9.1%；餐饮收入 387.58 亿元，增长 5.5%。城镇消费品零售额 3637.21 亿元，增长 8.4%；乡村消费品零售额 201.52 亿元，增长 14.2%。

南京全年实现社会消费品零售总额 4167.20 亿元，比上年增长 12.9%。分行业看，批发和零售业实现零售额 3703.69 亿元，增长 14.8%；住宿和餐饮业实现零售额 463.51 亿元，增长 0.1%。

最终消费是拉动地区经济增长的基本动力，只有在经济发展的基础上才能扩大消费，不断提高人民的生活水平。各国经济社会发展规律表明，人均 GDP 超过 2000 美元时，消费就会成为拉动经济增长的主要动力。比较 4 城市社会消费品零售总额，成都居于首位，武汉次之。从增长率来看，南京以 12.9% 居于首位，武汉与成都均超过 12%；杭州的额度与增幅均居于末位。

进入网络时代，人们的消费方式也发生了巨大的改变，电子商务对传统零售业造成巨大冲击，2014 年全国电商交易额约 13 万亿元。4 城市均为全国首批国家电子商务示范城市，成都全年电子商务交易额达到 5000 亿元，同比增长 25%；实现网络零售额 400 亿元，同比增长 14%；移动电子商务交易额超过 500 亿元，同比增长 85%。武汉市电子商务交易额突破 3000 亿元，增长 68.5%。杭州全市实现网络零售额 2088.45 亿元，增长 37.0%；全市居民网络消费额 2088 亿元，增长 37%。2014 年南京市实现电子商务交易额 6656 亿元，同比增长 27.3%；居民网络消费额 988 亿元，同比增长 59.9%（见表 11—8）。

表 11—8　　　　　　　　2014 年 4 城市居民消费及增长率

地区	社会消费品零售总额（亿元）	增长（%）	居民网络零售额（亿元）	增长（%）
成都	4468.9	12	400	14
武汉	4369.3	12.7	500	18
杭州	3838.7	8.7	2088.5	37
南京	4167.2	12.9	988	59.9

（七）对外开放力度比较

2014 年成都全年实现进出口总额 558.4 亿美元，比上年增长 10.4%（见表 11—9）。其中，出口总额 338.2 亿美元，增长 6.1%；进口总额 220.2 亿美元，增长 17.8%。一般贸易出口额 105.3 亿美元，下降 3.4%；机电产品出口额 247.3 亿美元，增长 7.4%；高新技术产品出口额 196.2 亿美元，增长 10.6%。对欧盟出口额 61.5 亿美元，增长 12.5%；对美国出口额 81.5 亿美元，增长 8.6%；对日本出口额 13.7 亿美元，增长 21.7%；对中国香港地区出口额 47.5 亿美元，增长 30.4%。全年新批准外商投资项目 226 个，其中 1000 万美元以上的项目 65 个。外商投资实际到位 87.6 亿美元，增长 0.1%。

武汉全年外贸进出口总额 264.29 亿美元，比上年增长 21.4%。其中，进口 126.38 亿美元，增长 28.7%；出口 137.91 亿美元，增长 15.5%。在出口总额中，一般贸易出口 70.41 亿美元，增长 16.7%；加工贸易出口 62.55 亿美元，增长 26.1%。高新技术产品出口 53.28 亿美元,增长 21.8%。出口国别和地区数 192 个。口岸货运量 856.44 万吨,增长 12.5%。全年实际利用外资 61.99 亿美元,比上年增长 18.1%。

南京全年完成进出口总额 572.21 亿美元,比上年增长 2.6%。其中,出口总额 326.28 亿美元,增长 1.1%;进口 245.93 亿美元,增长 4.7%。从出口商品市场看,对欧盟、美国、东盟三大经济体全年完成出口额 168.52 亿美元,比上年增长 8.2%,占全市出口总额的比重为 51.7%。从出口商品构成看,全年高新技术产品出口 78.40 亿美元,比上年增长 25.0%,占全市出口总额的 24.0%。机电产品出口完成 162.83 亿美元,比上年增长 2.9%,占全市出口总额的 49.9%。全年新增外商投资企业 314 个,比上年下降 6.5%。新批合同外资 49.20 亿美元,比上年下降 8.2%。全年实际使用外资 32.91 亿美元,下降 18.4%。

表 11—9　　　　　　　2014 年 4 城市对外开放主要指标比较

地区	出口总额（亿美元）	增长（%）	高新技术产品出口额（亿美元）	增长（%）	实际到位外资（亿美元）	引进世界500强（个）
成都	558.4	10.4	196.2	10.6	87.6	262
武汉	264.29	21.4	53.28	21.8	61.99	216
南京	572.21	2.6	78.40	25.0	32.91	75
杭州	679.98	4.5	59.87	19.2	63.35	107

杭州全年完成外贸进出口总额 679.98 亿美元,比上年增长 4.5%。其中进口总额 188.32 亿美元,下降 7.2%;出口总额 491.66 亿美元,增长 9.8%。出口总额中,机电产品出口 193.52 亿美元,高新技术产品出口 59.87 亿美元,分别增长 13.6% 和 19.2%。按贸易方式划分,一般贸易出口 412.93 亿美元,增长 13.5%;加工贸易出口 71.71 亿美元,增长 0.2%。出口市场中,对美国、欧盟市场分别增长 11.1% 和 12.7%,对日本出口下降 2.6%;新兴及周边市场中,东盟、印度和韩国分别增长 24.0%、18.7% 和 10.3%。实到外资 63.35 亿美元,增长 20.1%。新批总投资 3000 万美元以上项目 108 个,总投资 109.39 亿美

元，占新批外商项目总投资的 82.3%。

成都在四个城市中，外贸进出口总额居第三位，但与居第二位的南京差距不大，却是武汉的 2 倍以上；高新技术产品出口额、实际到位外资、引进世界 500 强企业数量均居于首位，表明成都在对外开放方面具有较强的优势和实力，未来开放潜力较大。

（八）政府财力比较

政府财力资源是在一定时期内政府所能掌控和配置的并可转化为资金形态的所有的政府资源，包括财政性资金、国有资产类资源、政策类资源等，但地方公共财政收入是其中最重要的部分。四个城市中，2014年成都全年地方公共财政收入 1025.2 亿元，比上年增长 14.1%；武汉 1101.02 亿元，增长 15.6%；杭州 1027.32 亿元，增长 8.7%；南京 903.49 亿元，增长 8.7%（见图 11—20）。财政收入武汉居于首位，杭州次之，成都第三，南京第四；增长速度武汉居于首位，成都次之。

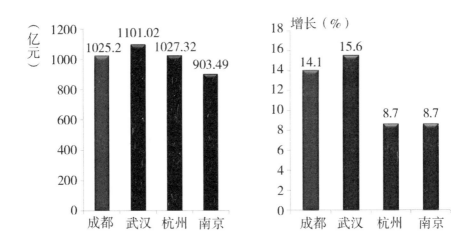

图 11—20　2014 年四城市地方公共财政收入及增长率

在全国省会城市财力排名中，四个城市依次位列于广州之后，居于第 2—5 位；在全国城市财力排名中，四个城市名列 4 个直辖市和深圳、苏州、广州之后，排名第 8—11 位（见图 11—21）。

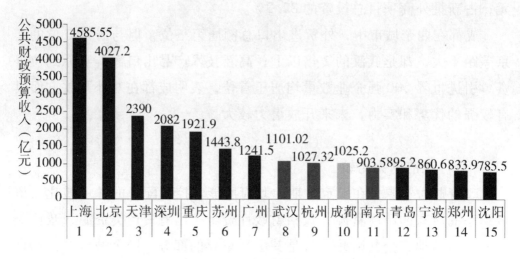

图 11—21　2014 年中国城市财力前 15 名

　　在省会城市财力 20 强排名中，广州、武汉、杭州、成都、南京排名与 GDP 有一定的正相关性，GDP 越高的城市，财政收入越高，排名也越靠前。产业结构和税收体制也会对一个城市财政收入产生影响。不同行政级次的城市规模不同，直接影响了财政收入绝对数量的多少。成都在 4 城市中 GDP 总量高于杭州，而财政收入低于杭州，即财政依存度偏低。

　　进一步考察各市财政收入占 GDP 比重，成都为 10.2%，武汉为 10.9%，杭州为 11.17%，南京为 10.2%，杭州最高，而成都和南京最低。财政收入占 GDP 比重偏低，不仅与产业结构和经济运行质量有着直接的关系，同时也受到国家财税政策、税收征管等诸多方面因素的影响。

　　从成都的实际情况看，财政收入占 GDP 比重偏低，主要原因包括：一是经济运行质量不高，制约了财政收入增长，如单位 GDP 创造的财政份额不高、工业经济效益综合指数较低、企业盈利水平偏低、工业效益增长基础不稳等；二是经济结构调整对财政收入增长的拉动作用不明显，工业化程度相对较低产业结构优化程度不高，产业创税能力下降，微利行业占有一定比重等。

（九）收入水平比较

城镇常住居民人均可支配收入，成都为 32665 元，比上年增长 9.0%；武汉为 33270 元，增长 9.9%；杭州为 44632 元，增长 9.1%；南京为 42568 元，增长 8.8%（见图 11—22）。农村常住居民人均可支配收入，武汉为 16160 元，比上年增长 12.3%；成都为 14478 元，增长 11.5%；杭州为 23555 元；南京为 17661 元，增长 10.3%。收入增速均超过当地 GDP 增速。

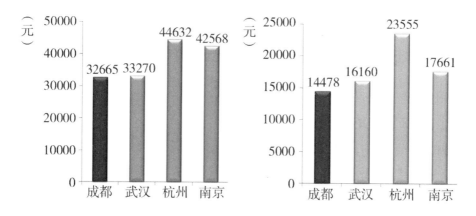

图 11—22　2014 年 4 城市城（左）乡（右）居民收入比较

四个城市中，城镇常住居民人均可支配收入和农村常住居民人均可支配收入均为杭州第一、南京第二、武汉第三，成都居于末位。城乡居民收入的增长幅度武汉最高，成都农村常住居民人均可支配收入增长幅度居于第二位，杭州城镇常住居民人均可支配收入居于第二位。一般情况下，平均收入水平与地区经济发展水平相关，四个城市城乡收入水平的差距，大体上也反映了东、中西部发展水平的差距；同时也可以看出，成都城乡收入水平与同类城市相比，仍然较低，还有待进一步提高。

第十二章 成都参与长江经济带建设的比较优势分析

一 成都在长江经济带建设中的主要机遇

（一）区位重构的机遇

独特的区位条件，使成都成为连接长江经济带与"一带一路"的重要战略枢纽，汇集长江经济带与孟中印缅经济走廊、中国—中南半岛经济走廊的重要交汇点，交通区位和经济区位的重构，为成都加强区域间经济联系提供了良好的战略机遇。

丝绸之路经济带和21世纪海上丝绸之路，即"一带一路"建设，是党中央为推动全方位对外开放、构建新的地缘政治经济格局提出的重大战略举措；是在新的历史条件下，沿现代综合交通通道为展开空间，以中心城市为节点，以国内贸易和生产要素自由流动优化配置为动力，促进区域经济一体化，最终实现区域经济和社会共同发展的开放型区域一体化发展与合作网络；是在"古丝绸之路"概念基础上，形成的一个新的经济发展区域；东连接亚太经济圈，西抵达欧洲经济圈，是世界上最长、最具有发展潜力的经济大走廊。

在"一带一路"战略框架下，有中国西南连通缅甸、孟加拉国、印度的"中缅孟印经济走廊"，以及中国西南从陆上连接21世纪海上丝绸之路的"中国—中南半岛经济走廊"。

四川是丝绸的发源地。成都自古以来就是南方丝绸之路的参与者和建设者，是南方丝绸之路（茶马古道，即蜀身毒道）的起点，是北方丝绸之路的重要腹地和支撑，是南北丝路的交汇点，更是孟中印缅经济走廊的起点；中国—中南半岛经济走廊是以泛亚铁路为主要载体，依托中国西南，从云南、广西出境，经过中南半岛诸国连接海上丝绸之路的经济走廊。成都作为西南地区重要的经济中心，与云南、广西山水相连，有紧密的交通联系经济依托。这两条经济走廊的建设，将极大地拓展我国经济发展战略空间，为我国经济的持续稳定发展提供战略支持，同时也将促进沿线国家的经济社会发展，给我国带来巨大的地缘政治利益。

国务院授权发布的《推动共建丝绸之路经济带和 21 世纪海上丝绸之路的愿景与行动》提出，要利用内陆纵深广阔、人力资源丰富、产业基础较好的优势，依托成渝城市群等重点区域，推动区域互动合作和产业集聚发展，打造成都等内陆开放型经济高地。

成都处于丝绸之路经济带、中国—中南半岛经济走廊（连接 21 世纪海上丝绸之路）、中缅孟印经济走廊与长江经济带"十"字形大通道的连接点上，具有承东启西、连接南北的独特区位优势，是丝绸之路经济带的重要战略支点、21 世纪海上丝绸之路的产业腹地、长江经济带的西部中心枢纽。贯彻落实好国家"一带一路"战略，是成都发展的重大战略机遇（见图 12—1）。

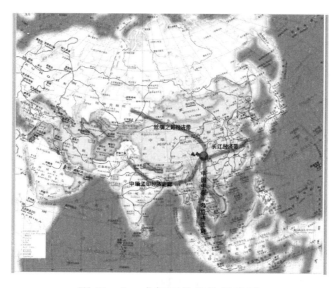

图 12—1　成都区位优势示意图

国家区域战略的部署，在较大程度上重构了成都的交通区位和经济区位，大幅缩短连接世界的时空距离，使成都进一步从西部内陆城市转变为向西、向南开放的支点城市，有力拓展经济发展的空间和腹地，在全国经济发展的"新棋局"中，具有重要的战略地位。

（二）产业转移的机遇

长江经济带要立足比较优势，统筹产业布局，有序转移产业，提高要素配置效率，为成都承接产业转移，打造西部经济核心增长极，提供了新机遇。

产业转移是当今世界经济发展大趋势，是由于要素供给或产品需求条件发生变化，引起发达地区的部分企业顺应区域比较优势的变化，将部分产业转移到发展中地区，从而在产业的空间分布上表现出该产业由发达区域向发展中地区转移的过程和现象。在新常态下，这一过程已经出现了一些新特征：一是我国在持续推进国内区域间产业转移合作的同时，加大对海外投资和转移的力度，逐步改变在全球经济发展中的角色地位；二是外资加速向中西部，特别是自然条件较好、具有一定的产业基础和人才优势的部分西部省市转移；三是东部地区产业结合中西部地区产业环境和配套发展，呈现链条式、整体式和集群式转移，产业转移也实现了从生产要素约束型向产业布局的优化进行过渡和升级，产业合作和转移模式不断创新，合作共建园区，成为地区之间开展产业转移和区域合作的重要方式。

长江经济带建设要立足比较优势，统筹产业布局，有序转移产业，提高要素配置效率，建立产业转移跨区域合作机制；要以中上游地区国家级、省级开发区为载体，建设承接产业转移示范区和加工贸易梯度转移承接地，推动产业协同合作、联动发展。借鉴负面清单管理模式，加强对产业转移的引导，避免低水平重复建设。这为成都承接产业转移，提供了新机遇、新抉择和新途径。

1. 梯度承接转移

近年来，长江上游地区不断优化发展环境，加快承接长三角和沿海地区产业转移，呈现出规模明显扩大、层次显著提升、方式不断创新的良好态势。2009—2013 年，四川省累计引进境内省外资金 3.3 万亿元，重庆市近 5 年内累计引进境内省外资金 2.1 万亿元，比前 5 年引进资金总和增长 10 多倍。中西部地区利用的省外资金中，有 60% 以上来自东部发达地区，逐步形成了以专业产业园区承接产业链或产业集群整体转移态势。成都在融入长江经济带建设中，要重视产业梯度转移规律，发挥投资环境的综合优势，面向长三角和沿海地区，招大引强，面向先进制造业、高端成长型、战略性新兴产业，承接产业转移。

2. 跨梯度承接转移

当前，长江上游地区吸收外商投资总体呈上升趋势，如成渝经济区近年来吸收外资规模增长明显，2009 年，重庆市和四川省吸收外商直接投资总额占全国比重为 4.95%，2012 年上升到 8.37%。成都作为内陆中心城市，完全可以直接承接产业链的高端环节、价值链的高端产品。长江经济带建设中，成都更要主动承接全球产业转移，构建高端化、国际化的现代产业体系，为成都建设开放型区域性中心和国际化城市提供强有力的基础支撑。

3. 逆向转移

国内产业转移正逐步打破东部向中西部单向转移的态势，呈现出石化、有色金属等部分产业沿海化布局的趋势，而部分西部地区的龙头优势企业也开始将总部和研发基地迁往长江下游地区，这标志着我国产业转移正在步入全面优化产业链布局、转移和转型协调的新阶段。成都要建设内陆开放型经济高地，也可以考虑向长江中下游和沿海地区，逆向转移部分研发基地，充分利用当地的科技、人才和总部企业聚集优势。

4. 跨境转移

新常态下，我国正逐步改变被动承接国际产业转移的角色，企业"走出去"的步伐加快。2013 年，我国对世界直接投资净额达到 1078 亿美元，与吸收外商直接投资的 1187 亿美元相当；2014 年前 10 个月我国对外直接投资达到 819 亿美元，同比增加 17.8%，首次超过我国吸引外资数量。这表明我国在全球经济中所扮演的角色正在发生变化：产业构成上由采矿业、金融业、批发和零售业向制造业及生产性服务业转变，其中制造业领域对外直接投资净额大幅上涨；主体正从以国有企业为主导，转变为国有企业和民营企业同步发展。

成都要推动产业集群化、高端化、国际化发展，应当培育一批具有自主知识产权、自主品牌的大企业大集团，积极参与国际市场竞争，推动本土工业企业由参与合作到平等合作，再进一步发展到主导合作，在研发、生产、销售等方面开展国际化经营，更高程度地参与国际分工，加快构建融入世界分工格局的现代产业体系。

（三）综合立体交通走廊建设的机遇

长江经济带要依托长江黄金水道，建设综合立体交通走廊，增强对长江经济带发展的战略支撑力；为成都大力实施"交通先行"战略，建设国际性区域交通枢纽创造了更好的机遇。

长江经济带要统筹铁路、公路、航空、管道建设，加强各种运输方式的衔接和综合交通枢纽建设，加快多式联运发展，建成安全便捷、绿色低碳的综合立体交通走廊。《指导意见》明确提出，要建设上海至成都的快速大能力沿江高速铁路，建设以上海至成都等国家高速公路为重点的高等级广覆盖公路网，强化成都等机场的区域枢纽功能，加快建设成都等 14 个全国性综合交通枢纽。这将为成都持续深入实施"交通先行"的重大战略，进一步加快建设国际性区域交通枢纽，奋力打造西部经济核心增长极，建设现代化国际化大都市和内陆开放门户提供强力支撑。

（四）城市发展的机遇

长江经济带要全面推进新型城镇化，优化城镇化布局和形态，增强城市可持续发展能力，是成都优化城市发展，更好发挥带头、带动、引领、示范和辐射作用的新机遇。

长江经济带建设要按照沿江集聚、组团发展、互动协作、因地制宜的思路，创新城镇化发展体制机制，全面提高长江经济带城镇化质量；要提升重庆、成都中心城市功能和国际化水平，发挥双引擎带动和支撑作用，推进资源整合与一体化发展，把成渝城市群打造成为现代产业基地、西部地区重要经济中心和长江上游开放高地，建设深化内陆开放的试验区和统筹城乡发展的示范区。

成渝城市群是长江经济带上游建设的主体，也是实现国家区域协调发展，进一步缩小东西部发展差距的必然要求。作为这一城市群两大核心之一，成都要加强与重庆务实合作，推动成渝经济区做大做强，推动成渝城市群建设提升到更高水平。"多点多极支撑"战略是促进四川区域协调发展的治本之策，尤其是在长江经济带建设中，成都可以利用这一机遇，加强与泸州、宜宾等沿江港口城市的深度合作，加强与周边城市的优势互补、抱团发展。成都是国家"统筹城乡"改革统合试验区，实施"立城优城"战略，优化城市功能品质，要走出一条形态适宜、产城融合、城乡一体、集约高效的新型城镇化道路。要按照"独立成市"的思路，构建双核共兴、一城多市的网络型城市形态，更好发挥带头、带动、引领、示范和辐射作用。

（五）内陆开放的机遇

培育全方位对外开放新优势，全面提升长江经济带开放型经济水平，为成都进一步实现全域开放，打造内陆开放高地，提供了新的机遇。

《指导意见》提出，要加快建设更具国际竞争优势的开放平台，发挥成都战略支点作用，把四川培育成为连接丝绸之路经济带的重要纽带。成都地处西部内陆，与长三角地区相比，对外开放水平仍有一定的差距，尤其是在对外开放的战略思路上还有明显的不足。一是对外开放合作较多关注东亚、欧盟、北美等发达国家和地区，而对地缘更近的东盟、南亚、中亚、西亚、非洲等新兴市场的重视还不够。二是国际经贸合作多以一国为对象，不太注重类似东盟、中亚这样在贸易政策或市场特点具有相对统一性或相似性的区域性国际市场。三是对外合作的形式单一、领域不宽，注重引进外资和产业项目、出口加工和服务外包，引资与引智并未同步。四是注重经贸领域的合作，在科技、人才、教育、文化领域的开放合作相对不足。在长江经济带建设中，要把成都建设升级为深度融入国际产业链条、更具全球竞争比较优势的开放平台，有力拓展经济发展的空间和腹地，就应以更加主动的姿态在更大范围、更深层次推进"全域开放"，实现对内对外全面开放，加快"充分国际化"进程。

（六）产业升级的机遇

建设长江经济带，要培育世界级产业集群，这就为成都坚持高端发展、进一步培育壮大高新技术产业和战略性新兴产业，加快打造具有世界影响力的高端产业集群，带来了新的发展机遇。

长江经济带要培育世界级产业集群，布局一批战略性新兴产业集聚区、国家高技术产业基地和国家新型工业化产业示范基地。成都可以抓住这一机遇，坚持高端发展、高点起步、高位切入，实施"产业倍增"战略。一是选择高精尖优的制造业领域作为成都市工业发展的主攻方向，坚定不移地走园区工业的路子，做大做强电子信息、机械汽车、食品饮料、新能源、新材料等一批支柱产业、优势产业和战略新兴产业，切实把工业集中发展区打造成先进制造业集聚集群发展的主平台。二是大力扶持一批带动性强、竞争优势明显的骨干型大企业，争取涌现更多的千亿集群、百亿企业和国内细分行业冠军，形成推动成都工业倍增发展的主体力量。进一步壮大产业集群规模，增强产业的区域竞争力，强化西部经济核心增长极的产业支撑。

（七）生态文明先行示范的机遇

长江经济带要建设生态文明建设的先行示范带，成都作为国家生态文明先行示范区，也将从中获取更多的机遇。

目前，成都市生态文明建设水平仍滞后于经济社会发展，资源约束趋紧，环境污染严重，生态系统退化，经济社会发展与人口资源环境之间的矛盾日益突出，已成为经济社会可持续发展的重大瓶颈。成都可以抓住长江经济带生态文明建设的先行示范带的机遇，按照"五位一体"总体布局和生态文明建设总体部署，立足工业化转型期的特大型中心城市新型城镇化发展，以改革为动力，实现城市转型发展和体制机制创新的重大突破；以彰显蜀水生态文明精髓为核心，弘扬生态文化，塑造新型生态人格；以绿色、循环、低碳为基本途径，促进经济社会转型发展。奋力建设经济繁荣、环境优美、文明祥和、天人合一的现代化、国际化大都市，探索由"环境换增长"向"环境促增长"转变、由工业文明向生态文明跨越的全新发展模式，建设国家生态文明先行示范区。

二 面临的主要挑战

(一) 不沿海不沿江不沿边

长江经济带建设,首先要提升长江黄金水道功能,充分发挥长江运能大、成本低、能耗少等优势,发展江海联运和干支直达运输,打造畅通、高效、平安、绿色的黄金水道。成都深居内陆,既不沿江,也不沿边,更不沿海,无疑成为融入长江经济带的短板,在一定程度上制约了成都的全方位对外开放。

(二) 战略性新兴产业发展不足

新常态下,成都面临着战略性新兴产业发展不够,产业结构需要进一步优化,创新驱动有待加强,经济转型升级的任务仍然艰巨的严峻挑战;战略性新兴产业的培育和发展是一个长期、持续的过程,技术的逐步成熟和不断更新伴随产业成长,影响新产品市场推广,特别是在产业发展初期存在较大的技术风险、产业化风险和市场风险。长三角、珠三角、环渤海等发达地区在部分战略性新兴产业领域已形成一定的竞争优势,中西部城市正不断加大政策支持和资金投入力度,区域竞争日趋激烈。受国际形势影响,发达国家针对"中国制造"的贸易摩擦和贸易保护越来越频繁,这对成都的新能源、新一代信息技术等外向型产业带来较大冲击。

成都的战略性新兴产业发展虽然取得了积极进展,但目前仍处于起步阶段,发展中还存在一些较为突出的问题:一是核心技术掌握较少,自主创新能力不强,新技术研发投入不足,产学研用紧密结合的创新体系不够健全,科研成果本地转化率低。二是产业参与全球高端竞争的能力不足,高端项目不多,部分产业链存在突出瓶颈,系统集成能力不强,产业集群发展程度不高。三是市场培育进展较慢,示范应用推广体系尚不健全。四是优势资源整合和政策扶持力度不够,体制机制创新不足。

（三）加快发展与经济转型矛盾突出

目前成都经济增长主要依靠投资拉动，而投资持续增长动力不足，制约居民消费需求扩大的因素没有得到根本改变；产业结构不够合理，科技对产业的支撑作用有待加强，结构调整和新经济增长点培育缓慢。2011 年以来，全市经济增长减慢，GDP 增速从 2011 年的 15.2% 降低到 2014 年的 8.9%；工业生产总值增速下降，由 2012 年的 15.6% 降低至 2014 年的 12.2%，经济保持持续快速增长面临更加严峻的挑战。

（四）区域产业同质化

成都与周边城市产业同质性大于差异性、竞争性大于互补性，发展定位部分重叠与趋同，区域产业发展具有较高的同质性。如成都与重庆都以电子信息、汽车制造为支柱产业。区域产业同质化发展，可能导致恶性竞争等不良现象。在一定区域一定程度的同质化，应突出比较优势，加强产业规划的一体化，扬长避短，依据各自优势做好产业定位和分工，大力推动产业转型升级，实现区域经济朝着高端、生态、绿色的方向发展，就有利于联手打造产业集群，增强这个区域主导产业的竞争力。

（五）内陆开放竞争激烈

在经济全球化大背景下，占领对外开放高地，就能赢得发展先机。国内城市纷纷开启丝绸之路快铁货运班列，截至 2015 年 3 月，已经开通并正常运营的有 16 班（见表 12—1）。此外，甘肃省于 2015 年 7 月开通了"兰州号"欧洲国际货运班列；黑龙江于 2015 年 6 月开通了"哈（尔滨）俄欧"国际货运班列；新疆为了打造国际班列的重要枢纽，计划投资 13.8 亿元的乌鲁木齐铁路集装箱中心站也已开工建设；安徽省也于 2015 年 6 月把合肥至中亚的班列延伸到德国汉堡；内蒙古额济纳旗至新疆哈密的铁路建设工期罕见地由三年半压缩到一年半，也是为了提前打通通往新疆北部的通道。

目前国内各地经我国西北到中亚，再到欧洲的各班列，80% 以上的线路完全重合，政府补贴运费，常态化运行。中西部城市各建各的铁路站场和保税区、各建各的"对欧贸易桥头堡"分散资源，难以形成合力。重庆、成都、武汉、西安和郑州等地，在短期内，都还不具备吸纳大量回程货源的能力，竞争已经进入白热化阶段。

表 12—1　经"丝绸之路"开往欧洲—西亚—中亚的国际货运班列

	名称	性质与开通时间	起始站点	里程	运行	主要货物
1	渝新欧	国际货运班列 2011 年 3 月 19 日	重庆—德国杜伊斯堡	11000 多公里	16 天	惠普、宏碁、华硕笔记本电脑、平板电脑
2	汉新欧	国际货运班列 2012 年 10 月	武汉—捷克梅林克帕尔杜比采	10863 公里	17 天	富士康的电子产品
3	苏满欧	（苏蒙欧）国际货运班列 2012 年 11 月 26 日	苏州—波兰华沙	11200 公里	13.7 天	笔记本电脑、平板电脑、液晶电视、电脑备件，服装、生活用品、小商品
4	蓉欧	国际货运班列 2013 年 4 月 26 日	成都—波兰罗兹	9826 公里	12 天	戴尔笔记本电脑、汽车配件、女鞋、运动器材、小商品等
5	郑欧快线	国际货运班列 2013 年 7 月	郑州—德国汉堡	10214 公里	14 天	服装、鞋帽、汽车轮胎、窗帘
6	粤新欧	国际货运班列 2013 年 11 月 22 日	东莞—俄罗斯	20000 公里	15 天	轻工业产品
7	长安号	国际货运班列 2013 年 11 月 29 日	西安—鹿特丹 西安—莫斯科 西安—阿拉木图 西安—哈萨克斯坦热姆	9850 公里 7251 公里 3866 公里 5027 公里	6 天、10 天	机械配件、重晶石粉、工业盐、50 型号石油钻机
8	新亚欧大陆桥	国际货运班列 2014 年 6 月 26 日	合肥—阿拉木图	4954 公里	9 天	IT、平板显示器、家电、汽车、工程机械

续表

	名称	性质与开通时间	起始站点	里程	运行	主要货物
9	中亚国际铁路货运班列	国际货运班列 2014年7月15日	成都—土库曼斯坦的阿什哈巴德、哈萨克斯坦的阿拉木图、乌兹别克斯坦的塔什干等中亚5国目的站		9-11天	五金机电、机械配件、石油钻机设备、化学品、工程车、商务车、乘用车、汽车配件、小商品、小家电
10	西亚班列	中亚和西亚的国际货运班列 2014年7月23日	新疆库尔勒—土耳其梅尔辛港	9094公里	18天	石油设备、汽车配件、家用电器、建材、日用百货
11	渝新俄班列	2014年9月2日	重庆—莫斯科		14天	汽车配件、机械设备、轻工产品和服装等
12	湘欧	双线齐发国际货运班列 2014年10月30日	长沙—德国杜伊斯堡	11905公里	16—18天	汽车配件、机械配件、瓷器、显示屏、智力玩具、茶叶
			长沙—乌兹别克斯坦塔什干	6476公里	11天	机械配件、石油管道、茶叶、化工产品
13	义新欧	国际货运班列 2014年11月18日	义乌—西班牙马德里	13000公里	21天	箱包、文具、工艺品、日用品等小商品
14	天马号	2014年12月12日	甘肃武威南站—哈萨克斯坦阿拉木图	2646公里	5天	机器设备、玩具、农产品
15	新疆—格鲁吉亚班列	2015年1月29日	新疆奎屯—哈萨克斯坦—俄罗斯—阿塞拜疆—格鲁吉亚首都第比利斯	5470公里	25天	五金建材、食品百货、红酒包装设备、机械设备

续表

	名称	性质与开通时间	起始站点	里程	运行	主要货物
16	辽满欧班列	过境集装箱班列 2015年4月29日	大连港—哈大线—滨州线—满洲里—俄罗斯、德国铁路—俄罗斯及欧洲等国	1.1万公里	16天	

与丝绸之路中欧班列相似，长江流域的港口建设也曾一度处于混乱局面，沿江省市争夺货源的情况并不鲜见。数据显示，截至2012年，2668公里的长江干流万吨级码头泊位达389个，平均近7公里一个。在各大港口纷纷进行产能建设和扩张的同时，一定程度上忽视了实际的市场需求。部分港口项目由于投资主体各自的利益驱动，使行业整体存在一定程度的重复建设和资源浪费，出现了港口产能过剩。

（六）环境与资源约束

成都城市发展带来的资源环境的矛盾日益突出，长江上游生态屏障建设和都江堰水源地保护，对成都市的生态建设与环境保护要求越来越高，人均占有土地和耕地资源不足，加之自然灾害频发，在一定程度上制约了工业化、城镇化进程、农业规模经营和社会经济的稳定持续发展。一是能源资源自给率偏低。成都人均占有本地水资源量仅为828立方米，不足世界人均的10%，已远远低于国际公认的1700立方米/人的严重缺水警戒线，水资源短缺对工业发展产生直接影响。二是土地资源紧缺。按照土地利用总体规划，成都市可利用的建设用地总规模是380万亩，目前全市建设用地总规模已达到约340万亩，未来工业发展空间非常有限。随着成都市工业化、城镇化进程的不断加快，日益增长的用地需求与有限的土地资源之间的矛盾不断加剧，土地已经成为制约成都市工业可持续发展的重要因素。三是水、大气等环境污染问题较为突出，地表水国控和省控断面水质均未能全部达标，水环境质量改善不明显，水污染综合治理形势还十分严峻，面临着极大挑战。2011—2013年，城市空气质量达二级标准的天数逐年减少，城市空气质量有所下降,环境与资源约束问题已经较为突出。

三 成都参与长江经济带建设的比较优势

成都是中国西部地区经济腹地广、发展基础好、政策环境优、发展潜力大的城市,当前已进入由工业化和城市化中期向后期转变的新阶段,经济社会发展已站在新的历史起点上,具备了实现新跨越的客观条件。成都必须抓住机遇,牢牢把握发展的主动权,充分发挥在长江经济带中的战略优势,才能成为我国扩大内陆开放、打造新的区域经济增长极的重要依托。

(一) 基础设施逐步完善

近年来,成都实施"交通先行"战略,提出推动成都由"国内交通枢纽"向"国际性区域交通枢纽"转变,努力打造以区域性国际航空枢纽、铁路枢纽和公路枢纽为重点,以成都为中心,辐射中西部,连接国内外的交通体系,加快形成内部贯通、外部联通的综合交通网络,集散能力不断加强;成都是我国西部地区最大的航空枢纽,双流机场是国内四大航空枢纽之一,也是西部地区最重要的航空枢纽港和客货集散地,在客运量和货运量上均占有绝对的规模优势;成都第二机场也已经完成选址,开工在即,未来成都将成为国内唯一拥有双机场优势的省会城市;成都是西部联系欧洲、东盟的国际性铁路枢纽之一,是西部地区最大的陆路枢纽,我国六大铁路枢纽之一,"蓉欧快铁"的开通,进一步提升了成都对外开放的速度。以成都为中心的高速公路网正加快完善,供水保障和防洪减灾能力不断提升,西部通信枢纽初步形成,为成都参与长江经济带和"一带一路"建设打下了坚实的基础。

(二) 经济总量及增速居于前列

成都自古就有"天府之国"之称,是我国西南开发最早的地区,也是快速发展的现代之都,还是一座综合性、多功能的内陆特大开放城市,综合实力西部第一;是西部最强竞争力的都市,也是西南地区重要的科技、金融、商贸中心和交通、通信枢纽，重要的旅游中心城市和国家级历史文化名城。经济总量大，位居西部各省会城市之首（见图12—2），具有较为雄厚的产业基础和科技基础，还具有进一步发展外向型制造业的良好基础。

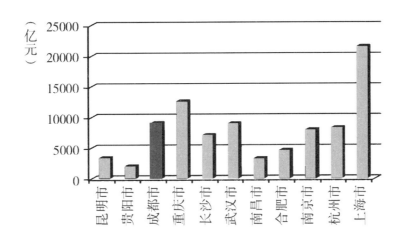

图12—2　2013年长江经济带主要城市GDP比较

（三）全方位对外开放格局初步形成

近年来，成都的国际化水平不断提升，已成为西部最大的航空枢纽。作为全国第五大铁路枢纽，成都正积极建设西部地区的综合性轨道交通枢纽，设立了铁路一类口岸，为亚欧商贸提供更为全面的服务与支持，开行了蓉欧快铁"五定班列"，使得成都由内陆城市直接变身面向欧洲的口岸城市，亚欧大陆腹地为之所用。四川省与云南、贵州相邻，跨越贵州即达广西，可对接孟中印缅经济走廊、东盟自贸区，成为向南亚、东南亚开放的前沿地区，成都正向"国际性区域交通枢纽"转变，开放的空间越大，发展的机遇就越多。成都与欧美、东亚、中亚、非洲、港澳台等国家和地区的经贸往来进一步加强，参与东盟合作、开拓东南亚市场成效明显，全方位对外开放格局初步形成。外向型经济的繁荣发展，带动了国际交流合作的深入推进，提升了成都城市形象的国际知名度和美誉度，国际（地区）通航城市达到49个，拥有18个国际友好城市，15个国家在成都设立领事机构，居全国第三位（见表12—

2)。成都是中西部地区首个实施 72 小时过境免签政策的城市,以"西博会"为代表的国际展会,正成为西部地区投资、交流、合作的重要平台,这些都奠定了成都进一步扩大对外开放的基础。成都是西部地区国际化程度最高的城市,也是内陆地区投资环境最好的城市,还是国际旅游和投资的目的地。

表 12—2　　　　　　　在成都设立领事机构的国家

国别	开馆时间	领事区范围	馆址	备注
美国	1985 年 10 月 16 日	四川省、云南省、贵州省、西藏自治区及重庆市	领事馆路 4 号	驻成都总领事馆
德国	2004 年 12 月 5 日	四川省、重庆市、贵州省以及云南省	人民南路四段 19 号威斯顿联邦大厦	驻成都总领事馆
韩国	2005 年 2 月 26 日	四川省、贵州省、云南省以及重庆市	下南大街 6 号天府绿洲大厦	驻成都总领事馆
泰国	2006 年 5 月	四川省和重庆市	航空路 6 号丰德国际广场 C 座	2005 年 4 月 12 日领事办公室成立,2006 年 5 月升格为总领事馆
新加坡	2006 年 5 月	四川省、陕西省以及重庆市	人民南路二段 1 号仁恒置地广场	2006 年 5 月领事馆开馆,2011 年 3 月升格成为总领事馆
法国	2006 年 11 月 11 日	四川省、重庆市、贵州省以及云南省	总府路 2 号时代广场	驻成都总领事馆
巴基斯坦	2007 年 4 月 19 日	四川省、贵州省、云南省以及重庆市	天府大道中段 588 号通威国际中心	驻成都总领事馆
斯里兰卡	2009 年 12 月 15 日	四川省、云南省、贵州省、陕西省以及重庆市	顺城大街 308 号冠城广场	领事馆

续表

国别	开馆时间	领事区范围	馆址	备注
澳大利亚	2013 年 7 月 30 日	四川省、云南省、贵州省和重庆市	百扬大厦 27 楼	驻成都总领事馆
以色列	2014 年 11 月 17 日	四川省、云南省、贵州省和重庆市	东大街下东大街段 99 号	驻成都总领事馆
新西兰	2014 年 12 月 1 日	四川省、云南省、贵州省和重庆市	人民南路二段 1 号仁恒置地广场	驻成都总领事馆
菲律宾	2008 年	四川省	尚未开馆	中菲两国政府就菲律宾在成都设立总领事馆达成协议
捷克	2015 年 9 月 18 日	四川省、贵州省、云南省及重庆市	东大街下东大街段 99 号	驻成都总领事馆
印度	2015 年 5 月 15 日		领馆选址等相关工作正在进行中	2015 年 5 月获批在成都设立总领事馆
波兰	2015 年 6 月 18 日	四川省、贵州省、云南省以及重庆市	百扬大厦	驻成都总领事馆

　　资料来源：成都市人民政府外事侨务办公室网站（http://www.cdfao.gov.cn/list.asp? ClassID=02010802）。

　　2013 年，成都实现外贸进出口总额 505.8 亿美元，其中出口 318.8 亿美元，高居中西部首位。与世界上 223 个国家和地区建立了经贸关系，同美国菲尼克斯、德国波恩、法国蒙彼利埃、英国谢菲尔德等 22 个国外城市建立了友好城市关系，美国商会、欧盟商会、法国贸促会、英中贸易协会、香港贸促会等均在成都设有分支机构或办事处。成都出口加工区综合排名居全国第五位、中西部第一位。在新的国际产业分工和产业转移背景下，成都成为国际国内投资热点和产业转移重点城市，到 2015 年，落户世界 500 强企业增至 255 家。成都在西部地区国际化程度最高，涉外资源最丰富，积累了国际交往和国际合作的经验。

（四）具有较好的产业发展基础

近年来，成都电子信息、重大装备、汽车制造、航空航天、新材料、生物医药等特色优势产业发展迅猛，是西部地区重要的物流、商贸中心和全国重要的旅游目的地。文化创意、服务外包、电子商务、会展经济等新兴服务业蓬勃发展。对外经贸合作领域和规模居内陆地区前列，承接产业转移成效显著。

（五）区域人口城镇密集，经济腹地较大

近年来，成都经济区城镇化进程加快，区域城镇密度较大，城镇综合承载能力较强，2013 年城镇化率达到 53.6%，初步形成以成都为核心，以绵阳、德阳等区域中心城市为支撑，大中小城市和小城镇协调发展的城市群，在四川省的四大城市群中居于首位（见图 12—3），在中国西部地区也具有重要地位。成都作为成渝经济区双核驱动之一，成都经济区的核心城市，城镇密集、人口密度大，是一个潜力巨大的市场，不仅可以辐射全四川 8140 多万人口，进而辐射西部近 3 亿人口（见表12—3）。

表 12—3　　　　　　　　成都城市群人口与经济

地区	2013 年 GDP（亿元）	2012 年年底常住人口（万人）	人均 GDP	
			人民币（元）	美元
成都	9108.89	1417.78	64247.56	10373.89
德阳	1359.94	353.13	39530.48	6382.89
绵阳	1455.12	464.02	31358.99	5063.46
遂宁	736.6	326.77	22541.85	3639.77
眉山	860	296.64	28991.37	4681.16
雅安	418	152.65	27382.90	4421.45
资阳	1092.36	358.85	30440.57	4915.16
乐山	1134.79	325.44	34896.41	5630.27
全省	26260.77	8076.2	32516.25	5250.31

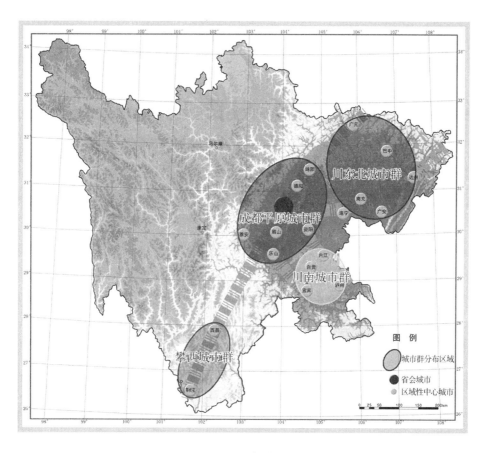

图 12—3　四川省城市化格局

（六）科技创新能力显著增强

以成都为核心的成都城市群，科研机构和科技人员规模和集聚度居于中西部前茅，航空航天、核技术、电子信息、生物医药、新材料研发能力国内领先，拥有众多的高等院校、科研院所、国家重点实验室、工程实验室和工程（技术）研究中心。成都高新区、经济技术开发区的创新驱动能力显著提升。

第十三章 成都参与长江经济带建设的战略定位与对策研究

一 成都参与长江经济带建设的战略定位

（一）在综合交通运输体系建设中的战略地位

成都是长江上游重要的综合交通枢纽。《指导意见》明确提出，长江经济带的建设要高起点高水平建设综合交通运输体系，推动上中下游地区协调发展、沿海沿江沿边全面开放，构建横贯东西、辐射南北、通江达海、经济高效、生态良好的长江经济带。对成都在综合交通运输体系中的地位，《指导意见》更具体规划了建设上海至成都的沿江高速铁路，形成快速大能力铁路通道；建设以上海至成都等国家高速公路为重点，建成连通重点区域、中心城市、主要港口和重要边境口岸的高等级广覆盖公路网；强化成都机场的区域枢纽功能；加快建设成都等14个全国性综合交通枢纽；完善成都等骨干节点，进一步加强网间互联互通，增加中上游地区光缆路由密度，推进信息化与产业融合发展。

（二）国家城市化战略格局中的核心节点

《全国主体功能区规划》作为我国国土空间开发的战略性、基础性和约束性规划，明确了以构建"两横三纵"为主体的城市化战略格局。《国家新型城镇化规划（2014—2020年）》进一步明确了"两横三纵"的国家城市化战略格局：构建以陆桥通道、沿长江通道为两条横轴，以沿海、京哈京广、包昆通道为三条纵轴，以国家优化开发和重点开发的城市化地区为主要支撑，以轴线上其他城市化地区为重要组成的国家城市化战略格局。成渝城市群即位于全国"两横三纵"城市化战略格局中沿长江"一横"与包昆通道"一纵"的交汇处，地处中国的西部核心节点地位，发展潜力不可限量。其区域的功能定位是：全国统筹城乡发展的示范区，全国重要的高新技术产业、先进制造业和现代服务业基地，科技教育、商贸物流、金融中心和综合交通枢纽，西南地区科技创新基地，西部地区重要的人口和经济密集区。

《指导意见》进一步明确，长江经济带的建设，就是要以长江三角洲、长江中游和成渝三大跨区域城市群为主体，打造具有国际竞争力的世界级城市群；要求促进成渝城市群一体化发展；提升成都中心城市功能和国际化水平，发挥引擎带动和支撑作用，推进资源整合与一体发展；把成渝城市群打造成为现代产业基地、西部地区重要经济中心和长江上游开放高地，建设深化内陆开放的试验区和统筹城乡发展的示范区。

成都经济区要以成都为核心，重点建设成渝主轴带和成都—绵阳—乐山次轴带，推动成都天府新区创新发展。成渝城市群的未来发展方向是建设成中国继沿海三大城市群之后新的大城市群，从而对中国整体经济发挥更强的支撑作用。

（三）联动长江经济带与丝绸之路经济带的枢纽和战略支点

2013 年 9 月 7 日，习近平总书记在哈萨克斯坦倡议与中亚五国共同建设"丝绸之路经济带"，将其作为一项造福沿线各国人民的大事业。《中共中央关于全面深化改革若干重大问题的决定》中提出，"推进丝绸之路经济带、海上丝绸之路建设，形成全方位开放新格局"。

丝绸之路经济带，东连亚太，西系欧洲，是世界上最长、最具有发展潜力的经济大走廊。2015 年李克强总理在《政府工作报告》中明确要求，要抓紧规划建设丝绸之路经济带。在世界经济深度调整、中国经济转型攻坚的背景下，建设"丝绸之路经济带"不仅有利于中国经济结构调整和经济协调发展，更有利于促进区域内经济发展、文化融合，必将为沿线地区带来重大发展机遇，使古老商道重新焕发生机活力。

丝绸之路经济带与长江经济带是谋划区域发展新棋局、形成新的区域经济增长极的两大国家战略，四川地处这两大经济带的交汇区，成都正位于丝绸之路经济带与长江经济带交汇点和联动点。《指导意见》要求加强长江经济带与丝绸之路经济带的战略互动，发挥成都战略支点作用，把四川培育成为连接丝绸之路经济带的重要纽带。目前我国丝绸之路经济带各省区地广人稀，经济总量小，从图13—1、图13—2中可见，无论地区生产总值还是固定资产投资，丝绸之路经济带沿线诸省区与长江经济带相比，都差距悬殊；而四川同时位于两大经济带，在长江经济带中仅次于江苏、浙江两省，居第三位，在丝绸之路经济带内则远远高于各省（市）区，居于首位；作为连接两大经济带的重要纽带，四川省具有重要的地位和作用；成都作为四川省会和首位城市，更应主动担当、积极作为，发挥枢纽和战略支点作用，支撑两大经济带的战略互动。

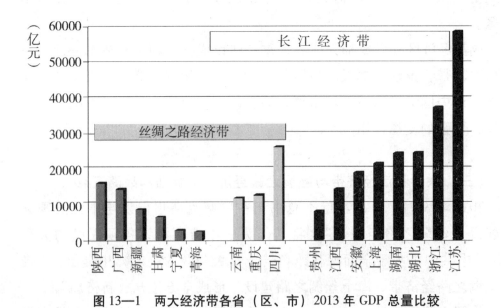

图13—1　两大经济带各省（区、市）2013年GDP总量比较

二　成都参与长江经济带建设的重点

成都作为中心城市，当前正处于工业化城镇化的加速期、打造西部经济核心增长极的攻坚期、推进现代化国际化的关键期，各类深层次的

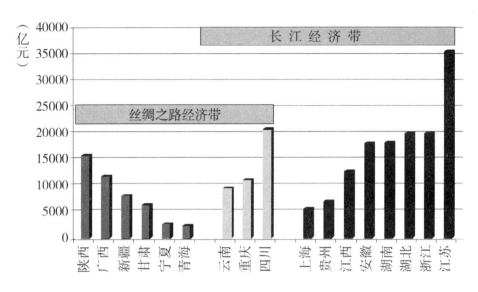

图 13—2　2013 年两大经济带各省（区、市）固定资产投资比较

矛盾和问题日益凸显。在参与长江经济带的建设中，需要站在时代的前沿，从国家战略的高度，奋力打造西部经济核心增长极，担负起向东向西"双向开放"和带动西部地区全面建成小康社会的重大历史使命。

（一）打造国际性区域交通枢纽

加快国际化交通体系建设。以国际化的要求高水平规划建设成都第二机场，加快构建成都至欧洲、东南亚、南亚、北美、澳洲直达客货直飞航线网络，支持国内外航空公司开通以成都为中转地的国际客货运定期航班；按照《指导意见》的要求，优化整合向西国际物流资源，提升蓉欧班列国际运输功能，建立中欧铁路通道协调机制，增强对中亚、欧洲等地区进出口货物的吸引能力，着力解决双向运输不平衡问题。

继续完善对外交通体系建设。加快建设成都至京津冀、长三角、珠三角三大经济圈枢纽机场的"空中快线"，形成连接国内主要城市及周边城市密集的航线网络。加快构建成都市对外高铁半小时等时圈、高铁1小时等时圈、4小时快铁交通圈、高铁8小时等时圈，及至全国各省会城市轨道交通12小时等时圈，基本建成西南、西北的铁路交通枢纽。打造"二环十一射"高速公路网，形成成都对外联系的2小时公路交通圈、8小时公路交通圈及20小时公路交通圈，进一步强化辐射全省、畅通西部、通达全国的西部高速公路枢纽。重点加强至泸州、宜宾等沿江城市公路、铁路等交通通道建设，统筹协调铁路、水运、公路等各类运输方式。

（二）加快推进产业转型升级

积极承接发达地区产业转移。紧抓国际国内发达地区产业转移机遇，配合长江经济带经济结构调整，积极承接长江下游地区的产业转移，强化承接产业转移能力和创新平台建设，加快建立人才、智力、项目相结合的柔性引进机制，鼓励长江下游地区在成都市相关产业集聚区建设"园中园"，吸引中下游地区企业家、专业技术人才、高校毕业生到成都创新创业，提高资金、技术、人才与科技成果的集聚能力。

积极培育新兴经济增长点。紧抓国内外产业发展趋势，立足成都市产业发展基础，积极培育新兴经济增长点，加快培育和引进第三方支付、特色商品贸易等平台型企业，鼓励企业依托自身优势打造在全国有影响力的交易平台，从而推进平台经济发展。积极引进跨国公司总部、金融机构总部、区域总部等，加大对本土龙头企业的扶持力度，大力发展总部经济。加快培育住宅工业、生物医药、节能环保、轨道交通等新兴经济增长点，促进产业结构优化升级。

增强产业发展竞争力。从产业发展、空间布局、企业培育、投资促进、科技创新、金融支持等方面，全面推进"1313"战略①，推动全市工业经济差异化转型发展，推动全市"产业升级"，推动成都工业提质升位；在产业转型升级的同时，要依托周边区域广阔腹地，增强基础设施和产业配套能力，引导具有成本优势的资源加工型、劳动密集型产业和具有市场需求的资本、技术密集型产业向成都周边区域转移；以高端产业和产业高端为目标，针对电子信息、汽车等基础较好的产业，鼓励和引导企业通过科技创新和技术改造，促进产业高位求进；针对机械、石化、食品、冶金、建材、轻工为工业传统行业，积极推动运用高新技

---

① 成都现代工业产业"1313"战略：即1个"层次分明、优势突出、生态高效"的现代工业产业体系；3个发展层级：突出发展、加快发展、优化发展；13个重点推进产业：突出发展电子信息、轨道交通、汽车、石化4个产业，加快发展航空航天、生物医药、新能源、新材料、节能环保5个产业，优化发展冶金、食品、建材、轻工4个产业。

术和适用先进技术改造促进传统产业优化升级；大力发展新能源、新材料、航空航天等高技术产业和战略性新兴产业；提升商贸业、旅游业等传统服务业的品牌竞争力和国际化水平，着力提升生产服务型和知识密集型服务业比重；加快发展工业设计、现代物流、信息服务、科技咨询和商务服务业，促进生产性服务业与先进制造业融合发展，加快服务业提速升级；大力发展现代都市农业，推进农业的规模化、有机化、特色化、品牌化发展。

（三）坚持以统筹城乡推进新型城镇化发展

稳步推进农业转移人口市民化。以解决已稳定就业的农民工为重点，稳妥有序地推进农业转移人口市民化。探索进城落户农民承包地和宅基地自愿有偿流转和退出机制，允许进城落户农民在农村的宅基地和承包地有偿转让或退出，使其土地财富能够真正变现，激发和释放农民工群体的消费需求。

加快完善城镇功能。依托长江经济带建设，加快完善天府新区基础设施，推动天府新区创新发展。发挥特大中心城市集聚辐射能力。对于温江、郫县、新（都）青（白江）、双流、龙泉驿、新津、都江堰七大卫星城市，要按照宜居城市建设标准，完善基础设施和公共服务设施，加快构建十分钟生活圈，形成新的城市生活副中心。对金堂、彭州、崇州、大邑、邛崃和蒲江6个区域中心城，可以通过培育各具特色的支柱产业，引导城镇人口集聚，承担居住功能与相应的产业功能。依托区位交通、文化资源、旅游生态等禀赋优势，加强商业街区、集贸市场和仓储物流设施建设，建成一批特色鲜明的小城市和产业支撑有力的小城镇。因地制宜建设一批小规模、组团式、生态化的农村新型社区，配套完善农村基础设施和公共服务设施。

（四）增强创新驱动发展动力

加快培育以企业为主体的技术创新体系。进一步完善以企业为主体的技术创新体系建设，鼓励企业以自身为中心，与高等院校、科研机构及重要用户建立以产权为纽带的各类技术创新合作平台。大力支持行业骨干企业和科研院所联合组建产业技术创新联盟和产业技术研究院，重点突破优势资源开发利用、传统产业改造升级和战略性新兴产业的关键技术。推进企业建设高水平研发机构，加快完善汽车、新能源等产业技术研究院，促进行业重大科技成果转化。

着力提升创新成果产业化能力。转变现行管理制度和评价体系，健全科技成果转化的评价和激励制度，在科研机构及相关人员的评价体系中增加促进科技成果转化绩效评价比重；建立合理的利益分配机制，实行职务科技成果转化激励机制，建立职务发明成果转化股权和分红激励制度。完善产学研机制，组织开展科技成果转化对接活动，深化产学研协同创新机制，创新利益联结机制。健全技术转移和成果转化的市场导向机制，完善科技中介服务培育机制，建立技术经纪人制度。

多方面完善区域创新环境。一是建设可持续多元化的资金投入体系，在加大政府投入力度的基础上，调整并优化资金投入结构，多渠道、多层次筹措平台建设与运行经费；二是完善金融服务体系，积极推进科技部门与地方金融管理部门的合作，统筹协调科技金融资源，搭建科技金融服务平台，优选优育科技企业资源，鼓励创业投资机构、银行、券商和保险机构等围绕创新成果转化创新金融产品及服务模式，提升区域经济活力和创新能力；三是加大依法保护知识产权力度，努力营造鼓励创新、宽容失败的环境，形成政府引导、企业主导、社会参与的创新格局。

（五）扩大对外开放范围与层次

1. 积极推进成渝经济区建设

充分发挥成都作为四川省"首位城市"的作用，以加快成德同城化、成德绵一体化进程为突破口，加快推进成都平原城市群区域合作，积极推动成渝经济区建设。加大与重庆以及成渝城市群其他城市的合作力度，在基础设施建设、产业联动发展、资源环境保护、城镇协同发展等方面共同协作推进，合力打造中国经济增长"第四极"。

2. 深化与长江经济带重点城市的交流与合作

深化和拓展与国内各省市的交流和合作，积极主动融入与长江经济带重点城市的交流与合作，建立更加富有成效的交流合作机制；联合上海、南京、杭州、武汉、重庆等长江经济带重点城市，定期就金融、商贸、交通、通信、环保等专题召开协调会议，探讨长江经济带联合发展、共同繁荣问题。加快引进长江经济带中下游地区的大企业、行业龙头企业来蓉投资。继续做好西博会、中国糖酒会等具有较大影响力的会展会议，争取承办长江流域、全国及国际范围的商品交易会、博览会，积极参与长江经济带统一大市场的建设，使成都成为长江经济带上游的物质流、资金流、信息流的汇聚地，进一步提升成都在长江经济带及全国的地位。

3. 进一步扩大对外开放

紧抓国际产业体系在全球范围内分工调整加快的有利时机，大力承接境外产业转移，全面提高利用外资质量和水平。大力实施向西开放战略，加强与中亚、西亚和南亚等地区在经贸投资、科技教育、金融服务等多领域的合作，使其成为成都未来重要的出口贸易伙伴以及对外工程承包市场。加强与美洲及欧盟国家的进出口贸易，进一步加大对美洲及欧盟国家的招商引资力度；加强与美洲地区及欧盟地区组织的对话，开展多种形式的交流与合作。深入实施向东开放战略，不断深化与日本、韩国的交流合作，加强与新加坡在先进制造业、电子信息产业、现代服务业等高端领域的经贸合作。

4. 坚持改革与创新驱动

进一步深化改革，以深化全国统筹城乡综合配套改革试点为契机，坚持先行先试，率先开展一批能突破、可借鉴、推动力强的重大改革事项，完善与开放型经济相适应的市场体系。充分发挥成都作为一个国际化程度高、最具吸引力的休闲城市作用，努力打造长江经济带和"一带一路"的人文合作基地、会展旅游休闲基地，建设文化交流的门户城市。坚持以本土力量为创新主体，以高校和科研机构为创新支撑，以加快载体建设和加大跨区域合作为手段，有效提高成都科技创新原创力，增强对区域科技创新的引领力与渗透力，逐步推动经济发展方式由资源驱动向创新驱动转型，积极建设自主创新示范城市。

目前，成都正面临着长江经济带和丝绸之路经济带建设等多重发展的机遇；同时，成都正处于工业化城镇化的加速期、打造西部经济核心增长极的攻坚期、推进现代化国际化的关键期，各类深层次的矛盾和问题日益凸显。面对新形势，必须坚持改革创新、转型升级的总体战略，积极主动融入两大经济带建设，主动担当，敢于作为，奋力打造西部核心增长极。

三 成都参与长江经济带建设的对策建议

（一）推进综合立体交通走廊规划，夯实区域枢纽基础

1. 建设国际内陆无水港，突破不沿海不沿江的困境

随着集装箱运输和多式联运的发展，内陆大型集装箱中心站在既有的拼箱、拆箱、仓储、中转等货物集散功能基础上，向保税、加工、配送、海关、商检、货运代理等功能延伸，其实质是港口功能向内陆地区的延伸，具有报关、报验、签发提单等港口服务功能的物流中心。无水港是内陆城市兴建的大型综合物流园区，一般以公路、铁路、航空为依托，进行对外贸易。内陆无水港的形式主要包含公路港、铁路港和航空港。货代、船代和船公司也在无水港内设立分支机构，以便收货、还箱，签发以当地为起运港或终点港的多式联运提单。内陆的进出口商则可以在当地完成订舱、报关、报检等手续，将货物交给货代或船公司。成都要依托青白江铁路集装箱中心站建设西部国际内陆无水港，对于成都深入推进西部大开发、加快建设西部内陆开放高地，尤其是对接长江经济带和丝绸之路经济带具有十分重要的意义。

一要抓住重大机遇将成都建设西部国际内陆无水港上升为国家战略。充分利用国家深入实施"一带一路"、长江经济带、西部大开发、向西开放的重大战略机遇，抓住国家依托长江打造中国经济升级版支撑带和丝绸之路经济带的绝好时机，将依托青白江铁路集装箱中心站建设西部国际内陆无水港纳入国家重大发展规划，上升到国家发展战略。

二要积极寻求与沿海大港建立更加紧密的港口合作关系。以成都为主体、青白江铁路集装箱中心站为载体兴建无水港，积极寻求与上海大小洋山港、天津新港、广州黄埔（南沙）等沿海大港的合作，以货源地资源换取沿海港口功能的让渡，形成更加紧密的港口合作关系。鉴于四川全省50%以上的外贸海洋运输货物均通过上海港进出，以及沿江铁路、长江黄金水道、沿江高速公路的交通条件，建议首先寻求与上海

港的合作。

三要以青白江铁路集装箱中心站为中心进一步完善集装箱集疏运体系。以青白江铁路集装箱中心站为中心，进一步完善以铁路为中心、涵盖公路和水运的集装箱集疏运路网体系，积极推动公铁水联运。

四要进一步推进青白江西部铁路物流中心建设。适时启动铁路集装箱中心站二期工程前期工作。随着蓉欧国际快速铁路货运直达班列进入常态运行，预计在近两年内，西部铁路物流中心将实现集装箱年吞吐量100万标箱。为此，应适时启动铁路集装箱中心站二期工程前期工作，提早做好规划部署。积极推进保税区建设，完善无水港通关模式。积极推进青白江综合保税区建设。在明确海关、海港、无水港间权利和义务的前提下，探索试行"无水港便捷通关模式"，实现出口提运单与口岸放行电子化。

2. 加快民航机场建设

加快推进成都第二机场（成都天府国际机场）已于2016年5月正式开工建设。实施差异化的市场划分与运行管理，推动成都"一市两场"合理分工、互补发展，新机场全面发展国际国内业务，建成国内领先、具有一定国际竞争力的大型国际枢纽机场，满足直达和中转旅客需要；双流机场优化精品航线，建成西南地区的公务机基地。加快建设成都至京津冀、长三角、珠三角三大经济圈枢纽机场的"空中快线"，形成连接国内主要城市及周边城市的密集航线网络。

3. 大力发展铁路通道

加快推进成蒲铁路、成兰铁路和西成客专和成昆铁路扩能改造等在建项目建设，确保按计划建成通车；进一步加快成都至康定项目前期工作，成都—雅安铁路已于2014年12月开工建设；雅安至康定（新都桥）段将于2016年开建。提升"蓉欧快铁"班列建设水平，完善深度参与中欧贸易投资自由化进程大通道。依托成都至重庆、成都至贵阳高铁与城际专线，加快构建成都对外高铁等时经济圈，打造长江流域城市8小时等时圈，实现全国各省会城市轨道交通12小时等时圈建设目标，建成西南地区铁路交通枢纽。

4. 推进构建公路网络

加快编制《成都推进综合立体交通走廊规划》，统筹考虑重大交通基础设施布局、管理模式、线网走向，明确成都经济区、成渝经济区及成都与长江流域中心城市交通一体化的近期和远期目标、实现途径、协调机制、政策措施。全面加快推进成安渝、成都第二绕城等在建高速公路项目建设进度，确保按计划建成通车。进一步加快成都经济区环线高速公路、成都新机场高速公路等建设工作，争取在 2020 年前形成成都经济区对外交通大循环。完善城际交通网络与市域公共交通体系，实现城市群内中心城市之间、中心城市与周边城市之间的快速通达。

5. 优化物流口岸功能

充分发挥青白江国际集装箱物流园区和龙泉物流中心公路口岸优势，大力发展国际集装箱业务和以服务汽车产业为主的口岸物流业务，形成以公水联运为主，其他多式联运方式为辅，立足成都、辐射川渝、通江达海的公水联运大通关基地，打造西部地区功能完善的内陆无水港。积极争取内陆开放口岸试点，加快区域性国际物流中心建设，发挥双流国际机场、空港保税区、高新综合保税区的联动作用，建设区域性物流、交易、结算平台。

（二）助推高端产业发展，强化产业竞争实力

1. 优先发展五大高端成长型产业

全力推进页岩气、节能环保装备、信息安全、航空与燃机、新能源汽车产业重点突破、率先发展。建立产业投资引导基金和风险分担机制，建立产业技术联盟，组织重点企业、高等院校、科研院所开展行业共性关键技术联合攻关，加强军民融合与应用转化，消除行业发展瓶颈。协调保障土地、资金等要素，加快节能环保装备产业基地等园区建设，大力引进行业龙头企业、培育本土企业，积极争取通用航空机场落地建设。

2. 重点发展先进制造业

促进轨道交通、汽车、石化、电子信息产业快速发展，深化与西南交通大学的"市校共建"，加快中国南车成都轨道交通产业园建设，推进汽车整车及零部件企业间协作配套。加快建设东风神龙、英特尔骏马等重大项目，力争银鹭食品生产基地等 100 个以上项目竣工投产，培育百亿企业 1 家。促进建材、食品等传统优势产业转型升级，创新政府扶

持方式，一业一策，鼓励传统产业通过设备更新、技术创新、市场拓展、品牌化经营、结构调整等方式实现转型升级。

3. 加快发展现代服务业

把握建设服务业核心城市历史契机，推进五大新兴先导服务业发展。加快西部金融中心建设，发展多层次资本市场和地方法人机构，推进金融产品和服务创新，大力发展第三方支付和互联网金融，争取农村金融服务综合改革和移动电子商务金融科技服务创新国家试点。加快中国会展中心建设，鼓励本土会展企业与国内外知名展览机构深度合作，争取更多国际性会展活动落户成都。加快发展信息服务业，推进国家级互联网骨干直联点第二、三期建设，强化网际互联质量监管，建设软件交付中心、平台运营中心、呼叫中心、数据处理中心，推动云计算、云存储、大数据产业发展。加快发展移动支付服务、移动智慧商圈等移动电子商务平台经济，着力拓展大宗商品交易电子商务应用，推动电子商务进园区、进企业。争取成都国际商贸城成为第二批国家内外贸结合专业市场试点，力争开展境外投资促进服务机制改革、跨境电子商务、移动电子商务国家试点。

4. 强化创新驱动支撑作用

大力实施"成都人才计划"，聚集高端技术创新人才和团队，鼓励两院院士、"千人计划"入选者在蓉创业创新。构建覆盖全域的"创业苗圃+孵化器+加速器+科技楼宇+产业化基地"的孵化载体，推进重点实验室、大型科技仪器中心等公共技术平台建设向社会开放，搭建创新共享平台，积极打造区域综合创新生态。依托国家级研发平台、国家级高技术产业化基地、国家重点实验室和工程研究室等载体，构建产学研创新联盟，加快打造环高校知识经济圈，在电子信息、轨道交通、生物医药、航空航天、新材料等领域大力推动协同创新。深化国家知识产权示范城市建设，加快下一代互联网、智慧城市等试点示范建设。全面建成以企业为主体、校地合作、军民互动的科技创新体系，使成都成为长江经济带西端的科技研发基地、科技成果产业化基地、创新人才聚集地和科技活动交流中心。

（三）推进新型城镇化进程，提升城市辐射能力

1. 优化市域城镇体系

加快形成"一轴双核六走廊"为骨架的"大城镇群带大郊区"全域成都发展格局。按照产业分工和产城一体要求，引导产业合理分布、相对集中。打造7个卫星城10分钟基本公共服务圈，引导优质公共资源向基层倾斜和扩散，确保符合条件的外来务工人员及其随迁子女与城市居民享有同等的教育、医疗卫生、文化等公共服务和参与社区管理的权利，通过产业和公共资源优化布局引导人口就地就近城镇化。全面完成第一轮小城镇改造，加快建设小规模、组团式、生态化的新农村综合体。

2. 推动成渝城市群融合发展

大力实施《成渝经济区区域规划》和《成渝经济区成都城市群发展规划（2014—2020年）》，全面落实成渝两地签署的各类专项合作协议，促进产品、人才、资金和信息在城市群内的自由流动，推进产业布局集群化、基础设施网络化、区域市场一体化、管理机制协同化，着力推动港口共建，实现借道出海，推进城市群共同发展和繁荣，加快建设成为中国经济增长"第四极"。

3. 加强与长江流域中心城市的合作

积极主动融入与长江经济带中心城市的交流与合作，与上海、南京、杭州、武汉等城市定期展开专项协调会议，重点聚集交通、商贸、环保、港口共建等关键领域。通过加强长江流域通关一体化建设，优化海关监管、检验检疫、收结汇、税收、跨境支付等行政程序。强化成都与兄弟城市"共饮一江水"的感情维系，加快引进长江中下游行业龙头企业来蓉投资发展。依托现有会展商贸平台，积极争取承办长江流域的商品交易会、博览会，把成都建设成为长江经济带上游物质流、资金流、信息流的核心聚集区。

（四）打造西部内陆开放高地，扩大对外开放水平

1. 加快促进"成渝西昆贵钻石经济圈"的规划

成都市提出的"成渝西昆贵钻石经济圈"区域发展思路，与国家

"一带一路"战略和长江经济带建设有深层内在联系，是关系到未来中国西部发展全局的战略构想，更是成都"新常态、万亿级、再出发"的一个全新的发展战略机遇。

从区位条件看，成渝两市相距约260公里，两市与西安、昆明相距均约为600公里，各市与贵阳相距不远，成都距贵阳500公里，重庆距贵阳350公里，昆明距贵阳500公里，在空间上形成一钻石形，五市距离相当；而西北地区城市间距离相对较远，如兰州与乌鲁木齐相距1630公里。在国家发展战略的"新棋局"中，成都是长江经济带上游的重要战略支撑，是丝绸之路经济带上的重要节点城市，是南方丝绸之路的起点，更是丝绸之路经济带和长江经济带的交汇点和连接点，具有枢纽地位和作用。重庆、西安、成都已经开通了渝新欧、长安号、蓉欧等通向中亚、西亚、欧洲的货运班列，云南三个泛亚铁路项目获批。从国家战略层面规划构建"成渝西昆贵钻石经济圈"，成都可北上西安通过亚欧大陆桥，融入丝绸之路经济带，南下昆明进入孟中印缅经济走廊，与东盟、南亚的陆上联系更加便捷，东进汇入长江经济带，促进东中西互动合作的协调发展，并将"一带一路"、长江经济带、孟中印缅经济走廊连为一个有机整体，实现互动整合、多向开放，打造西部内陆开放高地，促进西部地区沿江沿边联动，推动东、中、西部均衡协同发展。

从城市的经济实力和辐射能力看，在丝绸之路经济带上，西安、重庆、成都、兰州、乌鲁木齐等都可以作为重要节点城市，带动区域经济发展；但其中重庆、成都的经济实力最强，西安的经济实力次之，乌鲁木齐和兰州的经济实力则相对较弱，人口规模小，市场容量也十分有限（见图13—3）。在长江经济带上，成渝两市是上游地区经济实力最强的城市，2014年成渝西昆贵五城市经济总量达33506.79亿元，占西部12个省（区、市）的24.3%，具备了打造新增长极的经济实力与辐射能力。

从发展基础与条件看，五个城市交通便捷、产业基础较好，文化认同度较高；在教育资源、科技资源、人才资源、部分产业聚集的资源等方面，五市具有较强的互补性，众多的高校和科研院所更蕴藏着巨大的科技潜力和经济能量。成渝西昆贵五市均拥有国家级的开发区，即两江新区、西咸新区、天府新区、贵安新区、滇中新区，通过这些内陆的国

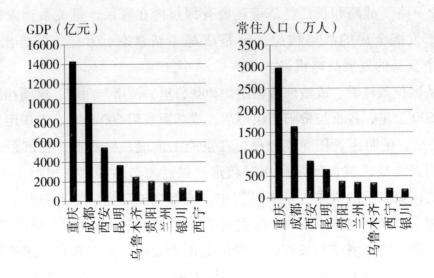

图 13—3 成渝西昆贵及相关城市 2014 年经济总量与人口规模比较

家级新区错位发展、联动发展，可以形成西部发展的五大极核，通过多核共振，促进西部大开发的进一步深入推进（见图 13—4）。

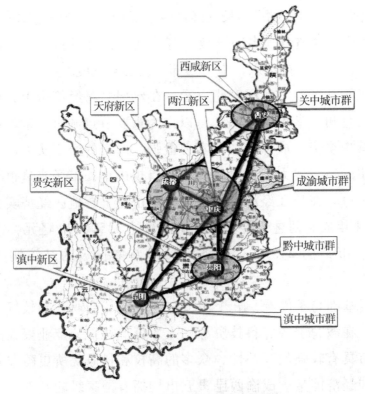

图 13—4 成渝西昆贵钻石经济圈

城市群是带动中西部地区发展的主要依托和重要增长极。产业集群和城市群的协同发展，代表着未来经济发展的主流趋势。在"成渝西昆贵钻石经济圈"中，共有成渝、关中、滇中、黔中4个城市群。跨区域的成渝城市群是长江经济带建设的主体，关中、滇中、黔中城市群是区域性城市群。四个城市群2014年GDP总量达63101.2亿元，占川渝陕滇贵5省（市）GDP总量（82577.64亿元）的76.4%，占西部12个省（区、市）GDP总量（138074亿元）的45.7%，占全国GDP总量（63.6万亿元）的10%，在不同层次的区域中，四个城市群均有重要地位（见表13—1）。联手打造"成渝西昆贵钻石经济圈"，联动发展，是共建中国西部经济高地的必要途径。

表13—1　"成渝西昆贵钻石经济圈"中的4个城市群经济总量比较

城市群名称		2014年GDP总量（亿元）	同期全省GDP总量（亿元）	占全省比重（%）
成渝城市群	四川部分	26405.34	28536.7	93
	重庆部分	12834.85	14265.4	90
关中城市群		11681.51	17689.94	66
滇中城市群		7045.91	12814.59	55
黔中城市群		5133.59	9251.01	55.5

资料来源：2015年各相关省市《政府工作报告》。

成都在"成渝西昆贵钻石经济圈"构建中，一要增强发展实力，加快发展。作为首位城市，成都肩负着引领辐射全省和更大区域发展的使命。在"成渝西昆贵钻石经济圈"构建中，成都不仅是倡导者，更应一马当先、引领区域发展，保持经济持续较快增长，确保相应的地位、规模和影响力，以带动引领成都城市群、协同推进成渝城市群，辐射影响"成渝西昆贵钻石经济圈"。应坚持改革创新、转型升级的总体战略，优化功能，增强辐射，奋力打造西部核心增长极；继续实施好"产业倍增"战略，将产业基础好、发展前景广、具有比较优势强的产业，集中资源重点发展，打造成为引领工业发展的主要动力，瞄准产业高端加快转型升级，打造产业精品，增强核心竞争力。

二要提升城市国际化水平，开放发展。依托国际区域性交通枢纽建设，形成与周边相连的大通道，提升航空港能级，强化国际经济交往与合作。依托成都设立内陆自由贸易区，发展综合性口岸服务功能，促进资源要素在更广泛的地域内的集聚与扩散。强化成都作为西部大区域中心城市的辐射影响功能，进一步拓展与全省乃至西部地区范围内的城市经济联系，扩大物质、科技、资金、信息以及人力资源等各种要素的辐射范围，强化对区域次级枢纽的辐射带动作用，引领大区域发展。

三要推进五个城市协同互动，抱团发展。《愿景与行动》对成渝西昆四城市的发展都有明确定位：打造西安内陆型改革开放新高地，形成面向中亚、南亚、西亚国家的通道、商贸物流枢纽、重要产业和人文交流基地；发挥云南区位优势，推进与周边国家的国际运输通道建设，建设成为面向南亚、东南亚的辐射中心；依托成渝城市群，打造重庆西部开发开放重要支撑和成都等内陆开放型经济高地。"成渝西昆贵钻石经济圈"的构建，五个城市协同发展，有利于整个西部大开发，有利于"一带一路"和长江经济带的打造，更有利于各个城市自身发展。应务实强化四城市协作，探索五市在基础设施、统筹城乡、产业互动、共同市场和微观企业发展等方面合作的新模式，通过加强基础设施共建共享、强化产业协作配套、构建统一市场体系、推进公共服务一体化、推动生态环境联防联控联治等措施，强化成都城市群内各级城市的分工合作，提升成都中心城市辐射带动能力，推进资源整合与一体发展；探索天府新区和两江新区、西咸新区、贵安新区、滇中新区的协作发展、创新发展，打造成为中国经济增长重要的依托和支撑；五城市应相互支持、良性互动，共同促成国家层面规划，联手争取国家相关的政策和项目支持，实现抱团发展。

2. 发挥国家战略联动纽带作用

充分发挥成都作为新欧亚大陆桥与南亚、东南亚之间重要交汇点的作用，凭借成都是西部地区经济腹地最广、基础条件最好、政策环境最优、发展潜力最大的地域优势，推动成都建设南方丝绸之路、孟中印缅经济走廊、中巴经济走廊的战略纽带和核心腹地，成为长江经济带向西向南开放的发展引擎，构建地跨三带（长江经济带、丝绸之路经济带、孟中印缅经济走廊）、汇聚两洋（太平洋、印度洋）的区域枢纽和战略高地。

3. 推动内陆自由贸易区改革试点

抓紧落实《成都市学习借鉴中国（上海）自由贸易试验区经验工作推进方案》提出的 55 条具体举措，逐步把成都海关特殊监管区域（场所）建设成为具有国际水准、投资贸易便利、监管高效便捷、法制环境规范的内陆开放示范区。重点关注广东、福建、天津等第二批自贸区政策动向与建设进展，学习借鉴三地在上海自贸区试点内容基础上结合地方特色探索出的新模式、新路径，在长江中上游主要城市中率先开展制度对接和先行先试。

4. 加强对外营销推介

加快国际旅游目的地城市和国际美食之都建设，强化国际旅游营销和美食推介，加强 72 小时过境免签政策宣传和服务，开发自驾游、生态游、休闲游、工业旅游、研学旅游等新线路和新品种。加强旅游与文化、体育、商贸、医疗和会展等融合发展，推动在线旅行商、旅游电子商务发展。

（五）推进流域环境治理，构筑长江上游生态安全屏障

1. 加快生态文明先行示范区建设

把握成都获批首批生态文明先行示范区的发展机遇，通过 5 年左右的努力，实现经济发展质量明显提高、资源能源利用水平明显提升、生态建设和环境保护取得明显成效、生态文化体系基本形成、体制机制建设取得重大突破，形成可推广的路径和做法，重点推进大气污染防治联防联控，强化重污染天气应对机制和能力建设，加强岷江、沱江流域水环境综合整治和景观提升，推进全国水生态文明城市和节水型社会建设，落实取水许可和水资源有偿使用制度，加大污染综合防治力度，建设成为长江流域经济带水生态文明典范区。

2. 完善长江流域协调发展机制

以"经济—生态"动态平衡为衡量标准，完善经济、社会、生态平衡机制，实现长江经济带流域可持续发展。一是完善跨区域合作开发机制，在利益互补的基础上，大力发展高效生态经济，实现开发与保护、经济与生态的有机统一。二是健全上下游之间生态补偿机制，推动基本公共服务均等化，积极发展流域经济区社会事业，统筹考虑流域经

济区人员流动、劳动就业和社会保障等，加快实现就业服务和社会保障一体化。

3. 加大节能减排力度

加快重点企业减排工程建设，强化印染企业结构调整和涉重金属企业污染综合防治。严格落实节能评估、主要污染物控制和环境影响评价制度，推广节能产品和技术，推进重点领域合同能源管理。大力发展循环经济，加快国家餐厨废弃物资源化利用和无害化处理试点城市建设，推动"城市矿产"示范基地建设和园区循环化改造，加快三圈层生活垃圾焚烧发电项目建设，全面争创国家生态城市。

第四篇

成都在丝绸之路经济带中的历史
地位与经贸文化交流

中国是世界上蚕桑、缫丝、丝绸的原产地,素有丝国之称。从公元前第一个千年或更早开始,中国丝绸就已横穿欧亚大陆,远播至西方。丝绸之路将中国与世界联系起来,推动了中国与世界文明的发展和进步,在世界文明史上占有特殊地位。成都地处联通南北丝绸之路的重要枢纽,自古就是丝绸之路经济带的重要建设者和参与者。早在公元前4世纪,成都丝绸就已经远销至西方并产生巨大影响,在中西经济文化交流中发挥了积极而重要的作用。成都不仅是中国丝绸的起源地和原产地、蜀锦蜀绣的生产基地,更是中国丝绸西传的开端,南方丝绸之路的起点,对于古代丝绸之路的形成、发展和繁荣起到了十分重要的推动作用。研究古代丝绸之路及沿线经济带的形成演变历史,探析丝绸之路沿线各地经济贸易和文化交流的状况,明确成都在丝绸之路经济带的历史作用和地位,有利于成都积极融入国家"一带一路"战略,在全方位对外开放格局中,找准自身的比较优势、目标定位和突破口,发挥更大作用、做出更大贡献、实现更好的担当。

第十四章　丝绸与丝绸之路的形成

中国是世界上蚕桑、缫丝、丝绸的原产地，素有丝国之称。从公元前 1000 年或更早开始，中国丝绸就已横穿欧亚大陆，远播西方。西方世界对中国的认识，也是伴随着中国丝绸的西传逐步形成的。从某种意义上看，丝绸或许是中国对于世界物质文化最大的一项贡献。[①] 由于丝绸对包括东西方在内的世界文明的发展和繁荣做出了重要贡献，在世界文明史上占有特殊地位，因此关于中国丝绸的研究一直受到中国和国际学术界的关注。

"丝绸之路"是由德国地理学家李希霍芬于 1877 年提出来的，指以丝绸为主要贸易内容的中西方商路和交通路线，后来泛指通过丝绸之路所进行的政治、经济、哲学、宗教、文化、贸易等方面的交流、互动与互鉴。中国古代通往西方和海外的丝绸之路有四条，分别是：北方丝绸之路、南方丝绸之路、草原丝绸之路和海上丝绸之路。这四条丝绸之路，将中国与世界联系起来，推动了中国与世界文明的发展和进步。

一　丝绸的起源

（一）历史文献所载丝绸的起源

传世文献关于丝绸的记载，最早见于《尚书·禹贡》。据《尚书·禹贡》记载，丝绸的分布范围十分广泛，在兖州、青州、徐州、荆州、

---

① 夏鼐：《中国文明的起源》，文物出版社 1985 年版，第 49 页。

扬州、豫州都有出现；丝绸的种类也较丰富，有丝、织纹、玄纤缟、织贝、玄纁玑组等。这至少表明，在《禹贡》的成书年代，丝绸业已经比较发达了。很显然，中国丝绸的起源时代，远在《禹贡》成书年代之前。关于《禹贡》的成书年代一直是学界关心的一个重要问题，在清代以前，《禹贡》一直被认为是夏代的作品。进入 20 世纪，随着疑古思潮的出现，《禹贡》的成书年代成为史学界一个极富争议的话题，学者们的观点涵盖了从汉代到商周时期。① 由于中国古代文献的成书往往是经过一个漫长的过程，由前后不同的人递增而成，所以先秦文献往往反映不同的时代痕迹。邵望平依据"九州"篇所记生态环境所反映的公元前 2000 年间的情况，认为其蓝本当出自商朝史官对夏代的追记。② 刘起釪则根据考古资料，提出《禹贡》蓝本可能出于商朝史官之手，而其定稿则可能是由西周史官完成的。③ 我们认为，《禹贡》成书于夏商之际。基于这种认识来反观先秦文献，可以看出，夏商时代中国丝绸已经发展到了相当水平。

如果说先秦文献对于中国早期丝织品发展水平的记载十分简略的话，那么这些文献中直接反映丝绸文化起源的材料就更加贫乏，总共不过四五条。虽然如此，我们仍然可以从中获得有关丝绸起源时代的大致情况。

《礼记·礼运》记载：

　　昔者先王未有宫室，……未有丝麻，衣其羽皮。后圣有作，……治其丝麻，以为帛，以养生送死，以事上帝鬼神，皆从其朔（按：

---

① 顾颉刚认为《禹贡》成书于战国时期（《禹贡注释》，载《中国古代地理名著选读》第一辑，科学出版社 1959 年版）；辛树帜则认为成书于西周前期（《禹贡新解》，农业出版社 1964 年版）；刘起釪提出《禹贡》蓝本可能出于商朝史官之手，而其定稿则可能是由西周史官完成的（刘起釪：《〈禹贡〉的写成年代与九州来源诸问题探研》，引自《九州》第三辑，商务印书馆 2003 年版）；岳红琴则从冀州在《禹贡》中的重要位置和周人尊夏的史实以及古人关于铁的认识和使用及梁州贡"铁"的记载，推断《禹贡》成书应在西周中期（岳红琴：《〈禹贡〉成书西周中期说》，《学海》2006 年第 2 期）。

② 邵望平：《禹贡"九州"的考古学研究》，载《考古学文化论集》（二），文物出版社 1989 年版，第 11—30 页。

③ 刘起釪：《〈禹贡〉的写成年代与九州来源诸问题探研》，引自《九州》第三辑，商务印书馆 2003 年版。

朔，初也）。

此篇所说"后圣有作"，"治其丝麻"，所指即是丝绸起源时代的情形。

《易·系辞下》记载：

> 黄帝、尧、舜垂衣裳而天下治。
>
> 孔颖达《疏》云："垂衣裳者，以前衣皮，其制短小，今衣丝麻布帛，所作衣裳，其制长大，故云垂衣裳也。"

这表明，中国丝绸的起源是在黄帝时代。

传出《淮南子》所引的《蚕经》，① 对蚕桑丝绸起源于黄帝时代也有明确的记载，其文曰：

> 《蚕经》云："黄帝元妃西陵氏始蚕。"

此条《蚕经》原为先秦旧本所传。据《荀子·赋篇·蚕》记载，战国时已发展了关于蚕的义理，称为"蚕理"，而蚕理的形成年代足可追溯到"五帝"时代②。《荀子》既称蚕理，则当时已有总结和阐述关于蚕理的书籍传世，当可肯定。《荀子》此篇还提到一种流布广远的传说，即蚕与马的关系，它说："五帝占之曰：此夫身女好而头马首者"，并说这是蚕理之一，可知此说是一种来源久远的传说。郑玄注《周礼·夏官·马质》"禁原蚕者"句时，曾引证《蚕书》，他引证的这部《蚕书》，虽然并未注明为何时之书，不过从它的内容与《荀子》所述蚕马关系有所关联来看，应当就是战国时代关于蚕理一类的书，出自先秦旧本，当无疑义。秦始皇时，尽烧天下《诗》、《书》、百家语，"所不去者，医药卜筮种树之书"③，有关蚕理一类先秦文献，即属"所不去者"

---

① 《授时通考》卷七十二引。

② 此篇"五帝"二字，为宋本原文，元刻本则作"五泰"。见王先谦《荀子集解》引卢文弓召之说。

③ 司马迁：《史记·秦始皇本纪》，中华书局 1959 年版，第 255 页。

之流，因而得以保存并流传下来，至汉初为淮南王刘安《淮南子》所取用。由于汉初并称先秦义理之书为经，所以淮南王刘安在引用此书时称其为《蚕经》，这是符合汉初风气的。至汉武帝时，设五经博士，只有经学称经，其他诸书则不再称经，所以东汉郑玄引用此书时称其为《蚕书》。由此可见，《淮南子》引用的《蚕经》，原为先秦旧本所传，并非后人伪作。这种情况，与汉初许多书籍抄自先秦旧本一样，不足为异。

至于今本《淮南子》不见这条《蚕经》，亦不足怪，这是由于此书在传抄过程中有所脱漏而出现的现象，正如许多书籍在传抄中有所脱漏一样。问题的关键并不在于佚文辑自哪个时代的哪一部书，而在于佚文是否合乎它自身所反映的史实和背景，是否有可靠依据。以此来看这条《蚕经》，不难知道它出自先秦旧本，绝非宋元之间人士的伪作。

《蚕经》记载的黄帝元妃西陵氏即是入蜀发明蚕桑丝绸的嫘祖。根据历史文献的记载，嫘祖原居今四川盐亭，她与黄帝的儿子昌意娶于蜀山氏，其地在岷江上游，并在那里留下了以嫘祖名称命名的地名（叠溪）。自从黄帝、嫘祖为其子昌意娶于蜀山氏以后，蜀山氏的名称就不再见称于世，而为蚕丛氏这个名称所取代，在蜀山氏原来所居的区域，也成为蚕丛氏的发祥兴起之地。这个历史变化不是偶然的，其内涵恰与从蜀（桑蚕）到蚕（家蚕）的驯化演进历程相一致，真切地反映了蜀山氏在嫘祖蚕桑、丝绸文化影响的推动下，由驯养桑蚕转化为饲养家蚕，并以家蚕丝为原料缫丝织帛的历史转变及其进程。其后，随着蚕丛氏从蜀山南迁成都平原，蚕桑、丝绸文化也一同传布开来，推动了成都蚕桑和丝绸业的兴起，并进一步演进成为中国蚕桑、丝绸业的主要基地和一大中心。

（二）考古资料所见丝绸的起源

迄今为止，在中国考古中发现的最早一件与蚕相关的实物资料，是1977年在浙江余姚河姆渡遗址第二次发掘中所出土的牙雕小盅。[①] 在这件牙雕小盅的外壁，雕刻着一圈编织纹和野蚕纹图案。发掘中还同时出

---

① 《浙江河姆渡遗址第二期主要收获》，《文物》1980年第5期。

土一批纺织工具，表明当时已有织机。将野蚕纹与编织纹和织机等因素联系起来看，7000 年前的河姆渡文化，可能已经开始利用野生蚕茧作为纺织原料。不过，由于还不懂得将野蚕驯养为家蚕，所以它还停留在利用家蚕茧缫丝织绸这种真正意义上的丝绸起源时代之前。

另外几件与野蚕有关的考古实物资料，分别发现于山西夏县西阴村①和河北正定杨庄②，两个出土点的层位均属仰韶文化地层，距今五六千年。1928 年，李济在西阴村遗址内发现了一个半割的茧壳，切割的部分"极平直"，有着整齐的切割边缘。曾有学者据此以为仰韶文化时期中国已有了养蚕业，③ 但夏鼐认为这个发现本身是靠不住的，更不能根据这个靠不住的"孤证"来断定仰韶文化时期已有养蚕业，当然也就谈不上与丝绸的起源有关。即使这件半割蚕茧的出土地层可靠，也不是为了用蚕茧缫丝，因为一经剖开，它即成为废品④，所以有学者认为其是取蛹供食用。至于河北正定杨庄仰韶文化出土的两件陶蚕蛹，只能说明人们对蚕蛹本身所具有的一种崇拜观念，而与利用蚕茧缫丝织绸并无关系，自然也与丝绸的起源无关。

河南青台遗址的发现，为我们提供了判定丝绸起源时代的确切证据。1984 年，河南荥阳县青台村一处仰韶文化遗址中发现了公元前3500 年前的丝麻纺织品，这些纺织品大多发现于儿童瓮棺葬内，用来包裹儿童尸体。经鉴定，在仰韶文化中期早段文化堆积层内 W164 瓮棺内发现的纺织物的原料为丝，并有平纹和二经纹罗纹两种。前者面积为 $30 \times 25\text{mm}^2$，经向密度为每厘米 10 根，纬向密度为每厘米 8 根；后者面积为 $25 \times 12\text{mm}^2$，经向密度为每厘米 30 根，纬向密度为每厘米 8 根。⑤这些丝织品中，不仅有平纹织物，还有罗纹织物，只是组织十分稀疏。这就表明，至迟在仰韶时代中期，中国丝绸已经开始了起源的历程。

浙江吴兴钱山漾遗址发现的丝绸，则为中国丝绸的多元起源提供了证据。1958 年在浙江吴兴钱山漾遗址的第二次发掘中，出土了一批盛

① 李济：《西阴村史前的遗存》，清华大学研究院第三种，1927 年，第 22—23 页。
② 唐云明：《我国育蚕织绸起源初探》，《农业考古》1985 年第 2 期。
③ 夏鼐：《我国古代蚕、桑、丝、绸的历史》，《考古》1972 年第 2 期。
④ 牟永抗、吴汝祚：《水稻、蚕丝和玉器》，《考古》1993 年第 6 期。
⑤ 郑州市文物考古研究所：《荥阳青台遗址出土纺织物的报告》，《中原文物》1999 年第 3 期。

在竹筐中的丝织品，有绢片、丝带和丝线等。[①] 经鉴定，原料是家蚕丝，绢片为平纹组织，经纬密度为每厘米 48 根，丝带为带子组合，观察为 10 股，每股单丝 3 根，共计由单纱 30 根编织而成。据研究，绢片的经纬密度显示出当时必然已有了比较完备的织机，从丝线绞捻组合、单丝纤维平整光洁以及条纹等方面观察，织物无疑是先缀后织的。[②] 钱山漾遗址属于长江下游的良渚文化，其年代与龙山文化大致相当，属于中国考古学上的龙山时代。根据对钱山漾遗址中与丝织品同一层位同一探坑内的稻谷标本所做的碳-14 测年结果，绝对年代距今 4715±100 年，树轮校正距今 5260±135 年，为公元前 2750±100 年。[③]

上述说明，早在新石器时代晚期，中国丝绸已经步入起源的阶段。可以确认，以成都平原为中心的古蜀地区、以良渚地区为中心的宁绍平原和以荥阳为中心的中原地区，同为中国蚕桑丝绸的起源地。历史事实表明，中国桑蚕丝绸的兴起，并非起源于一个地区和一个时期，它既是多中心的，又是不同期的。

二 丝绸之路的形成

丝绸之路兴起于先秦，发展于两汉，在魏晋南北朝及以后的历史时期发生了若干变化。南方丝绸之路在从先秦到清代的整个古代史上都一直存在着盛衰兴替的发展变化，北方丝绸之路在唐代以后变化较大，海上丝绸之路在魏晋南北朝以后得到较大发展，草原丝绸之路则在汉晋以后随北方草原民族势力的消长而时有盛衰。

（一）南方丝绸之路的形成

南方丝绸之路是以成都为起点的国际交通线，有西路、中路和东路三条，分别通往印度、中南半岛和南海。其中最主要的一条是通往印度

---

① 浙江省文管会：《吴兴县钱山漾遗址第二次发掘报告》，《考古学报》1960 年第 2 期。
② 周匡明：《养蚕起源问题的研究》，《农业考古》1987 年第 1 期。
③ 夏鼐：《碳-14 年代测定和中国史前考古学》，《考古》1977 年第 4 期。

的"蜀身毒道",其走向为:从成都出发,向南分为东、西两路。西路为灵关道(又称旄牛道),从成都出发,经今邛崃、雅安、荥经、汉源、越西、西昌、会理、攀枝花、大姚,西折至大理;东路为五尺道,从成都南行至今乐山、犍为、宜宾,再沿五尺道至今大关、昭通、曲靖,西折经昆明、楚雄,进抵大理。两道在大理会合后,继续向西,经博南道至保山,而后经永昌道出腾冲抵缅甸密支那,至印度阿萨姆;或出瑞丽抵缅甸八莫,经密支那去阿萨姆。这条线路最长,也是南方丝绸之路最重要的一条线路,堪称古代亚洲的交通大动脉(见图14—1)。[①]

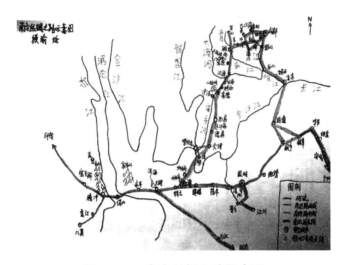

图14—1　南方丝绸之路示意图

关于南方丝绸之路的形成年代,学术界有多种看法。20世纪初,法国学者伯希和(Paul Pelliot)认定此道在公元前2世纪已经开通。[②]英国学者布莱恩·哈逊(Brian Harrison)指出:"可以肯定,在公元前126年之前,商队就把中国的商品经过云南和上缅甸,沿布拉马普特拉河和恒河运到希腊人的巴克特利亚王国。"[③] 20世纪80年代,任乃强论述了中国西南通往印度、阿富汗的"蜀布之路",认为其年代远远早

---

① 段渝:《南方丝绸之路:中—印交通与文化走廊》,《三星堆文明·巴蜀文化研究动态》2015年第1期。

② [法]伯希和:《交广印度两道考》,冯承钧译,中华书局1955年版,第11页。

③ [英]布莱恩·哈逊:《东南亚简史》,转引自蓝勇《南方丝绸之路》,重庆大学出版社1992年版,第10页。

于北方丝绸之路。① 童恩正也研究了从成都经云南、缅甸、印度、巴基斯坦到达中亚的商道情况，提出这条道路在战国时代已初步开通的观点。② 蓝勇则认为公元前 4 世纪至 3 世纪直到公元 2 世纪中缅印陆路交通路线确实存在。③ 段渝在掌握大量考古资料并对古代中外文献进行充分解读的基础上，将语言学、考古学和文献学相结合进行研究，提出"南方丝绸之路早在商代已经初步开通"④ 的观点。这一观点不仅解释了达罗毗荼人从印度北方迁至恒河流域，又逐步沿印度河流域向东印度、南印度迁徙的历史事实，也解决了三星堆考古发掘中出现大量印度文明因素如象牙、齿贝的原因。就现有考古资料和学者们的研究，我们可以肯定，商代正是南方丝绸之路的形成时期。

西汉时期，为了能与身毒、大夏结盟，共同抗击匈奴，以解除北部边境的威胁，汉武帝在先秦五尺道的基础上，开拓了南方丝绸之路的官道。建元六年（前 135 年），唐蒙在南越了解到从夜郎经牂牁江可至南越，向汉武帝建议通夜郎道，获武帝赞同。而南方丝绸之路的西线灵关道，则由司马相如负责开通。司马相如在安宁河流域开通了灵关道，通过修孙水桥通往邛都，将西南边疆延伸到牂牁江边。元狩元年（前 122 年），张骞出使西域归来，向汉武帝提及在"大夏时见蜀布、邛竹杖"⑤，认为民间有从蜀地经西南夷通往身毒的道路。这引发了汉武帝再次开西南夷，打通通往印度至西域道路的雄心壮志。汉武帝即令张骞从"蜀、犍为发间使，四道并出：出駹，出莋，出徙，出邛、僰，皆各行一二千里"⑥。但这次遣使"四道并出"没有取得预期成效，"终莫得通"。直至东汉永平十二年（69 年）哀牢王内附，东汉王朝设立永昌郡，中央王朝才最终控制了通往东印度的道路。三国时期，蜀国再次开通了已关闭百余年的旄牛官道，"开通旧道……复古驿亭"⑦。《魏略·

---

① 任乃强：《中西陆上古商道》，《文史杂志》1987 年第 1、2 期。

② 童恩正：《略谈秦汉时代成都地区的对外贸易》，《成都文物》1984 年第 2 期。

③ 蓝勇：《南方丝绸之路》，重庆大学出版社 1992 年版，第 11 页。

④ 段渝：《中国西南早期对外交通——先秦两汉的南方丝绸之路》，《历史研究》2009 年第 1 期。

⑤ 《史记·司马相如列传》，中华书局 1959 年年版。

⑥ （西汉）司马迁：《史记·大宛列传》，中华书局 1959 年版。

⑦ 《三国志·蜀书·张嶷传》。

西戎传》说此期间天竺东南数千里的盘越国，"蜀人贾似至焉"①，盘越即今东印度阿萨姆。可知从两汉至魏晋时期，中央王朝持续对西南夷地区通往东南亚和南亚的道路进行维护和经略。

南北朝时期，由于北方丝绸之路河西走廊被阻断，南朝与西域的交通也需要借助吐谷浑来实现。南方丝绸之路的起点成都作为南朝接壤吐谷浑的重要城市，同时也是蜀锦的重要生产基地，因此成为吐谷浑与南朝交通的重要中转地，吐谷浑与柔然的商人经常到成都采购丝绸，甚至有西域商人安家到成都附近。《南齐书·芮芮传》说，"芮芮常由河南道②而抵益州"。

隋唐时期，由于大一统王朝的建立，中原王朝与西南夷的交往有所加强，改变了三国两晋分裂时期所造成的西南夷与中央政权有所疏离的状况。史万岁西征大理，再次开放了中原与西南夷地区的交通。

唐代南方丝绸之路的主线经今川西、滇西到缅印，分为川滇段和滇缅印段。川滇段从成都经川西到云南大理，唐代称此路为清溪路或南路，此路又被称为邛部旧路、嶲州道、姚州道。隋唐时代，这条道路是南诏各族入朝进贡的要道。

滇缅印段的开发与唐王朝在西南地区的逐渐经略有很大的关系，唐朝经营云南的起点是成都府，以嶲州为据点。高祖太宗时代，从嶲州起东南渡过金沙江到达朗州（云南曲靖附近），然后再向大理盆地推进。玄宗时期，唐王朝意图开通从长安经四川、云南通交州的交通道路，以便利南海贸易，转而关注昆明地区，将姚州作为一大军事基地，开元二十七年（739 年）到天宝九年（750 年），剑南节度使章仇开发步头路，与当地的西爨部族引发了纷争。天宝九年，南诏叛离唐朝，因唐朝数次征讨吴国，不得不中断对云南的经营。南诏建国后，大力发展佛教，与缅甸建立了密切的交往关系，保持了通往缅甸道路的畅通。南诏南接骠国，北连唐王朝，贞元年间，骠国使团献乐的队伍，是沿着唐代宰相贾

---

① 《魏略·西戎传》。
② 河南即吐谷浑，因其地位于黄河之南，其王曾被刘宋封为河南王，因此青海道又被称为河南道。

耽记载的中缅印路线之一进入大理的,[①] "自羊咩城西至永昌郡……西渡怒江……至诸葛亮城（龙陵）……南至乐城……入骠国境,经万公等八部落,至犀利城七百里。……至骠国（指都城）,……西度黑山,至东天竺迦摩波国……又西北渡迦罗都河至奔那伐檀那国……又西南至中天竺国东境恒河南岸羯朱嗢罗国……西至摩羯陀国"[②]。献乐使团到达大理后,经成都到达唐都长安。这条线路正是唐代从蜀身毒道的起点成都经滇、缅入印度的通道。

唐代的南方丝绸之路另有支线石门道、步头道、滇南出口通道和黔州支线。石门道即秦汉之五尺道,唐代《蛮书》称其为北路,"从石门外出鲁望、昆明至云南,谓之北路",因其途中过石门关,又称石门道。步头道在唐代代替魏晋时期的进桑道成为滇越交通的重要通道。

隋唐时期,南方丝绸之路的政治功能逐渐强化,更多地承担了境内外的进贡回赐和盐、绢丝交易等经济贸易功能。

（二）草原丝绸之路的形成

草原丝绸之路是指横贯欧亚大陆北方草原地带的交通道路,分为南、北两线。北线东起于西伯利亚高原,经蒙古高原向西,再经咸海、里海、黑海,直达东欧;南线东起辽海,沿燕山北麓、阴山北麓、天山北麓,西去中亚、西亚和东欧。草原丝绸之路除了这两条横贯东西的主要道路之外,还有纵向交通,可以南达中原地区,北接蒙古西伯利亚。草原丝绸之路至迟在公元前5世纪已经形成,并且其形成是从东西两端分别进行的。

草原丝路中亚至地中海段的开通,与波斯帝国的兴起有着十分密切的关系。波斯帝国建立了全长2400公里的完善的驿路网,使地中海东岸地区到中亚的交通变得更为便利。公元前4世纪,亚历山大的东征,使欧洲与中亚建立了直接的联系。至此,阿尔泰山以西地区的丝绸之路已经畅通无阻。成书于公元前5世纪的希罗多德的《历史》一书大致

---

① ［缅］吴耶生:《公元802年骠国使团访华考》,载《中外关系史译丛》第一辑,上海译文出版社1984年版,第68—70页。

② 《新唐书》卷四十三下《岭南道》,中华书局1975年版,第1152页。

描述了当时欧亚草原上诸族的分布，其范围西起多瑙河流域，东至阿尔泰山、天山。

考古资料说明，至迟在公元前 5 世纪，通过草原丝绸之路的丝绸贸易已经存在了。1973 年，在内蒙古杭锦旗和桃红巴拉匈奴墓中，发现了春秋时代的丝织品残片。① 这是在匈奴居住地发现的最早的丝织品实物。1960 年在内蒙古土默特旗水涧沟门的一座战国时期的匈奴墓中，也有丝织品的痕迹。② 由此可见，早在春秋战国时代丝织品已经传入匈奴所居住的河套等地区。1976—1978 年，吐鲁番盆地西缘阿拉沟东口、鱼儿沟车站地段发现了古代墓葬群。在第 28 号墓中出土了一件春秋时期的凤鸟纹刺绣。③ 在阿尔泰山北麓的乌拉干河畔发现的巴泽雷克墓群也出土了不少春秋时期的丝绸品。④ 这些发现充分证明，至迟在公元前 5 世纪，中国的丝织品已在阿尔泰山一带流传。上述考古发现的丝绸为我们勾勒了春秋时期草原丝路东段丝绸的分布。

因此，至迟在公元前 5 世纪，贯通欧亚大陆的草原丝绸之路已经全线开通，并在发展中西贸易、传播中西文化方面发挥着十分重要的作用。

汉晋时期，由于北方丝绸之路的兴起，草原丝绸之路作为北方与西域交通的重要通道作用逐渐为北方丝绸之路所代替，不过这条道路并没有废弃，它仍然发挥着传播文明、促进文化交流和经济交往的重要作用。西汉初年，匈奴通过和亲，从汉朝得到了大批的绢帛。掌握草原丝路这一横贯中西的大通道的匈奴，通过与汉朝的交换获得大量丝绸，满足了西方，特别是罗马等地对丝绸的大量需求，以谋取利润。在北方丝绸之路还未打通之时，匈奴向西方贩运丝绸的道路由河西走廊草原道经天山和伊塞克湖一带而至中亚河中地区。及至匈奴退出河西走廊，南匈奴归顺汉朝以后，北匈奴居于阴山一带，向西越过了今宁夏北部。西经居延海、巴里坤湖、吉木萨尔，入天山的山间草原通道，直趋伊犁、伊

---

① 田广金：《西沟畔匈奴墓反映的诸问题》，《文物》1980 年第 7 期。
② 内蒙古文物工作队编：《内蒙古文物资料选辑》第四编，"战国时期"。
③ 王炳华：《西汉以前新疆和中原地区历史关系考察》，《新疆大学学报》1984 年第 4 期。
④ 刘迎胜：《丝路文化·草原卷》，浙江人民出版社 1995 年版。

塞克湖而达河中。① 张骞出使西域后，游牧在伊犁、伊塞克湖一带的乌孙与汉结盟，因与匈奴不和，匈奴经过这一地区的丝绸贸易受到阻隔，转而走漠北单于庭，西沿杭爱山，经科布多盆地，穿过阿尔泰山，沿乌伦古河，向西南至塔城直趋塔拉斯及河中地区。

三国时期，曹魏据有北方之地，与北方草原地区的鲜卑、乌丸等地相接。据《三国志·魏书》裴松之注曰："鲜卑……其地东接辽水，西当西城。"东汉时期，鲜卑据有北方草原的广大地界，但由于与中原和周边其他民族常常处于战争状态，这一时期的草原丝绸之路并未能充分发挥其职能。

五胡十六国和北魏前期，草原丝绸之路的东段即中国北方草原地带，成为草原民族迁徙往来的主要通道，除了吐谷浑部的迁徙外，西晋末年，鲜卑拓跋部从大兴安岭北端迁居盛乐（内蒙古和林格尔），后又迁都平城。北魏时期西行路线，即以平城为起点，经君子津、统万城（夏州）、灵州至姑臧，西行与居延道相连进入西域，形成贯通中国北方的东西国际交通路线。

北朝末期，突厥崛起，于6世纪中期活跃于北方草原，与北齐、北周都保持着密切的关系，并有姻亲往来，同时也与西域诸国有频繁的接触。在与波斯为争夺对丝绸贸易的控制权而失和后，突厥与东罗马建立了直接联系，将丝绸生意做至罗马，并与罗马建立同盟关系，共同对付波斯。突厥的强盛和扩张，客观上阻断了中原地区与西域的交通，但却在很大程度上充当了中原地区与西域交通的中介。②

唐太宗贞观三年（629年）灭东突厥，"斥地自阴山北至大漠"③，并对降唐的东突厥实行羁縻制度，将其安置在东自幽州（今北京），西至灵州（宁夏灵武）的广大地区。贞观二十年（646年）又灭漠北代东突厥而立的薛延陀汉国，设六州七府，仍行羁縻制度。至此，唐朝中央政府的政治管辖权直接行使到整个大漠南北，唐太宗也被尊称为"天可汗"，并在大漠南北开辟了"参天可汗道"，沿途设置馆舍68处，方

---

① 苏北海：《汉唐时期的草原丝绸之路》，选自张志尧主编《草原丝绸之路与中亚文明》，新疆美术摄影出版社1994年版，第29页。

② 石云涛：《3—6世纪的草原丝绸之路》，《社会科学战线》2011年第9期。

③ 《新唐书》卷九十三《李靖传》，中华书局1975年版，第3813页。

便了中原与漠北以及漠北各地之间的交通联络。高宗显庆二年（657年）击败西突厥，两年后，西突厥全境为唐朝占领，唐朝的势力伸展到欧亚草原腹地。唐王朝灭东、西突厥后，通过草原丝绸之路进行的东西方贸易活动进入了一个新的繁荣时期。

　　8世纪中叶至9世纪中叶吐蕃占据了塔里木盆地、帕米尔高原、费尔干纳时，塔里木盆地南北两道的丝绸之路均被切断，唐与西域的直接联系中断，遣使也只能"间道历诸胡子纥中来"，取道北庭向北越过阿尔泰山，过杭爱山，再经阿尔浑河上游，辗转到达长安。这一时期的北方草原为回纥所控制，因此北方草原丝路一度被称作"回鹘道"。突厥汗国灭亡后，回纥逐渐强大起来。贞元四年（788年），回纥可汗上表请求改为回鹘。回纥汗国与唐朝保持着友好的关系，回纥利用政治上与唐的特殊关系，获得了大量的丝绢，操纵着草原丝绸贸易达百年之久。唐朝中央政府与安西、北庭都护府的联系，唐朝与西域各国的交往，完全要绕道回纥地区，在从漠北经北庭都护府（今吉木萨尔）伊犁、碎叶通向河中的道路上，形成了北庭、伊犁、碎叶三个中心，用以经营丝绸贸易。

（三）　北方丝绸之路的形成

　　北方丝绸之路是从长安（或洛阳）出发，向西沿渭河至甘肃天水后，折而向北到达甘肃张掖郡等四郡，最终与西域诸国建立联系的河西走廊丝路。该路在中国境内分为东、西两段，东段自西安至敦煌、玉门关、阳关；西段自敦煌、玉门关、阳关入新疆。

　　其东段分为南路、北路和青海道，其中南路为主道，北路和青海道为辅道（见图14—2）。南路从长安出发，经咸阳、扶风、凤翔、陇县（陇州）、天水（秦州）、甘谷（伏羌）、陇西（渭州）、临兆（临州）、兰州（金城）、永登（广武）、古浪（昌松）、武威（凉州）、张掖（甘州）、酒泉（肃州）、安西（瓜州）、敦煌（沙州）；北路从西安、咸阳、彬县（邠州）、泾川（泾州）、平凉、固原（袁州）、靖远（会州）与南道会合至敦煌；青海道从南路的天水或兰州西经乐都（鄯州）、西宁（鄯城），通过大雪山扁都口至张掖，或自西宁过日月山（赤岭），沿青海湖南岸至伏俟城（吐谷浑国都），北上穿当今山口至敦煌，或从伏俟城沿柴达木盆地南缘，经都兰、格尔木、西出阿尔金山至若羌，汇入西段的南路。①

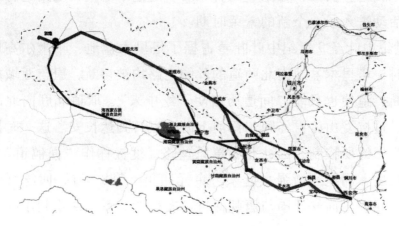

图 14—2　北方丝绸之路东段示意图

西段出玉门关或阳关，穿过白龙堆到罗布泊地区的楼兰。至楼兰分为南北两路。北路西行，经尉犁（今库尔勒）、龟兹（今库车）、姑墨（今阿克苏）至疏勒（今喀什）。南路自鄯善（今若羌），经且末、精绝（今民丰尼雅遗址）、于阗（今和田）、皮山、莎车至疏勒。

从疏勒西行，越葱岭（今帕米尔）至大宛（今费尔干纳）。再往西行可至大夏（今阿富汗）、粟特（在今乌兹别克斯坦）、安息（今伊朗），最远到达大秦（罗马帝国东部）的犁轩（又作黎轩，古罗马所属埃及亚历山大城）。通往域外的另一条道路从皮山西南行，越悬渡（今巴基斯坦达丽尔），经罽宾（今阿富汗喀布尔）、乌弋山离（今锡斯坦），西南行至条支（在今波斯湾头）。如果从罽宾向南行，至印度河口（今巴基斯坦的卡拉奇），转海路也可以到达波斯和罗马等地。

北方丝绸之路的开通年代，以西汉武帝时张骞出使西域为标志。虽然这条道路上的文化交流和民族迁徙一直存在，但常因一些民族或国家的纠纷和战争而中断。加之路途遥远，缺乏安全保障，通行十分困难。

---

① 徐苹芳：《考古学上所见中国境内的丝绸之路》，载联合国教科文组织、中国社会科学院考古研究所编《十世纪前的丝绸之路和东西文化交流》（沙漠路线考察乌鲁木齐国际讨论会，1990年8月19—21日），新世界出版社1996年版。

及至张骞通西域之后，西汉王朝在这一地区驱逐了匈奴，建立了西域都护府，采取了各种措施来保证这条道路的畅通和安全，使得这条横贯亚洲的大通道得以发展和繁荣。

汉宣帝神爵二年（前60年），匈奴发生内讧，日逐王降汉，匈奴势力全部退出西域，西汉在乌垒城（今新疆轮台县）建立西域都护府，正式在西域设官、驻军、推行政令，开始行使国家主权，这就是《汉书·郑吉传》中所称的"汉之号令班西域矣，始自张骞而成于郑吉"。西域都护的设置，是北方丝绸之路进入繁荣和畅通阶段的标志。

王莽篡汉之后，因实行歧视性的民族政策，引发了匈奴和西域诸国的反抗，匈奴趁机控制了西域，公元13年，西域都护但钦被杀。紧接着，河西、陇东的官员也反对王莽，长安以西的丝绸之路完全中断。公元91年，西域都护、戊己校尉恢复，班超被任命为西域都护。安帝永初元年（107年），安帝以"西域阻远，数有背叛，吏士屯田，其费无已"[1]，下令撤销西域都护，匈奴趁机再占西域。再加上羌人叛乱迭起，丝绸之路再次中断。后经班超之子班勇的争取，赶走占据在吐鲁番一带的匈奴，丝绸之路再次开通。

两汉时期，朝廷在北方丝绸之路沿线设置了邮亭，修筑道路，布置烽燧，设立关卡稽查行旅，并在丝路沿线实行屯田，保证了丝路交通的安全。相对而言，西汉时期，北方丝绸之路一直处于比较畅通的状态，东汉时，有过几次中断。但总的来说，两汉时期北方丝绸之路是比较繁荣的，正如《后汉书·西域传》所言："驰命走驿，不绝于时月。商胡贩客，日款于塞下。"[2] 通过北方丝绸之路，西域的葡萄、胡麻（芝麻）、胡瓜（黄瓜）、胡葱（大葱）、胡豆（蚕豆）、胡萝卜等植物和骆驼、驴、马等优良品种传入中原，内地的丝织品和铁器等工艺品、生产品也被源源不断地输往西域，东西方的交流达到了前所未有的程度。

三国时期，曹魏政权在两汉时期北方丝绸之路沙漠地段南北两条道路的基础上新开了"北新道"，使丝绸之路从敦煌玉门关入西域扩展为三条道路，"从玉门关西出，经婼羌转西，越葱岭，经悬度，入大月

---

① 《后汉书》卷四七《班梁列传》。
② 《后汉书》卷八八《西域传》。

氏，为南道。从玉门关西出，发都护井，回三陇沙北头，经居卢仓，从沙西井转西北，过龙堆，到故楼兰，转西诣龟兹，至葱岭，为中道。从玉门关西北出，经横坑，辟三陇沙及龙堆，出五船北，到车师界戊己校尉所治高昌，转西与中道合龟兹，为新道"①。北方丝绸之路得到了较好的发展。

北方丝绸之路的辅道——青海道在三国时期也得到了发展。三国蜀汉联合羌、胡对付曹魏，因曹魏控制着西域走廊丝道，因而蜀汉与青海以及陇西羌人的联系主要通过青海道。诸葛亮北伐时，"凉州诸国王各遣月支、康居胡侯支富、康植等二十余人诣受节度"②。247 年，陇西、南安、金城、西平诸羌人相约攻魏，南与蜀汉结盟，同时参与这次攻魏的还有凉州胡王治无戴、白虎文。可以看出，三国时期，西域胡侯相为联络攻魏，大概也是为着夺取北丝路河西走廊丝道，因此道不通于蜀汉及羌地，因此凉州胡王进入羌地的路线大抵是自鄯善东界越当金山口，沿柴达木盆地北缘，东向进入青海湖，沿西倾山进入松潘草地。

西晋建立统一政权后，北方丝绸之路所经过的地区，如焉耆、龟兹、鄯善、疏勒、大宛等地区的首领纷纷接受西晋的册封。东晋十六国时期，统治西北的前凉、前秦、后秦、西秦、后凉、南凉、西凉、北凉等朝，都曾采取措施保证北方丝绸之路的畅通。北魏统一北方和西北广大地区后，非常重视与西域的交往，与西域各地互派使者。北魏首都洛阳成为西域和外国商人的聚集之地，还设置了专供这些商人买卖的市场。北齐、北周时期，也非常注意与西域的商品交流。这一时期，进入罗马的中国丝绸逐渐增多，但多经过波斯和中亚等国转手贸易。

唐朝时，唐太宗在龟兹首府设立安息都护府，统于阗、碎叶、疏勒，号"四镇"③，管理天山以南。公元 702 年，唐王朝在庭州设立北庭都护府，管理天山以北的广大地区。两大都护府的设立，使唐朝政府在西域广大地区设立了完整的军政机构，为管理、开通丝路提供了可靠的保障。④

① 《三国志·魏书·乌丸鲜卑东夷传》。
② 《三国志·蜀书·后主传》。
③ 《新唐书》卷二二一《龟兹传》。
④ 杨建新、卢苇编著：《丝绸之路》，甘肃人民出版社 1981 年版，第 36 页。

　　唐代北方丝绸之路的繁荣因为唐后期吐蕃对西域的控制而受到很大的影响。吐蕃兴起于 7 世纪初叶，在松赞干布时代，与唐朝保持着友好的关系，曾帮助唐朝共同保护西域丝绸之路的通畅。647 年，唐破西突厥乙毗射匮可汗，进军龟兹时，吐蕃出兵占领了龟兹西南。648 年，唐左卫率府长史王玄策出使西域时，"为中天竺所掠，吐蕃发精兵与玄策击天竺，大破之"[①]。但在此过程中，吐蕃产生了控制西域的意图。公元 650—670 年，吐蕃多次进攻唐西域，并于 670 年利用大非川之战控制了安西四镇和天山南路地区，唐王朝被迫"罢龟兹、于阗、焉耆、疏勒四镇"[②]。675 年，唐收复四镇，但至 682 年，四镇再失，西域陷入吐蕃帝国的统治之下。7 世纪末，武则天收复了西域四镇，这种状况一直维持到 8 世纪中叶。天宝十四年（755 年）的安史之乱给了吐蕃可乘之机，从贞元五年（789 年）至贞元八年（792 年），吐蕃向西域发动大规模的进攻，沙洲、庭州、西州、安西相继陷落，吐蕃控制了西域丝路。[③] 9 世纪后半期，唐朝在回鹘的帮助下，收复了西域，但复为回鹘所控制。吐蕃对西域的控制阻隔了中原王朝与西域交流的通道，不得不转而主要依靠草原丝路进行。另一方面，吐蕃对西域的控制，客观上有助于北方丝绸之路吐蕃通西域道的开通。

（四）海上丝绸之路的形成

　　至迟在公元前 2 世纪，中国汉王朝在南方开辟了海上丝绸之路，该路从中国大陆南端的徐闻、合浦和番禺出发，经过南中国海，与东南亚和印度洋相连。关于海上丝绸之路的文献记载，最早见于《汉书·地理志》，据该书记载，从"日南障塞、徐闻、合浦"可以通过乘船通达上述各地，可见这三个港口为汉代海上丝绸之路最早的始发港。

　　这一时期海上丝绸之路的走向，《汉书·地理志》有明确记载，自日南、障塞、徐闻、合浦下海，航行约五个月，有元都国；再航行四个月，有邑卢没国；又航行二十余日，有谌离国；由此步行十余日，有夫甘都卢国；自夫甘都卢国航行二月余，有黄支国。自黄支国返航，船行

---

① 《旧唐书》卷一九六《吐蕃传》。
② 《资治通鉴》卷二〇一。
③ 《旧唐书》卷一九七《吐蕃传》下，中华书局 1975 年版，第 5255—5257 页。

约八个月，到皮宗；再航行约两个月，就返回日南、象林界。① 这个记载说明，在西汉时期，中国的商舶和使臣已经可以从中国直航印巴次大陆的南端。据《史记·货殖列传》和《汉书·地理志》记载，汉代从海上丝绸之路进口的货物主要是珠宝、玛瑙、水晶、香料等，出口的货物主要是丝绸、黄金等。

两汉时期的海上丝绸之路，以日南障塞、徐闻、合浦为对外通航的始发港口，与东南亚各国通航贸易，最远到达印度与阿拉伯、罗马商人进行货物贸易。在《后汉书》中有不少关于这方面的记载。在东南亚的许多地方发现了中国汉代的遗物或与中国汉代文化相关的文物，马来西亚柔佛州出土了大量具有汉陶纹样的陶片，中国汉代陶器还在苏门答腊、爪哇和婆罗洲的墓葬中发现，同时在印度尼西亚的加里曼丹沙捞越河口的山猪墓山麓发现了汉代的五铢钱，② 这些都是海上丝绸之路通行至这一地区的重要证据。而汉代中国与大秦的经济文化交流，多为安息和天竺所阻拦，"（大秦）与安息、天竺交市于海中，利有十倍……其王常欲通使于汉，而安息欲以汉缯彩与之交市，故遮阂不得自达"③。公元 97 年，班超派遣甘英出使大秦，试图打通海上通道，但未能成功。公元 166 年，大秦王安敦遣使自日南徼外献象牙、犀角、玳瑁，始得开通，这是罗马与东汉王朝直接交易的最早记载。

魏晋南北朝时期，由于南北分裂，中国境内的陆上丝绸之路受到很大的影响，而海上丝绸之路则得到了继续发展和延伸。三国孙权黄武五年（226 年），大秦国商人秦论到达交趾，随交趾太守的使者到了吴国。④ 黄龙二年（230 年）孙权派遣将军卫温、诸葛直率领载有"甲士万人"的庞大船队到达"夷洲"而返。孙权还派使者朱应、康泰出使南海诸国，此行遍及东南亚，并兼带进行丝绸贸易。他们到达的巨延、耽兰和杜薄，即在今菲律宾境内。3 世纪时，菲律宾人也横渡南中国海到扶南（今柬埔寨）从事贸易活动。由此可见，在三国鼎立时期，南海航路的丝绸贸易在东南亚范围内，已从中印半岛和印尼群岛扩大到菲

---

① 《汉书》卷二八下《地理志》。

② 周连宽、张荣芳：《汉代我国与东南亚国家的海上交通和贸易关系》，《文史》第九辑。

③ 《后汉书》卷八八《西域传》。

④ 《梁书·中天竺传》。

律宾群岛。东晋高僧法显写的《法显传》记载了他从印度回国的海路行程，说明东晋时期广州已经是海上丝绸之路的一个重要港口。

南朝宋、齐时，东南亚有十几个国家同中国有直接往来。梁朝时，南海诸国奉中国王朝的"正朔"年号，向梁朝入贡。南北朝时中国的商船经常到达波斯湾，并从波斯湾进入幼发拉底河。在距离古巴比伦废墟约 3 公里的希拉城附近停泊，同阿拉伯人交易。波斯、印度和东南亚各国商人也经常来华贸易。据《南史·吴平侯景传附子劢传》记载，南朝时，每年抵达广州的外国船舶少时约三五艘，多则十余艘。

隋朝大业初年，隋炀帝派兵平定交州，水兵沿印度支那半岛东岸南下至林邑，击破林邑王梵志的象军，密切了隋王朝与东南亚的关系。大业三年（607 年）10 月，常骏、王君政出使赤土（马来半岛西岸），以丝绸作为重要的礼品，受到赤土国的隆重接待。常骏回国时，赤土国国王派遣其王子随行入隋进贡。

唐朝通往南海的丝绸之路以贾耽的《皇华四达记》[①] 记载最为详细，从广州前往大食的航海路线是先从广州到达狮子国的，具体路线从广州出航后先东南行驶出珠江口，转向西南方经数日绕过海南岛东岸，再西南行贴近越南沿海，至占不劳山（今越南岘港以东之占婆岛），南行经陵山（今越南归仁以北的燕子岬）、门毒（归仁），然后西南行经奔陀浪（今越南藩朗）、军突弄山（今越南昆仑岛），航行 5 日越暹罗湾至海峡（今马六甲海峡）。沿海峡西北行，出峡后经婆国伽兰州（今印度之尼科巴群岛），向西驶过孟加拉湾，抵达狮子国。从狮子国通往大食有两条道路，一道沿印度西海岸北上，经至弥兰大河（今印度河）河口，复西北行入波斯湾，至弗利剌河（幼发拉底河）河口。另一道从狮子国西北横渡阿拉伯海至三兰（今也门亚丁），由此沿阿拉伯半岛南岸东北行，绕阿拉伯半岛东北角达波斯湾口之没巽（今阿曼东北之苏哈尔），驶入波斯湾，沿波斯湾东岸而行，至弗利剌河河口与第一道相汇合。[②] 这条航线把中国和三大地区——以室利佛逝为首的东南亚地区，以印度为首的南亚地区，以大食为首的阿拉伯地区，通过海外丝绸

---

① 《新唐书》卷四三《地理志》。
② 刘迎胜：《丝绸之路海上卷》，浙江人民出版社 1995 年版，第 104 页。

贸易连接在一起。① 唐代海上丝路与域外的交通相对于北方丝绸之路而言，更为便捷，玄奘从印度归国时，戒日王问玄奘"不知师欲从何道而归？师取南海去者，当发使相送"②，由此可见一斑。

隋唐时期，海上丝绸之路的航行能力有了很大的提高，不仅扩大了航行的范围，也缩短了航行时间，对促进各国之间的文化交流和经济交往发挥了巨大的作用。隋唐时期通过海上丝绸之路输出的商品主要是丝绸、瓷器和金银、铜钱，从外国输入广州的主要商品是香料、珍珠、象牙、犀角等。

唐末的军阀混战使得一些繁荣的海外贸易港口和商业横遭破坏，海上丝绸之路也遭到严重的影响。

三 茶马贸易的兴起与丝绸之路的演变

茶马贸易兴起于唐，据唐人封演《封氏闻见记》卷六："按古人亦饮茶耳，但不如今人溺之盛，穷日尽夜，殆成风俗，始自中地，流于塞外。往年回鹘入朝，大驱名马，市茶而归。"其后有《新唐书》、《文献通考》等史籍沿用。这条史料告诉我们，在唐末，丝绸之路上的茶马贸易已经存在唐与回鹘之间。但不可否认的是，这一时期，唐与西域之间的主要贸易形式仍然为绢马贸易。在北方草原地带，因回鹘在安史之乱时帮助唐王朝收复长安、洛阳，"代宗厚遇之，……岁送马十万匹，酬以缣帛百余万匹"③。这种大规模的绢马贸易在唐代宗、宪宗和德宗年间都有发生。茶马贸易相对于绢马贸易而言，无论是规模还是次数上都不能与之相比，可以认为唐代茶马贸易还只是零星地存在，并没有形成规模。

唐时虽然许多名茶已经进入吐蕃，但吐蕃对茶还没有形成多少认识。李肇《唐国史补》卷下记载，"常鲁公使西蕃，烹茶帐中，赞普问

---

① 陈炎：《略论海上"丝绸之路"》，《历史研究》1982 年第 3 期。
② 黄新亚：《丝绸之路·沙漠卷》，浙江人民出版社 1995 年版，第 105 页。
③ 《新唐书》卷五一《食货志》。

曰：'此为何物'？鲁公曰：'涤烦疗渴，所谓茶也。'赞普曰：'我此亦有。'遂命出之，以指曰：'此寿州者，此舒州者，此顾渚者，此蕲门者，此昌明者，此浥湖者。'"① 由此可知，赞普虽有不少名茶，但对于饮茶之法尚不了解，而且也不知茶的名字。唐代的藏族"俗重汉缯而贵瑟瑟"，丝绸还是他们追求的主要物品。在这一时期，中原与边疆各地茶马贸易的数量非常少。

茶马贸易在唐代丝绸之路的贸易中没能形成规模，也与中国茶叶的生产有很大的关系。虽然关于茶的记载早在《周礼》中就已经出现，但大规模的饮茶习俗尚未形成。南北朝时，北魏统治者仍对饮茶一事不屑一顾，认为是"苍头水厄"②。南朝则因其地产茶之故，不仅形成了喝茶的习俗，并把茶叶列为贡品，"乌程县西有温山，出御荈"③。这种饮茶习俗的南北差异，至中唐始被打破。④ 而关于茶树的人工种植和栽培技术，在文献中最初的记载也见于成书于 760—780 年间的陆羽的《茶经》，该书记载的茶树种植技术，大致反映了唐中期以前的状况。由上述记载可以看出，中唐以前，茶叶生产还不足以支持大规模的茶马贸易。随着饮茶习俗的普及和茶树种植以及茶叶生产技术的改进，到晚唐时，茶树种植的范围大为增加，茶的品种和工艺都有所增加。陆羽《茶经》记载产茶之地有山南、淮南、浙西、剑南、浙东、黔中、江南、岭南八大产区的 44 州，及至唐末，产茶之地已经发展到 98 州。⑤晚唐五代时期，中国古代传统的精耕细作农耕技术，已运用到了茶叶生产过程之中，时人韩鄂的《四时纂要》对此有详细的记述。在采茶和制茶方面，不仅采摘春茶，也开始采摘秋茶。在茶的制作工艺方面，除生产团茶、饼茶外，开始制作散茶。

宋代的茶叶生产在唐末基础上有了更大的发展，东南十路产茶遍及60 州 242 个县。福建的建州每到采茶季节，"千夫雷动，一时之盛，诚为伟观"⑥。北宋还在岭南新辟了许多茶园，到北宋嘉祐四年（1059

---

① 李肇：《唐国史补》，上海古籍出版社 1979 年版。

② 《洛阳伽蓝记》卷 2《城东》，卷 3《城南》。

③ 《艺文类聚》卷 82 杜育《荈赋》，卷名 2 引。

④ 王洪军：《唐代的茶叶生产——唐代茶叶史研究之一》，《齐鲁学刊》1987 年第 6 期。

⑤ 同上。

⑥ 赵汝砺：《北苑别录》。

年），东南地区的茶叶产量达到了两千多万斤。作为茶马互市主要供应地的四川，在唐和五代时期，四川茶区占全国茶产地的四分之一，四川茶叶的产量很高，仅蒙顶山茶叶就年产万斤左右。[①] 及至两宋时期，四川茶叶生产有了长足的进步，盆地的丘陵区和低山地带都有茶园分布，据宋人测算，"蜀茶岁约三千万斤"[②]。宋代茶叶产量的大增，为茶马互市贸易的开展奠定了可靠的物质基础。

安史之乱后，唐朝的河西走廊为吐蕃所占有，唐代马政受到严重影响，国家马匹的来源只能依靠回纥而取得，因而产生了绢马贸易。及至北宋建立，其地域较之唐朝大为缩小，北方相继出现了辽、夏、金等政权。这些游牧政权长期与宋对立，威胁着宋的安全，再加上宋所控制的多为农耕地带，马匹短缺十分严重。宋人深刻地认识到马的重要性，"国之大事在兵，兵在马"[③]，"固国之方在于置卫，置卫之实在于市马"[④]。为了解决马匹问题，巩固国防，宋朝积极推行茶马互市。因东北及北方的政权与北宋处于敌对状态，因此西北、西南藏族地区就成为宋朝马匹的主要来源地，"藏民复不得货马于边鄙，则未知中国战马从何而来"[⑤]。中原饮茶风俗传至藏区以后，到宋代，茶叶已成为藏区的生活必需品，以至"不可一日无茶以生"[⑥]。双方的互相需求，为宋代丝绸之路上茶马贸易的繁荣提供了契机。

北宋初年，出于对马匹的需要，多采取以铜钱、布帛、银绢交换藏族地区的马匹，不过也已经出现用茶易马的情况，据《宋史》记载，"宋初，经理蜀茶，置互市于原、渭、德顺三郡，以市蕃夷之马"[⑦]。太平兴国八年（983 年），宋太宗设买马司，禁止以铜钱买马，而改用茶货易马。及至宋神宗熙宁七年，宋朝夺取安多吐蕃故地（今甘南及青海地区），设置熙、和、洮、岷、叠、宕六州，用以换取西部高原的马匹。同年，在四川实行榷法，实行茶叶专卖，并派官"入蜀经划买茶，

① 杨晔：《膳夫经手录》。
② 《净德集》卷一。
③ 宋祁：《景文集》。
④ 员兴宗：《议国马疏》。
⑤ 《续资治通鉴长编》卷四十四。
⑥ 《续文献通考》卷二十二。
⑦ 《宋史》卷一八四《食货志》下。

于秦（今甘肃天水）、凤（今陕西凤翔）、熙（今甘肃临洮）、河（今甘肃临夏）博马"①。元丰四年（1081年），宋朝接受群牧判官郭茂恂的建议，并茶马为一司，专以雅州名山茶来易马。这个政策的实施因满足了蕃部对于茶的需求，"蕃马至者稍众"②，促进了茶马贸易的发展。

南宋绍兴年间（1131—1162年），将川秦茶马司合并为都大提举茶马司，专掌以川茶与少数民族贸易马匹，互市的交易场所重点移至四川雅安一带。川场主要与西南少数民族互市，所得马匹多充作役用；秦场全部与西北少数民族互市，为战马提供来源。③元朝因具有广阔的草原地带，因此没有茶马互市的需求。明朝建立后，也存在马匹严重不足的问题。在沿袭宋代的茶马贸易政策的基础上，明朝实行严厉的茶马专营政策，严禁私茶出境。此外，明朝还实行金牌信符，作为官方贸易执照，以严格控制走私，同时严格规定每州的具体纳马数。金牌信符的实施，改变了单纯把马匹作为贸易对象的传统，成为明王朝向西北少数民族赋税征收的一个特项。④

茶马贸易是丝绸之路在发展过程中所承担的新的功能。唐宋时期，茶马互市所经行的道路主要为北方丝绸之路的唐蕃古道。唐蕃古道的大致路线为由京兆府长安出发，西行经凤翔府，沿河西走廊的陇州、秦州、渭州、临州、河州、缮州、鄯城、绥戎城、赤岭，西南行经吐蕃界内的大非川、阁川驿等地至逻些（今拉萨）。唐蕃古道入吐蕃之前的道路，正是吐谷浑时期形成的北方丝绸之路青海道的走向，在吐蕃经大非川之役控制吐谷浑之后，进入逻些的道路与其相连。这条古道行经现甘肃、青海、西藏等地，是两宋王朝所易之马的主要来源地。除此之外，川茶还沿黎州路和雅州路进入藏区。黎州路经过了南方丝绸之路旄牛道的一段，即经雅安、荥经，出大相岭，经旄牛县，过飞越岭、化林坪至沈村，渡大渡河，经磨西，至木雅草原。雅州路经雅州、天全、泸定、鱼通、丹巴、道孚、甘孜，到达德格。⑤早在汉武帝通西南夷时，曾派

---

① 《宋史》卷一八四《食货志》下。
② 《宋史》卷一九八《兵志十二·马政》。
③ 参见《农业百科全书·茶业卷》，农业出版社1988年版，第25页。
④ 杜常顺：《略论明代甘青少数民族的"差发马赋"问题》，《民族研究》1990年第5期。
⑤ 任新建：《茶马古道与茶马古道文化》，载《边茶藏马——茶马古道文化遗产保护（雅安）研讨会论文集》，文物出版社2012年版，第47页。

使者通过此道寻找通往印度的道路，但未能成功。宋代茶马贸易的兴起，一方面使北方丝绸之路的唐蕃古道和南方丝绸之路旄牛道发挥新的功能；另一方面也开辟了新的道路，赋予南方丝绸之路新的功能。

明代，政府为了"联番制虏"，以茶叶联络吐蕃，钳制蒙古，严格限制川茶的流通范围。朝廷把保宁、夔州地区的茶叶划为"巴茶"区域，归陕西巡茶御史管理，每年调运"巴茶"100万斤至西宁、河州、洮州易马。"巴茶"以外的川茶则由四川茶盐都转运使管理。这部分川茶又分为供藏区的边茶和供应内地的腹茶。边茶又分供应黎、雅的边茶和供应松潘的边茶，故称"两边一腹"。① 黎、雅的边茶主要通往打箭炉，从雅州出发分为两道，一道从雅安经荥经、黎州、泸定、磨西至打箭炉，大致相当于沿着宋代雅州路的路线，只是至磨西延伸到了打箭炉。另一道从雅安出发，经天全两河口、马鞍山、岩州，渡过大渡河，经烹坝、大冈到达打箭炉。两路在打箭炉会合，北行经道孚、章古（炉霍）、甘孜，由林葱（原邓柯县）渡金沙江，经纳夺、江达到达昌都，再转至拉萨。松潘边茶则沿着丝绸之路青海道行进，由灌县沿岷江上行，过茂县、松潘、若尔盖经甘南至河州、岷州，转运至青海。清代基本沿着明代通往打箭炉和拉萨的道路进行茶马互市。

唐宋时期兴起，盛行于两宋、明、清的茶马互市所进行的茶马交易，是依托南、北丝绸之路而进行的，茶马贸易进一步促进了丝绸之路的发展。一方面，茶马互市是丝绸之路在新的时代条件下经济贸易、文化交流功能的继续发挥和创新；另一方面，茶马互市的发展推动丝绸之路支线的发展，唐宋时期唐蕃古道和雅州路，以及明、清时期黎、雅边茶进入康定和拉萨的道路，都是丝绸之路在新时期的发展。

---

① 贾大全、魏艳芝：《浅谈茶马贸易古道》，《中华文化论坛》2008年第12期。

第十五章　丝绸之路沿线的区域经济带

丝绸之路是东西方的交通大动脉，它的形成与发展源于经济贸易这一重要的内在动力。丝绸之路具有三大性质和作用：经济贸易、民族迁徙和文化交流，其中的经济贸易占有主要地位。

在地跨欧亚长路迢迢的丝绸之路上，在历时 2000 多年漫长的岁月中，由于历史上民族的形成与迁徙、文化形态的发展变化、酋邦与国家的形成、战争与征服等诸多因素，丝绸之路沿线不同的地区呈现出不同的经济文化面貌。单纯从经济上讲，形成了多条经济带，或者换个角度说，因为多条经济带的形成，将丝绸之路划分为不同的区域。从欧亚内陆的视野，共形成了四条经济带，分别是：中国西部两大丝绸之路经济带（南方丝绸之路经济带和北方丝绸之路经济带）、中亚经济带、南亚经济带、东南亚经济带。

这些经济带既具有相对的区域独立性，呈现出各自鲜明的特色；又不是孤立存在的，必然要与沿线其他经济带发生经济文化联系。在漫长的历史时期，各经济带之间的经济文化产生了相互作用，有时甚至是深刻的影响。经济文化的传播、交流和影响，使得丝绸之路文化面貌显现出某些同一性，更加重要的是，它造就了丝绸之路灿烂的古代文明，谱写了欧亚古代文明最光辉灿烂的篇章。

一　中国西部的丝绸之路区域经济带

中国西部的丝绸之路经济带由两部分组成，分别是南方丝绸之路经济带和北方丝绸之路经济带。做出这样的划分，主要是因为以下几个方面的因素：

第一，南方丝绸之路形成于先秦时期，在西汉汉武帝凿空西域之前，南方丝绸之路已经长期存在。

第二，南方丝绸之路与北方丝绸之路在地域上、经济上存在较大差异，各自形成了自己的经济与文化区域。

第三，当中国历史上处于政治动荡时期，以及国际形势发生动荡时期（这里指中亚），南、北丝绸之路的情况也有很大的不同。

但是，南、北两条丝绸之路也有许多共同之处：都处于中国西部，是东西方交通的主干道；都涵盖多民族地区，民族经济具有重要作用；物产丰富，而且经济多样性与互补性很强。

因此，我们将中国西部两大丝绸之路经济带作为一个整体，其中又划分南方丝绸之路经济带、北方丝绸之路经济带。

（一）南方丝绸之路区域经济带

南方丝绸之路是中国西部最早的丝绸之路经济带。

1. 南方丝绸之路经济带的区域

南方丝绸之路经济带的区域包括现在的四川、云南和贵州。虽然南方丝绸之路的线路并没有完全涵盖这三个省的各个地方，但其经济带动力、经济辐射力已经完全覆盖了这三个省，并形成了一条完整的经济带。

2. 南方丝绸之路经济带的经济类型

历史上，南方丝绸之路经济带的经济类型是以农业经济为主，工商业发达。

（1）农业是经济的基础。南方丝绸之路经济带的农业包括平原、河谷平坝地带的稻作农业经济和高原畜牧业经济两大类型。

川、滇地区是中国主要的稻作经济地区之一。成都平原从商周以来一直是中国栽种水稻的中心种植区之一。四川的西昌、宜宾，云南的昭通、昆明、大理等地，都是稻作经济发达的地区。

川西高原、滇西地区、黔西地区，是传统的畜牧业经济发达地区。

（2）手工业是经济的支柱，是开展经济贸易的物质保证。南方丝绸之路经济带的冶金、制玉、制陶、漆器、竹木器、纺织、矿业、建筑业都很发达，不仅具有地方特色，有些行业的产品，如纺织、漆器等，在当时全国范围内还居于领先地位。

及至明代以后，川、滇、黔地区的矿藏资源开发逐渐兴起。至近代，云南的采矿业更是达到前所未有的高度，如东川的铜、个旧的锡，声名远扬。

（3）内外贸易是经济发展的动力。南方丝绸之路经济带的对外贸易从先秦时期至近代都十分活跃，从土特产、纺织品到矿产，都是对外贸易的大宗商品。外贸的方式有直接贸易和转口贸易，组织方式有官方贸易和民间自由贸易。外贸的国家和地区涵盖亚、欧、非。

3. 南方丝绸之路经济带主要的经济产品

历史上，南方丝绸之路经济带主要的、具有知名度的产品如下。

（1）农副产品：稻米、玉米等粮食产品；柑橘、甘蔗、苹果等水果；猪、牛、羊、鸡、鸭等畜牧业、家禽类。

（2）加工工业产品：丝绸、麻布、毛织等纺织品；食盐、酒、茶叶、糖果等食品加工产品；纸、漆器、金银制品等手工业产品。

（3）矿产：煤、铁、铜、锡等。

4. 南方丝绸之路经济带的城市网络体系

在南方丝绸之路经济带中，区域经济的中心是城市。将各个重要城市连接起来，可以清楚地看出经济带上的经济中心节点，它们是：成都、雅安、西昌、攀枝花、乐山、宜宾、昆明、大理、保山、瑞丽、昭通、曲靖、蒙自、文山、毕节、安顺、贵阳。其中，又以成都、昆明、贵阳为大型经济中心，它们构成了南方丝绸之路经济带上的城市网络体系。

南方丝绸之路经济带的城市网络体系呈现出"品"字形板块状结构，由以成都为中心的四川城市板块、以昆明为中心的云南城市板块和以贵阳为中心的贵州城市板块构成，但各板块间都有重点城市连接，显示出整个经济带城市网络体系的整体性。这是由南方丝绸之路线路特征决定的，南方丝绸之路的灵关道、五尺道、博南道、永昌道、步头道、进桑道、牂牁道纵横交错，将川、滇、黔三省几乎全部涵盖。

（二）北方丝绸之路区域经济带

北方丝绸之路从开通之日起，就由官府开通并设卡管理，但这并不意味着北方丝绸之路经济带具有政府强制的经济特性；相反，北方丝绸之路经济带以地域自然经济为主。

1. 北方丝绸之路经济带的区域

北方丝绸之路经济带的区域包括现在的陕西、甘肃、宁夏和新疆。虽然北方丝绸之路的线路并没有完全涵盖这四个省（区）的各个地方，但其经济带动力、经济辐射力已经完全覆盖了这些省（区），并形成了一条完整的经济带。

在北方丝绸之路经济带中，重点的经济区是关中地区、河套地区、河西走廊、天山北麓地区、塔里木河流域。

2. 北方丝绸之路经济带的经济类型

历史上，北方丝绸之路经济带的经济类型是以农业经济为主，工商业发达。看上去与南方丝绸之路经济带一样，但实际内容却有很大的区别。

（1）农业经济在不同的经济区域有不同的形态。关中地区、河套地区是以种植农业为主，而且生产达到了很高的水平，在全国范围内都属一流。河西走廊、天山北麓地区、塔里木河流域以畜牧业为主，畜牧业生产资源和条件得天独厚，但各经济区域的经济形态相对单一。

（2）手工业独具特色，水平很高。历史上，西北地区是草原游牧民族生活和迁徙的地方。游牧民族具有制作手工业制品的优良传统，尤其在毛纺织品、金属生活用品等方面，制作精良，声名远播。

及至近现代，矿产资源得以开发，成为北方丝绸之路上最为耀眼的工业行业，是北方丝绸之路经济带的支柱产业。

（3）商业贸易发达。由于北方丝绸之路经济带各经济区域之间的经济形态差异较大，有比较明显的游牧区和农业区，农民、牧民、手工业者分工清晰，这就使得广泛的经济贸易有了存在的必要性。农民、牧民、手工业者，都必须通过贸易来获得自己需要的生产、生活用品。

北方丝绸之路开通后，官方的对外贸易也随之开展，成为北方丝绸之路经济带的一大特色，对外贸易具有超乎寻常的重要性。但唐朝之后，随着西北局势动荡，北方丝绸之路阻断，中国经济重心南移，海上丝绸之路兴起，北方丝绸之路经济带对外贸易随之衰落。

3. 北方丝绸之路经济带的主要经济产品

历史上，北方丝绸之路经济带主要的、具有知名度的产品如下。

（1）畜牧业：牛、羊、马等。

（2）农副产品：小麦、稻米、青稞等粮食产品；苹果、核桃、杏、葡萄、哈密瓜等水果。

（3）加工工业产品：毛纺织品，首饰等金、银制品，刀具、酒具、灯具等金属制品。

（4）矿产：石油、白银、黄金、煤、铁等。

4. 北方丝绸之路经济带的城市网络体系

北方丝绸之路经济带的城市网络体系与南方丝绸之路经济带的城市网络体系不同，它不是块状的，而是带状的，这是由北方丝绸之路的线路特征决定的。

西安、固原、兰州、武威、张掖、酒泉、敦煌、哈密、乌鲁木齐、伊犁、库尔勒、阿克苏、喀什、若羌、且末、和田，构成了北方丝绸之路经济带上的城市网络体系。其中，以西安、兰州、乌鲁木齐为大型经济中心。

二　丝绸之路中亚区域经济带

丝绸之路中亚经济带在整个丝绸之路中占有相当重要的位置，它是联系中国西部两大丝绸之路经济带与西亚地区、南亚地区（从北方丝绸之路出发）的大陆桥。

在丝绸之路开辟之前，中亚经济就有了一定的发展。社会分工使得商业贸易日益兴旺。民族迁徙往来，使得中亚地区内的多条交通线路已经形成，民族势力范围也有所形成。东西方交通大动脉丝绸之路开辟后，中亚获得了前所未有的商业机遇。

（一）丝绸之路中亚经济带的区域

地理学认为，中亚为地处亚洲腹地、远离海洋的大片土地，不受国家疆域的限制。而狭义的中亚地理范围，仅指现在的中亚五国。就历史地理来讲，丝绸之路中亚经济带，是丝绸之路在中亚经过的国家，正是现在的中亚五国：哈萨克斯坦、乌兹别克斯坦、吉尔吉斯斯坦、土库曼斯坦、塔吉克斯坦。虽然丝绸之路的线路并没有完全涵盖这五个国家的所有地方，但其经济带动力、经济辐射力已经完全覆盖了这些国家，并形成了一条完整的经济带。

（二）丝绸之路中亚经济带的经济类型

历史上，丝绸之路中亚经济带的经济类型是以农业经济为基础，工商业发达。

1. 农业是中亚经济带的基础

中亚地域广阔，经济一般是南农北牧，农业区主要是在以城镇为中心的绿洲地带。锡尔河、阿姆河两河流域是种植农业发达的地区。从塔拉斯至里海，皆以雪水种田，出产大麦、小麦、稻谷、豌豆、荜豆等。邻近中国新疆喀什地区的费尔干纳地区是远近闻名的瓜果之乡，盛产枣、李、桃、梨等。[1]

到9—10世纪萨曼王朝时期，中亚经济文化得到了高度发展，封建制度发展到成熟阶段。谋夫绿洲、泽拉夫善河流域、卡什卡河流域、费尔干纳盆地、塔什干地区、花剌子模等地已经发展成重要的农业中心。[2]

2. 手工业是丝绸之路中亚经济带的标志性经济

丝绸之路中亚经济带各民族普遍发展了酿酒、制毡、制革、棉纺织等手工业。尤其值得一提的是，中亚是弓箭的发明地。

中亚盛产金、银、铁、铅、绿松石、盐、硝石等矿藏，很早便被开采并冶炼、加工。早在公元前后，中亚冶金加工制品的声名就已远播于

---

① 马大正、冯锡时主编：《中亚五国史纲》，新疆人民出版社 2005 年版，第 26、16 页。
② 同上书，第 32 页。

东西方。

3. 高度发达的古代商业贸易

由于中亚特殊的地理位置，扼东西方交通必经之地，因此，中亚各民族都有经商的传统，也擅长经商。

在中亚区域内，不同经济类型的地区要通过贸易获取自身需要的物资，绿洲农业区的人们用粮食、纺织品交换草原牧区出产的牲畜、皮毛、奶制品。公元前后，地方性的集市贸易得到了充分的开展，形成了大型集市，俗称"巴扎"。在撒马尔罕、布哈拉这样的大城市，还有专业区分的专门化"巴扎"。

对外贸易是中亚经济带最主要的贸易形式。贸易对象涵盖中国及中亚本地、西亚、南亚、北非、欧洲诸地，在不同的时期有不同的国家和民族，如中国、突厥、吐蕃、印度、伊朗、波斯、罗马、埃及等。

商旅云集，丝绸之路中亚经济带上形成了许多大的商业口岸（城市），如撒马尔罕，地处中国、印度、波斯、突厥各商路汇合处，商业发展造就城市经济繁荣。布哈拉城的城门有七个之多，布哈拉富商哈桑的城堡比国王的王宫还要气派。内城是统治者居住的地方，外城则是商旅的客栈。白水湖城有商队客栈 1700 个，沛肯城也有上千个，堪称"商人之城"①。

对外贸易的形式主要是转口贸易，中亚商人充当着"中间商"的角色。对外贸易最主要、最大宗的货物是丝绸，来自中国的丝绸是对外贸易中最畅销、利润最高的商品。

（三）　丝绸之路中亚经济带的著名经济产品

除了上述中亚地区出产的农副产品以外，历史上，丝绸之路中亚经济带主要的、具有知名度的产品有：呼罗珊、木鹿、花剌子模的棉布，布哈拉的毛毯、硝石、羊，石汗那的毛纺、颜料，胡实健的毛毡、马具，塔什干的弓箭、良马，塔里寒、苏对沙那的酒、铁，赫拉特的葡萄干、葡萄浆，撒马尔罕的造纸，花剌子模的服装，哈密的扇、席等编织

---

① 佚名：《世界境域志》，王治来、周锡娟译，新疆社会科学院中亚研究所铅印本，1983 年，第 76 页。

品,渴石的盐,巴达克山的金银,徒思的绿松石,费尔干纳的瓜果等①。

(四) 丝绸之路中亚经济带的主要特点

由于地域、政治、经济等原因,丝绸之路中亚经济带呈现出一些比较鲜明的特点。

1. 政治局势动荡,军事活动频繁

历史上,中亚是多民族部落聚居区。游牧部落经常迁徙,没有长期的定居地。而外部势力又经常进入中亚,往往是以武力的方式征服和占有。这就使得中亚常处于政治局势动荡,军事活动频繁的状态。可以说,中亚从古代至近现代,一直处于战争与动荡之中,这对它的社会经济发展造成了很大的影响。

2. 城市林立,国家脆弱,民族经济基础薄弱

中亚地区经济开发较早,在新石器时代就形成了大型居民点。商业的繁荣,促成了城市(镇)的形成和兴旺。在丝绸之路上,许多城市具有很强的经济实力,如撒马尔罕、塔什干、布哈拉、白水湖、沛肯城等。但是,国家却很脆弱,每当外国势力入侵的时候,中亚城邦、国家都无力抵抗。靠商业获取的利益是难以用在保卫国家的战争中的,这与著名的巴比伦一样。

3. 商路必经之地,贸易发达

中亚是欧亚大陆的大陆桥,东西方交通大动脉必经之地,加之又是农、牧业都发达的地区,经济生活互补性强,自古以来,商业贸易就得到了高度的发展。中亚人与中国、印度、伊朗、俄国以及西亚、北非、欧洲等地的人做贸易,将中国的丝绸、印度的香料卖给西亚人,又将西亚的宝石卖给中国人、印度人。在地理大发现之前,中亚人是世界上最优秀的商人群体之一,中亚也是世界商业最发达的地区之一。

商业的发达,对丝绸之路经济带也产生了多重影响。首先,贸易在城市形成、发展中作用很大,商业造就了繁荣的城市经济。其次,城市经济、国家经济对商业贸易的依存度很高,当丝绸之路衰落时,城市和

---

① 马大正、冯锡时主编:《中亚五国史纲》,新疆人民出版社 2005 年版,第 26 页。

国家经济也大受影响。最后，商路要道也成为其他列强觊觎的"宝藏"，从而成为战争的动因。

4. 民族迁徙频繁，经济文化交融

中亚由于其特殊的地理位置，自古就是欧亚大陆人口流动的热土，多种民族、多种文化交流和融合的地方。

丝绸之路中亚经济带上，民族迁徙往来，聘问通交，宗教僧侣，军事角逐，艺术传播，使得多种文化汇聚在此大舞台上，交流融合。正如联合国教科文组织总干事费德里科·马约尔所说："中亚地区民族的多样性也因此而受到多重外来影响。千百年来，该地不断涌入外来的艺术和思想，撞击着中亚固有模式并逐渐与之融合。移民和经常发生的军事入侵的冲击，使一些民族和文化或融合，或取替，致使这片广大地区始终处于流动状态。"演出了一出又一出跌宕起伏、精彩动人的乐章。[①]

三　丝绸之路南亚区域经济带

南亚次大陆是欧亚古代文明的发源地之一。在公元前 2600 年左右，印度河文明达到鼎盛。自印度河文明起，南亚就与它西面的中亚、西亚，东面的中国开展了经济贸易。由于地处中亚、西亚和中国之间，印度往往扮演着中间商的角色。一条从中国西南成都经印度通往西亚的贸易线南方丝绸之路被开辟出来，成为历史上最早的丝绸之路、东西方交通大动脉。

印度河文明之后，南亚与东、西方的贸易不仅一直没有中断，而且更加繁荣，逐渐形成了丝绸之路南亚经济带。

丝绸之路南亚经济带在整个丝绸之路中占有相当重要的位置，它既是中国西部丝绸之路经济带南方丝绸之路对外贸易的目的地之一，也是联系中国西部两大丝绸之路经济带南方丝绸之路与中亚地区、西亚地区的必经之地。

---

① 石云涛：《三至六世纪丝绸之路的变迁》，文化艺术出版社 2007 年版，第 167 页。

（一）丝绸之路南亚经济带的区域

丝绸之路经过南亚的区域，自西向东包括雅鲁藏布江中游地区、恒河流域地区、印度河流域地区，横跨南亚次大陆。虽然没有覆盖南亚次大陆的每一个角落，但经济贸易已将南亚次大陆经济区全部涵盖。因此，丝绸之路南亚经济带的区域包括整个南亚次大陆。

（二）丝绸之路南亚经济带的经济类型

历史上，丝绸之路南亚经济带的经济类型是农业经济发达，工商业蓬勃发展。

1. 农业经济发达

印度农业种植主要有水稻、大麦、小麦、豆类、玉米、芝麻、棉花等。

虽然种植业占据了农业经济的主体，但畜牧业并没有因此而衰落，相反，在许多地方还得到了发展。在山区、丘陵水草茂盛的地区，畜牧业十分兴旺，起到了农业经济的补充作用。

2. 手工业稳定发展

在公元前 12 世纪，印度手工业就有了比较细致的分工，有铁匠、木匠、铜匠、制陶工、制革工、纺织工等，反映了手工业达到了一定的专门化程度。公元前 2 世纪，中国的蚕丝已经传入印度，印度开始有了自己的丝织业，纺织品生产出现地区专门化。[1] 在孔雀王朝阿育王时期（公元前 272—前 232 年），手工业分为两种形式：国家手工业和个体手工业。国家手工业包括制造盔甲、兵器等军需工业和造船等规模较大的行业，这些国家工场直接雇用工匠，可以免税。另外还有一些国家手工业行业，如纺织工场、矿山等，则需要缴税。个体手工业是最普遍的形式，通常要加入行会。[2] 个体手工业还具有世袭的特征。国家手工业体制大大促进了相关行业的发展，尤其是规模较大的行业。而职业行会制和职业世袭性，有利于手工业的稳定发展。这些都对后世印度的手工业

---

[1] 林承节：《印度史》，人民出版社 2004 年版，第 76 页。
[2] 林太：《大国通史·印度史》，上海社会科学院出版社 2007 年版，第 21、43 页。

发展产生了深远的影响。

印度的矿产资源开发也较早。早在公元前 2 世纪，印度人就掌握了炼钢技术，造船、石雕、采矿、冶炼等行业得到大发展，开采的矿产有黄金、白银、铜、铁等，[①] 矿产开发逐渐形成专门化。

3. 商业贸易蓬勃发展

从新石器时代开始，印度河文明地区就发展了内外贸易，主要是与美索不达米亚地区发生了频繁持久的贸易关系。印度河文明出卖的货物主要有稀有木材、嵌木桌子、象牙梳子、天青石、珍珠、红玉髓。[②] 美索不达米亚向印度河谷输出羊毛、布匹、成衣、皮革制品、油和柏木等。[③]

印度河文明各城市还将对外贸易推进到伊朗、阿富汗、中亚地区、中国。考古研究表明，在中国西南地区，至少有象牙、海贝、青铜柳叶剑文化以及人体装饰艺术等因素的来源是与印度河相关的，而中国丝绸也最早从成都输入印度。[④]

丝绸之路的开辟，为对外贸易拓展了极大的空间，从南亚西至罗马帝国，东达中国西南、东南亚，北至中亚、中国北方。长期交易的市场大量出现，商业繁荣直接推进了城市形成的步伐，反过来，城市的兴起又强有力地推动了贸易的发展。丝绸之路南亚经济带上的著名城市高哈蒂、加尔各答、巴特拉、勒克瑙、德里、拉合尔、费萨拉巴德、伊斯兰堡等，都是经济带上的交通枢纽、区域贸易的中心。

（三）丝绸之路南亚经济带的著名经济产品

1. 农业产品

农产品主要有稻米、小麦、大麦、玉米、芝麻、豆类、棉花、麻、茶叶、烟叶以及蔬菜、瓜果等。以马拉巴海岸的胡椒、生姜，卡瑙季的甘蔗，马尔华的小麦，萨尔苏提的大米，道拉塔巴德的葡萄等产品最为

---

① 林承节：《印度史》，人民出版社 2004 年版，第 76 页。

② ［美］戴尔·布朗主编：《古印度：神秘的土地》，李旭影译，华夏出版社 2002 年版，第 23、24 页。

③ 同上书，第 27 页。

④ 段渝：《南方丝绸之路与古代中西交通》，"太湖文化论坛 2014 年巴黎会议"学术报告。

著名。

2. 手工业产品

印度手工业产品遍及日常生活和生产的方方面面，从传统的纺织品到金属冶炼一应俱全，尤以印度出产的平纹细棉布，西北印度的毛毯，东印度的亚麻布、象牙工艺品、化妆品、黄金制品最为著名。

3. 对外贸易

印度输出的商品主要有香料、胡椒、檀香木、珍珠、宝石、化妆品、蓝靛、药品、稀有木材、嵌木桌子、象牙梳子、天青石、纺织品等。南印度的宝石，西北印度的毛毯，东印度的亚麻布等，都是著名的大宗商品。

（四）丝绸之路南亚经济带的主要特点

由于地域、政治、经济、文化等原因，丝绸之路南亚经济带呈现出一些比较鲜明的特点。

1. 政治局势动荡，军事活动频繁

南亚地区自古动荡不宁，一方面，不断有外来民族进入，与当地居民展开争夺战；另一方面，次大陆本地各部落、城邦、国家也经常征战不休。从古代至近现代，丝绸之路南亚经济带一直处于政局动荡与战乱之中，这对它的社会经济发展产生的负面影响，不可忽视。

2. 邦国林立，国家经济基础脆弱

古代印度是一个地域概念，并不是一个国家。在南亚次大陆，从来就没有一个完全意义上的统一国家。邦国林立，地域狭小，国民数量少，国家经济基础脆弱，这对经济文化的发展非常不利。

3. 民族众多，但包容性强，文化同一

丝绸之路南亚经济带有着众多的民族，包括印度斯坦、泰卢固、孟加拉、泰米尔、锡克等几十个民族。一般来讲，民族众多，会存在一些文化方面的隔阂，不利于经贸发展。但是，印度宗教文化具有悠久而强大的传统，包容性很强，多种宗教文化自由并存，因此，文化冲突并不严重。而且，绝大多数人信奉印度教，据现在的印度国家统计，有83%的印度人信奉印度教，显示出大多数人在文化上具有同一性。

文化上的同一性，使得各民族的文化认同感较强，有利于商业贸易的开展。

4. 地域条件优越

丝绸之路南亚经济带具有优越的地域条件，它处于古代东西方交通大动脉丝绸之路的重要区域，是中国西南、东南亚与中亚、西亚、北非、欧洲的重要枢纽。包括后来兴起的海上丝绸之路，也要经过印度洋。另外，印度也是重要的港口、物资集散地。优越的地域条件，对印度经济带的经济发展非常有利。

四　丝绸之路东南亚区域经济带

早在公元前 7000 年以前，东南亚地区的居民就已经有了种植农业。在东南亚诸多早期文明中，泰国北部的班清文化、越南北部的东山文化最为著名，反映了泰国东北部的呵叻高原、越南北部等地区具有早期高度发展的农业社会。

经过数千年的开发，东南亚逐渐形成区域经济。在中国的先秦时期，中国西南沟通东南亚的交通线路南方丝绸之路就已经开辟。在长期的经济文化交流中，逐渐形成了丝绸之路东南亚经济带。

丝绸之路东南亚经济带在整个丝绸之路中占有重要的位置，它既是中国西部两大丝绸之路经济带南方丝绸之路对外贸易的目的地之一，也为丝绸之路经济带提供贸易商品，以香料为代表的商品在整个丝绸之路经济带具有很高的贸易价值。

（一）丝绸之路东南亚经济带的区域

东南亚经济带区域包括丝绸之路经过的所有国家，以及中国西南至东南亚天然水道经过的所有国家。丝绸之路主要是指中国西部南方丝绸之路，天然水道主要是指伊洛瓦底江（上游为独龙江）、萨尔温江（上游为怒江）、湄公河（上游为澜沧江）。因此，东南亚经济带区域自西向东包括缅甸、泰国、老挝、柬埔寨、越南。

（二）丝绸之路东南亚经济带的经济类型

历史上，丝绸之路东南亚经济带的经济类型是以农业为最主要的经济，手工业发展相对迟缓，商业贸易并不充分，经济类型较为单一。

1. 农业经济是最主要的经济部门

丝绸之路东南亚经济带的气候终年炎热，雨量充沛，使各种植物生长茂盛，是农业生产的有利条件。从古至今，东南亚都是"粮仓"，种植农业成为最主要的经济部门。同时，渔业也是重要的基础经济，捕鱼、养鱼，一直是东南亚经济带各国重要的农业经济补充部分。此外，东南亚盛产各类热带水果，也是农业经济的一部分。在山区、丘陵，畜牧业也得到了一定的发展。

农业种植最主要的品种是水稻，另外还有棉花、烟草、甘蔗、水果等。

2. 手工业发展相对迟缓

历史上，丝绸之路东南亚经济带的手工业发展相对南亚经济带、中亚经济带，是比较迟缓的。

手工业主要有纺织业、制陶业、制瓷业、宝石、石材雕刻等工艺品，以及简单的食品加工和木材加工业。

及至近现代，矿产资源得以开发，主要有煤、铁、铜、锡、黄金、锌、铬等。

3. 商业贸易并不充分

由于东南亚经济带各国经济类型较为一致，经济缺乏互补性，区域内部贸易开展并不充分。但对外贸易的情况却相对较好，与其他地区经济有相当的互补性，多种热带物产对南亚、中亚、西亚乃至欧洲具有很强的吸引力。但总的来讲，东南亚经济带商业贸易发展不够充分。

丝绸之路东南亚经济带对外贸易的主要商品有大米、香料、胡椒、油棕、甘蔗、木棉等，热带水果中以香蕉、菠萝、柑橘、杧果、榴梿、椰子等最为著名，稀有木材以柚木、红木最为名贵，矿产以宝石、玉石、黄金最为畅销。

（三）丝绸之路东南亚经济带的主要特点

1. 经济类型比较单一，内外贸易发展不够充分

虽然丝绸之路东南亚经济带自古就有内外贸易，但由于自然条件类似，物产类似，经济类型比较单一，总的来讲，东南亚经济带商业贸易发展不够充分。

2. 偏处欧亚大陆东南一隅，经济发展较为迟缓

在世界上最大的一个大陆板块——欧亚大陆上，东南亚经济带偏处东南一隅。地域上的不利因素，是丝绸之路东南亚经济带经济文化发展较为迟缓的原因之一。

3. 邦国林立，国家经济基础薄弱

历史上，东南亚也是一个邦国林立、征伐连连之地。外来势力入侵也频繁发生。这些使得东南亚经济带的国家经济基础薄弱，容易受到自然灾害和外来势力的打击，成为经济难以长期持续发展的原因之一。

4. 民族众多，但文化同一

丝绸之路东南亚经济带是一个民族众多的区域，各个国家也都是多民族国家，而且，民族构成状况比较复杂。有些民族相当集中在一个国家内，有些民族则分散在多国，并且有不同的名称。

民族众多，会存在一些文化方面的隔阂，不利于经贸发展。但是，东南亚地域宗教文化却相对同一，绝大多数人信奉佛教，显示出绝大多数人在文化上具有同一性。因此，文化冲突并不严重。

文化上的同一性，使得各民族的文化认同感较强，有利于文化交流和商业贸易的开展。

第十六章　丝绸之路沿线各地的
经济贸易和文化交流

先秦时期，南方丝绸之路开通，中国西南就与丝绸之路中亚区域经济带、南亚区域经济带、东南亚区域经济带产生了经济文化交流。自西汉北方丝绸之路开通后，中国西部就形成了南方丝绸之路和北方丝绸之路两大丝绸之路区域经济带，同丝绸之路其他区域经济带发生了更加广泛的经济文化交流。这种交流，有时具有官方性质，有时又纯粹是民间自由交往；有的时期交流频繁，有的时期交流稀少甚至中断；有高潮，亦有低谷。长期的经济文化交流，使得中国西部两大丝绸之路区域经济带与其他区域经济带发生了明显的相互影响。这种影响包括政治的、宗教的、文化的，以及经济产品等方面的。其结果是，丝绸之路各个区域经济带都包含了明显的外来文化因素，这既是丝绸之路经济文化的重要特征，同时也成为欧亚古代文明的重要特征。

一　北方丝绸之路与中亚的经济贸易和文化交流

北方丝绸之路同中亚区域经济带的相互影响是多方面的，包括经济贸易和文化传播。

（一）经济贸易

中国西部两大丝绸之路经济带与中亚经济带之间的经济贸易由来已久，最早的文字记载出自《史记·大宛列传》，早在公元前126年西汉汉武帝派张骞出使西域回来，向汉武帝报告他的见闻，说西域各国国君

"贪汉缯絮"，还说张骞"居大夏时见蜀布、邛竹杖，使问所从来，曰：'从东南身毒国，可数千里，得蜀贾人市'"①。大夏（地处中亚）商人所得蜀布、邛竹杖，即是在身毒"得蜀贾人市"，"往市之身毒"。这些说明，其一，南方丝绸之路经济带的贸易是直接的远程贸易，而不是间接传播。其二，南方丝绸之路对外贸易的开展，远在张骞出使西域之前。考古学研究也证实了中国西部两大丝绸之路经济带与中亚经济带的经济贸易蓬勃开展，在丝绸之路沿线都发现了大量的贸易遗迹。

综合历史学和考古学研究的成果，归纳起来，中国西部两大丝绸之路经济带与中亚经济带之间通过经济贸易产生的相互影响，主要有以下几个方面。

1. 中国输出的商品

中国输出商品最大宗、最著名的是丝绸、蜀锦、蜀绣、生丝，还有布匹、织皮、邛竹杖、瓷器、铁器、钢、火药、纸、指南针等。

2. 中亚输入或经由中亚输入中国的商品

从中亚或经由中亚输入的商品包括农副产品的小麦、香料、葡萄、胡饼、梧桐、芝麻、核桃、蚕豆、黄瓜、大蒜、石榴、菠菜、西瓜、番茄、胡椒、姜等；生活用具的胡床、胡帐、玻璃等；手工业产品的毛织品、棉织品，尤其是各种地毡、地毯、壁毯、毛毯等；牲畜方面有良种马，如天马、汗血马、月氏马等，还有骆驼、犀牛、大象、孔雀、狮子、长颈鹿等。此外，还有宝石，如祖母绿、工艺品琉璃等。② 可以说，上述物品涵盖了衣、食、住、行的方方面面。

3. 中国输出的技术

养蚕术、丝绸制造技术、造纸术、印刷术、火药制造技术、钢铁冶炼技术等是中国输往域外的技术。

4. 中亚传入的技术

从中亚传入中国的技术包括琉璃及玻璃制造技术、香熏制作等。此外，还有先由中国传到中亚，又经过中亚人改造、提高的技术，再传回中国。如丝织技术，中国丝织技术西传，波斯人发明了斜纹织法，很受

---

① 《史记·西南夷列传》。
② 何芳川主编：《中外文化交流史》，国际文化出版公司 2008 年版，第 74 页。

欢迎，自北朝后开始反转东传。又如钢铁，波斯人吸取中国技术，制造出镔铁，返销中国。[①]

5. 历代贸易内容及特征

北方丝绸之路上中国与中亚历代贸易的内容和特征如表 16—1 所示。

表 16—1　　　　　北方丝绸之路上中国历代贸易的内容和特征

朝代	中国输往中亚的主要商品与技术	中亚输往中国的主要商品与技术	备注
先秦	丝绸、生丝、杏、桃等	小麦等	小麦从西经中亚输入中国
秦、汉	丝绸、蜀锦、蜀绣、铁器、钢、布匹、织皮、邛竹杖、瓷器、铅、蚕桑与丝织技术、冶铁技术等	葡萄、胡麻（芝麻）、胡瓜（黄瓜）、胡葱（大葱）、胡豆（蚕豆等）、胡萝卜以及骆驼、驴、马的优良品种等	
魏晋、南北朝	丝绸、纸等	玻璃、玻璃制造技术、波斯织锦、波斯镔铁等	玻璃制造技术从西亚经中亚、南亚输入中国
隋、唐	丝绸、绫绮、帛、印刷术、茶叶、造纸术等	香料、香熏制作、赤玻璃、绿金精等宝石、马匹、狮子、犀牛、大象等	
唐以后	丝绸、瓷器、茶叶、火药、指南针等	毛织品、棉织品等	

注：本表并未列出所有经济贸易的商品名称，仅列出了主要的货物名称，尤其是大宗的或具有首次传播意义的货物和重要技术。

资料来源：何芳川主编：《中外文化交流史》，国际文化出版公司 2008 年版，第 50、53、55、71—74 页。

由表 16—1 可知：第一，丝绸始终是丝绸之路上中国输出中亚的最大宗商品，虽然自宋以后，中国瓷器贸易量激增，但仍未超过丝绸的输

---

① 何芳川主编：《中外文化交流史》，国际文化出版公司 2008 年版，第 54 页。

出量，直至近代。丝绸堪称中国古代的标志性产品。第二，中国的四大发明也经由丝绸之路传播到了中亚经济带。第三，中国与中亚的经济贸易几乎涵盖了古代生产、生活的各个方面，而且，生产技术也广为传播。第四，各历史时期的经济贸易是不平衡的，汉、唐两朝是两个高峰，唐代以后，随着西域、中亚局势动荡，北方丝绸之路受阻，而海上丝绸之路逐渐兴盛，中国北方丝绸之路经济带与丝绸之路中亚经济带的贸易减少。

（二）文化交流

丝绸之路既是经济贸易之路，也是文化交流与传播之路。经由丝绸之路中亚经济带，中外文化在宗教文化、艺术等方面的传播对后世产生了很大的影响。

1. 宗教文化的传播和影响

经由丝绸之路中亚经济带开展的宗教文化传播，主要有佛教、伊斯兰教，以及其他一些宗教。

佛教诞生于印度，公元前 3 世纪，孔雀王朝阿育王时期，佛教传入阿富汗，再向东经中亚沿丝绸之路传入中国西北，这就是佛教传入中国的北传线路。在北方丝绸之路沿线上，至今留下了许多佛教造像洞窟，如敦煌佛教石窟、新疆千佛洞窟等。东晋法显和尚、唐朝玄奘和尚等都是沿着这条线路，经西域、中亚至印度，学习佛教思想的。

佛教传入中国内地，大约在前后汉交替之际。[1] 初入中国，先是借黄老之学以栖身，逐渐形成强劲的发展势头。至东汉桓帝时，已在宫中立足基稳。到汉灵帝时，佛教在华传播更为火爆。在实现佛教本土化后，佛教逐渐成为中国一大宗教。

佛教思想对中国的影响之深远，居所有外来思想第一位。无论是帝王、士大夫，还是平民百姓，都深受佛教思想的影响。

随佛教思想传入的还有佛教造像、佛教绘画、佛教建筑艺术，甚至还有印度古代文学等。

传入中国的另一大宗教是伊斯兰教。关于伊斯兰教传入中国的具体

---

[1]　何芳川主编：《中外文化交流史》，国际文化出版公司 2008 年版，第 56 页。

时间，学术界有不同的观点，但一般认为应该是唐朝前期。相传先知穆罕默德的舅父曾携带《古兰经》到中国，受到唐太宗的重视，在长安建立了清真寺。① 这只是传说，更可信的是，伊斯兰教是随着穆斯林商人、移民，经中亚到中国经商、居住而传入的。

伊斯兰教传入中国的路线，应是沿着丝绸之路经中亚抵达新疆，再入中原。伊斯兰教对中国西北地区民众的思想影响尤其深远，今西北地区的各少数民族多信奉伊斯兰教。

景教，唐代又称"大秦景教"，实际上是基督教的一个支脉，经北方突厥人传入中国。据明末出土的《大秦景教流行中国碑》记述，景教在唐太宗贞观九年（635 年），波斯景教僧侣阿罗本携该教经书到达长安传教。②

此外，隋唐时期，琐罗亚斯德教、摩尼教等宗教也开始经北方丝绸之路传入中国。

琐罗亚斯德教，中国史称袄教，又称拜火教，于公元前 6 世纪由琐罗亚斯德创立于阿富汗，随着波斯居鲁士二世的扩张而向东传播，后传入中国。

摩尼教是由波斯人摩尼在 3 世纪创立的，在中国又称明教，逐渐向东传播，进入中国，7 世纪时又从中国新疆地区向东渗透到内地。③

琐罗亚斯德教、摩尼教在中国下层民众中影响较大。

2. 艺术的传播和影响

自西汉武帝凿空西域，开通丝绸之路起，中亚的文化艺术便逐渐传入中原内地。包括音乐、舞蹈和杂技在内的文化艺术，纷纷传入中国宫廷。

音乐如西汉有名的"摩诃兜勒"，来自于伊朗，有横吹乐、胡角、板鼓等。原为琐罗亚斯德教农民的节日乐舞，传入中国后，因其气势宏伟，改编成汉代军乐。④

乐器有胡琴、琵琶、胡箜篌、筚篥、五弦、阉鼓、铜钹、沙锣、达

---

① 何芳川主编：《中外文化交流史》，国际文化出版公司 2008 年版，第 76 页。

② 同上书，第 77 页。

③ 同上书，第 57 页。

④ 同上书，第 55 页。

卜等，由中亚传入。在之后很长一段时间里，这些乐器与中国本土文化相结合，逐渐成为具有中国特色的民族音乐。

此外，还有胡戏、狮子舞等，也传入中国。狮子王舞还成为中国民间流行的节庆舞蹈。

希腊马其顿亚历山大大帝东征，将希腊艺术传播到中亚，之后，沿着丝绸之路继续东传，进入中国内地，对中国的石雕艺术产生了很大影响。中国在东汉桓帝建和元年（147年）建造的梁武氏祠画像石雕，出现了"中央端坐一有翼神人"。献帝建安十四年（209年），四川雅安高颐墓前造有"立体双翼石狮子"①。

以上宗教文化和艺术的传播，有的是中亚原生的文化艺术，有的是经由中亚传播到中国的，都反映出丝绸之路中亚经济带与中国西部两大丝绸之路经济带的文化交流和影响。

二　南方丝绸之路与南亚的经济贸易和文化交流

南方丝绸之路是最早开通的中西方交通大动脉，经由南方丝绸之路，中国与南亚进行了广泛、深入的经济文化交流。其时间既大大早于北方丝绸之路，其线路又远远长于北方丝绸之路，而贯穿于整个古代社会。

由于南亚区域经济带的一些经济文化因素是经过丝绸之路中亚区域经济带进入中国的，所以我们把这些归入丝绸之路中亚区域经济带与中国西部区域经济带的经济文化交流之中。因此，这里主要论述经由南方丝绸之路开展的南亚与中国的经济文化交流及相互影响。

（一）经济贸易

经由南方丝绸之路，以成都平原为重心的中国西南地区与南亚经济带很早就发生了商贸往来。先秦时期，成都平原与南亚地区商贸交往中，通用货币是贝币，最具代表性的商品是丝绸，最引人瞩目的是象牙。秦汉以后，中国西部两大丝绸之路经济带与南亚经济带仍然保持了

---

① 何芳川主编：《中外文化交流史》，国际文化出版公司2008年版，第55页。

持久的经济文化交流。

1. 中国输出的商品

中国输出的商品主要有丝绸、蜀锦、蜀绣、亚麻、布匹、竹木制品、朱砂、稻米①、药材、杂缯、纸张、白糖、茶叶、瓷器、金属和金属器等。

2. 南亚输入中国的商品

南亚输入中国的商品主要有海贝、象牙、大象、玳瑁、香药、各类珠宝、琉璃、玻璃、狮子、犀牛、火浣布、砂糖、毛织品、木器、金、银、骏马、砂糖、香料、各类宝石、金器、水晶、名马、药材、郁金香、菩提树、珍珠等珠宝、乳香等香料、犀牙、锦、毛织品、棉织品、花马、黑狮等动物、乌木等木材、菠萝蜜等水果、棉花、棉纱、布匹、树胶、鸦片等。

3. 中国输出的技术

中国输出的技术包括蚕桑与丝织技术、印刷术、造纸术、制茶技术等。

4. 南亚输入中国的技术

南亚输入中国的技术包括玻璃（琉璃）制造技术、制糖术、香熏制作等。

5. 历代贸易内容及特征

南方丝绸之路上中国与南亚历代贸易内容和特征如表16—2所示。

表16—2　　　　　　　南方丝绸之路中国历代贸易内容和特征

朝代	中国输往南亚的主要商品与技术	南亚输往中国的主要商品与技术	备注
先秦	丝绸、蜀布等	海贝、象牙、瑟瑟等宝物	
秦、汉	丝绸、蜀锦、蜀绣、亚麻、布匹、邛竹杖、蚕桑与丝织技术、石朱砂、稻米、药材、杂缯等	犀角、象牙、玳瑁、香药、各类珠宝、琉璃、玻璃、玻璃制造技术、狮子、犀牛、大象等	玻璃制造技术从西亚分别经南亚和中亚输入中国

① ［印］哈拉普拉萨德·雷：《从中国至印度的南方丝绸之路——一篇来自印度的探讨》，江玉祥译，曾嫒嫒校，载段渝主编《南方丝绸之路论集》（一），巴蜀书社2008年版。

续表

朝代	中国输往南亚的主要商品与技术	南亚输往中国的主要商品与技术	备注
魏晋、南北朝	丝绸、纸等	火浣布、砂糖、毛织品、木器、金、银、骏马等	从南亚输入的物品有的是朝贡品
隋、唐	丝绸、纸、锦、白糖、绫绮、帛、印刷术、茶叶、造纸术等	砂糖、制糖术、香料、香熏制作、各类宝石、犀牛、大象、金器、水晶、名马、药材、郁金香、菩提树等	从南亚输入的物品有的是朝贡品
宋、元、明	丝绸、瓷器、糖、茶叶、制茶技术、金属及金属制品等	珍珠等珠宝、象牙、乳香等香料、琉璃、犀牙、药材、锦、毛织品、棉织品、玻璃、花马、黑狮等动物、乌木等木材、菠萝蜜等水果	从南亚输入的物品有的是朝贡品。制茶技术传入印度的时间尚无定论
清、民国	丝绸、生丝、茶叶、瓷器、药材、豆类等	棉花、糖、布匹、树胶、鸦片、棉花、棉纱等	

注：本表并未列出所有经济贸易的商品名称，仅列出了主要的货物名称，尤其是大宗的或具有首次传播意义的货物和重要技术。

资料来源：薛克翘：《中国印度文化交流史》，昆仑出版社 2008 年版，第 51、66、188—194、316—320、450—459 页。

　　由表 16—2 可知：第一，丝绸是丝绸之路上中国输出南亚的最大宗商品，贯穿整个古代社会。虽然自宋以后，中国瓷器贸易量激增，但仍未超过丝绸的输出量，直至近代。丝绸堪称中国古代的标志性产品。第二，朝贡在南亚输入中国的商品和技术中占有一定比例。清代以前，南亚输入中国的物品中，包含较多的朝贡品，但清代以后，中国与南亚的交流呈现出完全的商品交换形式。其实，这个时间也可以说是从东印度公司进入印度，印度逐渐殖民化的开始。第三，中国与南亚的经济贸易几乎涵盖了古代生产、生活的各个方面，而且，生产技术也广为传播。第四，各历史时期的经济贸易是不平衡的，主要受道路交通是否畅通及政治形势的影响。汉、唐两朝是古代社会的两个高峰，近代则是受英国殖民地活动的影响，中印贸易在英国的侵略活动下显示出畸形的"繁荣"。尤其是英国殖民者将毒害中国人民的鸦片在印度种植，再销售到中国，导致"鸦片战争"的爆发。

（二）文化交流

自先秦时期（约在殷商时代）起，经由南方丝绸之路，中国西南文明中心古蜀文明与南亚印度文明就有了经济贸易、民族迁徙往来，在这些活动中，中国西南与南亚地区产生了广泛的文化传播与影响。

1. 古蜀文明与南亚印度河文明的文化传播

古蜀文明是具有多元文化来源的复合型文明。在它的非土著文化因素中，南亚文明因素非常明显，尤其是海贝、象牙，其来源均应为南亚地区。在印度河文明著名的摩亨佐·达罗遗址里，发现了曾有过象牙加工工业的繁荣景象，还出土了不少有待加工的象牙，以此并联系东印度盛产大象的情况，以及三星堆祭祀坑内成千枚来自于印度洋北部地区的海贝，可以说明三星堆和金沙遗址出土的大批象牙是从印度地区引进而来的。①

三星堆还出土了不少青铜制的海洋生物雕像，全部用平雕方法制成。虽然这些青铜制品多已锈蚀，但仍可清晰地分辨出数枚铜贝和其他海洋生物形象。假如古蜀人没有亲临印度洋地区并在那里获得深刻的海洋生物印象和丰富的知识，就绝不可能制作出如此众多的栩栩如生的海洋生物雕像。

此外，三星堆城市文明、人体装饰艺术、神树崇拜，以及象征南亚热带丛林文化的大量象牙，都显示出了南亚文明的文化信息。在印度河文明中，摩亨佐·达罗城址（City Site of Mohenjo-daro，2500—2000 or1750B. C）也发现了若干青铜雕像，包括人物雕像、动物雕像和青铜车，与三星堆青铜雕像有着文化因素上的渊源关系。

2. 佛教传入中国

南方丝绸之路的起点成都平原，不但是中国道教的重要起源地，而且也是佛教来华最早的传播地之一。经由南方丝绸之路，印度的佛教传

---

① 段渝：《中国西南地区海贝和象牙的来源》，载《巴蜀文化研究集刊》第五卷，巴蜀书社2009年版。

入成都平原，而成都平原的道教也传播到了印度，对印度的宗教思想产生了不可忽略的影响。

印度地区的佛教于西汉末年开始传入中国，东汉时，佛教在四川盆地已经甚为流行。迄今在四川已发现多件早期的佛教造像，可以说明东汉时期四川佛教造像兴起的一些基本情况。而且，在南方丝绸之路沿线，佛教造像也一路不断。

佛教传入中国，有南、北两条丝绸之路的途径，从南方丝绸之路传入的，称之为南传佛教。东汉时，南传佛教即从印、缅经云南传入蜀，被许多文物、文献所证实。

《后汉书·西南夷传》载，永宁元年（120年），掸国（即缅甸）国王雍由调向汉廷遣使贡献掸国乐器和幻人（魔术师）。这些幻人"自言我海西人，海西即大秦也"。可见，罗马魔术师到达汉廷，必须是由缅甸经过永昌道，由蜀地到中原。《后汉书》记载，缅甸国王六次与汉廷交往，走的都是永昌道。这就意味着，东汉时由缅甸通往中原的道路非常通畅，使用频繁。《华阳国志》中明确记载了永昌有来自印度的人群居住，云南出土的东汉胡僧俑也并非无故——遥远的罗马帝国臣民尚且通过滇缅道进入中原，更为接近的印度与缅甸早期佛教徒由此进入中国也就不足为奇了。通过与这些人群的交往，滇蜀地区的中国人显然接收了早期佛教的艺术形式，并将之按照自己的世界观进行理解。此通途正如英人 D. G. E. 霍尔所说，早在公元前122年，张骞在大夏发现了来自四川的商品，证明了滇缅道早于此前的存在。公元69年，东汉政府在距离今天中缅边境60英里处设置了永昌郡。公元97年，来自罗马东部的使者便由此路通往东汉的腹地。而3世纪末，中国求法的僧人也从此道前往室利笈多的朝廷。①

由于早期佛教并没有大乘佛教兴起以来的佛像与菩萨偶像崇拜，早期信徒之膜拜对象更多的是与佛陀有关的圣树、佛塔、三宝标识，还有佛陀的足迹、行经处、佛座等。② 佛像艺术在印度是随着公元1世纪大

---

① ［英］D. G. E. 霍尔：《东南亚史》上册，中山大学东南亚历史研究所译，商务印书馆1982年版，第45页。

② ［日］高田修：《佛像的起源》上册，高桥宣治等译，台北华宇出版社1985年版，第83—85页。

乘佛教的流行而兴起的。[1] 这就意味着，包括佛像崇拜在内的早期佛教艺术形式在中国的传播，只能是在公元 1 世纪之后，这在时间上与滇蜀地区东汉以来流行的早期佛教造像是扣合的。

在云南考古发现的早期佛教造像中，还有胡僧之形象。此种胡人佛僧形象之出现，显然源自于对现实生活的经验。联系到《华阳国志·南中志》中记载云南永昌住有"身毒之民"这一材料，可以确认在东汉云南的永昌郡确实居住有来自印度或印度化的缅甸人。[2] 这些人中有佛教僧侣，因此云南的早期佛教艺术中会较多地表现这些来自异域的佛教信仰者。

根据历史记载，公元前 232 年阿育王（Asoka）宣扬佛教，派出 Sona 和 Uttara 两名僧侣到泰国和缅甸传授佛教巴利文经典。[3] 在泰国东北部、越南中部等地都有佛像之发现，时间可以追溯到公元初期。[4] 这些考古材料显示了公元初期随着大乘佛教的兴起和佛像崇拜的流传，东南亚地区开始流传包括佛像在内的佛教造型艺术。在缅甸，也发现了 2 世纪的佛像。[5] 这样，一个从公元 1 世纪到 2 世纪，从印度到包括泰国、缅甸、越南在内的早期佛像传播线路就清晰了起来。

早在东汉、三国时期，一些来华僧人就进入中国内地，在四川地方志上记载多处寺庙建于东汉，其分布范围主要是近邻成都的岷江区和长江线上，不仅仅与学者们长期讨论的"滇缅道"在空间上不谋而合，而且这些年来发现的早期佛像也在这个范围之内。因此，这些现象绝不是偶然的。[6] 汉代佛教通过海上传播的可能性非常小，"海路的可能几乎是没有的"。除了中亚的丝绸之路外，西南地区具有久远历史的滇缅

---

① 任继愈：《中国佛教史》第一卷，中国社会科学出版社 1985 年版，第 184 页。
② 季羡林先生直接将该文献中的"身毒人"理解为"印度人"，见季羡林《季羡林文集·第四卷·中印文化关系》，江西教育出版社 1996 年版，第 124 页。
③ Roger Bischoff, *Buddhism in Myanmar a Short History*, Sri Lanka, 1995, pp. 26-29.
④ ［新］尼古拉斯·塔林编：《剑桥东南亚史》第一册，云南人民出版社 2003 年版，第241 页。
⑤ 朱俊辉、曾国明等：《滇缅道上的汉代钱币与佛传中国》，载四川省钱币学会、云南省钱币研究会编《南方丝绸之路货币研究》，四川人民出版社 1994 年版，第 163 页。
⑥ 阮荣春：《早期佛教造像的南传系统》，《东南文化》1990 年第 3 期。

道，正是通过陆路传播早期佛教的重要通道。①

　　将中国长江流域汉末、魏晋的佛教造像总体进行考察，不难发现佛教造像具有从西南往东南传播的趋势，越靠近西南滇缅道地区，佛教造像出现越早；而越靠近东南吴越地区，时间则越晚。因此，长江流域的佛教传播为由蜀身毒道传至川滇，再由鄂、江浙自西向东传播。② 这就解释了东汉三国之际的佛教造像主要出土于四川，而魏晋时期的佛教造像又大量发现于东吴地区的原因。

　　魏晋南北朝时，南方丝绸之路滇缅道仍是长江流域与印度联系的主要通道，南朝僧侣同西域和印度佛教往来都要通过蜀地，因而在蜀地中转或暂住的高僧为数不少。约东晋南朝之际，释慧睿"常游方而学经，行蜀之西界，为人所抄掠"，为商人以金赎之，后"游历诸国，乃至南天竺界"③。约4—5世纪，"有唐僧二十许人，从蜀州牂牁道而出"，至印度比哈尔邦巴腊贡的那烂院寺（古代印度佛教的最高学府）东四十驿许的蜜粟伽悉他钵娜寺，"向莫诃菩提礼拜"。此寺不远，有一故寺，但有砖基，号为支那寺，"古老相传，云是昔室利笈多大王（约4—5世纪）为支那国僧所造"④。刘宋文帝时，慧览从罽宾求法，经于阗回国，"经由河南，河南吐谷浑慕延，世子琼等敬览德向，遣使并资财，令于蜀立左军寺，览即居之"⑤。宋后废帝元徽三年（475年），法献"西游巴蜀，驻出河南，道经芮芮"⑥，抵达于阗，西行巡礼佛迹。罽宾高僧昙摩密多由龟兹、敦煌，于刘宋元嘉三年（426年）辗转至于蜀中，"俄而东出峡，止荆州"⑦。大量高僧经过蜀中南来北往、东进西上，给蜀中佛教的风行增添了很大的激励力量。

　　综上所述，佛教艺术自东汉经南方丝绸之路滇缅道传入四川后，又继续向长江中下游传播，从而形成了早期佛教的南传线路。不晚于2世

　　① 季羡林：《中印文化交流史》，载《季羡林文集·第四卷·中印文化关系》，江西教育出版社1996年版，第388—389页。

　　② 王海涛：《云南佛教史》，云南美术出版社2001年版，第75—76页。

　　③ 《高僧传》卷7《慧睿传》。

　　④ 《大唐西域求法高僧传》卷3《慧轮传》。

　　⑤ 《高僧传》卷11《慧览传》。

　　⑥ 《高僧传》卷13《法献传》。

　　⑦ 《高僧传》卷3《昙摩密多传》。

纪中叶，川滇地区已经出现了早期的佛像、莲花、宝塔等造型。到了 3
世纪的早期，这些艺术形式开始在长江中游的湖北地区出现。直到 3 世
纪中叶，江浙地区才出现了禅定和飞天等佛教造像。① 自此，一个从印
度至滇、川，再由四川到长江中下游的传播路线就很清晰了。1 世纪，
佛教造像在印度开始流行，到了 2 世纪，这些佛教造像艺术已经在泰
国、缅甸、越南流行，并于 2 世纪中叶之前传入云南，一些来自印度或
缅甸的佛教徒也于这一时期进入云南或内地。到了 3 世纪，这些造像艺
术已经广泛存在于云南和四川，并与当地的民间信仰混合在一起，与此
同时，佛教造像开始继续向长江中游传播。到了 3 世纪中叶，佛教造像
传播到了长江下游的江浙地区。一条佛教艺术由西南滇缅道通往整个长
江流域的传播之路由此形成。②

当然，佛教思想也从西北及中原地区传入四川，这不仅不与南方传
入说相矛盾，而且更说明四川是个文化交汇之地。但从文献资料和考古
资料分析，东汉时期佛教在四川与在中原的传播还是有一些差异的，更
加明显地反映出四川与印度文化的联系。

从文献资料看，东汉时期中原地区的佛教传教徒多走上层路线，注
重在上层统治阶级中传教收徒；从考古资料看，东汉时期四川盆地内的
传教徒则多在中下层人士中发展，但其普及时间早于中原，普及程度也
高于中原。还有一个宗教意识也是印度与中国西南地区一致的，那就是
印度与西南地区都有对牛的崇拜，西南地区有"神牛"，印度有"圣
牛"崇拜。这在青铜器、陶器、宗教思想、民俗中都有所反映。印度与
中国西南地区的民俗差异很大，但两地都视牛为神，这种宗教文化的近
视，也反映出两地的文化联系。③

佛教传入中国，在与本土文化结合后，对中国文化产生了很大的影
响，甚至逐渐成为中国文化的一部分。

3. 道教传入印度

中国的道教也经由南方丝绸之路传入印度，对印度的宗教思想产生

---

① ［韩］李正晓：《中国早期佛教造像研究》，文物出版社 2005 年版，第 82 页。
② 李竞恒：《滇蜀地区出土早期佛教造像与西南传播路线》，《中华文化论坛》2012 年第 1 期。
③ 罗开玉：《从考古资料看古代蜀、藏、印的交通联系》，载伍加伦、江玉祥主编《古代西
南丝绸之路研究》，四川大学出版社 1990 年版，第 51 页。

了很大的影响，成为构成印度密宗最主要的思想根基之一。中国道教的起源及兴盛之地，就是古蜀大地，也是蜀地的道教最早南传至印度。

　　道家的哲学思想自先秦以来就在巴蜀地区长期传播，在蜀中的深厚土壤中长期生长，不断发展，到西汉之世，蜀中大学者如严君平、扬雄等，均以精通道学，耽于《老》、《庄》而饮誉中华。宋人所说"《易》学在蜀耳"①，确实真切地反映了蜀中道学思想的丰富多彩和源远流长。道家思想与巴蜀的原始宗教、巫术相结合，在巴蜀民众中产生了广泛影响，形成了相当深厚的社会基础。到东汉时，中国最重要的宗教——道教终于在巴蜀地区诞生了。

　　随着佛教传入四川，南来北往的宗教人士又将四川的道教思想传入印度。道教对印度宗教的影响，集中体现在印度密宗与炼金术上。

　　印度的密宗在教义和修持法上，与印度传统各宗派有显著的差异，却与道教极为相似，而且相似之处非常明显和众多，不能轻率地认为是巧合。

　　道教外丹的修炼法在密宗里称为长命术，同道教使用婴儿姹女相配比喻铅汞的化合一样，密宗也使用 Hava 与 Gauri 的结合比喻云母和水银的化合。密宗与道教一样，认为外丹是促成肉体不朽的手段之一。

　　密宗的一位重要神祇——摩诃支那救度母，相传来自中国。礼拜这位神祇的仪式称为"支那功"，也是密宗重要的修行法之一。密宗经典《度母秘义经》、《摩诃支那功修法》、《风神合璧》、《弥卢咀多罗》等都说"支那功"来自中国。据印度教和佛教共同承认的经典《度母经》记载，有名的密宗大师殊胜为了学习这种修行法，曾专门到中国去寻求教导，因为在印度没有传授此法的人，就连供奉"难近母"的圣花也是中国玫瑰。

　　此外，据南印度泰米尔文献记载，南印度密宗的 18 位成就者中，有两位来自中国。据说这两人都著有许多关于禁咒、医术和炼丹术的书籍，南印度密宗的许多成就者都出自其门下。他们还带领一批弟子到中国去深造过。从其行迹来看，这两人无疑都是道教徒。

　　有学者认为密宗是与吠陀一样古老而且完全源自印度的宗教，此观

　　① 《宋史》卷459《谯定传》。

点是站不住脚的。首先，时间上有超长期的空白。密宗成为一大宗教流派的时间是 7 世纪前后，如果它是同吠陀一样古老的话，就有长达 3000 多年的时空缺环。其次，密宗思想中，虽然包含有印度亚利安固有的成分，但非亚利安的成分也很多，而且是密宗最重要的思想构成。其中最显著的，就是对待妇女和低级种姓的态度。

与印度教女神处于附庸地位、印度教高僧无女性不同的是，女性无论在密宗的教义、神祇还是在信徒中都占有十分重要的地位，甚至有凌驾于男神之上的趋势。密宗广收女徒，其大师中的女性也有不少，甚至有的密宗女大师还属于低级种姓。这一点与道教重视阴性的思想观点是一致的。

与阶级严密的印度教相反，密宗不再把首陀罗视为"一生族"，甚至密宗大师里也有出身于首陀罗的人。密宗对待各个种姓一视同仁，这与印度的传统思想是针锋相对的。

所以，就如达斯古普塔所说，密宗既非来自于印度，也非来自于佛教，而是来自远古的、与玄妙的哲理无关的宗教暗流。[①]

这股暗流应该就是中国的道教。正如汶江先生所说，道教传向印度是非常自然的事。佛教传入中国，曾长期和道教混杂不清。为了争取大众的接受，顺利传教，佛教僧侣也自觉地学习当地的宗教思想，将其融合进佛教。而道教先于佛教取得了广大民众的信仰，初来乍到的佛教便选择了与之相融、共生共荣的策略。中国史书，自楚王英至汉桓帝 100 多年间，始终以黄老浮屠并称。《后汉书·楚王英传》："楚王诵黄老之微言，尚浮屠之仁祠。"《襄楷传》："闻宫中立黄老浮屠之祠，此道清虚，贵尚无为，好生恶杀，省欲去奢。"《桓帝本纪》："饰芳标而考濯龙之宫，设华盖以祠浮屠老子。"另一方面，在早期翻译的佛教典籍中，也混杂了不少道教术语，染上了许多道教色彩。印度来华的僧侣对道教也颇有研究，据说著名僧侣鸠摩罗什还曾经注释过《道德经》。[②] 于是，随着印度僧侣回国，以及中国道士赴印，都可将道教思想传到印度。

那么，重要的是道教传入印度的路径问题。道教传入印度的路径，

---

① 汶江：《试论道教对印度的影响》，载伍加伦、江玉祥主编《古代西南丝绸之路研究》，四川大学出版社 1990 年版，第 80—81 页。

② 同上书，第 81 页。

按照我们已知的古代中印交通线路分析，可以有三条。

第一条，由西域陆路南下抵达北印度和中印度。这条线路声名显赫，多数僧侣都是沿着此线路交通中印，包括著名的唐僧玄奘。但是，这条道路不应当是道教传向印度的路径。因为，在 8 世纪前，北印度和中印度地区的佛教势力盛极一时，就连本土的婆罗门教都得退避三舍，可以想见，道教即使传入此地区，也难以立足，更不用说发展以至产生大的影响了。

第二条，由海路传播到南印度。经中国南海西行抵达南印度，这条海路早已有之，道教也很早就传播到了中南半岛，如《三国志·孙策传引江表传》称，交州刺史张津"鼓琴焚香，读邪道书"。由此可知，道教从交州传到南印度也是有可能的。然而，事实上，南印度并非密宗的发祥地，这就否定了道教主要是通过海路传播到南印度的。

第三条，由川入滇，再经缅甸北部到东印度的南方丝绸之路蜀身毒道。张毅先生于 1984 年提出了道教由此道路大规模地传入东印度的论点。[①] 这个论点有充分的资料予以证实。

西晋时有中国僧侣 20 余人赴印求法、5 世纪初的慧睿由川西进入印度，都是沿此线路而行。印度僧侣也有取此道回国的，如《天平广记》卷 190 王建条引《北梦琐言》："王建始镇蜀，绝其旧赐，斩都衙山行章以令之……先是唐咸通中（860—874 年）有天竺三藏僧，经过成都，晓五天胡语，通大小乘经律论，以北天竺与云南接壤，欲借道而还，为蜀中察事者识之，系于成都府，得其所记朝廷次第文字，盖曾出入内道场也。"既然佛教徒可以经由此线路进入印度，道教当然也可能沿着此线路传入印度。

东印度的迦摩缕波国是密宗的形成之地，而位于印度东部今阿萨姆地区的迦摩缕波国与中国邻近，两国间自古就有直接而频繁的交通，关系密切。唐朝人的著作中屡屡提及此事，除《大唐西域记·迦摩缕波国条》外，《释迦方志》中也说："其国东境，接唐西南，有诸蛮獠，于彼朝贡，云可两月行，使入蜀之西界。"

---

① 汶江：《试论道教对印度的影响》，载伍加伦、江玉祥主编《古代西南丝绸之路研究》，四川大学出版社 1990 年版，第 82 页。

古代迦摩缕波国的居民主要是山民和支那人，国王的军队也是由这两种人组成的。《释迦方志》还说："然童子王刹帝利姓。语使人李义表曰：'上世相承四千年，先王神圣，从汉地飞来，王于此土。'"

道教传入迦摩缕波国后，能够被很好地接受和发展，并对当地文化产生影响，最后促成密宗的形成和滥觞，是有其必然性的。迦摩缕波国居民成分和宗教信仰都十分复杂，外道势力大大超过佛教，国王对各宗教没有好恶之分，于是就有了"未有佛法，外道宗盛"，"天祠数百，异教数万"的局面。《高僧传·玄奘传》称该国："以彼风俗，并信异教，其部众乃有数万，佛法虽弘，未至其土，王事天神，爱重教义，但闻智人，不问邪正，皆一敬奉其人。"因此，道教传播到该国后，就能够很容易地被人们所接受。

文献还记载了迦摩缕波国向中国请老子像及《道德经》译文的事。《旧唐书·天竺传》记载："天竺所属国数十，风俗略同，有迦没路国，其俗开东门以向日。王玄策至，其王发使，贡以珍奇异物及地图，因请老子像及《道德经》。"《新唐书》卷221又记载："……东天竺王鸠摩送牛羊三万馈军，及刀弓宝璎珞，迦没路国献异物，并上地图，请老子像。"关于翻译《道德经》为梵文一事，《集古今佛道论衡》丙卷也有所记载。道教传入迦摩缕波国，并在该地促成了密宗的形成，在密宗的经典中也有记载。

密宗的根源虽然来自中国的道教，但是在迦摩缕波国才形成密宗这一大教派的，因此密宗必然还包括很多非道教的思想。密宗形成独立教派的时间应该在7世纪中叶以后，这在中国赴印度求法高僧的著作中可以找到证据。7世纪初叶，唐僧玄奘在印度求法长达17年之久，对印度佛教各宗派都有很深的了解，而他所著的《大唐西域记》中无一字提及密宗。但是，到了7世纪下半叶，义净、道琳、无行法师、常愍等到印度学习，情况就大不一样了，密宗已经相当盛行。到了8世纪初叶，密宗的主要经典如《大日经》、《金刚顶经》已经相继翻译为汉文，其教义也被高僧传播到中国。①

---

① 张毅：《试论密宗成立的时代与地区》，载伍加伦、江玉祥主编《古代西南丝绸之路研究》，四川大学出版社1990年版，第92—94页。

4．印度古代医学传入中国

印度古代的医学理论在佛教书籍中保存了不少，随着大量佛经翻译成中文，一些印度古代医学也传入中国。另外，一些到中国来的佛教僧侣，懂得一些印度医学，他们来到中国后，便将印度医学知识传播到了中国。

翻译成中文的印度古代医学书籍比较多，如《禅秘要治病经》、《佛医经》、《十诵律》卷二六《医药法》。另据《隋书》卷三四《经籍三》记载，从印度传来的医药书籍有《龙树菩萨药方》四卷、《西域诸仙所说药方》二十三卷、《香山仙人药方》十卷、《西域婆罗仙人方》三卷、《婆罗门诸仙药方》二十卷、《婆罗门药方》五卷等，然而，这些书籍没有流传下来，但其中一些药方却在别的书中保存下来了。[1] 例如，在唐代孙思邈的《备急千金要方》和《千金翼方》中，可以看出中印医药文化的交流。这两部书是我国现存最早的医学类书籍，在我国医学史上享有崇高的地位。经考证，《千金翼方》中有不少的药方来自于印度。有的药方，孙思邈在书中也已经作了明确的说明，其药方来自于印度。[2]

5．其他

在古代天文学上，中国和印度都有"二十八宿"，虽然各有不同的名称，但都为二十八宿，而且排列次序也大致相同，不大可能是偶然巧合。但是，由于缺乏充分的资料，这方面的研究还有待进一步深入开展。

三　南方丝绸之路与东南亚的经济贸易和文化交流

南方丝绸之路西线的滇缅道沟通云南与缅甸的交通，东南方向的步头道和进桑道是经云南东南进入越南及东南亚经济带的交通道路。此外，丝绸之路区域内的一些天然水道，也可交通东南亚，它们是：连接

---

① 薛克翘：《中国印度文化交流史》，昆仑出版社 2008 年版，第 129 页。
② 同上书，第 209、210 页。

中缅的伊洛瓦底江（上游为独龙江）、萨尔温江（上游为怒江），连接中泰老柬越的湄公河（上游为澜沧江），连接中越的红河（上游为元江），属于南方丝绸之路步头道正道。

经由南方丝绸之路以及区域内的天然水道，中国西南与东南亚发生了广泛的联系，无论是在经济上，还是在文化上，都产生了深远的影响。

（一）成都平原古蜀文明向东南亚的传播

从远古时代起，中国与东南亚就发生了若干文化联系。在相互间的各种交往中，中国常常居于主导的地位，而东南亚古文化中明显受到中国影响的某些重要因素，其发源地或表现得相当集中的地区，就是古代巴蜀，云南则是传播的重要通道。

据研究，古代东南亚的若干文化因素来源于巴蜀，大致有：农作物中的粟米种植，葬俗中的岩葬、船棺葬、石棺葬，大石文化遗迹，以及一些青铜器的器形和纹饰，等等。[①]

中国南方青铜时代中，最有可能实现同东南亚文化交往的地区是云南。可是云南青铜文化发生较迟，不足以给东南亚造成太大的影响。紧邻云南北部的巴蜀地区，则不仅青铜文化发祥很早，而且十分辉煌灿烂，辐射力也相当强劲。巴蜀青铜时代，不仅青铜文化，而且其他方面的若干因素也很发达，优于南面的滇文化。滇国青铜时代从巴蜀文化中采借吸收了若干因素，就是很好的证据。在这种情形下，巴蜀文化通过滇文化及其再往南面的交流孔道，南向传播于东南亚地区，从文化人类学的角度看，是完全可能的。而以以往若干证据，则说明了这种可能性完完全全是历史事实。当然，巴蜀文化向东南亚的传播，传播方式有所不同，有的是直接传播，有的是间接传播，不可一概而论。

云南与东南亚之间的考古学材料证明，两地的古代民族存在若干共性，有着某种共同的渊源关系。云南南部的古代民族，从史籍记述可见，属于百越或百濮系统。而古代巴蜀地区各族中，百濮民族系统为其荦荦大者。民族源流的相近、民风民俗的相类，无疑是文化联系的有利

---

① 童恩正：《试谈古代四川与东南亚文明的关系》，《文物》1983 年第 9 期。

条件，使得较进步的文化容易向较后进的文化进行播染，这在文化史上是不变的规律。①

中国南方的百越族群与东南亚诸多民族具有同源的关系。从浙江绍兴到越南北部，加上云南南部沿边地区，构成半月形的广阔弧形地带，就是最早的百越文化区。② 百越诸族沿着南方丝绸之路及江河水道，陆续迁移至东南亚各地，虽然民族的称谓发生变化，但民族文化还有着一致性，有着一些相同的文化特征，如种植水稻、傍水而居、干栏建筑、断发文身、习于舟楫、有肩石斧、有段石锛、使用铜鼓等习俗。广泛分布于中国西南及东南亚国家的傣族、壮族、泰族、老族、掸族、布依族、仫佬族等民族，有着十分密切的历史文化渊源。③ 在迁徙中，还进一步分化，泰国的泰族与中国西双版纳的傣族就同为一源。

百越民族从中国南方向东南亚迁徙，将中国南方的经济文化带到了东南亚，在这些国家的民族文化中，烙上了中国文化的印迹。

经由南方丝绸之路，中国文化对东南亚文化的直接传播中，最引人注目的是战国末蜀王子安阳王的南迁和在越南北部建立王朝的历史事件。公元前4世纪末，秦灭古蜀王国，蜀王子安阳王率兵、民共约6万蜀人经南方丝绸之路到古交趾红河地区（今越南河内正北）建立王朝，前后持续了大约130年。④

（二）经济贸易

1. 商业贸易

自先秦时期起，经由南方丝绸之路以及区域内的天然水道，中国西南地区与东南亚进行了广泛的商业贸易。中国输出的商品主要有丝绸、瓷器、茶叶、盐巴、布匹、铜、铁等。东南亚输入的商品有玉石、宝石、琥珀、珍珠、木棉、象牙、香料等。

2. 农业生产技术的传播

在民族迁徙、商业贸易，甚至战争过程中，中国的农耕文化逐渐传

① 段渝：《濯锦清江万里流：巴蜀文化的历程》，四川人民出版社2001年版，第113页。
② 黄惠焜：《从越人到泰人》，云南人民出版社1980年版，第5—6页。
③ 何芳川主编：《中外文化交流史》，国际文化出版公司2008年版，第309页。
④ 《水经·叶榆水注》引《交州外域记》，参见段渝《四川通史·卷一（先秦）》，四川人民出版社2010年版。

播到了东南亚。如公元 225 年，三国时期的蜀汉丞相诸葛亮率军南征，沿南方丝绸之路把汉族先进的农具、农耕技术、种桑技术、农作经验等带到了中缅边境，后来，这些技术再南传到缅甸等地。① 再如 1300 年，元朝与缅甸作战。统率元军的云南参知政事高庆等人拒不执行元朝廷对缅作战的命令，率领军队协助当地缅人为解除旱灾，抢修了叫栖一带的水利灌溉工程，并且挖出一条顶兑运河。② 这些由元朝军队开凿的水利工程至今仍然发挥着重要作用。③

3. 手工业技术的传播

由于民众迁徙、行政往来、商业贸易、战争活动等，南方丝绸之路上，中国手工业技术传播到东南亚的主要有造纸术、制盐技术、淘金技术、开采琥珀技术、制作弓箭技术、佛教建筑技术、开采矿石技术等。

4. 历代贸易内容及特征

南方丝绸之路上中国与东南亚历代贸易内容和特征如表 16—3 所示。

表 16—3　　南方丝绸之路上中国与东南亚历代贸易内容和特征

朝代	中国输往东南亚的主要商品与技术	东南亚输往中国的主要商品与技术	备注
先秦	丝绸、盐巴、布匹、铜器、粟米种植技术、青铜器的器形和纹饰等	玉石、宝石、琥珀、象牙、木棉等	
秦、汉	丝绸、蜀锦、布匹、盐巴、金、银等	玉石、翡翠、木棉、琥珀、琉璃、海贝、光珠、象牙、水牛、封牛等	包含朝贡品及回赠品
魏晋、南北朝	农具、农耕技术、种桑技术、丝绸等	象牙、沉香、檀香、画塔、舍利等	

① 何芳川主编：《中外文化交流史》，国际文化出版公司 2008 年版，第 387 页。

② ［缅］吴巴迎：《中缅关系》，第 38 页，转引自何芳川主编《中外文化交流史》，国际文化出版公司 2008 年版，第 400 页。

③ 何芳川主编：《中外文化交流史》，国际文化出版公司 2008 年版，第 400 页。

续表

朝代	中国输往东南亚的 主要商品与技术	东南亚输往中国的 主要商品与技术	备注
隋、唐	丝绸、布匹、瓷器、茶叶等	龙脑香等香料、珠宝、犀角、大象、象牙、江猪等	包含朝贡品及回赠品
宋、元	丝绸、绫罗绸缎、布匹、牙梳、瓦器、青铜、铁器、瓷器、酒、糖、荔枝、马、制瓷技术等	珊瑚等珠宝、沉香等香料、胡椒、沙金、白银、铜、锡、铅、象牙、犀角、大象、木材、大米等	包含朝贡品及回赠品
明	锦缎、棉纱、丝绸、生丝、瓷器、布匹、靴袜、糖果、盐巴、造纸技术、制糖技术、银冶炼技术等	玉石、宝石、琥珀、象、马、金银器皿、犀角、犀牛、象牙、龙涎香等香料、木材、棉花等	包含朝贡品及回赠品
清	丝绸、锦缎、布匹、玉器、金器、玻璃器皿、瓷器、纸张、瓦器、铜器、铁器、颜料、烟、茶、药材等	玉石、大象、象牙、锦、犀角、土绸、大米、香料、冰糖、药材、竹木、海产品、棉花、燕窝、鱼胶等	包含朝贡品及回赠品

注：本表并未列出所有经济贸易的商品名称，仅列出了主要的货物名称，尤其是大宗的或具有首次传播意义的货物和重要技术。

资料来源：何芳川主编：《中外文化交流史》，国际文化出版公司2008年版，第258、260、288、289、314、316、319、375、384、387、402、407、409、411、414页。

由表16—3可知：第一，丝绸是丝绸之路上中国输出东南亚的最大宗商品，贯穿整个古代社会。虽然自宋以后，中国瓷器贸易量激增，但仍未超过丝绸的输出量，直至近代。丝绸堪称中国古代的标志性产品。第二，朝贡在东南亚输入中国的商品中占有一定比例，而且经历的时代很长，如缅甸，在1844年，即缅甸全国即将沦为英帝国主义殖民地的前一年，缅甸最后一位国王还向清朝进贡。第三，中国与东南亚的经济贸易几乎涵盖了古代生产、生活的各个方面，而且，生产技术也广为传播。第四，各历史时期的经济贸易是不平衡的，主要受战争的影响。

（三）文化交流

1. 佛教文化的传播

佛教兴起于印度，经水路和陆路向东南亚传播。陆路方面，从缅甸至云南南部到越南、老挝，也应是其中的一条传播道路。南方丝绸之路西线有滇缅道联系缅甸与云南，东线有步头道（红河流域）、进桑道联系滇越，还有数条大河天然水路联系东南亚。这些都是自先秦便已开通的道路，在佛教的东传中，必然发挥重要作用。自缅甸至中国云南南部边疆地区，到老挝及越南南部区域内，小乘佛教盛行，显示出南方丝绸之路经济带与东南亚经济带的文化联系。

2. 道教文化的传播

南方丝绸之路也是道教文化向东南亚传播的线路。

道教形成于多民族的川西，与川滇各民族关系十分密切。向达先生也曾说：我疑心张陵在鹤鸣山学道，所学的道即氐羌的宗教信仰，以此为中心，而缘饰以《老子》之五千文。因为天师道的思想源于氐羌族，所以李雄、苻坚、姚苌，以及南诏大理才能靡然从风，受之不疑。至于南诏、大理之又信佛教，那是后起的事，与本族的原始信仰并无妨碍。[①] 云南许多地区，如西双版纳、大理等地，一些少数民族如滇西白族，或信道教，或将道教吸收入其"本主"崇拜之中。

天师道发源于成都大邑鹤鸣山，其教主张陵是在借用古蜀文字（即学术界通常所说巴蜀文字）的基础上发明天师道的，它的社会基础是崇信"巫鬼"（也即鬼巫）的西南少数民族中的广大族群。[②] 滇西及上缅甸各族虽然不信奉道教，但流行巫术，这些"鬼巫"与天师道类似，因此道教要进入这些地区是不困难的。

滇西南与缅北（即上缅甸）地缘相接，人民混杂相处，十分有利于文化的传播。东汉永平十二年（公元69年）哀牢归附后，朝廷在滇西设置永昌郡，其地除滇西以外，还包括了部分缅甸北部地域。在公元初的几个世纪里，永昌重镇成为中、印、缅、掸各族人民云集之地。《华阳国志》称该地有"闽仆、鸠獠、僄越、裸仆、身毒之民"。民族交往之中传播了道教文化。

3. 文学艺术的传播

南方丝绸之路也是文学艺术传播的纽带。在东南亚经济带诸国的古

---

① 向达：《南诏史略论》，《历史研究》1954年第2期。
② 段渝：《巴蜀文化与汉晋学术和宗教》，《中华文化论坛》1999年第1期。

代文学中，都能看出中国文学的因素。近现代，一些中国小说被翻译到了东南亚。如中国的《三国演义》、《西汉通俗演义》就被泰国翻译成泰文小说，1802 年问世，即成为泰国最流行的小说。[①] 前述唐朝骠国觐见献乐就是缅甸古代歌舞艺术传入中国的事例。

此外，中国西南与东南亚还在民俗、饮食、教育等方面有着深入而广泛的文化交流和相互影响。

历史上，东南亚许多国家（或部落）经由南方丝绸之路来到中国朝廷，觐见或朝贡，直接传播了中国和东南亚文化，促进了中国和东南亚的经济文化交流。涉及的国家、觐见的次数非常之多，其中，唐朝骠国觐见献乐是最为著名的史事之一。

南方丝绸之路滇缅道是中缅经济文化交流最主要的通道。唐朝时，这条道路"于西南自交通史上，数百年间，更形成空前之极盛时代"[②]。唐朝骠国觐见献乐就发生在这条道路上。

801 年（唐贞元十七年）7 月初，缅甸古骠国王子舒难陀受父重托，率领由乐工 35 人和其他人员共五六十人组成的歌舞团，驮载贵重礼品、乐器道具及其他物品，千里迢迢赴中国大唐都城长安。舒难陀王子一行经南方丝绸之路滇缅道以日行 65 里路的速度，经 81 日抵达南诏首都羊苴咩城（今大理），又经 71 日抵达成都，受到大唐剑南西川节度使韦皋的欢迎与接待。骠国歌舞团在成都进行了彩排后继续前行，又经 71 日，共走了 214 天，终于抵达唐朝都城长安，受到大唐官员和民众热烈的夹道欢迎。802 年 2 月 13 日（唐贞元十八年正月乙丑），骠国歌舞团在大明宫麟德殿正式演出，唐德宗李建亲自率领文武百官观看演出。骠国歌舞团在长安献骠国乐 12 曲、骠国乐器 19 种 32 件，包括打击乐器、弹奏弦乐器，以及螺贝、横笛、两头笛、大匏笙、牙笙、三角笙、二角笙等。至于舞姿的优美，《唐会要》记载"每为曲皆齐声唱，各以两手十指，齐放齐敛，为赴节之状，一低一昂，未尝不相对，有类中国柘枝舞"[③]。演出大获成功。诗人白居易赋诗《骠国乐》，高度赞扬

　　① 何芳川主编：《中外文化交流史》，国际文化出版公司 2008 年版，第 338 页。
　　② 夏光南：《南诏对中缅之关系》，载《中印缅道交通史》，转引自何芳川主编《中外文化交流史》，国际文化出版公司 2008 年版，第 390 页。
　　③ 何芳川主编：《中外文化交流史》，国际文化出版公司 2008 年版，第 391—392 页。

了骠国的演出,并写明了骠国献乐的目的"曲终王子启圣人,臣父愿为唐外臣"①。之后,德宗"授舒难陀太仆卿,遣还"②。唐中央政府与骠国建立了直接的友好联系。骠国献乐对当时中国和缅甸社会都产生了重要的政治影响。

经由南方丝绸之路,世界最早了解了中国,中国也最早了解了世界。

---

① 何芳川主编:《中外文化交流史》,国际文化出版公司 2008 年版,第 390—392 页。
② 《新唐书》卷二二二下《南蛮下》,中华书局点校本,1975 年,第 6314 页。

第十七章　成都在丝绸之路经济带的作用和地位

　　丝绸之路这一名称，是德国地理学家李希霍芬（F. von Richthofen）于 1877 年提出来的，指以丝绸为主要贸易内容的中西方商路和交通线路。丝绸之路这一巨大的纽带，连接并带动了中西方文化、经济、政治、哲学、宗教、艺术等领域的交流与互动，促进了世界文明的发展与繁荣。

　　中国通往西方和海外的丝绸之路有四条：南方丝绸之路、北方丝绸之路、草原丝绸之路和海上丝绸之路。从四川成都经云南至缅甸、印度，并进一步通往中亚、西亚和欧洲地中海地区的"蜀身毒道"，是历史文献所记载的最早的中西交通线路，也是久负盛名的"南方丝绸之路"的西线。南方丝绸之路的中线为从四川经云南到越南和中南半岛的交通线，历史文献记载为"步头道"和"进桑道"。南方丝绸之路的东线为从四川经贵州、广西、广东至南海的"牂牁道"，或称为"夜郎道"。南方丝绸之路早在商代就已开通，古代中国在西南方向对外部世界的联系和交流，是经由南方丝绸之路进行的，它是古代中国西南地区同东南亚、南亚、中亚、西亚以至欧洲地中海地区文明交流互动的重要载体。

　　一系列史实表明，最早从中国进入印度地区从事商业活动的是蜀人，由蜀人商贾长途贩运丝绸等蜀物到印度而引起了丝绸的传播，由丝绸的传播而引起了丝绸之路的开通，进而连通并推动了中国与欧亚各古代文明的交流和互动。

一 成都：中国丝绸的重要起源地、主要原产地和生产基地

成都是中国丝绸的原产地之一，不仅以"嫘祖"、"蚕女"等古史传说饮誉海内，而且以蜀锦、蜀绣等丝织品驰名中外，在中国丝绸的起源和发展史上占有显著地位。文献和考古研究表明，嫘祖、蚕女等中国丝绸史上的里程碑式人物，均与古蜀有关。

历代史籍均记载黄帝元妃嫘祖"教民养蚕"，"治丝茧以供衣服"，称颂为中国蚕桑丝绸之祖。传世古文献表明，早在黄帝时代（即考古学上的龙山时代），通过嫘祖氏族与岷江上游蜀山氏（在今四川茂县叠溪）的结合，促成了蜀山氏从饲养桑蚕到饲养家蚕的重大历史性转变，由蜀山氏演变为蚕丛氏，从而引发了古蜀丝绸的起源和演进，在中国蚕桑丝绸史上具有非常重要的里程碑意义。

（一）成都平原蚕桑丝绸的起源

1. 蜀的含义

在相当多的论著里，都把蜀解释为野蚕。这种解释其实是含混模糊的，并不准确。事实上，蜀指桑蚕，是家蚕的近祖，或前身，它同一般的野蚕是不一样的。

古文献对于蜀的解释，较早见到的是《韩非子·说林上》，其文曰：

> 鳝似蛇，蚕似蠋。人见蛇则惊骇，见蠋则毛起。渔者持鳝，妇人拾蚕，利之所在，皆为贲诸。

《淮南子·说林》的说法与此大同，其文曰：

> 今鳝之与蛇，蚕之与蜀，状相类而爱憎异。

高诱注曰：

人爱鳝与蚕，畏蛇与蠋，故日异也。

应当说明的是，以上引文蠋、蜀二字并见，其实是正字与俗体字之别，实为一字。刘文典《淮南鸿烈集解》于高诱注下说："蠋本作蜀。作蠋者，后人依《韩非子·内储说上篇》改之也。"又说："《广韵·烛韵》'蜀'字下引此文，正作'蚕与蜀相类而爱憎异也'，蜀正字，蠋俗字耳。"段玉裁亦持此看法。[1] 可见，蜀、蠋二字原无区别。

但是，与蚕形状相似而令人爱憎异的蜀究为何物，《韩非子》和《淮南子》并没有明确指出，所以引致一些不同的猜测，吴其昌就以为蜀是一种螫人的毒虫，与蚕无关。[2] 究竟如何呢？

《说文·虫部》"蜀"："蜀，葵中蚕也，从虫，上目象蜀头形，中象其身蜎蜎。《诗》曰：'蜎蜎者蜀'。"此处所说"葵中蚕"，应作"桑中蚕"，《尔雅》释文即引此作"桑中蚕"，可为其证，段玉裁注云："《诗》曰：'蜎蜎者蠋，蒸在桑野'，似作桑为长。"又云："《毛传》曰：'蜎蜎，蠋貌；蠋，桑虫也。'《传》言虫，许（慎）言蚕者，蜀似蚕也。"朱熹《诗集传》也说："蠋，桑虫似蚕者也。"古代以蚕为虫类，所以蜀为"桑中蚕"、"桑虫"。既然蜀是桑中蚕，当然就可以肯定它是桑蚕，而不是所谓螫人的毒虫。至于蚕与蜀"状相类而爱憎异"，乃因蜀是家蚕的前身，自然不像家蚕那样驯服可爱，体态也不一样，岂能仅以此点就指其为毒虫！

我们再看其他文献的解释。郑樵《通志·昆虫草木略二》说："蚕之类多。《尔雅》曰：'虫象，桑茧。仇由，樗茧、棘茧、栾茧。虫亢，萧茧。'此皆蚕类吐丝成茧者，食桑叶为茧者曰虫象，盖蚕也，或云野蚕。食樗叶、棘叶、栾叶为茧者曰仇由。食萧叶为茧者曰虫亢；萧，蒿也。原蚕者，再熟之蚕也。"明确指出食桑叶之蚕为蚕[3]。这告诉我们两点：第一，桑中之蚕并不是螫人的毒虫，而是蚕；所谓"或云野蚕"，即是桑蚕，而这就是指蜀了。第二，桑蚕不但所食之物与其他"蚕"（真正的野蚕）不同，而且所为之茧也与其他"蚕"茧不一样，

---

①　段玉裁：《说文解字注·虫部》"蜀"字下。
②　吴其昌：《王会篇国名补证》，《中国史学》第1期。
③　参考郭璞注《尔雅·释虫》。

二者之间是有区别的。对此,我们还可以进一步解释。

现代生物遗传学知识表明,家蚕是从桑蚕而不是从其他野蚕驯化而来的,只有桑蚕能够经过人工驯养演变为家蚕,其他野蚕则不能驯化为家蚕。家蚕和桑蚕的这种亲缘关系,从其性状、杂交可育性、染色体数等方面,已得到充分证实。铃木义昭对家蚕和桑蚕的 mRNA 做了对比研究,提出了家蚕由桑蚕驯化而来的生物化学论证材料,认为"丝素是一种极端的蚕白质,它在进化过程中动人地分歧着"(Lucas and Rudall,1968),家蚕和桑蚕的两种丝素 mRNA 用现代的标准来鉴定是不可辨别的,这就对两种蚕类是祖先和后裔的关系,提供了有力的证明。就现在所用的各种方法来说,没有一种方法能够告诉我们在它们的分子大小和核苷顺序方面,能非常精确地看到细微的差别。① 而其他的野蚕丝,例如樗蚕丝和霍顿野蚕丝(Theophila,Huttani Westw)等,迄今仍不能从茧中抽出丝来。②

这就说明,作为桑蚕,蜀与其他野蚕有着很大区别,不能混为一谈。这一结论不仅与古代文献的记载相符合,也同现代科学研究的成果相一致,证据确凿,无可争议。

蜀为桑蚕而非一般野蚕、家蚕由桑蚕驯化而来,以及桑蚕丝与家蚕丝基本无别,这三点对于我们探索巴蜀蚕桑、丝绸的起源,从而也是进一步探索中国蚕桑、丝绸的起源,有着特别重要的意义。因为从蜀山氏到蚕丛氏名号的转变,事实上已向我们展示出从驯养桑蚕、利用桑蚕丝到饲养家蚕、利用家蚕丝的巨大转变及其历史进程。而这一转变,则是由嫘祖入蜀山所激励、推动和促成的。

2. 嫘祖与蜀山氏和蚕丛氏

所谓蜀山氏,顾名思义,是指驯养桑蚕并利用桑蚕丝作为纺织原料的族群。蜀山氏的名称来源于古代"以事为氏"的传统命氏之法,它显然意味着,这支氏族已经站在了家蚕和丝绸起源的门槛之上。

先秦史籍记载黄帝、嫘祖为其子昌意娶蜀山氏女,便是在岷山,其地理位置在今四川茂县叠溪。《太平寰宇记》卷七八《茂州石泉县》下

---

① W. Beermann, *Biochemical Diffeerencitiation in Insect Glands*, spring-verlag, 1977.
② 蒋猷龙:《就家蚕的起源和分化答日本学者并海内诸公》,《农业考古》1984 年第 1 期。

载："蜀山，《史记》黄帝子昌意娶蜀山氏女，盖此山也。"南朝成书的《益州记》①记载："岷山禹庙西有姜维城，又有蜀山氏女居，昌意妃也。"《路史·前纪四》说："蜀之为国，肇于人皇，其始蚕丛、柏灌、鱼凫，各数百岁，号蜀山氏，盖作于蜀。"其《国名纪》说："蜀山（今本无'山'字，蒙文通先生据《全蜀艺文志》引补），今成都，见杨子云《蜀记》等书，然蜀山氏女乃在茂。"又说："蜀山，昌意娶蜀山氏，益土也。"蜀山氏所居之地，又名叠溪。据邓少琴先生研究，叠字应出于先秦金文嫘之所省；因嫘祖而名之，②此论极有见地（参考上文关于嫘字的考证）。这表明，当黄帝为其子昌意娶于蜀山氏之时，嫘祖亦曾亲临蜀山之地。而嫘祖之临蜀山，也就促使蜀山氏从驯养桑蚕向饲养家蚕转变。

　　嫘祖本为西陵氏之女，古代蜀人亦称蜀山为"西山"，乃历代蜀王的"归隐"之地。③。按古代的归葬习俗，归隐其实是指归葬于所从来之地，即是其所发祥兴起的地区。历代蜀王既归隐于西山，显然就意味着蜀之西山（蜀山）是其发祥之地，其兴于此、来于此，而又归于此。商代的广汉三星堆祭祀坑和成都羊子山土台（大型礼仪中心），方向都朝向蜀山，绝非偶然，它们其实都表现了魂归蜀山或祭祀其先王所从来之地的观念，这就从考古学文化上证明了蜀之西山乃蜀山氏兴起之地这一事实。蜀之西山与嫘祖之西陵，这两个名称具有深刻的内在联系。陵，《论文》释为"大阜"，即丘陵地区。山与陵，广义上可以互通。嫘祖为其子昌意娶于蜀山氏，依古代地名随人迁徙的"名从主人"传统，将西陵之名带至，而命名蜀山为西山，同时在那里留下了以嫘祖名称命名的地名（叠溪）。可见，蜀山氏文化的确与黄帝、嫘祖文化有着千丝万缕的联系，不容否定。

　　能够说明嫘祖至蜀山并促成蜀山氏驯化桑蚕为家蚕这一重要转变的另一证据是，自从黄帝、嫘祖为其子昌意娶于蜀山氏以后，蜀山氏的名称就不再见称于世，而为蚕丛氏这个名称所取代，在蜀山氏原来所居的区域，也成为蚕丛氏的发祥兴起之地。这个历史变化不是偶然的，其内

① 《益州记》有刘宋任豫和梁李膺两种，均佚，此为《路史》所引，未指出为任书还是李书。
② 邓少琴：《巴蜀史迹探索》，四川人民出版社1983年版，第136页。
③ 《华阳国志·蜀志》。

涵恰与从蜀（桑蚕）到蚕（家蚕）的驯化演进历程相一致，这真切地反映了蜀山氏在嫘祖蚕桑、丝绸文化影响和促进下，由驯养桑蚕转化为饲养家蚕，并以家蚕丝为原料缫丝织帛的历史转变及其进程。从蜀山氏到蚕丛氏名称的变化表明，两者之间的关系是前后相续、次第相接的发展演变关系，是历史与逻辑相统一的关系，也是生物学上的遗传变异关系，和家蚕起源上的驯化桑蚕为家蚕的关系，包含并体现了深刻的历史内容，而不仅仅是一个名称的交替。正因为蚕丛氏上承蜀山氏，并在蜀山建国称王，所以其氏族名称和国号均称为蜀，即使是在蚕丛从蜀山南迁成都平原立国称雄后，虽保持了蚕丛氏的名号，但仍然以蜀命名国号，而以后历代蜀王也因袭蜀名而不改。中原文献称历代蜀王均为蜀，原因也在于此。

至于从"蜀山"到"蜀"的变化，则是与蚕丛氏从蜀山南迁成都平原相适应的。成都平原一望无垠，方圆9000多平方千米内无山，地理环境与蜀山大不相同，因而去其"山"而仅保留"蜀"，而对于山的怀念，则体现在蚕丛氏的大石崇拜之中。①

从蜀山氏到蚕丛氏的转变，初步完成了蚕桑、丝绸的早期起源阶段，进入发展、传播的新阶段。其后，随着蚕丛氏从蜀山南迁成都平原，蚕桑、丝绸文化也一同传布开来，推动了蜀中蚕桑和丝绸业的兴起，并进一步演进成为中国蚕桑、丝绸业的主要基地和一大中心。

蚕丛氏南迁的史迹，斑斑可见，而蚕丛氏在所过之地"教民养蚕"，也史不绝书。在蜀山以南岷江南入成都平原的地方，自古遗有"蚕崖关"、"蚕崖石"、"蚕崖市"等古地名，② 在成都有"蚕市"③，又有"蜀王蚕丛氏祠，今呼为青衣神"④。这都反映了成都平原蚕桑、丝绸的兴起，是随蚕丛氏而来的。正因蚕丛氏"教人养蚕，时家给一金（头）蚕"⑤，"民所养之蚕必繁孳"⑥，所以才博得了广大蜀人的尊敬和爱戴，而为之立祠，每岁祭祀，表示缅怀之情。

---

① 段渝：《四川通史》第1册，四川大学出版社1993年版，第182页。

② 曹学佺：《蜀中名胜记》卷6。

③ 《说郛》卷10《续事始》，引《传仙拾遗》。

④ 《蜀中名胜记》卷2，引《方舆胜览》。

⑤ 曹学佺：《蜀中广记》卷60，引《寰宇记》。

⑥ 《说郛》卷10《续事始》，引《传仙拾遗》。

应当看到，蚕丛事迹虽然有后人神之之处，如以为"金蚕"为黄金所制之蚕，或以"人皆神之"而以"青衣"名县，① 但是却不能因为羼有神话成分便全盘否定这些史实，其主要内容是有着相当的事实依据的。比如所谓"金蚕"，按早出文献，实为"金头蚕"②，并非黄金制成的假蚕；又如蜀之"蚕市"，来源于蚕丛氏教民养蚕，"所止之处，民则成市，蜀人因其遗事，年年春置蚕市也"③，并非神话。再如"蚕丛衣青衣"，教民养蚕，乃来源于先秦享先蚕时场景中的服饰，而蚕丛氏为蜀山氏之后，同先蚕嫘祖有亲缘关系，故其衣青衣，可见并非神话。因此，蚕丛氏在蜀中教民养蚕的传说，是建立在大量事实基础之上的，不能斥之为伪。再者，在古代，"神不歆非类，民不祀非族"④，"非其所祭而祭之，名曰淫祀，淫祀无福"⑤，"非其鬼而祭之，谄也"⑥，倘若蚕丛氏没有教民养蚕，从而引致蜀中丝绸业的兴起，那么就绝不可能有蚕丛祠的兴建，也绝不可能有青衣神传说的流传。这种情况，正如李冰之与二郎神庙的兴建和有关神话传奇的流传一样，都是以真实的历史事实为其内核的。

出土于成都交通巷的一件西周早期的蜀式青铜戈，内部纹饰图案以一身作屈曲蠕动状的家蚕为中心，四周分布一圈小圆点，象征蚕沙或桑叶，左侧横一桑树，蚕上部有表示伐桑所用的斧形工具符号，⑦ 充分表现出古蜀蚕桑业的成熟性和兴旺发达。联系到蚕丛氏在虞夏之际从蜀山南迁成都平原，"教民养蚕"的史实看，蜀人对于先王蚕丛氏的崇祀和纪念，完全是有其充分理由的。

考古学上，岷江上游古文化与成都平原宝墩文化有密切的渊源关系，是成都平原古文化的来源之一，意味着蚕丛氏从岷江上游蜀山南迁成都平原建立蜀王国的史实。四川盆地北缘的绵阳边堆山遗址，文化面貌与广汉三星堆早期文化有若干共性，而年代较三星堆为早，暗示着边

① 《蜀中名胜记》卷15。
② 《说郛》卷10《续事始》，引《传仙拾遗》。
③ 同上。
④ 《左传》僖公十年。
⑤ 《礼记·曲礼》。
⑥ 《论语·为政》。
⑦ 石淹：《记成都交通巷出土的一件"蚕纹"铜戈》，《考古与文物》1980年第2期。

堆山文化是早期蜀文化的渊源之一。[①] 考古学上显示出来的早期蜀文化的这两支渊源，恰与文献所载嫘祖之于蜀山氏和蚕丛氏之于古蜀国的关系相吻合，确定无疑地显示出从嫘祖到蜀山氏，从蜀山氏到蚕丛氏，再从蚕丛氏到成都平原古蜀王国这一文化发展序列，[②] 证实成都平原古蜀文化的上源之一的确与黄帝、嫘祖和蜀山氏、蚕丛氏有着不可分割的渊源关系，同时也表明成都平原的蚕桑、丝绸事业的确与蚕丛氏的南迁和"教民养蚕"有关。而蚕丛氏之蚕桑、丝绸，则是从嫘祖之于蜀山氏转化而来的，这一发展演变的脉络是十分清楚的。

3. 蚕女马头娘的传说

在古代蜀地，还长期流传着蚕女马头娘这一动人的传说。[③] 这个传说从古代"人兽同体"的观念出发，解释并构拟了古蜀蚕、桑起源的历史，极富人类与动物之间浓厚纯真的情感和轮回转形色彩，在蜀中产生了广泛深刻的历史影响。不过细审这个传说，它的来源却与嫘祖、蚕丛氏等有密切关系，是以嫘祖为原型，从蚕丛氏"教民养蚕"演化而来的。

在蚕女传奇中，尽管内容荒诞缥缈，属于典型的上古神话主题，但有两点可以断定它比较晚出，从而可以反映其形成时代。首先，这个传说构拟的蚕桑起源历程，是从"女化为蚕，食桑叶，吐丝成茧，用织罗绮衾被，以衣被于人间"开始的，[④] 桑蚕直接起源于家蚕，而缺乏对于从驯化桑蚕到家蚕这一漫长时期的任何描述或暗示，表明这个传说的产生时代必定是在家蚕饲养已经兴起并普及的发展阶段，而不是家蚕起源阶段。其次，这个传说虽然在不同的古书中有不同的情节描述，但有一点是诸书共同的，那就是乘骑。可是，中国古代的乘骑兴起于战国时期，大约在公元前 4 世纪中叶，由赵武灵王倡导其军队"胡服骑射"首开其端，[⑤] 此后才逐渐普及。因此，蚕女传说的形成年代，其上限不

---

① 段渝：《四川通史》第 1 册，四川大学出版社 1993 年版，第 17、23、24 页。

② 这仅是指早蜀文化的发展序列之一，尚有其他文化来源所构成的发展序列，此不论。

③ 见于《太平广记》卷 479，引《原化传拾遗》，《墉城集仙录》卷 6，《蜀中广记》卷 71，引《仙传拾遗》，《乘异记》，《四川通志》诸书，可参看。

④ 《墉城集仙录》卷 6。

⑤ 《史记·赵世家》。

应早于公元前 4 世纪中晚期，当可肯定。

不过，蚕女传说的形成时代也不会太晚，当不晚于战国晚期。首先，成都平原的蚕桑事业从蚕丛氏开始即已得到推广和普及，其年代是在虞夏之际，此后即进入持续发展阶段。其次，虽蚕女传说本身将故事的时代置于帝颛顼之时，① 并以原始时代为故事背景，但又有仙话的痕迹，而蜀中仙话兴起于战国晚期。从这两点，可以初步判定其产生下限为战国晚期。最后，蚕女传说以蚕女转化为马头娘为终结，而蚕女马头娘仅在蜀中流传，其他地区则无，加之诸书并谓蚕女为蜀人，可以论定是兴于蜀的传说。而这个传说至少在战国末叶已北传中原，并为《荀子·赋篇》所吸收征引，表明其形成年代早于战国末叶。综此诸证，我们基本上可以判定，蚕女马头娘传说形成于战国晚期。

上述分析表明，蚕女传说均有来源于嫘祖、蚕丛氏旧事的痕迹，只不过把它们扭曲成为神话，而又在情节上做了大量修改、补充，从而独树一帜，令人难以洞察其源流罢了。

蚕与马，本来是两类不同的动物，但在古人眼中，蚕、马却是相生相克，以为"蚕与马同类"。不过这种观念并非全属迷信，它的确来源于古人的经验，乃是古代的经验之谈。郑樵《通志·昆虫草木略二》说道："今以蚕为末涂马齿，即不能食草，以桑叶拭去乃还食。明蚕马类也。"蚕女转化为马头娘，大概就同此类经验有关。至于将蚕女称引为"房星之精"，而"马为天驷"，故蚕、马同类的说法，则纯属晚出的神话之说，自不足凭信。

蚕女传说于战国晚期兴于蜀，播于蜀，而又很快北传中原，为中原士大夫所知悉，《荀子·赋篇·蚕》"此夫身女好而头马首者与"一句，便是据此写成的。我们知道，中原关于"蚕与马同气"的观念，是建立在"天文辰为马"，而《蚕书》有"蚕为龙精"之说的基础之上的，② 可见中原文化是以蚕为龙精，并无蚕女马头娘的传统说法，此其一。其二，荀子这句话是疑问句，其口气带有质疑的性质。假如蚕女马头娘之说出于中原的传统文化，荀子是不会对它表示怀疑的。荀子文中

---

① 原作帝喾，误。与蜀有关的是帝颛顼，据此校改。
② 郑玄注：《周礼·马质》。

也明确说是"臣愚而不识,请占之五泰(帝)",表明它对于荀子来说还是一种新事物,因为荀子所识者,仅是流行于中原的"蚕为龙精"的传统说法。其三,蚕女马头娘传说不但在蜀中广为流传、影响深刻,而且历代"宫观诸化,塑女子之像,披马皮"①,各县均有。中原则除《荀子》此篇稍有提及外,余皆不及,而《荀子》的描写也仅限于其大概,未得全豹,表明他取材于蜀中所传,而不是中原所固有。其四,战国末荀子之时,蜀已纳为秦地,与中原关系日益密切,蜀中事物必随之北传中原。在《荀子·王制篇》中,就提到蜀之名产曾青和丹砂,荀子弟子李斯在《谏逐客书》中,也说到"西蜀丹、青不为采"②,足见对蜀中事物确有所知。既如此,那么蚕女马头娘传说的北染中原,就是完全可能的。

嫘祖、蜀山氏、蚕丛氏以及蚕女马头娘传说,前后贯通,一系相传,是传世先秦文献中关于蚕桑、丝绸起源历史进程的唯一系统记载,这个历史进程发生在古蜀,完成于古蜀,它充分证明,古蜀是中国蚕桑、丝绸的最早起源地之一。

黄帝、嫘祖为其子昌意娶于蜀山氏,生子高阳,是为帝颛顼,为中国古史上的"五帝"之一。黄帝、帝颛顼均有东进中原,为中原雄主的历史,而嫘祖作为黄帝正妃、帝颛顼祖母,自周代以来被中原王朝列入祀典,祭享先蚕,成为中华蚕桑、丝绸之祖。从这个意义上说,以嫘祖为代表的古蜀蚕桑、丝绸曾给中原以重要影响,为中华蚕桑、丝绸事业做出了伟大而不朽的贡献。而古蜀丝绸对世界古代文明的贡献,则着重体现在以丝绸之路为表征的中西经济文化交流和丝绸之路的开通。可以毫不夸张地说,蚕桑、丝绸业的兴起和丝绸之路的开通,是古蜀文明对中国文明和世界文明的重大贡献。

(二)成都是中国丝绸的主要原产地和生产基地

中国是丝绸的原产地,早在商周时期丝绸织造就已达到相当水平,③而成都是中国丝绸的主要原产地,尤其是成都丝绸、织锦自古称奇,西

---

① 《太平广记》卷479,引《原化传拾遗》。
② 《史记·李斯列传》。
③ 夏鼐:《我国古代蚕、桑、丝、绸的历史》,《考古》1972年第2期。

汉扬雄《蜀都赋》曾称颂蜀锦鲜艳华丽，品种繁多，发文扬采，转代无穷。史前时期就有嫘祖后代、古蜀王蚕丛在成都平原"教民养蚕"，引起了古蜀丝绸的兴起，到商周时代，成都的丝绸制作已发展到比较成熟的阶段。①

学术界研究认为，广汉三星堆出土的青铜大立人像头戴的花冠、身着的长襟衣服上所饰的有起有伏的各种花纹，表明其冠、服为蜀锦和蜀绣。② 在渭水上游宝鸡附近发掘的西周前期古蜀人弓鱼氏的墓葬内，③发现丝织品辫痕和大量丝织品实物，丝织品有斜纹显花的菱形图案的绮，有用辫绣针法织成的刺绣，这些丝织品其实就是巴蜀丝绸和蜀绣。春秋战国时代，蜀地的丝绸业持续发展，达到很高的水平。在战国时，蜀锦就已蜚声国内，销往各地，考古发掘在湖北江陵和湖南长沙等地楚墓中出土的精美织锦，就是成都生产的蜀锦，④ 并与四川炉霍卡莎石棺葬内发现的织品相似。⑤

秦汉时期，蜀锦生产形成了很大的规模，秦在成都专门设置"锦官"，主管丝绸织造。秦汉时期在成都"二江"岸边，分布着密集的蜀锦作坊，形成蜀锦生产的中心。左思《蜀都赋》说："伎巧之家，百室离房，机杼相和，贝锦斐成，濯色江波"，可见当时蜀锦生产的盛况。扬雄《蜀都赋》刘逵注引谯周《益州记》说："成都织锦既成，濯于江水，其文分明，胜于初成，他水濯之，不如江水也。"锦工用江水濯洗蜀锦，所以江水称为"锦江"，锦工濯锦之地称为"锦里"，成都因此而有"锦官城"、"锦城"之称。

汉末三国时，蜀锦的生产和贸易更为兴隆，以至垄断了中原和江东的丝绸贸易市场。曹丕说："前后每得蜀锦，殊不相似。"可见蜀锦品种、式样和文彩之丰富，令人叹为观止。山谦之《丹阳记》记载此种情况道："江东历代均未有锦，而成都独称妙。故三国时，魏则市于蜀，而吴亦资西道，至是始乃有之。"表明当时黄河流域和长江中、下

①　段渝:《黄帝嫘祖与中国丝绸的起源时代》,《中华文化论坛》1996 年第 4 期。
②　陈显丹:《论蜀绣蜀锦的起源》,《四川文物》1992 年第 3 期。
③　陕西省文物考古研究所:《宝鸡弓鱼国墓地》,文物出版社 1988 年版。
④　武敏:《吐鲁番出土蜀锦的研究》,《文物》1984 年第 6 期。
⑤　四川省文物考古研究所等:《四川炉霍卡莎湖石棺墓》,《考古学报》1991 年第 2 期。

游的丝织品,以蜀锦独占鳌头。蜀锦还是献纳于朝廷的贡品。除供皇室享用外,朝廷常把蜀锦作为上等赏赐品,赐予权贵和幸臣,其赏赐之多,动辄上千匹,甚至可达数万匹。汉武帝开通沿河西走廊出西域的"丝绸之路"后,蜀锦由政府组织的贸易商团源源不断地从这条线路销往西方国家,同外国进行商品交换,有时一次就可销至上万匹,其贸易的盛况,可以想见。

除蜀锦而外,成都地区的丝织品还有刺绣以及罗、缟、绢、绮、绫、纱、䌷等品种,其中刺绣颇有声誉,称为"蜀绣",战国秦汉时几与蜀锦齐名。湖北江陵考古出土的蜀地丝织品中,除蜀锦外,还有大量刺绣品,这些刺绣品的衣袖和衣襟都缘于蜀锦,从其工艺、图案和色彩分析,均当为蜀绣。

唐时蜀锦的生产工艺又达到了新的水平,新品种不断涌现,以写实、生动的花鸟图案为主的装饰题材和装饰图案取得了重要发展,不少蜀锦纹样绚丽多彩、巧夺天工。玄宗时,西川进贡的用五色丝织的锦背心,织造精致,每件"费用百金"。织成《兰亭序》的文字锦进贡皇室后,被视为"异物",同雷公锁、犀簪、暖金等名贵工艺品一同珍藏宫中。唐末时,著名文学家陆龟蒙在侍御史李君家中见到一幅蜀锦裙,长四尺,下广上狭,下阔六寸,上减三寸半,皆周尺如直,"其前则左有鹤二十,势如飞起,率曲折一胫,口中衔萼花蕊,右有鹦鹉,耸肩舒尾,数与鹤相等。二禽大小不类,而隔以花卉,均布无余地。界道四向,五色间杂,道上累细绸点缀其中,微云璨结,互以相带,有若驳霞残虹,流烟坠雾","始如不可辨别,谛视之,条段崭绝,分画一一有去处,非绣绘,缜致柔美,又不可状也","神手技矣",[①] 叹为观止。尤其是"陵阳公样",堪称蜀锦之绝。唐初高祖太宗时,益州大行台窦师纶检校修造,他设计创制了多种瑞锦、宫绫,花样翻新,章彩奇丽,尤其是其中的对雉、斗羊、翔凤、游麟等锦样,大受中外青睐。因窦师纶在太宗时封为陵阳公,所以这种锦样被誉为"陵阳公样"[②],也叫作"益州新样锦"。玄宗时,益州司马皇甫

---

① 《全蜀艺文志》卷56,引陆龟蒙《纪锦裙》。
② 《历代名画记》卷10。

恂还动用库存物资织陵阳公样献贡皇室。长安官办织染署织的瑞锦和官绫，纹样多取法于陵阳公样。而代宗时，诏禁外地所织的大张锦、独软锦、瑞锦以及盘龙、对凤、麒麟、狮子、天马、辟邪、孔雀、仙鹤等纹样，亦多出于陵阳公样。

　　前、后蜀时，蜀锦生产有增无减。后唐庄宗曾望用马同前蜀交易"锦绮珍玩"①。前蜀王衍在宫廷内以缯彩数万段，装饰了一座"眺楼山"，踩绮破损，立即去旧换新。王衍出行阆州，泛舟江中，其舟子皆衣锦绣。王衍灭时，宫中府库尚存"纹锦、绫、罗五十万匹"②。后蜀时，蜀锦生产更多，花样愈加翻新，当时蜀锦中的长安竹、天下乐、雕团、宜男、宝界地、方胜、狮团、象眼、八搭韵、铁梗镶荷等纹样，颇负名气，合称"十样锦"。后蜀孟昶有一条锦被，宽度为当时的三幅帛，一棱织成，称为"鸳衾"，这种无缝锦是一般织机所无法织出的，足见当时蜀中织锦技艺之高妙精湛。

　　宋代四川丝绸业更加发展，"蜀土富饶，丝帛所产，民织作冰纨绮绣等物，号为冠天下"③。据载，宋朝匹帛"岁总收之数"的绢，成都府路为337357匹、梓州路为381553匹；各路租税收入的匹帛中，绢的数量，梓州路为213396匹、成都府路为63760匹；绸的数量，成都府路为11703匹、梓州路为19840匹。④四川上贡给朝廷的34000匹绫中，西川（成都府路）为7800匹。⑤成都的丝织生产是"连甍比室，运箴弄杼"⑥，并设置了成都锦院，梓州的丝织业也是"机织户数千家"⑦，还设置了绫绮场，成都的蜀锦更是名扬天下。

　　除成都锦院的蜀锦名闻天下外，丝、罗、绸、缎、纱、绢等丝织品也是花样翻新，品种纷出。绫有杂色绫、重莲绫、水波绫、鸟头绫、红绫、樗蒲绫、白绫，罗有白熟罗、单丝罗、白花罗、花罗、春罗，纱有花纱、交梭纱等，不胜枚举。

---

① 《资治通鉴》卷272后，唐庄宗同光二年。
② 《蜀鉴》卷7。
③ 《皇朝通鉴长编纪事本末》卷13，淳化四年。
④ 《宋会要辑稿·食货》64之1。
⑤ 《朝野杂记》甲集卷14《四川供绢绸绫锦绮》。
⑥ 《全蜀艺文志》卷34，引吕大防《蜀官楼记》。
⑦ 《宋会要辑稿·食货》64之23。

丝织品的染色技术也大大提高，染红色用的红花、染青色用的兰草、染绿色用的艾、染皂褐色用的皂斗等植物染料，乡间已广泛种植；丹砂、石青、石黄、石绿、粉锡、铅丹等矿物染料也普遍使用。城市中出现专门出售染料的染铺，成都就有"郭家鲜翠红紫铺"。当时还创造出一整套改良蚕丝性能以适应染料的染色工艺技术。据记载，少卿章帖在四川做官，曾把吴地的罗、湖地的绫带到四川，与川帛一起染红带回京师，经过梅雨季节，吴罗、湖绫均因返潮而褪色，唯有川帛颜色不变，后向蜀人询问缘由，"乃云：'蜀之蓄蚕与他邦异，当其眠将起时，以桑灰喂之，故宜色。'然世之重川红，多以为染色之良，盖不知由蚕所致也"①。

四川丝织业在全国占有重要地位，是宋代一大丝织业基地。不但在朝廷每年的租税收入中，四川匹帛丝绵占有很大比重，而且四川丝织品还时常作为朝廷军需所自出。宋仁宗时，"自西边用兵，军须绸绢多出益、梓、利三路，岁增所输之数，兵置其费乃减"②。四川丝织品还由于量多质优而价廉物美，匹帛贸易十分兴隆，"日输月积，以衣被于天下"，"以供四方之服玩"。③

在北宋平蜀时，宋廷就曾把一批优秀蜀中锦工迁至汴京，以其为骨干，建立官营的绫锦院，有织机四百多台，专门织造供皇室用的丝织品。又在益州、梓州建立官营的绫绮场，梓州绫场规模很大，有织工一千多人。在成都设有"博买务"，征收锦绫等高级丝织物。另外，还设有内衣物库，受纳"绫锦院、西川所输锦、鹿胎、绫、罗、绢织成匹缎之物"④。

宋神宗元丰六年（1083 年），成都府官吕大防创办成都锦院，集中生产，统一管理。锦院规模日益扩大，有厂房 127 间，织机 154 台，军匠 583 人（包括军匠和募工 300 人、"和雇匠" 200 余人）。日用机织工 154 人、挽综工 164 人、练染工 11 人、纺绎工 110 人，工序亦按操作过程分为挽综、机织、练染、纺绎 4 道。每年用丝 125000 两、染料

---

① 吴曾：《能改斋漫录》卷 15。
② 《宋史》食货上《布帛漕运》。
③ 《全蜀艺文志》卷 34，引吕大防《锦官楼记》。
④ 《宋会要辑稿》52 之 23。

211000 斤、产锦 1500 匹。其中，额定上贡锦 690 匹，分为土贡锦 3
匹、官诰锦 100 匹、臣僚袄子锦 87 匹、广西锦 200 匹，[①] 前三类是皇室
用锦，广西锦是贸易用锦。

建炎三年（1129 年），都大茶马司又在成都建立茶马司锦院，生产
被褥，折支黎州等处马价，不久又在成都的应天、北禅、鹿苑寺三处增
辟三个工场。南宋孝宗乾道四年（1168 年），茶马司锦院与成都锦院合
并，设在旧廉访司的洁己堂，成都锦院规模更大。

由于成都锦院把锦工的个体生产组织为官办的手工场生产，有利于
生产中的分工协作和技术提高，所以蜀锦生产从此达到一个新的水平。

宋代，蜀锦与定州缂丝、苏州刺绣同为全国三大工艺名产，在纺织
史和工艺美术史上有着重要地位。据《宋会要》食货部统计，967—
1172 年，每年国库收入的锦绮鹿胎透背等高级织物共 9615 匹，四川织
造的就有 1892 匹，占全国的 20%，其中成都府路 1094 匹、梓州路 804
匹。全国每年收入绫 147385 匹，四川织造的就有 38682 匹，占 26%。
每年上贡锦绮鹿胎透背 1010 匹，成都府路就有 759 匹，占 74%。每年
上贡绫 44906 匹，四川就有 14456 匹，占 32%。[②] 所以，《宋史·地理
志》称川峡四路"织文纤丽者，穷于天下"。

二　成都：中国丝绸西传的开端

成都丝绸播到西方，先秦时代的主要通道是南方丝绸之路，汉代及
以后从北方丝绸之路输往西方的丝绸当中，也以成都丝绸为大宗；而从
草原丝绸之路输往北亚的中国丝织品中，目前所见年代最早的也是成都
丝绸。大量事实表明，成都丝绸以其质量优良闻名中外，不愧为丝绸的
故乡。

（一）丝绸之路的开通
早在商周时期，古蜀地区便初步发展了与印度的陆上交通，成都丝

---

① 《全蜀艺文志》卷34，引吕大防《锦官楼记》；卷56，引费著《蜀锦谱》。
② 《宋会要辑稿》64。

绸通过上缅甸、东印度阿萨姆地区传播到印度和中亚、西亚以至地中海地区，这条国际贸易线路便是南方丝绸之路，由此引起了丝绸之路的开通。西方考古资料也说明，中国丝绸早在公元前 11 世纪已传至埃及，[①]至少在公元前 600 年就已传至欧洲，希腊雅典 kerameikos 一处公元前 5 世纪的公墓里发现了五种不同的中国平纹丝织品，到公元前四五世纪时，中国丝绸已在欧洲尤其是罗马帝国盛行。这两种情况，与早期中西交通的开通年代是相吻合的。

如果仅仅根据中国古文献的记载，至公元前 2 世纪末叶汉武帝时，汉王朝才开通西域丝绸之路，这就远远晚于考古发现所真实反映的中国丝绸西传欧洲的年代。而草原丝绸之路的开通约在战国时期，用以交易的丝绸主要是蜀锦。海上丝绸之路开通于汉代，但它的兴盛是在宋代及以后，贸易的物品主要是瓷器，而不是丝绸。历史事实表明，由于成都丝绸的西传而引起丝绸之路的开通，成都是丝绸之路的源头所在。

成都平原销往南亚的代表性商品是丝绸。蜀地商贾从事长途贸易直至印度的情况，文献记载颇多。如前面列举过的《史记》中的《西南夷列传》和《大宛列传》，详细记载了汉使张骞的西行报告，明言张骞"居大夏时见蜀布、邛竹杖，使问所从来，曰：'从东南身毒国，可数千里，得蜀贾人市'"。大夏商人所得蜀布、邛竹杖，即是在身毒"得蜀贾人市"，"往市之身毒"。清楚地说出了"得蜀贾人市"，证明蜀身毒道贸易是直接的远程贸易，而不是所谓的间接传播。

《史记·大宛列传》还记载："然闻其西（指昆明族之西——引者注）可千余里有乘象国，名曰滇越，而蜀贾奸出物者或至焉。"《三国志》卷 30 裴松之注引鱼豢《魏略·西戎传》亦载："盘越国，一名汉越王，在天竺东南数千里，与益部近，其大小与中国人等，蜀人贾似至焉。"滇越（即盘越）的所在，张星烺以为是孟加拉；向达以为是剽越，即《广志》所谓剽越，地在今缅甸；法国学者沙畹（E. Chavannes）[②]、饶宗颐等以为应在阿萨姆与缅甸之间；汶江《滇越考》则认

---

① Philippa Scott, *The Book of Silk*, London：Thames & Hudson, 1993, p.78；又见《新华文摘》1993 年第 11 期关于奥地利考古队在埃及发掘中发现中国丝织品遗物的报道。

② 沙畹：《魏略·西戎传笺注》，载冯承钧译《西域南海史地考证译丛》七编，商务印书馆1962 年版，第 41—57 页。

为在今东印度阿萨姆，为迦摩缕波。① 今案汶江说甚是。可见，蜀贾人是通过东印度陆路通道进入印度地区的，这也是蜀、印之间进行直接贸易的重要证据。②

成都平原的丝织品进入南亚次大陆，在印度古代文献中也有较多的记载。

印度学者哈拉普拉萨德·雷（Haraprasad Ray）教授在他的《从中国至印度的南方丝绸之路——一篇来自印度的探讨》③ 一文中说道，印度诗人迦梨陀娑（Kalidasa）那个时代以前，中国纺织品的名字频繁出现。迦梨陀娑确立了这样的事实，即中国的织品如果不是在贵族中已经普遍使用和已经成为一项知识，就不可能发现在印度的流行作品中频繁提到它的名字。当诗人迦梨陀娑提到国王 Dusyanta 的心进退不定、像那迎风飘举的中国布（Chinacloth）的旗帜的时候，诗人使用 Cingngsuka 表示"中国丝绸旗"的意思。那时，这种布（丝绸）的名声已经传播得远而广。④

迦梨陀娑的另一部著名史诗《鸠摩罗出世》（*Kumarasambha-va*）（Siva 的儿子、Kumara Kartikeya 的诞生）也提到中国丝绸（Cinagsukaih Kalpitaketu malam，即旗帜飘扬在金色的大门上，微风展开它那丝质的绣饰）。⑤ 在这两个事例中，皇家的旗帜皆是中国丝绸，这说明中国丝绸非常普及。

以上证据清楚地表明，中国和成都丝绸（Cinapatta）早在公元前 4

① 汶江：《滇越考》，《中华文史论丛》1980 年第 2 辑。

② 段渝：《中国西南早期对外交通——先秦两汉的南方丝绸之路》，《历史研究》2009 年第 1 期。

③ ［印］哈拉普拉萨德·雷：《从中国至印度的南方丝绸之路——一篇来自印度的探讨》，江玉祥译，曾媛媛校，载于段渝主编《南方丝绸之路论集》（一），巴蜀书社 2008 年版。

④ Abhijnana Sakuntalam, I. 33, A Scharpe, Kalidasa Lexicon, I, pt. 1 (Brugge Belgie), 1954, p. 24; M. R. Kale, ed., Abhijnana-Sa-Kuntalam of Kalidasa, reprint of tenth edn. of 1969, Delhi, 1987, p. 54. Kalidasa is Place between lst Century B. C. and 400 A. D.; see K. Chattopad-Hyaya, 1926, pp. 79—170. Also A. D. Singh, 1977, p. 10. 转引自［印度］哈拉普拉萨德·雷《从中国至印度的南方丝绸之路——一篇来自印度的探讨》，江玉祥译，曾媛媛校，载于段渝主编《南方丝绸之路论集》（一），巴蜀书社 2008 年版。

⑤ Ⅶ. 3, Suryakanta, ed., Kumarasambhava, Sahitya Akademi, New Delhi, 1961, p. 86. 转引自［印］哈拉普拉萨德·雷《从中国至印度的南方丝绸之路——一篇来自印度的探讨》，江玉祥译，曾媛媛校，载于段渝主编《南方丝绸之路论集》（一），巴蜀书社 2008 年版。

世纪已为印度所知。

哈拉普拉萨德·雷教授还指出，Cinapatta 在迦梨陀婆时代（在公元前 1 世纪至公元 400 年之间），通称为 Cinangsuka。在公元前 4—3 世纪的早期阶段，它通称为 Cinapatta。印度人对它的织质是不清楚的，因此他们称之为"中国布"（China-cloth）。Patta 很可能是用亚麻或黄麻制成的，因为整个东印度（in Bhojpuri Patua）Pat-ta 的现在形式 Pat 意谓"黄麻"，这一点是很明显的。从织质和外观来看，它类似丝。同样的词 Pat，阿萨姆语意指"丝"，这是由于阿萨姆的丝极其普遍的缘故。这种丝可能从中国传入，替换了亚麻丝或亚麻布，Patta 这个词便用来专指由蚕茧制造成的中国或阿萨姆的丝绸，Patta（Pat，黄麻）在阿萨姆失去了它的原始意义。早在公元前 5 世纪，丝绸一定已从中国传到阿萨姆，[①] 也有可能印度某些地区出产某种野蚕丝。[②] 段渝认为，《史记》所记载张骞在大夏看到的来自印度的"蜀布"，印度梵语称为 Cinapatta，其实就是成都生产的丝绸，也就是印度扬雄所谓的"黄润细布"。[③]

（二）"支那"（Cina）与成都丝绸的西传

成都输往印度的丝绸对当地乃至西方所产生的重大影响，从"支那"一词的出现及含义便可明了。

"支那"是古代印度地区对中国的称呼，最初见于梵文，出现年代最迟在公元前 4 世纪或更早。中外学术界对"支那"一词的语源研究已经开展了 1700 多年，包括秦国说、楚国说、成都说、瓷器说等，众说纷纭，当前以成都说获得共识。

季羡林教授的《中国蚕丝输入印度问题的初步研究》[④] 及德国雅各比（H. Jacobi）在普鲁士科学研究会议报告引公元前 320—前 315 年印度旃陀罗笈多王朝考第亚（Kautilya）所著书，说到"支那产丝与纽带，

---

① ［印］哈拉普拉萨德·雷：《从中国至印度的南方丝绸之路——一篇来自印度的探讨》，江玉祥译，曾媛媛校，载于段渝主编《南方丝绸之路论集》（一），巴蜀书社 2008 年版。

② 同上。

③ 段渝：《中国西南早期对外交通——先秦两汉的南方丝绸之路》，《历史研究》2009 年第 1 期。

④ 季羡林：《中国蚕丝输入印度问题的初步研究》，载《中印文化关系史论文集》，生活·读书·新知三联书店 1982 年版，第 76 页。

贾人常贩至印度"①。公元前 4 世纪成书的梵文经典《摩诃婆罗多》（*Mahabharata*）和公元前 2 世纪成书的《摩奴法典》（*Manou*）等书中有"丝"的记载及支那名称。陈茜认为这些丝织品来自蜀地。② 而据法国汉学家伯希和考证，"支那"一名，乃是"秦"的对音，"印度人开始知道有中国，好像是这条道路上得来的消息"③。

我们曾在《支那名称起源之再研究——论支那名称本源于蜀之成都》中指出，④，指认支那为秦国或楚国，其实是没有什么可靠的材料为依据的。法国汉学家伯希和（P. Pelliot）曾以为，支那是印度对秦始皇所建立的秦王朝的称呼。⑤ 但是秦王朝始建于公元前 221 年，而支那名称在印度的出现却可早在公元前 4 世纪，可见伯希和的说法不能成立。有的学者以为，支那是印度对春秋时代秦国的称呼。但是，春秋时代秦对陇西、北地诸戎并没有形成霸权，秦穆公虽然"开地千里、并国十二"，却得而复失，仅有三百里之地。⑥ 而且，诸戎从西、北、东三面形成对秦的重重包围，阻隔着秦的北上西进道路，秦不能越西戎一步，何谈将其声威远播西方？直到公元前 3 世纪初，秦在西北地区才最终获胜，而此时"支那"一名早已在印度出现。显然，支那名称的起源与秦国无关。至于指认支那为荆，由于其立论基础不可靠，同样难以成立。

古蜀文化从商代以来就对南中地区保有长期深刻的影响，三星堆文化时期古蜀已同印度地区存在以贝币为媒介的商品交易和其他方面的文化交流，这就为古蜀名称远播于印度提供了条件。另据《史记》和《汉书》记载，蜀人商贾很早就"南贾滇、僰僮"，并进一步到达"滇越"从事贸易，还到身毒销售蜀布、邛竹杖等蜀物。滇越，即今天东

---

① 《普鲁士科学研究会议录》，1911 年，第 954—973 页。
② 陈茜：《川滇缅印古道考》，《中国社会科学》1981 年第 1 期。
③ ［法］伯希和：《支那名称之起源》，载《西域南海史地考证译丛》一编，冯承钧译，商务印书馆 1962 年版。
④ 段渝：《支那名称起源之再研究——论支那名称本源于蜀之成都》，载四川大学历史系编《中国西南的古代交通与文化》，四川大学出版社 1994 年版，第 126—162 页。
⑤ ［法］伯希和：《支那名称之起源》，载《西域南海史地考证译丛》一编，冯承钧译，商务印书馆 1962 年版，第 36—48 页。
⑥ 《汉书·韩安国传》，中华书局 1962 年版。

印度阿萨姆地区，[①] 身毒即印度。成书于公元前 4 世纪的印度古籍《政事论》提到"支那产丝与纽带，贾人常贩至印度"，所说蚕丝和织皮纽带恰是蜀地的特产。这与中国史籍《史记》所记载的汉武帝时张骞在今阿富汗见到当地商人从印度贩回"蜀布、邛竹杖"的情况，恰相一致，而张骞在中亚所见到的唯一的中国产品就是"蜀布、邛竹杖"等"蜀物"，这就表明了战国时期蜀人在印度频繁的贸易活动，而这又是同商代以来三星堆文化与印度文化的交流一绪相承的。在这种长期的交往中，印度必然会对古蜀及其名称产生较之中国其他地区更多的印象和认识。

"成都"这个名称，产生很早，已见于《山海经》，春秋时期的四川荥经曾家沟漆器上还刻有"成造"（成都制造）的烙印戳记。"成"这个字，过去学者按中原中心论模式，用北方话来复原它的古音，以为是耕部禅纽字。但是，从南方语音来考虑，它却是真部从纽字，读音正是"支"。按照西方语言的双音节来读，也就读作"支那"。这表明，支那其实是成都的对音。

梵语里的 Cina，在古伊朗语、波斯语、粟特语以及古希腊语里的相对字，[②] 均与"成"的古音相同，证实 Cina 的确是成都的对音或转生语，其他地区的相对字则均与成都的转生语 Cina 同源。从语音研究上看，这是应有的结论。而其他诸种语言里支那一词的相对字都从梵语 Cina 转生而去，也恰同成都丝绸经印度播至其他西方文明区的传播方向一致，则从历史方面对此给予了证实。因此，从历史研究上看，支那一词源出成都，也是应有的结论。[③]

印度古书里提到"支那产丝和纽带"，又提到"出产在支那的成捆的丝"[④]，即是指成都出产的丝和丝织品。Cina 这个名称从印度传播中亚、西亚和欧洲大陆后，又形成其转生语，如今西文里对中国名称的称呼，其来源即与此直接相关。而 Cina 名称的西传，是随着丝绸的西传

---

① 汉江：《滇越考》，《中华文史论丛》1980 年第 2 辑。

② ［美］B. 劳费尔：《中国伊朗编》，林筠因译，商务印书馆 1964 年版，第 404 页。

③ 段渝：《支那名称起源之再研究——论支那名称本源于蜀之成都》，载四川大学历史系编《中国西南的古代交通与文化》，四川大学出版社 1994 年版，第 126—162 页。

④ ［印］《国事论》。

进行的，说明了成都丝绸对西方的巨大影响。

三 成都：南方丝绸之路的起点

（一）"赛里斯"（Seres）与成都

根据古代希腊罗马文献的记载，在东方极远的地方，有一地域叫 Seres。大多数西方文献以 Seres 为中国的代称。中文一般根据其读音译为赛里斯，也有一些论著直接译为中国。

但是，Seres 的内涵究竟是指什么？或它究竟是指中国的哪一地域？对于这些问题，国内外学术界向来存在争议，诸家说法不一。

不少学者认同法国汉学家玉尔（Henry Yule）所提出的对 Seres 的解释。玉尔认为：Seres、Serica 二字，出于希腊罗马称中国绢缯的 Sericon、Sericum，这字又由阿尔泰语讹传。中国的丝绸，早为西方欧洲社会所喜爱，自古经索格德拉（Sogodiana）、安息（Parthia）商人输往西方，为希腊罗马士女所珍爱，以致因缯绢而称呼其产地。Sin、Sinai 系统的字，胚胎于秦始皇统一六国后的秦帝国名称，后百余年随汉武帝远征匈奴而传至边远之地。他认为，Seres 名称的起源，仅能上溯到公元前 221 年，但缯绢贸易的存在则可上溯到远古。[①] 另有一些学者认为，Sin 为蚕之译音。[②] 虽然，蚕字上古音为侵部从纽，读若 Cin，与 Cina 读音相近。但是，Sin 系统的字既然源出阿尔泰语，起源较晚，那么它与起源较早的梵语 Cina 系统就不具有同等的关系，应当是来源于梵语，其间关系恰好与中国丝绸从古蜀经印度西传的途径相一致。玉尔以为 Seres 名称为陆路西传，Cina 名称为海路西传，其实并没有坚实可信的证据。法国汉学家伯希和坚持认为 Seres、Sin 均出自 Cina，[③] 美国东方

---

① Henry Yule, "Cathay and the Way Thither", New Edition by H. Cordier, *Preliminary Essay on the Intercourse between China and the Western Nations Previous to the Discovery of the Cape Route*, London, Vol. 1, 1915. 参考莫东寅《汉学发达史》，上海书店 1989 年版，第 7 页。

② 姚宝猷：《中国丝绢西传史》，商务印书馆 1944 年版，第 37、38 页。

③ ［法］伯希和：《支那名称之起源》，载《西域南海史地考证译丛》一编，冯承钧译，商务印书馆 1962 年版，第 36—48 页。

学家劳费尔（B. Laufer）亦赞同这一看法。[①] 应当说，在这一点上，伯希和与劳费尔的看法是正确的。

赛里斯（Seres）和后来产生的秦尼（Thinai）名称，都是公元前后西方人对中国的称呼。赛里斯（Seres）一名初见于公元前 4 世纪欧洲克尼德（Cnide）的克泰夏斯（Ctesias）关于远东有人居住地区珍异物的记载，秦尼（Thinai）一名初见于公元 1 世纪末亚历山大城某商人的《厄立特里亚航海记》，公元 530 年希腊教士科斯麻斯著《基督教世界风土记》，则称为 Tzinitza 及 Tzinista，实与拉丁文出自一源。[②] 而据戈岱司的看法，西语里的秦尼扎（Tzinitza）或秦尼斯坦（Tzinista），"显然就是梵文 Cinathana（震旦）的一种希腊文译法"[③]。可见，不论是赛里斯（Seres）还是秦尼（Thinai），或是秦尼扎（Tzinitza）、秦尼斯坦（Tzinista），它们的语源都是支那（Cina），而支那就是成都的梵语译法。[④]

公元 1 世纪末亚历山大城某商人的《厄立特里亚航海记》，是分析希腊时代关于东方地理知识的一份十分重要的文献。[⑤]《厄立特里亚航海记》谈到，经过印度东海岸以后，向东行驶，到达位于恒河口以东的"金洲"后，再经过一些地区，到达赛里斯，一直到达一座名叫秦尼（Thinai）的内陆大城市的地方，该地通过两条不同的道路向印度出口生丝、丝线和丝绸。第一条道路经过大夏到达婆卢羯车（Barygaza，即今之布罗奇）大商业中心，另一条路沿恒河到达南印度。赛里斯国与印度之间居住着称为贝萨特人（Besatai）的野蛮人，他们每年都要流窜到赛里斯国首都与印度之间，随身携带大量的芦苇，芦苇可用来制作香叶（肉桂），这种物品也向印度出口。据德国学者李希霍芬（F. von Rich-

---

① ［美］B. 劳费尔：《中国伊朗编》，林筠因译，商务印书馆 1964 年版，第 404 页。

② 方豪：《中西交通史》上册，岳麓书社 1987 年影印本，第 66 页。

③ 戈岱司编：《希腊拉丁作家远东古文献辑录》，耿昇译，中华书局 1987 年版，"导论"第 17—19 页。

④ 段渝：《支那名称起源之再研究》，四川大学历史系编《中国西南的古代交通与文化》，四川大学出版社 1994 年版，第 126—162 页。

⑤ 戈岱司编：《希腊拉丁作家远东古文献辑录》，耿昇译，中华书局 1987 年版，"导论"第 16—18 页，正文第 17—19 页。长期以来，《厄立特里亚航海记》被认为是公元 2 世纪前半叶希腊史家阿里安（Arrien）的作品，实则是公元 1 世纪末的作品。见戈岱司为《希腊拉丁作家远东古文献辑录》所写的"导论"第 16 页。

thofen）研究，贝萨特人的位置是介于阿萨姆和四川之间，《希腊拉丁作家远东古文献辑录》的编者戈岱司完全同意李希霍芬的看法。[①] 这一研究结论意味着，中印之间的交通线是从四川经云南和缅甸到达东印度、北印度、西北印度和中亚的。

亨利·玉尔《古代中国闻见录》第一卷记载了 10 世纪时阿拉伯人麦哈黑尔东游写的游记，其中说到中国的都城名为新达比尔（Sindabil）。玉尔分析说："谓中国都城曰新达比尔（Sindabil），此名似阿拉伯人讹传之印度城名，如康达比尔（Kandabil）、山达伯尔（Sandabur）等，中国无如斯之城名也，其最近之音为成都府，《马可·波罗游记》作新的府（Sindifu），乃四川省之首府，五代时，为蜀国之都城。"[②] 这条材料十分重要。10 世纪时的中国，最初七年是唐末，多半时间属于五代十国时期，960 年以后是北宋，这些政权的首府和唐、宋都城名称的读音，除蜀之成都外，没有一座的发音接近 Sindabil 和 Sindifu，可见当时阿拉伯人是用 Sindabil 这个名称来指称中国都城的。从语音上分析，不论 Sindabil 还是 Sindifu 的词根，都与古希腊语 Sina、Seres 的词根完全一样，均为 sin，而 Seres、Sin 均源出古印度梵语 Cina，其他音节都是词尾，可见 Sindabil、Sindifu 的语源是从 Sina、Seres 演变而来的，而 Sina、Seres 又是从 Cina 演变而来的。这种演变关系的原因在于，由于最初经印度传播到阿拉伯人手中的丝绸是成都生产的丝绸，而成都是蜀之都城，所以都城生产的丝绸这一概念在阿拉伯人心目中留下了极为深刻的印象，以至不但直到 10 世纪时还保留着成都（Sindabil）这一称呼，而且更用这个名称来指称阿拉伯人所认为的中国都城。玉尔说，阿拉伯人《麦哈黑尔游记》"谓中国都城曰新达比尔（Sindabil），此名似阿拉伯人讹传之印度城名"，恰好揭示出了丝绸产地成都（Sindabil）与丝绸中转地印度（Sindhu）和丝绸到达地阿拉伯之间的历史和路线关系，这是很有意义的。由此可以清楚地看出，不论 Seres（赛里斯）、Cina 还是 Sindifu 所指的地域，其实都是中国西南古蜀之成都。像此类

---

① 戈岱司编：《希腊拉丁作家远东古文献辑录》"导论"，耿昇译，中华书局 1987 年版，第 30 页。

② 张星烺：《中西交通史料汇编》第 2 册，中华书局 2003 年版，第 781 页；参看莫东寅《汉学发达史》，上海书店 1989 年版，第 15 页。

因缺乏直接接触和交流而误解异国历史和现实情况的史例有很多，正如有的中国古文献把 Sind（印度河）当作五天竺（五印度），而以条支指称阿拉伯，却不知那些地域由于不同历史时期的政权变化已引起多次版图变化和名称变化的情况一样。

印度著名学者谭中教授指出，欧洲人称中亚为 Serindia，这个词的 Ser 是 Seres 或 Serica 的缩写，意思是"丝国"，是古代欧洲人对中国的称呼，Serindia 的意思是"中印"。这与人们把东南亚半岛称为"印度支那"（Indochina）如出一辙。Serindia 和 Indochina 这两个概念，是指中印文明相互交流、相互激荡的大舞台。欧洲人到了 Serindia 和 Indochina（中亚和东南亚半岛），就有中亚文明相互交叉影响的感觉，所以如此取名。而印度人自己的"印度"名称，来源于 Sindhu 这个名称，Sind 是河流的名称，即是印度河，Sindhu 一地现在位于巴基斯坦，[①] 是著名的印度河文明的发祥地。根据这个认识来看，Seres 这个名称，显然是与 Sindhu（Sindhu，在波斯人那里讹变为 Hindu，传入希腊后，希腊人又讹变为 Indus，此即 India 名称的由来）这个名称一道，从印度西传到中亚地区的。欧洲人早在公元前 4 世纪就已知道 Cina 这个名称，而且把梵语的 Cina 一词，按照欧洲人的语言，音转成了西语的 Seres。由此看来，Seres 名称和 Sindhu 名称同传中亚，应该是从今印度经由巴基斯坦西传的。张骞所说蜀人商贾在身毒进行贸易活动，身毒即是 Sindhu 的汉语音译，指印度西北部印度河流域地区。[②] 可见，从中国西南到印度，再从印度经巴基斯坦至中亚阿富汗，由此再西去伊朗和西亚地中海，这条路线正是南方丝绸之路西线所途经的国际交通线。这与中国古文献《魏略·西戎传》所记载的蜀人商贾在"滇越"（东印度阿萨姆）进行贸易活动、《史记·大宛列传》所记载的蜀人商贾在身毒（西北印

① ［印］谭中、［中］耿引曾：《印度与中国——两大文明的交往和激荡》，商务印书馆 2006 年版，第 83、84、88 页。

② 这里使用的印度这个概念，除特别指出外，多数情况下是指"地理印度"，而不是"印度国家"。"地理印度"大致上相当于印度文明的地理范畴，包括今印度和巴基斯坦以及其他一些地区在内。中国古文献对印度的指称，有着多种译名，如身毒、天竺、贤豆、欣都思、捐毒等，而不同时期的译名所指称的地域范围有所差异，例如伽腻色伽创建的贵霜王朝在中国古文献里并不称身毒，而是初称大月氏，后称罽宾。参考［印］谭中、［中］耿引曾：《印度与中国——两大文明的交往和激荡》，商务印书馆 2006 年版，第 80—81 页。

度）进行贸易活动的路线是恰相一致的。

克泰夏斯的生活时代是公元前 4 世纪，此时关于支那（Cina）的名称已经远播于印度。[①] 古蜀人经云南、缅甸进入印度，一条主要的通道是从今东印度阿萨姆经北印度进入西北印度（身毒），这正与克泰夏斯把 Seres 和北印度联系在一起的记述相吻合，也与古蜀丝绸西传印度的年代、地域和路线相吻合。[②] 应该说，这绝不是偶然的巧合。

（二）古蜀商贾开通了丝绸之路

不少学者认为，《史记》记载的张骞在大夏（今阿富汗）所看见的"蜀布"，其实就是蜀地成都生产的丝绸。印度学者哈拉普拉萨德·雷教授指出，在印度阿萨姆语里，"布"可以用来表示"丝"的意义，[③] 因为当时印度没有丝，当然就不会有丝的语词。扬雄《蜀都赋》说蜀地"黄润细布，一筒数金"，[④] 意思是蜀地的丝绸以黄色的品质尤佳。印度考古学家乔希（M. C. Joshi）曾指出，古梵文文献中印度教大神都喜欢穿中国丝绸，湿婆神尤其喜欢黄色蚕茧的丝织品。[⑤] 这种黄色的丝织品，应该就是扬雄所说的"黄润细布"[⑥]。印度教里湿婆神的出现年代相当早，早在印度河文明时期就已有了湿婆神的原型，后来印度教文明中的湿婆神就是从印度河文明居民那里学来的。[⑦] 从印度古文献来看，湿婆神的出现至少也是在公元前 500 年以前，相当于中国的两周时期，那时中原尚不知九州以外有印度的存在，而古蜀成都与印度有了丝绸贸易关系，最早开通了丝绸之路。

由于成都丝绸质量优良、产量亦大，所以从很早就充当了中国人民

---

① 季羡林：《中国蚕丝输入印度问题的初步研究》，载《中印文化关系史论文集》，生活·读书·新知三联书店 1982 年版，第 76 页。

② 段渝：《中国西南早期对外交通——先秦两汉的南方丝绸之路》，《历史研究》2009年第 1 期。

③ ［印］哈拉普拉萨德·雷：《从中国至印度的南方丝绸之路——一篇来自印度的探讨》，江玉祥译，曾媛媛校，载段渝主编《南方丝绸之路论集》（一），巴蜀书社 2008 年版。

④ 扬雄：《蜀都赋》，丛书集成初编本。

⑤ 转引自［印］谭中、［中］耿引曾：《印度与中国——两大文明的交往和激荡》，商务印书馆 2006 年版，第 71、72 页。

⑥ 事实上，至今四川出产的生丝，仍略带黄色。

⑦ 刘建、朱明忠、葛维钧：《印度文明》，中国社会科学出版社 2004 年版，第 48、50 页。

的友好使者，沿丝绸之路输送到印度和西方，对印度和西方文明的繁荣起到了推波助澜、锦上添花的作用，为世界文明的发展做出了重要贡献。

丝绸之路是成都丝绸输往南亚、中亚，并进一步输往西方的最早线路。早在商代中晚期，南方丝绸之路已初步开通，[①] 产于印度洋北部地区的齿贝即在这个时期见于广汉三星堆蜀文化。三星堆出土的大量仿海洋生物青铜雕像也由此而来。[②] 印度所最早知道的中国，梵语名称作 Ci-na，中译为支那，或脂那、至那等，就是古代成都的对音或转生语，其出现年代至迟在公元前 4 世纪，或更早。[③] 印度古书里提到"支那产丝和纽带"，又提到"出产在支那的成捆的丝"，[④] 即是指成都出产的丝和丝织品。Cina 这个名称从印度转播中亚、西亚和欧洲大陆后，又形成其转生语，如今西文里对中国名称的称呼，其来源即与此直接相关。而 Cina 名称的西传，是随丝绸的西传进行的，说明了成都丝绸对西方的巨大影响，以及成都丝绸在中西经济文化交流中积极而重要的作用。

西方地中海文明区的古代希腊、罗马，最早知道并使用的中国丝绸，就是成都丝绸。公元前 4 世纪脱烈美《地志》书中，提到一个产丝之国叫 Seres，中译赛里斯。据研究，Seres 在西语里叫作丝国，[⑤] 其实就是古代成都的音译。[⑥] 这表明，至少在公元前 4 世纪，成都丝绸已经远销至西方。考古学家曾在阿富汗境内喀布尔以北 60 千米处发掘的亚历山大城的一座城堡内，发现许多中国丝绸，据研究，这些丝绸很可能就是经南方丝绸之路，由蜀身毒道转运到中亚的古蜀丝绸。[⑦] 从 Cina 名称转生为 Seres 来看，西方文明区中国丝绸的最早来源，必定是古代蜀地，这也和 Cina 名称西传的年代相吻合。

---

① 段渝：《略谈南方丝绸之路》，《光明日报》1993 年 5 月 24 日。

② 段渝：《古代巴蜀与南亚和近东的经济文化交流》，《社会科学研究》1993 年第 3 期。

③ 段渝：《支那名称起源之再研究》，载《中国西南的古代交通与文化》，四川大学出版社1994 年版，第 126—162 页。

④ 《国事论》，或译《政事论》第 11 章第 81 节。

⑤ 杨宪益：《译余偶拾·释支那》，生活·读书·新知三联书店 1983 年版，第 19 页。

⑥ 段渝：《中国西南早期对外交通》，《历史研究》2009 年第 1 期。

⑦ 童恩正：《略谈秦汉时代成都地区的对外贸易》，《成都文物》1989 年第 2 期。

四　成都：连通南北丝绸之路的重要枢纽

成都不但是南方丝绸之路的起点，还是南、北丝绸之路的连接点。自先秦时期，成都平原便打通了通往汉中、关中、西域和北方草原的交通线。

（一）通往中原

1. 金牛道

金牛道又称石牛道、剑阁道，"为入蜀咽喉"[①]，是蜀地腹心地带成都平原通往汉中的最大交通动脉。从蜀至汉中，必须经过金牛道。秦汉时期金牛道的走向和经过地点，学术界普遍认为是起于成都，经广汉—绵阳—梓潼—剑阁—汉阳场—葭萌而进抵汉中。

2. 褒斜道

褒斜道的路径，《史记·河渠书》说："褒之绝水至斜，间百余里，以车转，从斜下渭。"《后汉书》卷6《孝顺帝纪》注引《三秦记》："曰：褒斜，汉中谷名，南谷名褒，北谷名斜，首尾七百里。"李之勤等学者经文献考证和实地调研指出，古褒斜道沿渭水南侧支流斜水（今名石头河）和汉水北侧支流褒水河谷行进，故名，亦省称为斜谷道。其走向，首先由蜀之金牛道抵汉中，经褒城，出褒谷口，越七盘岭或穿石门洞，经孔雀台，沿褒水干流峡谷险段至褒河上游三源相汇的西江口，又经两河口，西折入红岩河上游虢川平地，入石头河中游宽平的桃川河谷，翻老爷岭，东北入斜谷关，经眉县，过周至，西行至户县，再东北直抵西安。[②]

3. 故道

故道又名周道、嘉陵道、陈仓道，是蜀地通往关中的另一条重要干道。故道的走向，先由金牛道经五盘岭或阳平关至金牛镇，北至略阳，

---

① 严耕望：《唐交通图考》第四卷《山剑滇黔区》，《中央研究院历史语言研究所专刊》之八十三，台北，1986年，第863页。

② 李之勤等：《蜀道话古》，西北大学出版社1986年，第24页。

沿嘉陵江东北行，翻老爷岭，至白水江，北越青泥岭至徽县，东北折入两当县，东越嘉陵江支流永宁川、庙河、红岩河，入嘉陵江河谷峡谷区至凤县，东北经黄牛岭，越大散门，进抵渭水之滨的宝鸡。①

（二）通往西域

汉代和以后出西域西行中亚、西亚并抵东罗马安都奥克（Antioch，当即《魏略·西戎传》中的安谷城）的北方丝绸之路，其国际贸易中的物品相当多数是丝绸，而丝绸中的主要品种便是巴蜀丝绸，其中大量的是蜀锦。在新疆吐鲁番阿斯塔那——哈拉和卓古墓群中，先后出土大批织锦，② 均为蜀锦，③ 其年代从南北朝到唐代均有，确切表明蜀锦是西域丝绸贸易中的大宗重要商品。西域丝绸贸易中的大宗蜀锦，生产于成都，来源于成都，起运于成都，是由成都运出经由北方丝绸之路输往西方的主要中国丝绸。唐代吐鲁番文书中有"益州半臂"、"梓州小练"等蜀锦名目，并标有上、中、下三等价格，④ 从一个侧面反映了产于四川的丝绸在西域进行贸易的情况，充分表明了蜀锦在中西经济文化交流中所占有的重要地位和发挥的重要作用。

（三）通往北方草原

蜀锦、蜀绣不但分别沿南、北丝绸之路传播到南亚、中亚、西亚和欧洲地中海文明区，而且还在战国时代向北通过北方草原地区传播到北亚，这条线路便是草原丝绸之路。考古学上，在俄罗斯阿尔泰山乌拉干河畔的巴泽雷克（Pazyryk）古墓群内（约公元前5—前3世纪），⑤ 出土不少西伯利亚斯基泰文化的织物和中国的丝织品，丝织品中有用大量的捻股细线织成的普通的平纹织物，还有以红绿两种纬线斜纹显花的织锦，以及一块绣着凤凰连蜷图案的刺绣。刺绣图案与长沙楚墓出土的刺绣图案极为相似，有学者据此认为是楚国刺绣。其实，楚地织锦和刺绣

---

① 李之勤等：《蜀道话古》，西北大学出版社1986年，第29页。
② 《新疆出土文物图录》，文物出版社1975年版。
③ 武敏：《吐鲁番出土蜀锦的研究》，《文物》1984年第6期。
④ 日本龙谷大学图书馆藏《大谷文书》第3097、3066号。
⑤ ［俄］鲁金科：《论中国与阿尔泰部落的古代关系》，《考古学报》1957年第2期。

素不发达，战国和汉代楚地的丝织品均仰给于蜀，长沙楚墓出土的织锦和刺绣均为蜀地所产，并非楚地所产。而巴泽雷克出土的绣着凤凰连蜷图案的刺绣，其主体图案是一株摇钱树，这种形制的摇钱树多见于先秦两汉时期的成都平原。因此，巴泽雷克墓内出土的织锦和刺绣，必定是蜀锦和蜀绣。由此可见，最早经由草原丝绸之路输送到北亚地区的中国丝绸，是蜀地所产丝绸，而草原丝绸之路也是由此命名的，表明成都丝绸在中国北方草原地区与北亚地区文化交流中所发挥的积极作用。

历史事实说明，成都丝绸沿丝绸之路输往四面八方，成都是连通南北丝绸之路的重要枢纽，对于古代丝绸之路经济带的形成、发展和繁荣起到了十分重要的推动作用。

五　成都：古代中国西南的商贸大都会

（一）中国西南商贸大都会的形成

1. 工商业

秦汉时期的成都是工商业极为发达的大都市，丝织、布匹、漆器、金银器、铁器、竹木器，以及其他各类手工业高速发展，内外商业十分繁荣，文翁以后又建有学堂，且有不少私塾讲堂，大街小巷，市肆酒楼，灯红酒绿，加之成都水陆交通极为便利，沟通各地，因而充分发挥了组织地区内外工商业交流往来的经济功能。同时，"蜀以成都、广都、新都为三都，号名城"①，对于推动成都平原经济文化的高度发展起了重要作用。

楚汉之际，中原战乱，经济遭到极大破坏，以致汉初，"天子不能具钧驷，而将相或乘牛车，齐民无藏盖"②。但在巴蜀地区，由于未直接遭受战火侵害，因而工商业继续在较高水平上稳定发展。从考古发掘的资料可以知道，汉初成都的丝绸、漆器等商品，大批销往长江中、下游各地，占领了当地的市场；蜀郡成都的铁器，也大批倾销于滇、越嶲

---

① 《华阳国志·蜀志》。
② 《史记·平准书》。

等西南民族地区。

两汉时期，成都商业持续高涨，官私贸易都十分发达。通过褒斜道等道路，成都北与中原、秦陇进行贸易。通过长江水路，成都商品东达三楚。通过贵州、广西地区，成都特产东南销至广州。通过南方商道，成都一面输出铁器、竹木等货物，"南贾滇、僰"，一面进行"僰僮"、"笮马、旄牛"等交易。《史记·货殖列传》说："巴蜀亦沃野，地饶卮、姜、丹砂、石、铜、铁、竹、木之器。南御滇僰、僰僮，西近笮马、旄牛。然四塞，栈道千里，无所不通，惟褒斜绾毂其口，以所多易所鲜。"《汉书·地理志》所载大致相同。《史记·西南夷列传》说到巴蜀民间贸易中，有一种枸酱，"独蜀产"，汉武帝时唐蒙在南越食蜀枸酱，而南越乃从夜郎输入，夜郎的蜀枸酱又是蜀商"窃出"交易。该篇还记载巴蜀有大批行商坐贾，"或窃出商贾，取其笮马、僰僮、旄牛，以此巴蜀殷富"。

由于商品经济的持续发展，秦汉时期蜀地产生了一批著名的富商大贾。卓氏、程郑等大工商家族，从秦始皇时一直兴盛，至西汉中晚期方始衰落。而"程、卓既衰，至成、哀间，成都罗裒訾至巨万。初，裒贾京师，随身数十百万，为平陵石氏持钱。其人强力，石氏訾次如、苴，亲信，厚资遣之，令往来巴蜀。数年间，致千余万。裒举其半赂遗曲阳、定陵侯，依其权力，赊贷郡国，人莫敢欺。擅盐井之利，期年所得自倍，遂殖其货"①。

当时富商大贾经营的商品，种类众多，规模很大，据《史记·货殖列传》及他书所记，最重要的有盐铁之利和采铜铸钱之利，汉武帝实行盐铁官营并统一铸币后，则主要经营酤酒业、酱园业、屠宰业、粮食业、薪炭业、造船业、竹木业、造车业、油漆业、铜器业、铁器业、牲畜业、筋角丹砂业、布帛业、绸缎业、皮革业、生漆业、油盐业、渔业、干果业、皮毛业、毡席业、蔬菜水果业、高利贷业、节驵会，等等。这些商业种类，绝大多数可以在巴蜀看到。例如，"酤一岁千酿"，"屠牛羊彘千皮"，"木千章，竹竿千万"，"木器髤者千枚"，"素木铁器若卮茜千石"，"帛絮细布千钧"，"文采千匹"，"蘖曲盐豉千答"，

---

① 《汉书·货殖传》。

等等，以及其他许多商业门类。成都富商大贾之所以能够"周流天下，交易之物莫不通"，其原因于此可见一斑。

秦时，在成都设置市官并长、丞。汉承秦制，亦设市官并长、丞。汉初的成都市官不仅有管理市场的职能，还有管理部分手工业如漆器等业的生产和销售的经营职能。在湖南长沙马王堆一号和三号汉墓以及湖北江陵凤凰山 8 号汉墓内出土的大批漆器上，多有"成市"、"市府"、"成市草"、"成市饱"等烙印戳记，所谓"成市"，即"成都市"的省称，草假为造，饱假为匏（再次髹漆）。这表明了成都市府对漆器所拥有的生产和销售职能。汉武帝以后，始将地方手工业的经营权收归中央，由中央直接控制的工官经营，所以武帝以后不再有成都市府加盖烙印的巴蜀漆器行世。市官职能的这种分化，表明中央对手工业的控制已经加强，但对市官主持市易的职能循而不改，仍由地方政府管辖，则意味着中央对地方商业仍然给予鼓励发展的政策。所以，汉代商业发展很快，而成都得以成为中国南方最大都市和著名国际贸易中心，就不足为奇了。[①]

2. 国内外贸易

先秦时代，成都已开始发展成为中国西南的内外贸易枢纽。秦汉时期，随着成都经济文化建设的高速度发展，使它最终发展成为一座闻名中外的西南国际大都会。

汉初，"接秦之敝，诸侯并起，民失作业而大饥馑。凡米石五千，人相食，死者过半"，人口急剧减少。但巴蜀偏安一方，未遭战火摧残，所以汉高祖"乃令民得卖子就食蜀、汉"[②]。巴蜀不仅以其殷富解决了大批饥民的生存问题，而且它本身的人口也在经济持续发展的状态中保持稳定增长的势头。东周时代成都约有 55970 户，[③] 279850 人，经过西汉初、中期的发展，到西汉末平帝元始二年（公元 2 年），据《汉书·地理志》记载，成都人口已大为增长，有"户七万六千二百五十六"，按"一夫挟五口"计，约有 381280 人。从东周到西汉末，经过

---

①　段渝：《先秦秦汉成都的市及市府职能的演变》，载《华西考古》（一），成都出版社 1991 年版，第 324—348 页。

②　《汉书·食货志》。

③　段渝：《四川通史》第 1 册，四川大学出版社 1993 年版，第 143—144 页。

四五百年，成都人口增长超过 10 万，即增长了近三分之一，这在当时是很高的人口增长率。东汉时，历史文献虽然没有关于成都人口的直接数据记载，但从《续汉书·郡国志》所记顺帝永和五年（140 年）蜀郡人口来计算，较之西汉末增长的比率为 47%，参照这个数据计算，东汉时成都人口约有 53 万人之多，在 138 年之间增长人口达 17 万，大大超出西汉时人口的增长速度，也远远超过国内其他大城市的人口增长水平。这从一个重要方面反映出汉代成都经济繁荣昌盛的状况。

秦时，成都"与咸阳同制"，是秦的一大经济中心。汉代，与长安相比，成都虽非京师，但于汉家地位十分显要。西汉时除京师外，名闻全国的有五大都市：洛阳、邯郸、临淄、宛、成都。五都之中，成都人口最多，仅次于京师长安，是当时全国的第二大城市。成都县"下属十二乡，五部尉，汉户七万"，远远超出汉代"县大率方百里"的制度，而成都县所辖各乡，在当时也是特大的乡。

考古资料证明，汉代成都建有若干个贸易市场，城内有"成市"（成都大市）、"北市"，城外有"中乡之市"、"南乡之市"等。市场非常繁华，云集了大批行商坐贾。出土于成都西郊和新繁的两块同模所制的市井画像砖，刻绘了当时成都市的规模和盛况。市的平面略呈方形，四周围以市墙，三面设有市门。左面市内隶书题记"东市门"三字，北面市内亦隶书题记"北市门"三字。市内正中有重檐市楼一座，为市府之所在。市内四隧，沿隧两侧列肆，又有市廛、市宅等建筑。[①] 正如左思《蜀都赋》所说："市廛所会，万商之渊，列隧百重，罗肆巨千。贿货山积，纤丽呈繁。都人士女，袨服靓妆。买贸塀嚣，舛错纵横。"扬雄《蜀都赋》描绘成都市，"东西鳞集，南北并凑，驰逐相逢，周流往来"，"万物更凑，四时迭代"，市上所售，不但有巴蜀商品，还有"江东鲐鲍，陇西牛羊"。这些都表明成都是东西南北货物的商品集散地和贸易中心，成为富冠海内的天下名都。

成都平原的官私商业及其商品不仅在国内享有盛名，而且还跨出国门，将商品大批销往周邻国家或地区。由蜀郡工官和广汉郡工官制造的

---

① 刘致远、余德章、刘文杰：《四川汉代画像砖与汉代社会》，文物出版社 1983 年版，第59—60 页。

精美漆器和扣器，多销往今朝鲜境内的乐浪，并为北方草原匈奴贵族所喜爱。而个体商贾则往往铤而走险，常常沿南方丝绸之路进行边境贸易，还将蜀布、丝绸、邛竹杖等"蜀物"直接贩运到滇越（今东印度阿萨姆邦）和身毒（今印度），而又从南亚诸国购入西方的珍珠、琥珀、珊瑚等宝物，以为奇货可居，在中国市场出售，赚取倍称之息。

汉代成都之成为西南大都会，除了它本身经济昌盛、文赋纷华而外，还得益于南方丝绸之路国际贸易的发展。沿着这条国际商道，成都生产的蜀布、丝绸等源源不断地销往南亚的印度，又辗转贩卖于中亚阿富汗等国，再转卖于地中海的希腊、罗马等国度。而西亚、中亚的商品，如琉璃珠、肉红石髓珠等宝物，也沿南方丝绸之路国际商道进入中国西南市场。作为南方丝绸之路国际贸易的起点，成都国际贸易的发达不难想见，可谓盛极一时，日益发展成为西南地区的商业大都会。

（二）中国西南商贸大都会的发展

1. 工商业

南北朝时，蜀中虽历战乱，但仍不失为"西方之一都焉"[1]。隋王朝时，成都"水陆所凑，货殖所萃"[2]，较之前代又有所发展。唐时，成都商业发展更加迅速，至中唐以后，已与江南的扬州齐名，并佯为天下第一，"号为天下繁侈，故称扬、益"[3]。宣宗时，成都商业的发展已超出扬州，独领风骚，天下第一，所以卢求《成都记·序》说：成都"江山之秀，罗锦之丽，管弦之多，伎巧百工之富，扬（州）不足以佯其半"，而"以扬（州）为首，盖声势也"[4]。唐末，扬州毁于兵燹，成都却仍保持着发展步伐，成为名副其实的天下名都，也是全国最为繁华的商业大都会。

唐代成都有三个商业区，即西市、南市、东市，这三个市都是经常性的市场。僖宗时，又增加了北市。商业区内，商品应有尽有，一派繁荣。各种农副产品、盐铁、纺织品、牲畜、服装、异物，以及外地贩运

---

① 《南齐书》卷15《州郡志》。
② 《隋书》卷29《地理志》。
③ 《元和郡县图志·阙卷佚文》卷2《扬州》。
④ 《全蜀唐文》卷744。

而至的盐、奇药、海货、奇珍异宝，都在成都市场出售。另外还有蚕市、药市、花市、灯市、七宝市等季节性、专门性市场，还曾出现夜市。"天下珍货，聚出其中"①，是为有名的商品集散中心，"喧然名都会"②。

五代时，成都商业继续发展，又出现米市、炭市等专门市场，"人物秀丽，土产繁华"③，"蜀中称为繁盛"④。王公贵族和官僚也加入商业行列，前蜀太后太妃于"通都大邑起邸店，以夺民利"⑤，后唐东川节度使也在蜀州"置邸回易"⑥，后蜀节度使韩保贞还用战舰装运"贸易之货"⑦。

宋代，成都是中国西部织锦、绢帛、麻布、茶叶、药材、纸张、图书以及各种农业、手工业产品的最大集散地和商业中心，各地巨商大贾云集成都，大批购买和交易各种货物。由此商税巨大，熙宁十年，成都府的商税达 17 万贯之巨，仅略低于杭州，占全国第二位，是全国第二大商业城市。

成都素来是西南第一都会、天下名都，宋时更是繁丽非常，"万井云错，百货川委，高车大马决骤于通逵，层楼复阁荡摩乎半空。绮谷昼容，弦索夜声，倡优歌舞，妩媚靡曼，裙连袂属。奇物异产，瑰琦错落，列肆而班布。黄尘涨天，东西冥冥"⑧，一派繁荣兴旺。唐五代时期成都的季节性贸易，已进一步发展成为按照物品季节月令定期销售的大集市，有正月灯市、二月花市、三月蚕市、四月锦市、五月扇市、六月香市、七月七宝市、八月桂市、九月药市、十月酒市、十一月梅市、十二月桃符市。⑨ 一年四季，商品山积，充满于市，商人出入，川流不息。仅蚕市，据田况《成都遨乐诗》所记，就有"正月五日排南门蚕

---

① 《陈子昂集》卷 9《谏雅州讨生羌书》。
② 杜甫：《成都府》。
③ 《鉴戒录》卷 7《陪臣谏》。
④ 《五国故事》卷上。
⑤ 《新五代史》卷 63《前蜀世家》。
⑥ 《九国志》卷 6《潘在迎传》。
⑦ 《舆地纪胜》卷 146。
⑧ 同治《成都府志》卷 13 李良臣《东园记》。
⑨ 《成都古今记》。

市"、"正月二十二日圣寿寺前蚕市"、"二月八日大慈寺前蚕市"、"三月九日大慈寺前蚕市"。① 蚕市开市时，"贸易毕集，阛阓填委"②。尤其是大慈寺前蚕市，规模颇大，"高阁长廊门四开，新晴市井绝尘埃"③，是当时有名的贸易集市。

2. 交子

由于市场的规模比唐代更大，商品种类更多，店铺开业时间更长，交易额更大，商品经济得到高度发展，于是在这种盛况空前的商品经济中，产生了世界上最早的纸币，这就是"交子"。

交子最早出现在宋太宗时期（公元前10世纪末），《续资治通鉴长编》卷59载："先是，益、邛、嘉、眉铸钱五十余万贯，自李顺作乱，遂罢铸，民间钱益少，私以交子为市，奸弊百书，狱讼滋多，乃诏知益州张咏与转运使黄观同议，于嘉、邛二州铸景德大铁钱"，与交子"相兼行用，民甚便之"。真宗景德年间（1004—1007年），"张咏镇蜀，患蜀人铁钱重，不便贸易，设质剂之法，一交一缗，以三年为一界而换之，六十五年为二十二界，谓之交子。富民十六户主之"④，由十六户富民经营交子铺，发行交子。

最初的交子还不是货币，只是类似于现金存单或支票，交子铺只是专为人保管现钱的铺户。后随交子信用的确立和稳定化发展，交子逐渐转变为纸币。这时的交子发行，只需填写钱的数目，不限多少，"收入人户见钱，便给交子，无远近行用，动及百万贯。街市交易，如将交子要取现钱，每贯割取三十文为利。每岁丝蚕米麦将熟，又印交子一两番，捷如铸钱。收买蓄积，广置邸店、屋宇、园田、宝货"⑤。

天圣元年（1023年），朝廷设置益州交子务，自天圣二年起正式发行交子，将交子改为官营。官营交子的券额，从一贯到十贯均有，宝元二年（1039年）改为五贯和十贯两种，熙宁元年（1068年）又改为一贯和五百文两种。交子分界发行，每三年发行一次，称为一界。每界交

---

① 《全蜀艺文志》卷17。
② 《五国故事》。
③ 《全蜀艺文志》卷17 田况《成都遨乐诗》。
④ 《宋史》卷181《食货志》。
⑤ 李攸:《宋朝事实》卷15《财用》。

子有发行限额,最初为 1256340 贯,为最高限额。

交子是世界上最早的纸币,它是宋代四川商品货币经济高度发达的产物,在中国以至世界货币史上都有重大意义。

元朝四川商业,总的说来水平较低,远未恢复到宋代的水平。但成都城南二江之间的市场,逐步恢复繁荣,"商贾工匠列肆执艺其中……桥上尚有大汗征税之所,每日税收不下精金千贯"[1]。成都的"屯田、征商,与盐、茗、木、竹、山泽之产","一岁而羡衍弥倍","学校、农桑、津梁、陂渠、府寺、馆传","莫不兴张",[2] 逐渐趋于活跃。

明末清初,四川城市遭到毁灭性破坏,许多城市举城尽为瓦砾,寂无人声,人口锐减。经过湖广填四川的移民运动,四川人口增多,经济逐渐复苏,城市商业得以恢复并日益发展。

康熙后期,成都人口众多,商业兴隆,"人民廛市殊倍于昔"[3],到乾隆时,更形成"商贾辐辏,阛阓喧闹,称极盛焉"的局面。成都的各个商号,集产销于一体,如马正泰、马天裕机房,设有绸缎庄,产品在省内外颇负盛名。同仁堂药店、上金堂药店,以及庄、屈、高等加工出售的烟丝,均有名气。至于一般店铺,更是为数众多,涉及居民生活消费品的方方面面。省外贸易以锦缎、生丝、药材、盐、茶叶、苎麻、布匹、煤炭等为大宗。成都已成为川西地区最大的商品集散地和商业贸易中心。

---

① 《马可波罗行纪》中册,冯承钧译,商务印书馆 1947 年版,第 439—440 页。
② 姚燧:《牧庵集》卷 20《张公神道碑》。
③ 民国《华阳县志》卷 35。

第十八章 丝绸之路经济带对成都的影响

历史文献和考古资料说明，通过丝绸之路，古代成都受到印度和西方经济文化的相当影响，也对成都经济文化的发展和演变发生了相当程度的影响，成都平原文明的开放性和国际性由此开创。

一 丝绸之路经济带对成都平原古蜀文明的影响

在从西亚、中亚和南亚传入的文化因素中，青铜人物雕像、黄金人体装饰、黄金面罩、黄金权杖、柳叶形青铜短剑，以及海贝、象牙和宝石等，是对成都平原古代文明影响深远的文化因子。

(一) 成都平原金杖、青铜雕像和青铜剑的文化来源

李学勤先生指出：丝绸之路这个观点就是把欧亚大陆作为一个整体，历史上连接欧亚的就是几条丝绸之路。这几条丝绸之路里面，最值得进一步研究的是西南丝绸之路，而对于西南丝绸之路来说，三星堆文化又占据着一个非常重要的地位。[①] 考古学证据表明，成都平原古蜀文明同近东文明之间的接触和交流，在公元前十四五世纪时就已存在，其间文化因素的交流往返，就是经由南方丝绸之路进行的。[②]

---

① 李学勤：《三星堆文化与西南丝绸之路》，载段渝主编《南方丝绸之路研究论集》，巴蜀书社 2008 年版。

② 段渝：《古代巴蜀与近东文明》，《历史月刊》（台北）1993 年第 2 期。

1. 成都平原金杖、青铜雕像的文化来源

三星堆出土的金杖、金面罩、青铜人物全身雕像、人头像、人面像、兽面像，以及成都市金沙遗址出土的黄金面罩和青铜雕像，无论在文化形式还是风格上，都完全不同于古蜀本土的文化，在古蜀本土完全找不到这类文化因素的渊源。不仅如此，即令在殷商时代的全中国范围内，同样也找不到这类文化形式及其渊源。那么，这类文化形式究竟从何而来呢？考古学上，至少有三个证据所构成的文化丛，可以表明这些文化因素渊源于古代近东文明。这三个证据，就是青铜人物雕像群和金杖、金面罩。

从古代欧亚文明的视角看，至迟在公元前 3000 年初，西亚美索不达米亚地区就开始形成了青铜雕像文化传统。在乌尔（Ur），发现了这个时期的青铜人头像。[1] 在尼尼微（Nineveh），发现了阿卡德·萨尔贡一世（Sargon 1 of Akkad，2800 B. C.）的大型青铜人头雕像[2]、小型工人全身雕像[3]，还出土了各种青铜人物和动物雕像。[4] 在埃及，1896 年发现了古王国第六王朝法老佩比一世（Pepi 1，2200B. C.）及其子的大小两件一组的全身青铜雕像。[5] 古埃及文献所载这类雕像，其铸造年代还可追溯到公元前 2900 年。[6] 中王国以后，埃及利用青铜制作各类雕像的风气愈益普遍，在卡纳克（Karnak）遗址就曾发现大量青铜雕像残片。在印度河文明的摩亨佐·达罗城址（City Site of Mohenjo-daro，2500—2000 or1750B. C.）也发现了若干青铜雕像，包括人物雕像、动物雕像和青铜车，其中以一件戴着手镯臂钏的青铜舞女雕像驰名于世。

权杖起源于西亚欧贝德文化第 4 期（Ubaid Ⅳ），年代约为公元前 4000 年代前半叶。[7] 在以色列的比尔谢巴（Beersheba），发现了公元前 3300 年的铜权杖首。在死海西岸以南恩格迪（Engedi）的一个洞穴窖

① ［埃及］尼·伊·阿拉姆：《中东艺术史》，上海美术出版社 1985 年版。

② R. Willis, *Western Civilization*, Vol. 1, 1981, p. 18.

③ Ibid., p. 16.

④ ［苏］罗塞娃等：《古代西亚埃及美术》，人民美术出版社 1985 年版。

⑤ J. E. Quibell, Hierakonpolis, 11, Plate 1, 1902; Mosso, Dawn of Mediterranean Civilization, p. 56. see H. R. Hall, The Ancient History of the Near East, 1947, p. 136.

⑥ G. Mokh Tared, *General History of Africa*, Vol. 11, 1981, p. 158.

⑦ Strommenger, *5000 Years of the Art of Mesopotamia*, 1964, p. 12.

藏中发现铜权杖首 240 枚、杖首 80 枚。[1] 青铜时代，美索不达米亚用权杖标志神权和王权的传统，在当时的石刻、雕塑和绘画等艺术品中随处可见。古埃及也有权杖传统，早王朝初期埃及文字中就有权杖的象形字。[2] 埃及考古中出现过大量各式权杖，既有黄金的，也有青铜的，有学者认为这与西亚文化的传播有一定关系。后来全世界许多文化都用权杖标志权力，其最初根源即在美索不达米亚。

　　至于黄金面罩，西亚乌鲁克（Uruk）文化时期娜娜女神庙出土的大理石头像，曾覆以金箔或铜箔。叙利亚毕布勒神庙地面下发现的一尊青铜雕像，亦覆盖着金箔。[3] 西亚艺术中的许多雕像都饰以金箔，如乌尔王陵中的牛头竖琴，牛头即以金箔包卷而成，[4] 另外的几尊金公牛雕像也以 0.5—2 毫米的金箔包卷。埃及的黄金面罩，最著名的是图坦哈蒙王陵内发现的葬殓面具。迈锡尼文明中屡见覆盖在死者头部的黄金面罩，有学者指出这种文化并非当地的文化形式，是受到了埃及文化的影响[5]。

　　从青铜雕像、权杖、金面罩以及相关文化因素的起源和发展轨迹看，近东文明这些文化因素集结相继出现在其他文明当中，具有传播学的意义。

　　古蜀文明的青铜雕像群和金杖、金面罩，由于其上源既不在古蜀本土，也不在中国其他地区，但却同上述世界古代文明类似文化形式的发展方向符合、风格一致、功能相同，在年代序列上也处于比较晚的位置，因而就有可能是吸收了上述文明区域的有关文化因素进行再创作而制成的。

　　从青铜雕像人物面部形态上看，三星堆青铜人物雕像群中除了那些西南夷的形象外，高鼻、深目的若干面部特征给人留下了深刻印象。这类人物，阔眉，杏叶大眼，颧骨低平，高鼻梁，挺直的鼻尖，大嘴两角下勾，下颌一道直达双耳后面的胡须。这些面部特征，与同出的各式西

①　R. F. Tylecote, *A History of Metallurgy*, 1976.

②　A. Gardiner, *Egyption Grammar*, 1957, p. 510.

③　［埃及］尼·伊·阿拉姆：《中东艺术史》，上海美术出版社 1985 年版。

④　R. Willis, *Western Civilization*, Vol. 1, 1981, p. 19.

⑤　［美］雷·H. 肯拜尔等：《世界雕塑史》，浙江美术学院出版社 1989 年版，第 23—24 页。

南夷形象以及华北、长江中下游商周之际的各种人面像明显不同，也与成都指挥街发现的华南人扁宽鼻型的人头骨不同。很明显，如此风格的人物面部形态造型，它们的文化因素来源于中国以外。

在艺术风格上，三星堆青铜人物雕像群的面部神态几乎雷同，庄严肃穆，缺乏动感和变化，尤其是双眉入鬓、眼睛大睁，在整个面部处于突出地位，这同西亚雕像艺术的风格十分接近。眼睛的艺术处理，多在脸孔平面上铸成较浅的浮雕，以突出的双眉和下眼眶来显示其深目，这也是西亚雕像常见的艺术手法。对于人物雕像的现实主义和对神祇雕像的夸张表现，也同西亚近东早、中期的艺术特点有相近之处。而对于神树的崇拜，则反映了这种文化形式从近东向南连续分布的情景。

在功能体系上，无论西亚、埃及还是爱琴文明中的青铜雕像群，大多出于神庙和王陵，普遍属于礼器，起着祭祀和纪念的作用。三星堆雕像群也出于祭祀坑内，无一不是礼器，无一不具宗教礼仪功能。它们与近东雕像的意义完全相同、如出一辙，而与中原地区所出雕像主要充作装饰的情况相去甚远。至于用金杖代表国家权力、宗教权力和经济特权，就更与华北用"九鼎"来代表这些权力的传统有着明显差异，而与近东文明却完全一致。

2. 成都平原黄金制品的文化来源

考古学上，中国早期的黄金制品出现于夏代，1976 年在甘肃玉门市火烧沟遗址的墓葬中出土的黄金制品，是目前所见资料中最早的一例。[①] 除此而外，在中国其他地区尚未发现夏代的黄金制品。中国早期的黄金制品较多地出现于商代，商代的黄金制品存在南、北之间的系统区别，在中原和北方地区主要发现于北京、河北、河南、山东、辽宁、山西，在南方则集中发现于成都平原。

中国北方地区现已发现的商代黄金制品主要是金箔片、黄金、小片金叶、金臂钏、金耳环、金笄、黄金"弓形饰"，等等。中国北方地区商代黄金制品具有两个明显的共性：第一，它们都出土于墓葬（殷墟

---

① 甘肃省博物馆：《甘肃省文物考古工作三十年》，载《文物考古工作三十年（1949—1979）》，文物出版社 1979 年版，第 142、143、151 页。

金块除外）；第二，它们都是作为装饰品（人体装饰物或器具饰件）来使用的。金叶和金箔片虽然在用途上与其他地点所出作为人体装饰物的金臂钏、金耳环、金笄、金"弓形饰"等相同，但从作为装饰品这个意义上说，它们则是共同的、一致的。[①] 从欧亚古代文明的视角看，商代黄河流域黄金器物中的人体装饰物，可能与中亚草原文化的流传有关。[②]

商代南方的黄金制品集中分布在四川广汉三星堆和成都市金沙遗址，尤以成都市金沙遗址发现的黄金制品最为丰富。

1986 年夏在广汉三星堆遗址相继发现两个祭祀坑，出土大批青铜、黄金、玉石制品以及大量象牙和海贝，[③] 其中的各种黄金制品多达数十件。[④] 三星堆出土的各种黄金制品，主要种类有金杖、金面罩、金果枝、璋形金箔饰、虎形金箔饰、鱼形金箔饰、金箔带饰、圆形箔饰、四叉形器、金箔残片、金箔残屑、金料块，等等。成都市金沙村遗址位于成都市区西部，从 2001 年 2 月以来的发掘中，共出土黄金器物 200 余件，其中有黄金面罩、射鱼纹金带、鸟首鱼纹金带、太阳神鸟金箔、蛙形金箔、鱼形金箔、金盒、喇叭形金器等，是先秦时期出土金器数量最大、种类最多的遗址。[⑤]

古蜀文明黄金制品的形制、出土情况以及它们与大型青铜制品群密不可分的关系，显示出几个明显的特点：第一，数量多，达到近百件（片）；第二，形体大，尤以金杖、金面罩为商代中国黄金制品之最；第三，种类丰富，为北方系统各系所不及；第四，均与实用器或装饰用品无关，而与大型礼仪、祭典和祭祀仪式有关，或与王权（政治权力）、神权（宗教权力）和财富垄断权（经济权力）的象征系统有关。其中金杖和金面罩的文化形式在商代中国的其他任何文化区都绝无发

---

① 段渝：《商代黄金制品的南北系统》，《考古与文物》2004 年第 1 期。

② 参见马健《黄金制品所见中亚草原与中国早期文化交流》，《西域研究》2009 年第 3 期。

③ 四川省文物管理委员会、四川省文物考古研究所、四川省广汉县文化局：《广汉三星堆遗址一号祭祀坑发掘简报》，《文物》1987 年第 10 期。四川省文物管理委员会、四川省文物考古研究所、广汉市文化局文管所：《广汉三星堆遗址二号祭祀坑发掘简报》，《文物》1989 年第 5 期。

④ 四川省文物考古研究所：《三星堆祭祀坑》，文物出版社 1999 年版。

⑤ 成都市文物考古研究所：《金沙——21 世纪中国考古新发现》，五洲传播出版社 2005 年版。

现，即令在以三星堆遗址和金沙遗址为代表的整个古蜀文化区也是绝无仅有。古蜀文化的金杖、金面罩等文化形式，与青铜雕像的文化形式一样，很有可能是通过古代印度地区和中亚的途径，从古代的南方丝绸之路，采借吸收了西亚近东文明的类似文化因素，而由古代蜀人按照自身的文化传统加以改造创新而成的，它们反映了商代成都平原古蜀文化与南亚、中亚和西亚古代文化之间的交流关系。①

3. 成都平原青铜短剑的文化来源

中国境内的青铜短剑，最早见于先秦时期的西北和西南地区，时间是在商代中晚期。而近东地区早在公元前三千纪已开始使用剑身呈柳叶形的青铜短剑，这种剑形不久传入中亚地区和印度地区，在公元前两千纪分别从南北两个方向传入中国西北和西南地区。在中国西北地区发现的青铜短剑，剑身呈柳叶形，多为曲柄剑，或是翼格剑、匕首式短剑，多在剑首处铸有动物形雕像。这种剑形，形制几乎与中亚青铜短剑一致，因而学术界认为这类青铜短剑很有可能是从中亚引入的剑形。② 在中国西南地区发现的青铜短剑，主要分布在以成都平原为中心的四川盆地内外，年代为商代中晚期或更早。成都平原发现的柳叶形青铜短剑，形制几乎与印度河和恒河流域青铜短剑相同，都是扁茎、无格，剑身呈柳叶形，剑茎与剑身同时铸成，剑身有宽而薄与窄而厚两种。很容易判断，两者之间具有同源的关系。印度河流域的青铜文化，时代在公元前2500 年至公元前 1500 年之间。这个时代，正是古蜀青铜文明从发展走向鼎盛的时代，也是古蜀柳叶形青铜短剑初现的时代。由此看来，古蜀地区的柳叶形青铜短剑这种剑形，应当是从印度河和恒河流域引入，而古蜀人在古蜀地区自己制作的。

---

① 详见段渝《巴蜀是华夏文化的又一个起源地》，《社会科学报》1989 年 10 月 19 日；《古蜀文明富于世界性特征》，《社会科学报》1990 年 3 月 15 日；《商代蜀国青铜雕像文化来源和功能之再探讨》，《四川大学学报》1991 年第 2 期；《论商代长江上游川西平原青铜文化与华北和世界古文明的关系》，《东南文化》1993 年第 2 期；《支那名称起源之再研究——论支那名称本源于蜀之成都》，载《中国西南的古代交通与文化》，四川大学出版社 1994 年版。

② 卢连成：《草原丝绸之路——中国同域外青铜文化的交流》，载上宫鸿南、朱士光编《史念海先生八十寿辰学术文集》，陕西师范大学出版社 1996 年版，第 719 页。林梅村：《商周青铜剑渊源考》，载《汉唐西域与中国文明》，文物出版社 1998 年版，第 39—63 页。

（二）成都平原海贝和象牙的来源

1. 成都平原海贝的来源

成都平原三星堆遗址出土了大量海贝，成都市金沙遗址出土了玉贝，其中有一种海贝，是环纹货贝（Monetriaannulus），大小约为虎斑贝的三分之一左右，中间有齿形沟槽，与云南省历年来所发现的环纹货贝基本相同。据段渝研究，[①] 这种海贝只产于印度洋深海水域：既不产于近海地区，更不产于江河湖泊。地处内陆盆地的三星堆和金沙遗址出现如此之多的齿贝，显然是从印度洋北部地区引入的。

中国古文献中多见贝的记载，如《逸周书·王会篇》讲到"具区文唇，共人玄贝，海阳大蟹"。在《左传》等文献里，也可见到楚国富有贝的记载。不过，《左传》等文献里虽然记载江淮产贝，但是江淮所出贝，乃是蚌壳，而非海贝，不能混同。

印度洋北部地区的印巴次大陆以及印度半岛西南部印度洋面上的马尔代夫群岛，自古便是齿贝使用最多的地区。《通典》、《新唐书》等古籍对于"天竺"的齿贝均有记载。《岛夷志略》、《瀛涯胜览》等海外见闻录，对于马尔代夫产齿贝、孟加拉多齿贝，也多有记载。意大利马可·波罗在其《马可·波罗游记》中还说道，自越南占城（也叫占婆，故地在今越南中南部）首途向南航行七百里，见有二岛，一大一小，一岛名桑都儿，一岛名昆都儿，在桑都儿外五百里产海贝，"前述诸国用作货币的海贝，皆取之于此国也"。

这些记载说明，三星堆和金沙遗址出土的环纹货贝，是从印度洋北部南亚文明地区引入的。

不过，三星堆出土的海贝，却并非由云南各处间接转递而来，不是这种间接的、有如接力一般的关系。通观从云南至四川的蜀身毒道上出土海贝的年代，除三星堆外，最早的也仅为春秋时期，而三星堆的年代早在商代中、晚期，差不多要早千余年。再从商代、西周到春秋早期的这 1000 年间看，云南并未发现海贝。不难看出，三星堆的海贝，应是

---

①　段渝：《中国西南地区海贝和象牙的来源》，载段渝主编《巴蜀文化研究集刊》第五卷，巴蜀书社 2009 年版。

古蜀人直接与印度洋北部地区进行经济文化交流的结果。

三星堆出土的海贝，多是充作商品贸易所用的中介商品，也就是货贝（通称为贝币）。

成都平原不产贝，也没有以贝币作为流通货币的传统。相反，印度洋北部广大地区的居民却有着悠久的以贝币为货币进行交易的传统。三星堆齿贝既然来源于印度洋北部地区，而印度洋北部地区历来以齿贝为货币，那么，三星堆古蜀人以齿贝为货币，自然也是受其影响所致。假如不是这样，三星堆的大量贝币就既无产生条件，也无流通条件。由此可见，齿贝对于商代成都平原的居民来说，应当主要是充当对外贸易的货币。用现代语言表达，略似当今的外汇。

不仅如此，从华北商文化使用贝币，而商、蜀之间存在经济往来的情况以及三星堆文化从云南引进铅料等情况分析，蜀与中原和云南的某些经济交往，大概也是以贝币为媒介的。

如果三星堆出土的印度洋齿贝仅仅孤立存在，除此而外就没有其他任何海洋文明因素与之共存的话，那么或许可以认为这些齿贝之出现于成都平原，也许仅仅是一种偶然。可是，无独有偶，恰恰就在三星堆祭祀坑中，与齿贝同时还出土了大量海生动物青铜小雕像。这构成了印度洋文明因素的集结，有力地证实了三星堆文明与印度洋北部地区的古文明之间，早在公元前一千四五百年以前，就有着直接的商贸关系。由此也可证明，三星堆出土的齿贝，并非通过间接的传递方式从云南方面或其他地方转手而来，而是古蜀人直接从印度洋北部南亚文明地区输送回到成都平原的。①

2. 成都平原象牙的来源

成都平原考古遗址还发掘出了大量的象牙。在三星堆一号祭祀坑内，出土了 13 支象牙；在二号祭祀坑内，出土了 60 余支象牙，纵横交错地覆盖在坑内最上层。而在成都金沙遗址出土的象牙，其总重量竟然超过 1 吨，引人注目。

关于这些象牙的来源，学术界有较大的争论。有人认为远古成都平

---

① 段渝：《中国西南地区海贝和象牙的来源》，载段渝主编《巴蜀文化研究集刊》第五卷，巴蜀书社 2009 年版。

原产象，是本地象的象牙；有人认为是来自四川盆地西部山区象所产的象牙。段渝先生认为来自于南亚，这种观点得到了学术界的普遍认同。段渝在《中国西南地区海贝和象牙的来源》一书中，分析了古代文献关于中国南方产象的记载、考古发掘资料，否定了成都平原先秦遗址出土象牙来自岷江上游、渝东鄂西、华北等古文化区。

古地学资料表明，新石器时代成都平原固然森林茂密、长林丰草，然而沼泽甚多，自然地理环境并不适合象群的生存。迄今为止的考古学材料还表明，史前至商周时代成都平原虽有许许多多的各种兽类，然而诸多考古遗址中所发现的动物遗骨遗骸，除家猪占很大比重外，主要还有野猪、鹿、羊、牛、狗、鸡等骨骼，除三星堆祭祀坑和金沙遗址外，没有一处发现大象的遗骸、遗骨，更谈不上数十成百支象牙瘗埋一处。因此可以说古代成都平原产象的说法是缺乏根据的，三星堆和金沙遗址的大批象齿不是原产于当地的大象牙齿。

云南西南部以及以西的缅甸、印度地区，自古为大象的原产地。不少人以为云南各地均产大象，其实是莫大的误会。汉唐时期的文献对于云南产象的记载，仅限于其西南边陲，即古哀牢以南的地区，这在常璩《华阳国志·南中志》和樊绰《蛮书》里有着清楚的记载。而在云南东部、东北部，即古代滇文化的区域中，以及在云南西部，即滇西文化的区域中，古今均无产象的记载。考古发掘中，无论在滇文化区域还是滇西文化区域中，也都未曾发现数十支象牙瘗埋一处的情形。而古蜀文化与云南的关系，主要是与滇文化和滇西文化的关系，与云南西南部并无任何关联。由此可知，三星堆和金沙遗址的象牙，也与滇池文化区域和滇西文化区域无甚关系。

揆诸历史文献，这些象群和象牙是从象的原产地印度地区引进而来的。《史记·大宛列传》记载张骞西行报告说："然闻其西（按：此指'昆明'，在今云南大理之西）可千余里，有乘象国，名曰滇越。"滇越即印度古代史上的迦摩缕波国，故地在今东印度阿萨姆邦。[①]《大唐西域记》卷十《迦摩缕波国》记载道："迦摩缕波国，周万余里。……国之东南，野象群暴，故此国中象军特盛。"《史记·大宛列传》还说：

----

① 汶江：《滇越考》，《中华文史论丛》1980 年第 2 辑。

"身毒……其人民乘象以战。"《后汉书·西域传》也说:"天竺国,一名身毒,……其国临大水,乘象以战。……土出象、犀……"大水即今巴基斯坦境内的印度河。[①] 根据古希腊文献的记载,古印度难陀王朝(公元前 362—前 321 年)建立的军队中,有 2 万骑兵、20 万步兵、2000 辆战车、3000 头大象;孔雀王朝(公元前 321—前 185 年)的创建者月护王拥有一支由 9000 头战象、3 万骑兵、60 万步兵组成的强大军队,[②] 这和中国古文献中的记载相当一致。汉唐之间,中国古文献极言印度产象之盛,说明即使从汉武帝开西南夷到东汉永平年间永昌郡归属中央王朝后,印度象群的数量之多,仍然令中国刮目相看。《史记》和《后汉书》等文献所数称的"大水"(印度河),正是辉煌的印度河文明的兴起之地。考古发掘中,在印度河文明著名的"死亡之城"摩亨佐·达罗废墟内,发现了曾有过象牙加工工业的繁荣景象,还出土不少有待加工的象牙,以此并联系东印度盛产大象的情况,以及三星堆祭祀坑内成千枚来自于印度洋北部地区的海贝,可以说明三星堆和金沙遗址出土的大批象牙是从印度地区引进而来的。[③]

但是,这些从印度地区引进的象牙虽然大量地存在于与古蜀王国王室有关的遗址中,如蜀王国都城三星堆遗址和金沙遗址,但一般民间居民点、墓室、棺材等遗址中并未见到,而且蜀国归秦之后,成都平原再无大量象牙出现,表明先秦时期象牙只限于古蜀王国的王室拥有,象牙贸易是王室的垄断贸易。

(三)成都"瑟瑟"的来源

唐代诗圣杜甫寓居成都时,曾写过一首《石笋行》诗,诗中说道:

> 君不见益州城西门,陌上石笋双高蹲。古来相传是海眼,苔藓蚀尽波涛痕。雨多往往得瑟瑟,此事恍惚难明论。是恐昔时卿相

---

① 夏鼐:《中巴友谊的历史》,《考古》1965 年第 7 期。

② 引自 [印] R. 塔帕尔《印度古代文明》,林太译,浙江人民出版社 1990 年版,第 50 页;刘建、朱明忠、葛维钧《印度文明》,中国社会科学出版社 2004 年版,第 74 页。

③ 段渝:《中国西南地区海贝和象牙的来源》,载段渝主编《巴蜀文化研究集刊》第五卷,巴蜀书社 2009 年版。

墓，立石为表今尚存……

杜工部的疑问，导出了一个千古之谜："瑟瑟"是什么？它从何而来？

原来，瑟瑟（Sit-Sit）是古代波斯的宝石名称，是示格南语或阿拉伯语的汉语音译。中国古书关于瑟瑟的性质有不同说法，主要指宝石，又称"真珠"，明以后主要指人工制造的有色玻璃珠或烧料珠之类。①唐时成都西门一带，先秦曾是蜀王国墓区所在，近年来不断发现大批墓葬。杜甫说这里雨多往往得瑟瑟，足见当年随葬之多，又足见蜀人佩戴这种瑟瑟串珠之普遍。既称瑟瑟，当然就是来自于中亚、西亚地区，并且经由南方丝绸之路而来。

杜甫提出的疑问，曾经有人试为之解，宋人吴曾就是其中之一。他说：

> 杜《石笋行》："雨多往往得瑟瑟。"按：《华阳记》开明氏造七宝楼，以真珠结成帘。汉武帝时，蜀郡遭火，烧数千家，楼亦以烬。今人往往于砂土上获真珠。又赵清献《蜀郡故事》，石笋在街西门外，二株双蹲，云真珠楼基也。昔有胡人，于此立寺，为大秦寺，其门楼十间，皆以真珠翠碧，贯之为帘，后摧毁坠地。至今基脚在。每有大雨，其前后人多拾得真珠瑟瑟金翠异物。今谓石笋非为楼设，而楼之建，适当石笋附近耳。盖大秦国多璆琳琅玕，明珠夜光碧，水通益州、永昌郡，多出异物。则此寺大秦国人所建也。②

按照吴曾的看法，杜甫所说石笋街大雨冲刷出来的瑟瑟，不是蜀王国公卿将相墓中的随葬品，也不是开明氏七宝楼真珠帘坠散后的遗存，而是大秦寺门楼珠帘摧毁后坠地所遗。他的说法有一定根据，但同杜甫之说实为两事，不能混为一谈。

据李膺《成都记》："开明氏造七宝楼，以珍珠为帘，其后蜀郡火，

---

① ［美］B. 劳费尔：《中国伊朗编》，林筠因译，商务印书馆1964年版，第345—347页。
② 吴曾：《能改斋漫录》卷7《杜〈石笋行〉》。

民家数千与七宝楼俱毁。"①《通志》:"双石笋在兴义门内,即真珠楼基也。"曹学佺《蜀中名胜记》卷2:"西门,王建武成谓之兴义门矣。"据此,真珠楼与杜甫所说石笋不在一处,真珠楼在西门内,石笋街则在西门外。况且,石笋既为蜀王开明氏墓志,开明王又如何可能以此为楼基?可见吴曾驳杜甫,是"以其昏昏,令人昭昭",风马牛不相及。

不过,大秦国胡人曾在真珠楼故地立寺,倒是事实,《蜀中名胜记》引赵清献之说,也提到此事。大秦,是中国古代对古罗马帝国的称呼,② 其国多出各种真珠、琉璃、璆琳、琅玕等宝物,"又有水道通益州",早与蜀文化有交流往来,其时代可以追溯到公元前几个世纪。至于成都出土的古罗马瑟瑟,由大秦寺的建立可知,则为唐朝时。

上面征引的各种文献还说明,开明氏造七宝楼,以"真珠"为帘。由"真珠"之名可知,制作开明氏七宝楼帘的"真珠",应属瑟瑟一类"舶"来品,原产于西亚和中亚。这些古代诗文和史籍记载的在成都发现的瑟瑟,数量如此之多,说明蜀与中亚、西亚有着大量的经济文化往来。

除了瑟瑟之外,古蜀还从西亚地区输入琉璃珠和蚀花肉红石髓珠。四川青川郝家坪第13号战国墓曾出土蚀花石珠(俗称"蜻蜓眼"),形态极似西亚早期的产品。1978年重庆发现的两颗蚀花琉璃珠的形态和纹饰,也极似于西亚的早期同类品。在四川茂县的早期石棺葬中,曾出土产于西亚的不含钡的钙钠玻璃。在理塘县,也曾发现琉璃珠。而在云南江川李家山、晋宁石寨山亦出土西亚的早期肉红蚀花石髓珠和琉璃珠。③ 古蜀和滇文化区西亚石髓珠和琉璃珠的发现,都证明中国西南与西亚地区的经济贸易和文化关系早已发生的事实。

蚀花肉红石髓珠和不含钡的钙钠玻璃(琉璃)原产地均在西亚,有悠久的历史,后来传播于中亚和印度河地区。这些人工宝石出现在中国西南地区,一般年代为春秋战国之际。从西亚、中亚到南亚再到中国西南这一广阔的连续空间内,出现的文化因素连续分布现象,恰好表明一

① 曹学佺:《蜀中名胜记》卷2引。
② 陈寿:《三国志》卷30裴松之注引《魏略·西戎传》。
③ 张增祺:《战国至西汉时期滇池区域发现的西亚文物》,《思想战线》1982年第2期。

条文化交流纽带的存在。这条纽带，就是南方丝绸之路。古蜀文化中的西亚因素，便是通过这条古老的文化纽带传播而来的。

二　北方丝绸之路南移对成都的影响

丝绸之路是中西经济文化交流的线路，秦汉时期共有四条：北方丝绸之路经河西走廊出西域，连通中亚至于西方；南方丝绸之路经云南出缅、印，连通中亚以达西方；草原丝绸之路经由长城以北草原地带，出北亚至中亚；海上丝绸之路经南海，从印度洋至西方。四条丝绸之路中，汉武帝时打通北方丝绸之路后，北方丝绸之路便担负了中央王朝与西方经济文化交流的主要任务。

魏晋南北朝时期，北方大乱，黄河流域和河西地区先后被十六国和北魏占领，经河西走廊出西域的中西交通线因此而阻断，西域也陷于乱局之中。在这种形势下，中西交通线路便移至南方，除南海道外，以成都为起点的南方丝绸之路便承担起中西经济文化交流的主要任务。

这一时期的南方丝绸之路主要包括两条线路：滇蜀道和安南道。

滇蜀道基本上沿袭了汉代的蜀身毒道，从成都出发，中经云南，西通缅、印。这条线路在永昌郡又分为海路和陆路。海路出永昌郡，沿伊洛瓦底江至下缅甸出海，航行于孟加拉湾，在金洲（Khersonese）登陆，这是成都与罗马进行丝绸、黄金和宝石异物贸易的主要商业线路。《后汉书·南蛮西南夷传》说："掸国（缅甸）西南通大秦（罗马）。"《三国志·魏志·乌丸鲜卑东夷传》裴松之注引三国时人鱼豢《魏略·西戎记》说："（大秦）又有水道通益州、永昌，故永昌出异物。"又记载说："（大秦）又常得中国丝，解以为胡绫，故数与安息（古波斯，今伊朗）诸国交市于海中。"罗马人在孟加拉湾金洲登陆，获得中国丝绸后，又加工为"胡绫"，再出口于安息诸国。陆路在永昌又分为两道，一条循弥诺江（Chindwan）至东印度曼尼普尔，再经北印度达于阿富汗，进行丝绸、黄金贸易；另一条经上缅甸至东印度的阿萨姆地区，再抵孟加拉，进行丝绸、黄金、宝石贸易。通过海陆两路，成都丝绸大量运往西方，成都则从西方获得黄金、宝石以及香料等物品。

　　除大量官方贸易外，蜀地商人亦踏着先秦至汉代的蜀身毒道，出云南至东印度阿萨姆地区进行贸易。《魏略·西戎传》记载说："盘越国（按：《后汉书·西域传》作'磐起国'），一名汉越王，在天竺（印度）东南数千里，与益部近。其人小，与中国人等。蜀人贾似至焉。"盘越国，或以为是孟加拉（Bengal），以其古音相近，① 但从道里、风俗等分析，应为东印度的阿萨姆地区，即迦摩缕波国（Kāmarūpa），也即《史记·大宛列传》所记"蜀贾奸出物者或至"的"滇越"。② 这条道路是蜀中商人同西方进行各种贸易的传统商道之一，在魏晋南北朝时依然发挥着重要作用。

　　罗马人与中国之间进行丝绸、宝石贸易的历史，早在公元 1 世纪就已见载于西方文献。成书于公元 1 世纪的《厄里特里亚海周游记》（*Perigles the Erythraear Sea*）记载说，过金洲后，到达支那国，当地生产生丝和丝绸，可由陆路运至大夏（今阿富汗），也可由恒河运至李密里斯，这两条线路都是沿南方丝绸之路行进的。到公元 4 世纪时，由于从蜀中至永昌经下缅甸出海的商道既便捷，又无许多中介商人渔利，运费便宜，使中国丝绸在罗马的售价大大降低。③ 公元 380 年，罗马作家阿·马塞林说道："从前仅仅贵族能服用的丝绸，当时已推广到各个阶层，甚至最底层的人也穿着了"，这对于南方丝绸之路的重要作用是一个极好的说明。

　　安南道是从成都出发经云南通往中南半岛的交通线路，早在先秦就已经开通，汉代沿用，至晋代仍为联系中国西南与中南半岛的重要通道。《晋书·陶璜传》载："宁州（治今云南曲靖，一说晋宁）兴古接据上流，去交趾郡（今越南北部）千六百里，水陆并通。"西晋末，益州战乱，蜀中民众许多南逃至宁州，"或入交州，或入永昌，牂牁"④，其中多数南走交趾，对中越文化交流产生了一定的促进作用。

　　魏晋南北朝时期的西域贸易，由于战乱，长期处在阻绝状态之中。虽然北魏曾在凉州西域重镇设置郡县，开通与西方国家的关系，但北魏

①　张星烺：《中西交通史料汇编》第 6 册，中华书局 1979 年版，第 42 页。
②　汶江：《滇越考》，《中华文史论丛》1980 年第 2 辑。
③　汶江：《历史上的南方丝路》，载《古代西南丝绸之路研究》，四川大学出版社 1990 年版。
④　《华阳国志·南中志》。

与柔然、高车和南朝同时处于战争状态，一方面使北魏不能过多经营西域，在西域的统治很快就宣告崩溃；另一方面，南朝的对外贸易也不能通过中原至西域进行。虽然如此，西域仍不时成为南朝同西方进行商品贸易的通道。但这条丝绸之路的国内段已不是通过中原，而是经由成都，通过岷江上游至川西北高原，经重镇松潘，再北经吐谷浑之地，最后到达新疆。据史籍记载，南北朝时有不少西域人入蜀通商，例如释道仙，"本康居国人也，以游贾为业。梁、周之际，往来吴、蜀，行贾达于梓州"[1]。在新疆吐鲁番阿斯塔那——哈拉和卓古墓中，曾先后出土大批织锦，其年代从南北朝到唐代均有，这些织锦均为蜀锦。[2] 这一方面说明蜀锦是西域丝绸贸易中的主要物品，另一方面也说明南北朝时西域贸易仍时有发生，其中的丝绸多由西域的胡商从成都转运而去，这种情形一直持续到隋唐时期。

三　印度佛教在成都地区的传播

印度地区的佛教于西汉末年开始传入中国，东汉时，佛教在四川盆地已经甚为流行。蜀文化早在先秦时代就有制作雕像举行丧葬仪式和进行祭祀的传统，这与佛教"设像行道"的做法有相近之处，容易产生适应性，这是早期佛教造像得以在四川盆地和成都平原流行的一个重要原因。

佛教传入成都地区的途径，主要有南、北两条线路。北路由印度经西域、甘、青地区传入，南路由印度经缅甸、云南传入。从南方传入的佛教进入成都地区后，又继续向长江中下游传播，从而形成了早期佛教的南传线路。这就解释了考古学上东汉三国之际的佛教造像主要出土于四川，而魏晋时期的佛教造像又大量发现于东吴地区的原因。

佛教自汉代在成都地区传播以来，至魏晋南北朝时期臻于兴盛，寺院广布，教徒众多，大大风行。由于成都地区据有形胜之利，既有长江

---

① 《续高僧传》卷34。
② 武敏：《吐鲁番出土蜀锦的研究》，《文物》1984年第6期。

沟通东西交通，又有横断山脉连接南北往来，成为江南和西域的僧人往来传教的必经之地，因此深受南北佛教的推动和影响。

从江南入蜀的僧侣，东晋时有释道安所遣弟子法和、慧持，慧持入蜀，止于龙门精舍，"有升其堂者，号登龙门焉"①。刘宋时，长乐沙门道经从庐山经梁州入蜀，弘扬佛法，受到益州官方的推崇，对蜀中佛教产生了不小影响。南齐时，高、何二僧从明州象山入蜀，居临邛四明山，建鹤林寺。梁武帝时，建康僧人慧韶入蜀，居成都龙渊寺，讲论佛学。

从西域入蜀的僧侣，刘宋时有曾在天竺求法的智猛从凉州入蜀，后卒于成都。凉州僧人法成止于涪城，后卒于广汉。敦煌僧人道法入蜀，先后为成都兴乐寺、香积寺寺主，卒于成都。梁武帝时，康居僧人明达自西域入蜀，在梓州牛头山建立寺院，弘扬佛法。

魏晋南北朝时，南方丝绸之路仍然是长江流域与印度联系的主要通道，南朝僧侣同西域和印度佛教往来，都要通过蜀地，因而在成都地区中转或暂住的高僧为数不少。约东晋南朝之际，释慧睿"常游方而学经，行蜀之西界，为人所抄掠"，为商人以金赎之，后"游历诸国，乃至南天竺界"②。4—5世纪，"有唐僧二十许人，从蜀州牂牁道而出"，至印度比哈尔邦巴腊贡的那烂陀寺（古代印度佛教的最高学府）东四十驿许的蜜粟伽悉他钵娜寺，"向莫诃菩提礼拜"。此寺不远，有一故寺，但有砖基，号为支那寺，"古老相传，云是昔室利笈多大王（公元4—5世纪）为支那国僧所造"③。刘宋文帝时，慧览从罽宾求法，经于阗回国，"经由河南，河南吐谷浑慕延，世子琼等敬览德向，遣使并资财，令于蜀立左军寺，览即居之"④。宋后废帝元徽三年（475年），法献"西游巴蜀，驻出河南，道经芮芮"⑤，抵达于阗，西行巡礼佛迹。罽宾高僧昙摩密多由龟兹、敦煌，于刘宋元嘉三年（426年）辗转至于蜀中，"俄而东出峡，止荆州"⑥。大量高僧经过蜀中南来北往、东进西

① 《高僧传》卷6《慧持传》。
② 《高僧传》卷7《慧睿传》。
③ 《大唐西域求法高僧传》卷3《慧轮传》。
④ 《高僧传》卷11《慧览传》。
⑤ 《高僧传》卷13《法献传》。
⑥ 《高僧传》卷3《昙摩密多传》。

上，给蜀中佛教的风行增添了很大的激励力量。

在此期间，蜀地的佛教寺院也大量兴建起来，各地佛寺往往散见于各种史籍，佛寺中往往集有大批僧侣。刘宋时，蜀中僧人法成"鸠率僧旅，几于千人，铸丈六金像"。成都万佛寺塑有大量佛教石刻造像，规模不小，其僧侣之多亦足见一斑。

随着佛教在蜀中的风行，佛教造像也开始兴盛起来。南北朝时，蜀中佛教造像最有名的是成都万佛寺和广元千佛崖的石刻。

成都万佛寺，肖梁时名为安蒲寺，后历经毁坏而重建。从清光绪八年以来，相继在寺中出土佛教石刻造像，达百余件，其中有纪年铭文的十余件，年代最早的是刘宋元嘉二年（425年）的净土变石刻。造像大多为单个圆雕，主像多为释迦牟尼像，其风格属于南方系统。

成都地区在魏晋南北朝时还有一些道教造像。从目前的资料看，道教造像基本上是从北周时才开始兴起的，大概是受到佛教造像的影响。成都龙泉区山泉乡石佛岩的"北周文王造像碑"，则是北周闵帝元年所刻"佛道二尊像"，把佛道二教所尊神像并刻一起。碑文云："强独乐为文王建佛道二尊像，树其碑"，碑右侧是合刻一龛的佛道造像，大概反映了佛道并重的现象。

佛教在隋唐五代时期的蜀中地区发展十分迅速，高僧辈出。据《续高僧传》和《宋高僧传》的记载，隋唐时益州有高僧28人，仅次于长安和洛阳，为其余诸州所不及。在益州高僧中，以道一和宗密最为有名。

在巴蜀境内弘扬佛法的，有隋代成都人费长房，撰有《历代三宝记》十五卷；隋代绵竹人惠宽，弘扬佛法有大功德，每逢正月令节，"成都等七十余县竞迎供"；隋唐之际绵竹人宝琼，在川北结"义邑"一千多个，每邑三十人，合诵《大品》。余如唐太宗时，慧震在梓州西北造大佛，高十三丈；玄宗时，成都僧人英干奏请在成都建大圣慈寺，凡九十六院；宣宗时，洪雅僧人陈知玄被署为三教首座；等等。

前后蜀也颇为重视佛教。前蜀设"两衙僧篆"管理蜀中僧侣，两蜀都设置了待诏僧，礼遇著名僧人，崇奉佛教圣地，而民众信教者也愈益众多，出家为僧尼的人大为增加，促使佛教在蜀中越来越兴盛。

宋代对佛教实行保护政策，四川佛教势力大盛。四川地方官府设有"僧司"，管理佛教事务，还在益、绵、汉、眉、彭、邛、陵等州设坛度僧。四川名僧茂贞、宝印、继业、德严、克勤等多次受到皇帝召见，受赐封号的僧人更多，寺院赐名额的亦不胜枚举。地方官员礼遇名僧，如克勤，"自张浚以下，皆尊礼之"①。宋廷还在经济上大力扶助佛教，兴修寺院，成都大慈寺改建即由官府拨款。官府还对一些寺院田租实行优待政策，咸平年间就免除了峨眉山普贤寺的田租。② 宋廷在文化上亦支持佛教，宋初，宋廷"诏四川转运史沈义伦于成都写金银字《金刚经》，传置阙下"③，至 983 年完成，共 13 万版。它是我国佛教史上第一部官刻《藏经》，称为《开宝藏》。太宗时，还派人至峨眉山修藏经楼。

宋代四川流行禅宗佛教，亦有密宗在四川传播。当时四川佛教名寺众多，成都的昭觉寺、正法寺、圣寿寺，峨眉山的普贤寺、华藏寺、乾明寺，乐山的凌云寺等，都相当有名，并且得到重新扩建。成都昭觉寺旧有殿宇百间，真宗时扩建为三百余间，并建正殿，塑金释迦像。1011年，真宗赐黄金 3000 两予峨眉山普贤寺供其增修。

元代，四川佛教继续发展。金堂禅宗寺院云顶寺僧元一被元世祖赐为护国寺主讲，云顶寺也受到朝廷的庇护。

明清时期，四川佛教大盛，佛教寺院很多。据何宇度《益部谈资》卷中记载："仙宫佛院，成都颇盛，丰创自献王之国时，累代藩封中责从而增益之，殿宇廊庑，华丽高敞。"著名的佛院有昭觉寺、金像寺、净居寺、净因寺、金沙寺等。

除佛教外，景教也曾在成都传播。唐代四川是景教的流行地区之一，成都、峨眉山等地即建有景教的"大秦寺"。今存于广汉的"房公石"，就是当时的遗物。唐武宗灭佛时，亦毁景教，蜀中景教顿形匿迹，其教堂也多改为佛寺。

---

① 《建炎以来系年要录》卷100。
② 《续资治通鉴长编》卷52。
③ 《续资治通鉴长编》卷7。

四　丝绸贸易对成都的影响

（一）国内贸易

成都地处长江上游，东西交通十分便利，长江干流、岷江、沱江、嘉陵江、涪江、渠江在唐时均已通航，具有舟楫之利。成都与关中的交通，早在先秦即已开通，自唐以后有数条道路可以通达。川西高原的交通孔道也有数条，可以北走西域，西走吐蕃，南走南中。川西南地区的交通亦有数条，直抵南中，延伸至缅、印和中南半岛。发达的交通，为成都的内外贸易提供了良好条件。

蜀商善于向外开拓市场，自秦汉以降，莫不如此。唐时，蜀商中不少人在全国各地经商。"蜀民为商者，行及太原，北上五台"①，"每岁贾于荆、益瞿塘之濡"②，十分活跃。武周时，蜀商宋霸子等人甚至参与内殿宴会，与嬖臣豪赌，说明蜀商在京师长安拥有雄厚的实力。

由于蜀地经济活跃、市场繁荣，全国各地有不少富商入蜀贸易。陇右及河西诸州的商旅"莫不皆取于蜀"③，荆襄之间的商旅也多"贾于蜀者"④，广州商贩也远道而至，以估客而居成都。⑤

蜀中历来是川西高原和川西南地区的商品集散地和贸易中心，西北的吐谷浑、吐蕃、西山诸羌，西南各少数民族，均与蜀中有密切的贸易关系。

蜀地与西域的商业贸易关系也较发达，西域胡贾不时入蜀经商，杜甫《滟滪》诗中就曾提到"估客胡商泪满襟"，《隋书·何妥传》还说货速利国人佛陀达摩"少因兴易，遂届神州，云于益府出家"。而蜀中的丝绸、茶叶、药材等也大量贩至西域，丝绸和茶叶还从西域转输到中亚以至西方。

① 《全唐文》卷818李膺《通泉县灵鹫佛宇记》。
② 《太平广记》卷312《尔朱氏》。
③ 《陈子昂集》卷8《上蜀川军事》。
④ 《古今图书集成》卷356《明论汇·闲媛典》。
⑤ 《杜诗详注》卷11《送段工曹归广州》。

（二）对外贸易

成都与印度、缅甸和安南的国际贸易由来已久，可追溯到先秦时代。唐时，这几条贸易线路都很活跃，蜀锦作为大宗商品行销国外，不但从缅、印等地换回象牙、犀角、香药和各种珍奇之物，"宝香来于绝域"①，还从缅、印引入大秦国（罗马帝国）的各种珍异宝物，"大秦国多璆琳琅玕、明珠、夜光璧，水道通益州、永昌郡，多出异物"②。杜甫《石笋行》说成都西门"雨多往往得瑟瑟"，瑟瑟即来源于印度和伊朗。大秦国人还经过缅、印入蜀，在成都建立大秦寺，"其门楼十间，皆以真珠翠碧，贯之为帘"③。

唐天宝年间，在西北交河郡（今新疆吐鲁番）市场上有"益州半臂蜀"、"梓州小练"等出售，外国商人也时常由大夏（今阿富汗）到中国西北购买成都丝绸。1972年在新疆吐鲁番出土唐开元、景云年间（710—726年）的蜀锦"晕间提花锦裙"和成都双流出产的"双流折绸绫"，出土文书中还有"上等每匹值钱三百九十文"、"次等三百八十文"、"下等三百七十文"的价格规定。在日本正仓院、法隆寺、东大寺等处保存了不少蜀锦锦样，日本人称之为中国最名贵的"蜀红锦"，说明唐代有大量蜀锦销往日本。蜀中与安南的贸易也同样兴盛，入宋以后，依然"富裔自蜀贩锦至钦，自钦易香至蜀，岁一往返"④。而蜀中的麝香，也有不少经广州输往国外。⑤ 至于不见经传的民间贸易就更多了。

两宋时期，宋王朝划大渡河为界，与周边民族开展绢马贸易，对蜀锦的需求量日益增大。宋神宗元丰六年（1083年），成都府尹吕大防创办成都锦院，有军匠500余人。南宋又创办茶马司锦院，织造锦绫被褥，用以交换战马。蜀锦多由成都商贾运到广州、钦州，经海上丝绸之路运往马六甲海峡，销往锡兰（今斯里兰卡）、印度、东非等地。

---

① 《全唐文》卷930杜光庭《谢允上尊号表》。
② 吴曾：《能改斋漫录》卷7。
③ 吴曾：《能改斋漫录》卷7引赵抃《蜀郡故事》。
④ 《中国印度见闻录》卷2《中国见闻续记》。
⑤ 《文苑英华》卷793卢藏用《陈子昂别传》。

元明时期，南方丝绸之路上的官方丝绸贸易趋于沉寂，但民间丝绸贸易并未断绝，蜀锦在国际上仍享有很高的声誉。宋应星《天工开物》记载："其丝质来自川蜀，商人万里贩运，以胡椒归里"，可见一斑。

清代康熙、乾隆时期，成都经济已从明末清初的破败局面中得以复苏，成都生丝的出口臻于活跃。据乾隆三十三年（1768 年）云南官方文书记载，成都黄丝已成为中国输往缅甸商品中的大宗。乾隆五十五年重开腾越关禁，四川生丝为国内的大宗出口商品，每年都有大量茧丝输往中亚和西亚。嘉庆时，不少商家在腾冲设立商号、货栈，每年有数千担川丝经南方丝绸之路输往缅甸、印度。同治、光绪年间，每年有大量川丝和丝绸通过"福春恒"成都分号销往东南亚。光绪年间，成都丝绸经腾冲运往缅甸曼德勒"兴盛和"商号销售，并从缅甸运回棉花、洋布、印度丝绸。清末民初，据重庆海关记载，成都每年通过重庆海关出口的生丝值银 109 万两。蒲江一带生丝经云南销往缅甸，每年不下1.5 万公斤。抗战时期，四川成为唯一的蚕丝产区，当时从腾冲海关出口的中国货物，仍以川丝为大宗，生丝出口最高达 21.4 吨。上海、武汉沦陷后，川丝经上海出口的路线受阻，转向经云南、缅甸、印度输出为主。缅甸失守后，输往英美的川丝先经陆路运输到昆明，再从昆明空运到印度交货。1943 年，国民政府强制实行《全国生丝统购统销暂行办法》，垄断生丝的内外贸易，于是导致成都丝织业濒临破产，出口锐减[①]。

1. 近代四川蚕茧出口统计

1892—1901 年四川蚕茧出口情况如表 18—1 所示。

表 18—1　　　　四川蚕茧出口统计表（1892—1901 年）

单位：担

年份	1892	1893	1894	1895	1896	1897	1898	1899	1900	1901
家蚕茧	148	281	303	34	278	34	5			
野蚕茧	116	165	448	361	308	76	57	28	63	
废茧	278	9832	8416	6193	7748	5280	8644	7068	8545	1134

---

① 成都市地方志编纂委员会：《成都丝绸志》，方志出版社 2012 年版。

2. 近代四川蚕丝出口统计

1892—1901 年四川蚕丝出口情况如表 18—2 所示。

表 18—2   四川蚕丝出口统计表（1892—1901 年）

单位：担

年份	1892	1893	1894	1895	1896	1897	1898	1899	1900	1901
家蚕丝	4840	4560	2989	3255	3271	4566	3149	3976	4144	5531
野蚕丝	399	398	744	639	568	931	499	530	212	695
废丝	8268	1143	796	1015	800	579	470	1049	868	797
合计	13507	6101	4529	4909	4539	6076	4118	5555	5244	7023

3. 近代四川生丝出口统计

1891—1912 年四川生丝出口情况如表 18—3 所示。

表 18—3   四川生丝出口统计表（1891—1912 年）

年度	数量（担）	金额（关平两）	占全国份额（%） 数量	金额	占全省出口金额（%）
1891	13154	702031			38.76
1892	14113	992260			38.10
1893	16443	1129686			36.60
1894	13771	808934			23.69
1895	11837	811954			23.05
1896	13048	912261			25.65
1897	11650	1251186			88.92
1898	10853	796716			21.57
1899	14771	1356411			29.42
1900	18876	1001626	19.92	2.95	32.91
1901	18573	1592165	10.83	3.65	
1902	20986	1992463	17.25		
1903	21290	1844591	24.21		
1904	21894	1858114	19.69		
1905	19516	2292851	20.03		
1906	20733	2008524	20.18		
1907	18599	2284047	16.65		
1908	19912	1653273	17.34		

续表

年度	数量（担）	金额（关平两）	占全国份额（%）		占全省出口金额（%）
			数量	金额	
1909	31104	2193417	26.84		
1910	23972	2572405	17.98		
1911	18403	2647349	15.82		
1912	12888	3956374	8.70	6.62	35.7

资料来源：四川省地方志编纂委员会：《四川省志·丝绸志》，四川科学技术出版社1998年版。

第五篇

成都在长江经济带中的历史地位与
经贸文化交流

长江流域是我国产业基础最好、开放条件最佳、资源条件最优、发展潜力最大、腹地范围最广、辐射力度最强的区域经济增长轴。依托黄金水道建设长江经济带，重在挖掘中上游广阔腹地蕴含的巨大内需潜力，促进经济增长空间从沿海向沿江内陆拓展；优化沿江产业结构和城镇化布局，推动我国经济提质增效升级；形成上中下游优势互补、协作互动格局，缩小东中西部地区发展差距；建设陆海双向对外开放新走廊，培育国际经济合作竞争新优势；保护长江生态环境，引领全国生态文明建设。二千多年来，长江流域的经济格局逐步演变，然而成都始终是长江上游最重要和最繁荣的中心城市，国家民族在长江流域的战略支撑和战略后方，长江流域经济文化向西北西南地区辐射的枢纽，在长江流域经济社会发展格局中具有不可替代的历史地位和作用。长江经济带的建设赋予了成都新的战略定位，必将带来更广阔的发展前景。努力提升自己的城市地位，在国家区域协调发展战略中起到更为重要的作用，既是成都在长江流域经济带中发展的历史机遇，也是历史的使命。

第十九章 长江流域经济带的历史演变

一 秦汉时期实现初步开发

长江流域古代经济的发展，可以分为先秦至秦汉、唐宋和明清三个时期。在先秦至秦汉这一时期中，长江流域的经济发展具有的特点是长江上游的开发早于中、下游，形成经济发展水平上游高于下游、下游高于中游的差异。

秦汉时期，长江上游四川盆地区西部的成都平原，已是"沃野千里，水旱从人，不知饥馑"的天府之国，① 其商业中心城市成都，西汉末人口达七万多户，是仅次于国都长安的全国第二大城市，在东汉时也名列全国六大经济都会之一。而长江中、下游的荆扬地区，正如司马迁在《史记·货殖列传》中所说："楚越之地，地广人稀，饭稻羹鱼，或火耕而水溽……是故江、淮以南，无冻饿之人，亦无千金之家。"由此可见，秦汉时代的长江中下游经济发展水平是远不能和成都相比的。

在秦汉时期，在长江流域分别出现了一批繁荣的工商业城市。如上游支流岷江流域的蜀郡、涪江流域的广汉郡，中游汉水流域的襄阳、南阳郡，湘水流域的长沙郡，赣水流域的豫章郡，下游太湖流域的吴郡等。尤其是在沟通江淮的人工运河邗沟旁的广陵郡，更是以其优越的地理位置，成为东南地区的重要经济中心之一。与支流地区的繁荣相反，在长江干流上，两汉时期的重要经济城市只有中游地区的江陵，但其人

---

① 常璩：《华阳国志》卷3《蜀志》，上海古籍出版社1987年版。

口总计也只有 718540 人，只及蜀郡 1245929 人的三分之二左右。① 秦汉长江中下游地区的基本特点是地广人稀，经济以稻作农业与渔猎为主，在文化方面，"信巫鬼，重淫祀"。因此，这一时期成都经济在长江流域是遥遥领先的。②

二 唐宋时期兴起成为重心

西晋以后，由于北方人口因战乱而大量南迁，带来了较先进的生产技术和开发所必需的劳动力，再加之南方社会的相对安定，长江中下游地区逐渐得到开发，成为"鱼盐杞梓之利，充仞八方，丝棉布帛之饶，覆衣天下"③ 的富饶之地。

安史之乱后，北方再一次遭到战乱的破坏，而江淮一带的经济则继续繁荣。唐中期以后，"赋出天下而江南居十九"④，全国经济重心已转移到东南地区。长江下游江南地区的经济开始加速发展，到两宋形成了上下游基本平衡发展，而中游则相对落后的新格局。唐代长江上游的益州与下游的扬州都以手工业和商业繁荣著称，当时"谚称扬一益二，谓天下之盛，扬为第一而蜀次之也"⑤。中游两湖地区的经济水平则居于第三。

进入唐宋时期，长江流域兴起了一批重要的工商业城市，人口超过10 万的城市有 35 个，其中人口超过 30 万的城市有成都、彭州、蜀州、汉州、洪州、吉州、宣州、常州、苏州、湖州、扬州、润州 12 个。宋代长江流域人口超过 10 万的城市有 45 个，与唐代基本持平，而人口超过 30 万的城市则有成都、汉州、梓州、潭州、衡州、洪州、饶州、吉州、袁州、抚州、赣州、宣州、苏州、湖州 14 个，比唐代增加 40%。

---

① 《汉书》卷 28，《地理志》，中华书局 1972 年版。
② 鲁西奇：《中国历史上的三大经济带及其变动》，《厦门大学学报》（哲学社会科学版）2008 年第 4 期，第 69—77 页。
③ 《宋书》卷 54《孔季恭等传论》，中华书局 1975 年版。
④ 《韩昌黎集》卷 19《送陆歙州诗序》，四部丛刊本。
⑤ 洪迈：《容斋随笔》卷 9，中华书局 2005 年版。

在长江中下游地区，据南宋范成大观察所见，鄂州（今武昌）最为繁荣，"沿江数万家，廛闬甚盛，列肆如栉，酒坊楼栏尤壮丽，外郡未见其比，盖川广荆襄淮浙贸迁之会，货物之至无不售，且不问多少，一日可尽，其盛壮如此"①。可见，当时成都与长江中下游的商业贸易交往已经达到相当的规模。

三 明清时期出现梯度差异

长江流域干流黄金水道的效益，由于古代航运技术的落后，并未充分发挥出来，形成了长达 2000 年的南北纵向型交通与经济发展格局。明清时期开始，随着长江流域上、中、下游经济发展的不平衡，打破了秦汉以来的传统格局，形成了经济发展水平由下游向上游地区递减的态势，长江流域现代交通和商品经济的发展，使上、中、下游经济发展水平到清代后期，差距更为扩大。

明清时期，长江下游的江南地区经济继续发展。明代万历六年（1578 年）在全国征收的税粮中，长江下游的南直隶地区达 600 万石，占全国的 22%，可见这一地区农业生产之发达。而长江中游的湖广和上游的四川所征税粮，则分别占 6.04% 和 5.0%。上、中游与下游的经济发展差异已很明显。② 而到清代后期，长江下游商品经济发展程度同样居于全国前茅，以城镇化水平比较，1893 年，这一地区人口超过 200 万人的城镇数量已达 270 个，城镇人口总数达 475 万人，占这一地区人口总数的 10.6%，远远超过中游地区的 5.2% 与上游地区的 4.7%。

与此同时，中游两湖地区的农业生产也达到较高水平，"湖广熟，天下足"的谚语，正是这一情况的反映。而长江上游的四川地区，则因遭受宋末元初和明末清初两次战乱的破坏，人口急剧减少，经济水平大大下降。虽然经过"湖广填四川"的清代前期到中期大规模移民运动，以及长期社会安定，经济有所恢复，但与中下游地区之间开始出现明显

---

① 范成大：《吴船录》卷下，中华书局 2002 年版。
② 梁方仲：《中国历代户口田地田赋统计》，乙表 35、37，上海人民出版社 1980 年版。

的梯度差异。明清时期长江流域经济的变迁,打破了秦汉以来的传统格局,开创了近现代以至当代长江流域经济发展水平从下游到上游依次递减的结构。成都在这一经济发展格局中的地位,较之秦汉和唐宋有所下降,但城市经济由于天府之国的富饶,仍然保持着较高的水平。①

---

① 谢元鲁:《长江流域交通与经济格局的历史变迁》,《中国历史地理论丛》1995 年第 1 期。

第二十章 成都与长江流域经济带的经济与文化交流

成都作为长江上游的重要都市，在历史上与长江流域其他地区有着密切的经济与文化交流，促进了长江流域的共同繁荣。

一 大禹是长江流域水利文化的象征

古代治水英雄大禹出生于西羌，即今川西高原地区，这里是长江主流和许多重要支流的流经地和发源地。《史记》说"禹兴于西羌"。三国谯周《蜀本纪》说他"禹本汶川郡广柔县人也，生于石纽"。《元和郡县图志》载："禹本汶山广柔人，有石纽邑，禹所生处，今其地名刳儿坪。"《帝王世纪》等书中也有同样的记载。"禹兴于秦汉西羌的汶山郡"，是古代文献较为一致的记载。秦汉时期的汶山郡辖地范围，包括今之阿坝州茂县、汶川县、理县和成都市的都江堰。古史对大禹的记载，不仅是因为他出生于成都周边的西羌，而且《禹贡》叙大禹之功，又首推岷山导江。《禹贡》篇记载说"岷嶓既艺，沱潜既道，蔡蒙旅平，和夷底绩"，又说他"岷山导江，东别为沱，又东至于澧；过九江，至于东陵，东迆北，会于汇；东为中江，入于海"。大禹治水时，从古代认为的长江之源的岷江疏导，直到东海，"九山刊旅，九川涤源，九泽既陂，四海会同"①。在长江流域治水的范围极其广大。禹因治水而立下巨大功绩，受到各部族首领和民众的拥戴。大禹葬于浙江会

---

① 《尚书·禹贡》，十三经注疏本，中华书局1998年版。

稽，与他的出生地西羌恰好在长江流域的一东一西，[①] 成为长江流域水利文化的象征。

二　先秦时期长江上下游出现发达的农耕文化

《山海经·海内经》对商周时期成都平原种植农业的发达及优良的地理环境有如下记述：

> 西南黑水之间，有都广之野，后稷葬焉。爰有膏菽、膏稻、膏黍、膏稷，百谷自生，冬夏播琴。鸾鸟自歌，凤鸟自舞，灵寿宝华，草木所聚。爰有百兽，相群爰处。此草也，冬夏不死。[②]

"都广之野"即为成都平原，已为学者之定论。因此《山海经》对"都广之野"的记载，其中对"膏菽、膏稻、膏黍、膏稷，百谷自生，冬夏播琴"的记载，表明当时成都平原的农业条件优越，十分发达。宝墩考古文化证明"都广之野"是古蜀最早出现田野农业的区域。"都广之野"指的是成都、临邛和青衣江下游的三角形地带，是古蜀农业经济最繁荣的地区。就整个巴蜀地域看，农业产生时期就出现了粟作物与稻作物，具有稻作粟作农业兼容的特色。

20 世纪 70 年代浙江余姚河姆渡遗址出土了距今 7000 年的稻谷，这是目前世界上最古老、最丰富的稻作文化遗址之一。1988 年在湖南澧县彭头山出土了 7800—9000 年前的栽培稻。1993 年起，在湖南澧县八十垱、道县玉蟾岩陆续出土了炭化稻谷，后者年代可达一万年以上。浙江萧山跨湖桥遗址和浦江上山遗址也分别出土了 8000—10000 年以上的稻谷。长江中下游是稻作起源的中心。[③] 在夏商时期，成都平原的农

---

① 吕文郁：《论尧舜禹时代的部族联合体》，《社会科学战线》1999 年第 5 期，第 169—176 页。

② 郭世谦：《山海经考释》，天津古籍出版社 2011 年版。

③ 陈淳、郑建明：《稻作起源的考古学探索》，《复旦学报》（社会科学版）2005 年第 4 期，第 126—131 页。

业与长江中下游互相辉映，使长江流域成为中国古代最重要的农业起源地区。

三　成都的蜀锦、漆器与雕版印刷书籍，与长江流域工艺文化的代表

成都平原蚕桑丝绸业历史悠久，是我国丝织业发祥地之一。早在战国时期，锦的生产就很兴盛，成都因此被誉为锦城，所产特称蜀锦。汉魏以降，蜀锦享誉海内外，有口皆碑。三国时期，蜀锦成为支撑蜀汉政权的支柱产业，诸葛亮说："今民贫国虚，决敌之资，唯仰锦耳。"[①] 当时蜀锦以其高超的织造技艺与华贵的色彩独步全国，领先长江流域。《丹阳记》载："江东历代尚未有锦，而成都独称妙。"

唐宋时期，成都平原丝绸业十分发达，蜀锦是当时最高水平的丝织品，《隋书·地理志》说：蜀地"人多工巧，绫锦雕镂之妙，殆侔于上国"。唐时京师郎官均以服蜀锦制作之袍为荣。郑谷诗说："文君手里曙霞生，美号仍闻借蜀城。夺得始知袍更贵，著归方觉昼偏荣。"[②] 唐代成都和蜀州的锦、单丝罗以及川西平原上诸州的罗、绮等各类丝织品，都被列为贡品。宋代并在成都建立锦院。宋人称颂唐代蜀地纺织业的发达时说："蜀土富饶，丝帛所产，民织作冰纨绮绣等物，号为冠天下。"[③] 可见以织锦为代表的成都丝织业在全国拥有很高的地位。

金银器与漆器也是汉代成都享誉全国的工艺品。汉代广汉郡、蜀郡是生产金银铜器的主要基地，史称："蜀、汉主金银器，岁各用五百万。"当时不仅分工很细，工艺水平高，而且产品运销全国。湖南长沙马王堆1号汉墓和湖北江陵凤凰山8号西汉初期墓出土的漆器上标有"成市"、"成市草"和"成市饱"、"市府草"等字样，即成都制造的省称。据《汉书·地理志》记载，西汉的工官有8处，其中蜀郡、广汉郡都是以生产贵重漆器著称的工官工场。"工官"是由西汉中央直接控制的设在各郡为朝廷服务的作坊，其制品水平很高。在朝鲜平壤古乐

---

① 《太平御览》卷815，引《诸葛亮集》，中华书局2011年版。
② 郑谷：《全唐诗》卷675，上海古籍出版社1986年版。
③ 杨仲良：《皇宋通鉴长编纪事本末》，卷13《李顺之乱》。

浪郡和贵州清镇平坝发现大量蜀郡工官漆器，尤以贵州清镇、平坝出土的西汉元始年间（公元1—5年）工官制造的鎏金铜扣纪年铭漆盘和漆耳杯等最为著称。①

唐代成都的造纸技术冠于全国，益州麻纸成为唐代的宫廷专用纸。"四库之书，两京各二本，共二万五千九百六十一卷，皆以益州麻纸写。"② 唐中央政府的中书省集贤殿书院，"学士能籍出入，既而太府月给蜀郡麻纸五千番"③。由于蜀中麻纸优良的品质居于全国之冠，被唐朝廷指定为皇室和政府文书的专用纸。四川纸的生产到宋代依然闻名，苏轼说："川纸，取布头机余不受经纬者治作之，故名布头笺，此纸冠天下。"④ 由此可见成都工艺产品在古代受到长江流域各地的欢迎。

印刷术是中国古代四大发明之一。印刷术起源于隋唐时期，并且首先在长江流域得到实际应用，并开辟市场。唐文宗太和九年（835年）时，"剑南两川及淮南道皆以版印历日鬻于市，每岁司天台未奏颁下新历，其印历已满天下"⑤。可见唐代后期，成都和扬州刻印出版的历书已运销全国。除了文献记载外，唐代后期现存的刻印历书有唐僖宗中和二年（882年）出版的《剑南西川成都府樊赏家历》，这部历书是世界上现存最古老的印本历书之一。唐代后期的成都不仅已刻印历书，也大量刻印其他多种民间用书及文人书籍。唐柳玭《柳氏家训序》说："中和三年癸卯夏，乘舆在蜀之三年也。余为中书舍人，旬休，阅书于重城之东南，其书多阴阳杂记、占梦、相宅、九宫五纬之流，又有字书、小学，率雕版印纸，浸染不可尽晓。"⑥ 柳玭的记载证明，唐末的成都不仅雕版印刷已很发达，还出现了最早的出售印本书的书铺。成都出版书籍，不仅销售国内，甚至运销海外。日本僧人宗叡在咸通六年（865年）回国，携带的书籍中就有"西川印子《唐韵》一部及同印子《玉

---

① 陈丽华：《中国古代漆器款识风格的演变及其对漆器辨伪的重要意义》，《故宫博物院院刊》2004年第6期，第72—89页。

② 《新唐书》卷57《艺文志》，中华书局1975年版。

③ 《唐六典》卷9《中书省集贤书院》，中华书局1992年版。

④ 苏轼：《东坡志林》卷11，中华书局2007年版。

⑤ 冯宿：《禁版印时宪书奏》，《全唐文》卷624，中华书局1983年版。

⑥ 柳玭：《家训序》，《爱日斋丛钞》卷1，引《丛书集成初编本》，1936年版。

篇》一部"①。到五代时，后蜀宰相毋昭裔又在大规模刻印儒家《九经》，可见当时成都雕版印刷业已经发展到更高的水平。成都的印刷品被专门称为"西川印子"。现存有《剑南西川成都府樊赏家历》残页，《西川过姓金刚经》残页，成都府成都县龙池坊卞家印刷的《陀罗尼经咒》，这是世界现存最早的一批印刷品。而卞家、过家的书坊则是我国最早的出版社。到北宋时期，成都仍然保持了全国印刷出版中心城市的地位，著名的《开宝大藏经》，即是宋太祖时由官府在成都雕刻出版而成的。长江流域上下游的中心城市成都与扬州，在唐宋时代同时成为雕版印刷业的出版中心。

四　长江水运交通的发展把成都和
长江中下游连为一体

长江水道是沟通长江上下游地区的天然通途，由于水上交通的发达，成都和长江流域连为一体。早在秦汉三国时期，由成都乘船东下，经三峡而抵荆、扬的长江水道交通，是古代南部中国的东西交通大动脉。《元和郡县志》说，隋唐大运河的开通，"自扬、益、湘南至交、广、闽等州，公家运漕，私人商旅，舳舻相继。隋氏作之虽苦，后代实受其利"。唐代以后，以长江为中心的水道交通系统，西起成都，东到扬州，南到交州和广州，几乎包括了大半个中国。唐初，太宗为伐高丽，就曾"于剑南道伐木造舟舰，大者或长百尺，其广半之，别遣使行水道，自巫峡抵江、扬，趣莱州"②。长江上游的蜀地与长江中下游的楚吴之地，不断通过长江水道航运进行商业往来和物资交换。正如唐代陈子昂所说："蜀为西南一都会，国家之宝库，天下珍宝，聚出其中，又人富粟多，顺江而下，可以兼济中国。"③ 杜甫诗说："风烟渺吴蜀，舟楫通盐麻。"④ 唐代川西平原盛产的麻被运出三峡，扬州一带的盐则

---

① 向达：《唐代刊书考》，引《唐代长安与西域文明》，生活·读书·新知三联书店1957年版。
② 《资治通鉴》，卷199，唐太宗贞观十五年，中华书局1956年版。
③ 《旧唐书》卷190中《陈子昂传》，中华书局1975年版。
④ 杜甫：《柴门》，《杜少陵集详注》卷19，商务印书馆1935年版。

逆流而上，供应巴蜀所需，这条水路是四川地区与全国各地经济、文化交流的主要交通线。成都郊外是"门泊东吴万里船"①，有时甚至"楼船百艘，塞江而至"②，呈现一片繁忙的景象。唐宋的长江水道交通十分繁荣，"天下诸津，舟航所聚，旁通巴、汉，前指闽、越，七泽十薮，三江五湖，控引河、洛，兼包淮、海，弘舸巨舰，千舳万艘，交贸往还，昧旦永日"③。宋人陆游在《入蜀记》中记述说，当时的长江中游一带，"贾船客舫不可胜计，衔尾不绝者数里"。可见当时长江水运的兴盛。

明清时期，长江水运更为繁荣。清代成都通过长江水道输出的大宗商品主要是粮食、盐以及杂货。当时"各省米谷，惟四川最多，湖广、江西次之"④。乾隆、嘉庆年间，四川大米沿长江水运出川的数量每年在 30 万—40 万石。食盐是明清时期长江水运的另一宗商品，在清代道光、同治时期，由四川沿江东运供应湖北、湖南的食盐，每年就达 8640 万斤左右。⑤ 盐运成为明清长江航运的重要商品，此外还有长江上游云、贵、川地区开采的铜、铅、锡等矿物。成都与长江中下游的水运交通联系更为密切。

五　唐宋城市发展在长江流域形成"扬一益二"的高峰

唐代的成都是历史上发展的高峰之一，与长江下游的扬州并称为"扬一益二"，是当时全国最繁荣的城市。随着隋统一中国和大运河的开凿，黄河流域和长江流域的经济得到恢复和发展。大运河"西通河洛，南达江、淮。炀帝巡幸。每泛舟而往江都焉。其交、广、荆、益、扬、越等州。运漕商旅。往来不绝"。大运河和长江交汇处的扬州，一跃而成为南北水陆交通的枢纽。唐代后期的扬州由于占有极其重要的交

---

① 杜甫：《绝句四首之三》，《杜少陵集详注》，卷13，商务印书馆1935年版。

② 《太平广记》卷303《崔圆》，中华书局1961年版。

③ 《旧唐书》，卷94《崔融传》，中华书局1975年版。

④ 《雍正朱批谕旨》，雍正五年十二月三日，浙江总督李卫奏，北京图书馆出版社2008年版。

⑤ 张学君、冉光荣：《明清四川井盐史稿》，四川人民出版社1984年版，第120页。

通枢纽地位，再加之盐业的发达，遂成为"雄富冠天下"的东南经济区中心城市。所以《元和郡县志》说：扬州"与成都号为天下繁侈，故称扬、益"。"扬一益二"的说法在历史记载中开始出现。唐人武元衡也说：当时"时号扬益，俱曰重藩，左右皇都"①。唐宣宗时，唐人卢求在《成都记序》中说："大凡今之推名镇为天下第一者曰扬、益。以扬为首，盖声势也。人物繁盛，悉皆土著；江山之丽，罗锦之秀，管弦歌舞之多，伎巧百工之富，其人勇且让，其地腴以善，熟较其要妙，扬不足以侔其半。"② 卢求把成都和扬州并列为天下名镇，但他在把扬州和成都的经济文化情况作出对比后，又认为扬州在各方面都比不上成都。《成都记序》写于唐宣宗大中九年（855 年），也就是说，到了 9 世纪中期，扬州和成都保持了经济的发展和繁荣，仍然是全国除两京外最重要的经济都会。虽然卢求对扬益等第有不同的看法，但承认成都与扬州具有相同的地位。到 9 世纪末，"扬州富庶甲天下，时人称扬一益二"③。"扬一益二"的评价不仅已经广泛流传全国，而且成为人们口头的俗语。成都与扬州形成长江流域东西互相呼应的繁荣城市。

六　诞生于宋代成都的交子对中国金融货币文化做出了卓越的贡献

交子，是世界最早使用的纸币，诞生于北宋前期（1023 年）的成都。最初的交子实际上是一种存款凭证。李攸《宋朝事实》说："始益州豪民十余户，连保作交子，……诸豪以时聚首，同用一色纸印造，印文用屋木人物，铺户押字，各自隐密题号，朱墨间错，以为私记，书填贯，不限多少，收入人户见钱，便给交子，无远近行用，动及百万贯，街市交易，如将交子要取现钱，每贯割落三十文为利，每岁丝蚕米麦将熟，又印交子一两番，捷如铸钱。"④

早期的交子是一种证券，在券上注上金额和编号，券的正背面不仅

---

① 武元衡：《奉酬淮南中书相公见寄诗序》，《全唐诗》卷 317。
② 卢求：《成都记序》，《全唐文》卷 744，中华书局 1983 年版。
③ 《资治通鉴》卷 259，唐昭宗景福元年，中华书局 1956 年版。
④ 李攸：《宋朝事实》卷 15《财用》，中华书局 1955 年版。

盖有店号和发行人的印章，而且有暗记和花押，商民请领，交来多少现钱，就临时添上金额，盖上印章，交由付款人收执，即可以在市场作为货币流通和兑现。交子的产生开始由成都的十六家富商主持，后逐渐衰败，由于交子不能兑现，争讼时起。于是在 1023 年由北宋朝廷在益州设交子务，改为官办。关于交子的产生过程，在《宋史》上有较为详细的记载："真宗时，张咏镇蜀，患蜀人铁钱重，不便贸易，设质剂之法，一交一缗，以三年为一界而换之。六十五年为二十二界，谓之交子，富民十六户主之。后富民资稍衰，不能偿所负，争讼不息。转运使薛田、张若谷请置益州交子务，以榷其出入，私造者禁之。仁宗从其议，界以百二十五万六千三百四十缗为额。"[1] 交子的发行流通是中国货币史上的一次飞跃，对其后的元、明、清诸朝的货币发行产生了重要的影响。交子作为纸币，具有官府保证，可以兑换，它以面值较大、携带方便而弥补了铜铁铸币的不足，适应了当时四川地区商品经济发展的需要。南宋高宗时仿照交子的发行方式，在临安发行会子，通行于东南地区的长江下游，是宋代发行量最大的纸币。北宋时纸币交子的产生，是成都历史上对长江流域的金融货币文化，对中国古代经济史的重大贡献。[2]

七　成都文学艺术与史学的繁荣，是长江利于文化的重要组成部分

（一）成都自古在文学方面与长江流域其他地区交流频繁，互相影响

成都自古就是一个文学发达的城市。自秦汉时起，成都的文学创作就与长江中下游有密切联系。西汉成都文人司马相如撰写《子虚赋》，此赋以楚王在云梦泽出猎的盛大场面为脉络，以夸张扬厉的手法、丰富的辞藻、华美的散韵，对长江中游云梦泽的壮美景色与丰饶的物产作了全面的描写。云梦泽是今湖北省江汉平原上的古代湖泊群的总称，可见

---

① 《宋史》卷 181《食货志下三》，中华书局 1977 年版。

② 李琳莎：《论中国早期纸币的盛行及衰落——北宋交子在货币史上的短暂一现》，《上海交通大学学报》（社会科学版）2001 年第 3 期，第 65—68 页。

司马相如对长江流域的了解已经非常深入。

唐代李白在 25 岁时，辞亲远游，乘舟出蜀，寻求施展才华的机会。他出蜀后"南穷苍梧，东涉溟海"，开始了漫游全国各地的侠隐生活。唐玄宗开元十四年（726 年），李白与故相许圉师之孙女在湖北安陆成亲后，"酒隐安陆，蹉跎十年"。李白从成都进入楚地，隐居安陆十年，潜心创作，对其一生有很大的影响。

宋代苏轼父子同样两次由岷江乘舟经三峡出川。宋仁宗嘉祐元年（1056 年），苏轼父子首次出川赴京，参加朝廷的科举考试，从家乡眉山乘舟沿江东下，进京应试，由此名动京城。嘉祐四年（1059 年），苏轼父子三人为母守丧期满，再次从眉山乘舟出发，经嘉州（今四川乐山市）过三峡到江陵，再陆行到达开封，三苏合著的诗集《南行集》，是三苏沿长江旅行的记录。苏轼以后贬谪到长江中游的黄州，对蜀中思念不已，吟诗说："归去来兮，吾归何处？万里家在岷峨。"

不仅四川文人沿江出川，沿江入川的文人同样很多。南宋四大诗人之一的陆游，在孝宗乾道六年（1170 年）由家乡绍兴入川，历任成都安抚司参议官和蜀州（今四川崇州市）、嘉州（今四川乐山市）的地方官，游历了蜀中各地。陆游待在蜀中共十个年头，遍访山川名胜，在蜀中作诗九百余首、词四十余首，并作《入蜀记》六卷。陆游终生难忘成都，晚年为诗歌结集时，命名诗集为《剑南诗稿》，以纪念在四川的经历。

南宋另一位著名诗人范成大，为平江府（今江苏苏州市）人。孝宗淳熙元年（1174 年）范成大出任四川制置使知成都府，由桂林赴任，经长江入三峡至成都。自唐代以来，扬州与成都为长江流域繁华富庶之地。范成大初到成都时即感到"十里珠帘都卷上，少城风物似扬州"[①]。范成大在成都新建筹边楼，重修江渎庙。淳熙四年（1177 年）离开成都时，他遍游青城山、蜀州、眉州、嘉州后，方乘舟出三峡。范成大在成都两年间作诗近两百首，又著《成都古今丙记》和《成都古寺名笔记》，详述成都民情风俗、寺庙壁画，成为四川珍贵的历史文献。

---

① 范成大：《三月二日北门马上》，《成都文类》卷9，中华书局 2011 年版。

（二）成都的音乐、绘画和戏剧艺术在历史上既是长江流域也是全国的代表

成都作为汉唐文化重要的经济中心之一，在艺术成就方面显得尤为突出。自汉代以来，在蜀地音乐歌舞便相当兴盛。《隋书·地理志》载："士多自闲，聚会宴饮，尤足意钱之戏。"[①] 入唐以后，歌舞更盛，以致唐人卢求认为，巴蜀"江山之秀，罗锦之丽，管弦之多，使巧百工之富，扬不足以侔其半"[②]。唐代是我国古代音乐舞蹈快速发展、达到鼎盛的历史时期，成都以其繁荣的音乐舞蹈艺术，在这个历史时期拥有很高的地位。位于成都西的永陵是五代前蜀政权的建立者王建的陵墓，在其墓室里雕刻的"二十四乐伎图"，是迄今为止全国保持唯一完整的唐代宫廷乐队，据专家考证，演奏的正是《霓裳羽衣曲》，证明在唐代，成都的音乐水平已相当高超。杜甫初到成都，就惊叹于这里是"喧然名都会，吹箫间笙簧"[③]。而他的《赠花卿》诗，则将成都的音乐形容为天上方有："锦城丝管日纷纷，半入江风半入云。此曲只应天上有，人间能得几回闻?"[④] 盛赞唐代成都的音乐。

唐代成都的戏剧也达到了很高的水平，任半塘先生在《唐戏弄》一书中把唐五代成都地区的戏剧评价为"蜀戏冠天下"，并指出："天下所无蜀中有，天下所有蜀中精。"[⑤] 这一中国戏曲史上具有重要意义的杂剧艺术唐代已经在成都出现，参军戏、傀儡戏、杂剧演出频繁，蔚然成风，且演员技艺高超，布景装置精良;不仅在官府、宫廷宴饮中常有戏剧表演，而且寻常百姓也常常可以观赏戏剧演出。

壁画艺术创作在唐代发展到全盛时期，当时佛教寺观的壁画在四川地区也非常兴盛，而又以成都大圣慈寺的壁画为最多、艺术质量最高。大圣慈寺壁画起自唐肃宗乾元元年（758 年），历经唐末、前后蜀和宋代，唐玄宗、僖宗先后避难入蜀，许多名画师也先后聚集成都，一些士人还携带了大量历代名画入蜀，一时间成都绘画之风大盛，其间画家上

---

① 《隋书》卷 29《地理志》，中华书局 1975 年版。
② 卢求:《成都记序》，《全唐文》卷 744，中华书局 1983 年版。
③ 杜甫:《成都府》，《全唐诗》卷 218，上海古籍出版社 1986 年版。
④ 杜甫:《赠花卿》，《全唐诗》卷 226，上海古籍出版社 1986 年版。
⑤ 任半塘:《唐戏弄》第 1 章，上海古籍出版社 1984 年版。

百人，在这里创作作品上千堵，为中国壁画艺术发展的极盛时期。据宋代时任成都府尹的李之纯著的《大圣慈寺画记》载，"举天下之言唐画者，莫如成都之多，就成都较之，莫若大慈寺之盛"。又说大圣慈寺"总九十六院，按阁、殿、塔、厅、堂、房廊、无虑八千五百二十四间，画诸佛如来一千二百八十五，菩萨一万零四百八十八，帝释、梵王六十八，罗汉、祖僧一千七百八十五，天王、明王、大神将二百六十二，佛会经验变相一百八十五"。[①] 可见规模之大，数量之多。宋李畋说："益都多名画，富视他郡。谓唐二帝播越及诸侯作镇之秋，是时画艺之杰者，游从而来，故其标格楷模，无处不有。"[②] 唐宋成都的壁画，应是冠绝全国，在长江流域独领风采。

（三）从汉到宋的西蜀史学发达，成为长江流域乃至全国史学的典范

从魏晋到唐宋，成都的史学发展到高峰，涌现出一批著名的史学家和著作，这一时期的西蜀史学成为中国史学史上的罕见现象，是中国古代史学的重要典范。其代表人物如下：

常璩，东晋蜀州（今成都崇州市）人，其著作《华阳国志》是一部专门记述古代中国西南地区地方历史、地理、人物等的地方志著作，共 12 卷，约 11 万字。记录了从远古到东晋永和三年巴蜀史事，以及巴蜀地区的地理、物产和历史人物情况，是中国现存最早的地方志。

张唐英，北宋蜀州（今成都崇州市）新津人，他所撰写的《蜀梼杌》，是目前关于前后蜀历史仅存的一部编年体史书。

范祖禹，北宋成都华阳人，其撰著的《唐鉴》，上起唐高祖起兵，下讫朱温以梁代唐，是一部编年体的简明唐代兴衰史。全书史事与议论并重。

吴缜，北宋成都人，撰写《新唐书纠谬》。《纠谬》二十卷，主要是针对欧阳修、宋祁主修的《新唐书》的不足而发，完成于北宋哲宗时期，是中国古代史学考据的佳作。

李焘，南宋眉州丹棱（今四川眉山丹棱县）人，撰著《续资治通

---

① 李之纯：《大圣慈寺画记》，《成都文类》卷 45，中华书局 2011 年版。
② 李畋：《益州名画录》卷中，四川人民出版社 1982 年版。

鉴长编》九百八十卷，是关于北宋九朝历史的编年体巨著。

李心传，南宋四川井研（今四川井研县）人，所撰《建炎以来系年要录》，是完整记述南宋高宗一朝三十六年历史的编年史著作。

王称，南宋眉州（今四川眉山市）人，所撰《东都事略》，是一部完整记述北宋历史的纪传体史书。

除了以上大史学家外，魏晋隋唐时期出现了谯周、卢求、樊绰，宋代出现了苏辙、苏易简、李壁、彭百川、郭允蹈、魏了翁等西蜀史学家，可谓西蜀史学群星灿烂。

第二十一章　长江流域对成都经济文化的影响

一　历史上的移民运动造就了成都的经济与文化特质

（一）秦汉至元明的移民入蜀，对成都经济文化影响巨大

自秦汉以来，巴蜀地区"沃野千里，天府之国"，只要不出现内乱，经济实力就相当雄厚。富饶的成都平原、丰富的物产、温和的气候、稳定的社会局势是吸引外省移民的重要条件，同时也为迎接移民准备了良好的物质条件。四川在2000多年的历史中，多次出现大规模的移民运动，分别发生在秦灭巴蜀、西晋末年、唐末五代、元末明初和清代前期。其中清代前期出现的四川大移民运动，即"湖广填四川"，对成都的文化传承影响最大。

秦统一巴蜀后，为控制这个重要的战略地区，加强巴蜀的经济文化开发，向巴蜀地区实行大规模移民，《华阳国志·蜀志》载，当时因蜀地"戎伯尚强，乃移秦民万家以实之"[1]。秦代向蜀地的移民中，有秦国的政争失败者和罪犯。如秦始皇诛嫪毐三族后，"诸嫪毐舍人皆没其家而迁之蜀"[2]。在相国吕不韦失势后，吕氏集团中"夺爵迁蜀四千余家"[3]。此外，在秦灭山东六国过程中，把一批六国贵族豪强也迁徙到蜀地，如《华阳国志·蜀志》所说，"秦惠文、始皇克定六国，辄徙其

---

[1]　常璩：《华阳国志》卷3《蜀志》，上海古籍出版社1987年版。
[2]　《史记》卷85《吕不韦列传》，中华书局1959年版。
[3]　《史记》卷6《秦始皇本纪》，中华书局1959年版。

豪侠入蜀"①。秦王朝向蜀地的大规模移民，使蜀文化逐渐与中原文化融合。

西晋末年，由于少数民族入主中原，北方陷入长期的战乱，大量人口向蜀中迁徙。如西北地区的天水、略阳等六郡万家，"流民十余万口"入蜀。②此外，居于云南和贵州的僚人也大量入蜀，《益州记》说，"蜀本无僚，至是始出……布在山谷，十余万家，与土人参居之"③。蜀中僚人最盛时可能达到三四百万人口之多。④蜀中文化内涵来源更为广泛。

唐末五代时期，由于中原和南方战乱频发，而四川相对安宁、物产丰饶，遂成为移民避难的乐土。除了唐玄宗率领一批文武官员和兵士避难到成都外，在这一时期入蜀的关中人口也有很多。高适在肃宗时曾上书说，"比日关中米贵，而衣冠士庶，颇亦出城，山南剑南，道路相望，村坊市肆，与蜀人杂居，其升合斗储，皆求于蜀人矣"⑤。诗人杜甫即因关中饥荒而弃官携家入蜀。唐代末年，僖宗因黄巢之乱再次避难成都，加以随之而来的藩镇混战，带来了规模较大的移民入蜀浪潮。五代十国时期，"蜀恃险而富，当唐之末，人士多欲依（王）建以避乱。建虽起盗贼，而为人多智诈，善待士，故其借号，所用多唐名臣世族"⑥。大量的移民入蜀使蜀地的户口迅速增加。从唐元和到北宋太平兴国时的一百六十年间，蜀地户口增加了七十万八千余户，即大约增加五倍半。持续不断的入蜀移民，推进了成都经济和文化的发展，使蜀中文化在唐宋时期发展到了一个新的高度。宋代"蜀为西南巨屏，由汉以来，号为多士，莫盛于眉、益二邦，而嘉定次之"⑦。如唐僖宗时入蜀的成都范氏，在宋代出现了范镇、范百禄、范祖禹等著名的政治家和历史学家。唐武后时入蜀的眉州苏氏，到宋代则出现了苏洵、苏轼、苏辙这样的大文学家。这些著名的蜀中人物，正是中原文化与蜀地传统文化

① 常璩：《华阳国志》卷3《蜀志》，上海古籍出版社1987年版。
② 《晋书》卷120《李特载记》，中华书局1974年版。
③ 郭允蹈：《蜀鉴》卷4，引李膺《益州记》。
④ 刘琳《僚人入蜀考》，《中国史研究》1980年第2期。
⑤ 《全唐文》卷357，引高适《请罢东川节度使表》，中华书局1984年版。
⑥ 《新五代史》卷63《前蜀世家》，中华书局1962年版。
⑦ 《蜀中广记》卷56《风俗记》，引嘉州教授任熙明《题名记》。

相融合的产物。宋代四川地区共出现了著名文人 10 人，居于全国第三位；共出现了著名画家 74 人，居于全国第四位。①

元末明初，四川再经战乱，人口锐减，地广人稀，再一次出现向蜀地移民的浪潮。仅在元末随明玉珍入蜀的长江中游湖广移民，就可能达到 30 万—45 万人之多。② 明代初年，再次出现移民高潮，当时"四川所辖州县，居民鲜少，……成都故田万亩，皆荒芜不治。请以迁谪之人开耕，以供边食"③。

从秦汉到元明的移民入蜀运动，移民的来源由黄河流域向长江流域转移，但移民迁移入蜀都以成都平原地区为重心，这一现象对成都经济文化的发展，以至于城市文化与风俗的变迁，影响都是十分深远的。

（二）清代的"湖广填四川"，使成都的文化特性与长江中下游紧密相连

明代末年四川陷入连年的战乱之中，社会和经济遭到毁灭性的破坏。清政府为了改变四川人口稀少、土地荒芜的状况，实行向四川移民的政策。康熙二十九年（1690 年）朝廷宣布："四川民少而荒地甚多，凡流寓之人愿在川垦荒居住者，将地亩给为永业。"④ 这种鼓励移民的政策，吸引了各省大量无田少地的农民移居四川。民国《双流县志》记述："明季张献忠之乱，村市为墟。清初招徕，大抵楚黄（指湖北）之人为多，次则粤东，次则由粤、由赣、由陕，服贾于此。"此次大规模的移民始于康熙十年（1671 年），迄于乾隆四十一年（1776 年），持续约一百年。移民的总数超过百万人。"湖广填四川"为代表的长江流域自东南向西北方向的移民，对成都文化的传承产生了极大的影响。清末傅崇矩《成都通览》说："国初乱平，各省客民相率入川，插站地土，故现今之成都人，原籍皆外省也。"⑤ 其中，湖广占 25%，河南、山东占 5%，陕西占 10%，云南、贵州占 15%，江西占 15%，安徽占

---

① 张家驹:《两宋经济重心的南移》，湖北人民出版社 1957 年版。
② 陈世松、李映发:《成都通史》卷 5，元明时期，四川人民出版社 2011 年版，第 181 页。
③ 《明太祖实录》卷 181，洪武二十年三月丙子，《汉州知州郭叔文言》。
④ 《嘉庆四川通志》卷 62《食货田赋上》，巴蜀书社 1984 年版。
⑤ 傅崇矩:《成都通览》，巴蜀书社 1987 年版。

5%，江苏、浙江占 10%，广东、广西占 10%，福建、山西、甘肃占 5%。来自长江流域各省的移民占据绝大多数。入川的移民以湖广（今湖北和湖南）人最多，以至民间广泛流传"湖广填四川"之说。

由于成都历史上容纳了一批批来自全国各地的移民，因此，成都可以称得上是一座移民城市，在文化上表现出兼容性、开放性的特点。近现代成都文化，其形成过程与其自身的开放性密不可分，而作为蜀文化核心载体的成都，其文化上所显现出的兼容性、开放性，与蜀文化是一脉相承的。可以说，成都自古以来就是一个开放的、各种文化的接纳地和融汇地，它对外来文化，尤其是各地移民所带来的异域、异质文化，几乎都能无一例外地接纳、吸收和消化，从而形成自己丰富多彩的独特文化，是今天成都海纳百川的包容特性的文化源头。

（三）川菜和川剧的诞生，与长江流域移民的多元文化不可分割

川剧源于元北曲和明南曲，形成于清代后期。川剧的诞生，是包括长江流域各省地方戏剧文化的四川化成果。在清初移民填四川之后，各省移民带来不同的剧种，在长期的融合中，把高腔、弹戏、胡琴、昆腔和灯戏五大声腔艺术融为一体，吸取了各方戏剧的精华，形成了川剧。高腔，来自江西弋阳腔；弹戏，来自北方梆子腔；昆腔，来自昆曲；胡琴，又分为西皮和二黄，源于同属皮、黄系统的安徽徽调和湖北汉调；灯戏，是川剧五种声腔中唯一的四川民间音乐，乡土味极浓，此所谓川剧"昆、高、胡、弹、灯"之说法的由来，也就是川剧五种声腔，五个源头。川剧艺术的发展在清朝乾、嘉时期已趋成熟。[①] 川剧唱腔优美，表演细腻，具有浓郁的乡土气息。川剧是民间艺术的一种经典，也是成都传统人文精神的重要艺术载体。

享誉世界的川菜，来源于清代四川移民中的各种家乡菜系的融合与提炼，其中受到长江中下游各省移民带来的影响最多。"清代各方移民带来了各方饮食习惯、制作原料与烹饪技艺，包括川味中的重要原料辣椒。这种大融汇、大交流的结果，就形成了取材广、味型全、技艺丰、

---

① 袁庭栋：《巴蜀文化志》，第六章，《艺文》，上海人民出版社 1998 年版。

风格显的川菜。"① 川菜是长江流域，也是中国餐饮文化的代表之一。

二 历史上成都与长江中下游地区有频繁的 文学与学术交流

（一）文翁兴学

文翁，西汉庐江舒（今安徽庐江县西南）人。西汉景帝末年文翁担任蜀郡守，在"景帝末为蜀郡守，仁爱好教化。见蜀地僻陋有蛮夷风"②，就想法加以改变。他在成都城南立文学精舍讲堂，称为"石室"，选择成都官吏子弟作学生，以学习文学为主。又派遣隽士张叔等18人到京师"受业博士，或学律令"③，学成归来后，以其所学教习其他学生。自此以后，成都文风日甚，"学徒鳞萃，蜀学比于齐鲁"，风气焕然一新。

至汉武帝时，"乃令天下郡国皆立学校官，自文翁之始云"。文翁兴学重教，促进了巴蜀地区文化的发展。班固说："至今巴蜀好文雅，文翁之化也。"文翁最早在蜀郡设立学校，以儒学培养人才，对传播儒学、教化民众有重要作用，也为全国树立了榜样。汉武帝很欣赏文翁的举措，"乃令天下郡国皆立学校官"④。中国地方官学的建立，是从文翁在蜀兴学开始的。文翁的兴学使成都的文化教育水平迅速提高，"及司马相如宦游京师诸侯，以文辞显于世，乡党慕循其迹，后有王褒、严遵（君平）、扬雄之徒，文章冠天下"⑤，标志着汉代巴蜀文化与长江流域文化融合发展努力的成功。

（二）玄奘在蜀

唐代玄奘法师入蜀，是唐代成都佛教文化的重大事件。唐武德元年（618年），玄奘因隋末战乱，天下名僧多游蜀中，对兄长说："此无法

---

① 袁庭栋：《巴蜀文化志》，第八章，《民俗》，上海人民出版社1998年版。
② 《汉书》卷89《循吏传》，中华书局1962年版。
③ 同上。
④ 同上。
⑤ 《汉书》卷28下《地理志》，中华书局1962年版。

事，不可虚度，愿游蜀受业焉。"遂与兄经子午谷入蜀。当时唐朝初建，"天下饥乱，惟蜀中丰静，故四方僧投之者众，讲座之下常数百人，……吴、蜀、荆、楚无不知闻"①。可见当时成都佛教的兴盛对长江中下游影响很大。玄奘在这样的环境和学风熏习之中，三四年间通达佛教诸经典，并在武德五年于成都受戒。玄奘因想离蜀入京深造，武德六年（623 年），乃私与商人约，泛舟三峡，沿江离开四川至长江中游的荆州天皇寺。唐宋时代的成都由于安定富庶的社会环境、优越引人的区位条件、地方官府的尊崇、寺院商业活动的频繁，使成都佛教寺院得以空前兴盛，从而吸引了大批中原僧人前来演经讲法，使成都成为唐宋长江流域佛教最为发达的城市之一。而唐玄奘在隋末唐初的入蜀，正是这一历史大潮中的一朵最引人注目的浪花。

（三）韦庄仕蜀

唐五代巴蜀文化的中心是成都，也是晚唐五代花间派词的创作中心。五代后蜀赵崇祚选录唐末五代词人 18 家作品 500 首编成《花间集》，其作者大都是集中在蜀地的文人。他们的词风大体相近，后世因而称之为花间派。温庭筠、韦庄是其代表作家。花间词内容虽以艳情离愁为主，但其文字富艳精工，艺术成就较高，对后世词作影响较大。韦庄是晚唐诗人，唐初宰相韦见素后人，少孤贫力学，才敏过人，与温庭筠齐名，并称"温韦"。韦庄在唐末因避乱长期居往江南，对江南有深厚感情。唐天复元年（901 年），入蜀为王建掌书记，自此终身仕蜀。王建称帝后，韦庄任左散骑常侍、宰相，确定前蜀的开国制度。韦庄的词以浓丽的色彩，描写当时成都的景色与风俗，并回忆在江南的生活，是花间词人中描写成都和江南生活较多的一位，是唐末五代长江上下游的民间风俗图景的反映。②

（四）陆游入川

南宋大诗人陆游与成都也结下了不解之缘。南宋乾道六年（1170

---

① 《大慈恩寺三藏法师传》卷 1，中华书局 2000 年版。
② 刘扬忠：《五代西蜀词的地域文学特色》，《文史知识》2001 年第 7 期，第 21—29 页。

年），陆游被任命为夔州通判，从杭州出发，前往夔州治所奉节，从而开始了长达 8 年的巴蜀之旅。南宋乾道八年（1172 年），陆游被任命为成都府路安抚司参议官，在成都期间，历任蜀州通判、嘉州通判等职。陆游喜爱蜀中的旖旎风光、秀丽山水，成都景色的繁华与美景，让陆游留恋不已，以至"白首欲忘归"①。淳熙五年（1178 年）陆游奉诏还朝，离开成都。但他对成都充满了深深的怀念之情。他甚至想终老于蜀："乐其风土，有终焉之志。"他的文章和诗歌"多道蜀中遨游之盛"。甚至到了 63 岁时，他仍有归蜀之意，其《东斋偶书》一诗中有"不死扬州死剑南"一句，并自注曰："顾况诗：'人生只合扬州死'，而予尝有归蜀之意。"② 陆游对蜀中的热爱终生不渝。

---

① 陆游：《成都书事》，《剑南诗稿》卷 6，上海古籍出版社 2005 年版。
② 陆游：《东斋偶书》，《剑南诗稿》卷 17，上海古籍出版社 2005 年版。

第二十二章　成都在长江流域经济带中的历史作用与地位

一　成都在 2000 多年中始终是长江上游最重要和最繁荣的中心城市

成都平原早在距今四五千年的新石器时代晚期，就已出现宝墩文化聚落城址群，包括新津宝墩古城、都江堰芒城、郫县古城、温江鱼凫、崇州双河古城、紫竹古城和大邑盐店古城、高山古城 8 座城址。面积分别达 60 多万平方米和 30 多万平方米，已有相当的规模，具备了初期的城乡分化意义，是早期城市的过渡形式，具有早期城市的雏形。① 夏商时期的三星堆文化聚落城址中，青铜、玉石礼器量多体大，祭祀活动盛行，中心城市建成，城内有居民区和农田；十二桥文化出现巨大的土台式祭坛、大型木构干栏式建筑群和成组的精美铜礼器。② 在 2000 年成都中心城区商业街发现的大型船棺墓葬群，进一步证实了在距今至少 2500 年以前，成都已经出现了国家和政治统治中心，宝墩文化时期正是以成都平原为中心的长江上游城市文明的孕育时期。

到先秦时代，成都平原的古代文化即已十分发达。1986 年四川广汉三星堆考古有了惊人发现，出土的几百件青铜器、玉器、海贝、象牙，显示出早在 3000 多年以前的早商时期，这里就存在着一个与中原的商王国并行发展的古国。在众多的出土物中，给人留下印象最深的当

---

① 江章华：《成都平原的史前城址与史前文化》，《寻根》1997 年第 8 期。
② 孙华：《三星堆器物坑的埋藏问题——埋藏年代、性质、主人和背景》，载《南方民族考古》第九辑，科学出版社 2013 年版。

首推青铜立人像、眼球突出的大型青铜人面具和青铜神树等大型青铜文物，展示出三星堆是与商文明争辉的长江流域文明。① 2001 年出土的金沙遗址显示出较强的文化特色，金器数量大，形制多样；玉器数量多，种类也较齐全；有众多的圆雕石像；发现数以吨计的象牙则更是罕见。金沙遗址的分布范围在 3 平方公里以上，整个遗址区内出土有大量礼仪性用器，发现一些与宗教相关的特殊遗迹现象，表明它是一处大型古蜀文化中心聚落遗址，有可能是古蜀国在商代晚期至西周时期的都邑所在。② 三星堆文化和金沙文化把以成都为代表的长江上游地区城市文明推向中华文明的领先地位。③

　　成都作为蜀国的都城十分繁荣。西周末，蜀王开明九世从郫县迁徙成都，"一年而所居成聚，二年成邑，三年成都"，"成都"一名即由此而来。成都羊子山土台、商业街船棺遗址和金沙遗址，都是这一时期成都繁荣的象征。此后，成都城址 2000 多年来未发生过变化，城市的名称也未改变。

　　公元前 316 年，秦惠文王派张仪、司马错灭巴蜀，改蜀国为蜀郡，设成都县作为蜀郡的治所。公元前 311 年，秦王接受张仪的建议，命令蜀守张若按咸阳格局兴筑成都城，城周 12 里，高 7 丈。市区分为东、西两部分，东为大城，郡治，是蜀太守官司舍区域，政治中心；西为少城，县治，是商业及市民居住区，商业繁盛，是经济中心所在，故成都又有"少城"之称。秦孝文王时（约公元前 260 年），李冰为蜀守，修筑了都江堰水利工程，使成都平原成为天府之国。《华阳国志》描述说："灌溉三郡，开稻田，于是蜀沃野千里，号为陆海，旱则引水浸润，雨则杜塞水门，水旱从人，不知饥馑，时无荒年，天下谓之天府也。"④ 成都平原成为全国农业最发达的地区之一。由于川西平原农业和手工业的发展，成都也随之繁荣。

　　汉承秦制，成都仍为蜀郡的治所。汉武帝元封 5 年（公元前 106

---

① 李伯谦：《长江流域文明的进程》，《考古与文物》（西安）1997 年第 4 期，第 12—18、84 页。

② 成都市文物考古研究所：《成都金沙遗址的发现与发掘》，《考古》2002 年第 7 期。

③ 何一民：《长江上游城市文明的兴起——论成都早期城市的形成》，《中华文化论坛》2002 年第 2 期。

④ 常璩：《华阳国志》卷 3《蜀志》，上海古籍出版社 1987 年版。

年）时，以巴蜀地区为中心设置了益州，成都成为益州刺史的治所。在以后的两千多年里，成都一直都是西南地区政治、经济、军事和文化中心，这一地位从未改变过。东汉时期，成都丝织业盛况空前，其中织锦最为著名，并设置锦官管理，其官署在城南郊，日后被称为锦官城，简称锦城，也就是成都得名锦城之始。蜀锦织成后，要在城外的江水中漂洗，使其色彩鲜明，因此城南的流江又被称为锦江。

汉代成都文化发达。汉景帝时，蜀郡守文翁在成都石室兴学，开我国地方官办学校之先河。此后出现一批具有全国影响的文学家和学者，司马相如、扬雄和王褒代表了汉赋的最高成就，严遵（君平）的《老子指归》奠定了道教的理论基础。

《汉书·地理志》说，汉代的成都"土地肥美，有江水沃野，山林竹木，蔬食果实之饶"。"民食稻鱼，亡凶年忧。"《后汉书·公孙述传》又说："蜀地沃野千里，土壤膏腴，果实后生，无谷而饱；女工之业，覆衣天下；名材竹干，器械之饶，不可胜用。又有鱼盐铜银之利，浮水转漕之便。"成都是通往关中的商道和南方丝绸之路的起点，成为古代西南地区的商业中心。西汉末，成都的人口达 7.6 万多户，仅次于首都长安的 8 万余户，按人口计算，是全国第二大城市。王莽时在全国六大城市设市，以长安东市为京市，成都为西市。成都在经济上也同样居于全国首要城市之列。到东汉永和五年，成都所在的蜀郡户口又增加到 30 万余户。考古资料证明，汉代成都建有若干个贸易市场，城内有"成市"、"北市"等。市场非常繁华，云集了大批行商坐贾。正如左思《蜀都赋》所说："市廛所会，万商之渊，列隧百重，罗肆巨千。贿货山积，纤丽星繁。都人士女，袨服靓妆。贾贸墆鬻，舛错纵横。异物崛诡，奇于八方。"这说明成都是西南地区的商品集散地和贸易中心，成为富冠海内的天下名都。①

秦汉时代的成都，一直都是上游地区的经济和文化中心，不仅有大量历史文献的记载，同样为不断的考古发现所证明。2012—2013 年，成都市文物考古工作队和荆州文物保护中心组成联合考古队对位于成都

---

① 段渝：《秦汉时代的四川开发与城市体系》，《社会科学研究》2000 年第 6 期，第 134—140 页。

市天回镇老官山西汉墓地进行了发掘，出土了大量漆木器、陶器，以及少量铜器和铁器等。此次发掘出土的大量西汉时期简牍，使成都地区成为我国又一处重要的汉代简牍出土地。从出土九部医书的内容分析，部分医书极有可能是失传的中医扁鹊学派经典书籍，为中医发展史研究的重大发现。出土的完整漆人体经穴俑，应是迄今我国发现得最早、最完整的经穴人体医学模型，与墓葬出土的经脉医书相对照，对研究中华医学经脉针灸理论的起源和发展具有重要意义。四部蜀锦提花机模型，是迄今我国发现的唯一完整的西汉时期织机模型，对于研究中国乃至世界丝绸纺织技术的起源和发展具有重大意义。①

　　经过魏晋南北朝时期的相对衰落，唐宋时代的成都，是历史上的又一繁盛时期。唐代贞观十三年（639年），成都户口达十一万七千余户，仅次于都城长安，再次成为全国第二大城市。直到北宋崇宁元年（1102年），成都户口增加到18.2万余户，保持了全国大城市的地位。唐代有"扬一益二"之说，即天下的繁荣城市，扬州第一，成都第二。诗人李白在《上皇西巡南京歌》中赞叹："九天开出一成都，万户千门入画图。草树云山如锦绣，秦川得及此间无。"宋代洪迈也说："唐世谚称'扬一益二'，谓天下之盛，扬为一而蜀次之也。"②

　　唐宋成都纺织、造纸、印刷业居于全国前列，如蜀锦的织造工场出现，益州麻纸及薛涛彩笺的产生，雕版印刷书籍进入市场等均为显例。唐代宫廷及官府用纸，指定为"益州麻纸"。唐代后期成都印刷的年历和书籍，即已销行全国。五代后蜀时，宰相毋昭裔在成都雕版印刷大型文集与儒家经典，为中国古代大规模出版之始。同时，成都商品经济十分繁荣，尤其是世界上最早的纸币"交子"在北宋成都诞生，由十六家富商首先发行，显示成都的金融业在全国也居于领先地位。

　　唐宋时代的成都风景优美，文化发达，陆游诗赞美说："剑南山水尽清晖，濯锦江边天下稀。烟柳不遮楼阁断，风花时傍马头飞。"唐宋时期是历史上成都城市发展的又一高峰，北宋时宋祁诗说，成都"此时全盛超西汉，还有渊云抒颂无"。2007年10月，成都文物考古研究所

---

　　①　成都文物考古研究所、荆州文物保护中心：《成都市天回镇老官山汉墓》，《考古》2014年第7期。

　　②　洪迈：《容斋随笔》卷9《唐扬州之盛》，上海古籍出版社1978年版。

对成都市江南馆街遗址进行文物勘探工作。在发现的大量唐宋遗迹现象中，发现保存完好的唐宋时期砖铺街道、两侧房址及地下排水管网。江南馆街唐、宋时期街坊遗址充分反映了唐宋时期成都已具有很高的城市规划和建设管理水平。此外，江南馆街唐宋时期街坊遗址发现纵横交错长达数十余米的铺砖街道在中国城市考古史上十分罕见，在现代化都市中心发现如此大规模的唐宋时期重要遗存堪称独一无二。① 再加之 2014 年 7 月在成都东华门遗址的考古发掘，首次确认始于隋代的摩诃池位置，并发掘出唐代官署建筑基址以及明代蜀王府和人工河遗址等，出土大量陶器、瓷器、钱币等遗物。② 江南馆街唐宋城坊街道和东华门遗址的发现，是这一时期成都城市建设辉煌的实物证明。

明清时期，成都虽因战乱影响而相对衰落，但地位仍十分重要。明代的成都是全国著名的工商业都会，蜀锦的生产闻名天下，此外陶瓷、生丝、茶叶、布匹等运销全国。清代成都是四川的工商业中心，清末宣统二年（1910 年），成都人口增加 17 万户，85 万余人，恢复到历史上的高峰。③ 尽管由于东部沿海城市的兴起，成都的发展相对缓慢，但仍然是西南地区和长江上游最重要的中心城市和四川的省会。

二　成都在历史上是国家民族在长江流域的战略支撑和战略后方

从秦汉以来，成都就一直是建都于关中平原上的王朝的重要战略后方。秦惠王时，秦国大臣司马错主张兴兵伐蜀说："欲富国者，务广其地；欲强兵者，务富其民。"蜀国"取其地足以广国也，得其财足以富民"。④ 秦灭巴蜀后，蜀地成为秦灭六国、统一中国的战略后方。

西汉初年，张良劝汉高祖定都关中时说："关中左崤函，右陇蜀，沃野千里，南有巴蜀之饶，北有胡苑之利，……此所谓金城千里，天府

---

① 严文明、李伯谦、徐苹芳：《成都江南馆街唐宋街坊遗址》，载《2008 年度全国十大考古新发现》，《中国文化遗产》2009 年第 4 期。

② 王浩野、张怡：《东华门遗址古成都中心地标》，《华西都市报》2014 年 8 月 19 日。

③ 张学君、张莉红：《成都城市史》，成都出版社 1993 年版，第 193 页。

④ 《战国策·秦策》，中华书局 2006 年版。

之国也。"① 把巴蜀对于关中的重要性分析得非常透彻。唐玄宗在安史之乱时，唐僖宗在黄巢起义军攻入长安之际，都曾避乱入蜀。正如明代于慎行所说："唐都长安，每在盗寇，辄为出奔之举，恃有蜀也，所以再奔再北而未至亡国，亦幸有蜀也。长安之地，天府四塞，譬如堂之有室；蜀以膏沃之土，处其闛阈，譬如室之有奥，风雨晦明，有所依而蔽焉。盖至秦、汉以来，巴、蜀为外府，而唐卒赖以不亡，斯其效矣。"② 由于蜀地是历代建都于关中王朝的战略后方，所以自秦汉至隋唐都非常重视四川地区的经济发展。从秦代在川西平原上修筑都江堰起，历代对于水利的兴修、交通的改善，都有不少成绩，加之这里优良的自然条件，使这一地区成为闻名的"天府之国"。

成都的这一特点，也在经济的发展中得到集中的表现。农业的发达，使成都地区成为中国古代重要的粮食产地。所以陈子昂说："蜀为西南一都会，国家之宝库，天下珍宝，聚出其中，又人富粟多，顺江而下，可以兼济中国。"③ 自从唐玄宗开启了为避难而入蜀的先例以后，唐德宗、唐僖宗同样在战乱中到成都避难。成都屡次在危急时刻缓和了唐朝廷面临的困境，挽救了唐王朝的危亡，对于其盛衰命运，起了关键的影响。

虽然在唐代以后国都从关中东移，成都距离全国政治经济文化的中心地区较为遥远，但作为全国对抗外敌战略后方的地位却并未降低。在抗日战争中，四川成为历史上规模最大的民族战争的大后方。成都作为四川的首府，容纳了千千万万不愿做亡国奴的流亡者，不仅使大后方的建设照常进行，而且供养了数以百万计的难民。四川的征兵额达到302万余人。四川供给的军粮总额在8000万石以上，历年来四川贡献于抗战的粮食占全国征粮总额的三分之一，四川参战人数之多、牺牲之惨烈居全国之首，川军出川占全国抗日军队总数的五分之一，为中华民族的伟大复兴做出了巨大的牺牲和贡献。

---

① 《史记》卷55《留侯世家》，中华书局1962年版。
② 于慎行：《縠山笔尘》卷12《形势》，中华书局1984年版。
③ 《旧唐书》卷190中《陈子昂传》，中华书局1975年版。

三 成都是长江流域经济文化向西北、西南地区辐射的枢纽

成都作为长江流域上游的中心城市，又是长江流域经济文化向西北、西南地区辐射的枢纽。主要通过南方丝绸之路、北方丝绸之路和茶马古道这三条古代至今天的著名交通道路，辐射到西北和西南的广大地区。

第一条是南方丝绸之路。南方丝绸之路以成都平原为起点，向南分为两条线路，西线为"蜀身毒道"，东线为"五尺道"。南丝路西线从成都出发，沿旄牛道南下，出四川邛崃，经雅安、西昌、会理、楚雄，西折至大理。东线从成都平原南行，经今四川乐山、宜宾，沿五尺道进入云南，经今云南昭通、贵州威宁，折向云南曲靖，西经昆明、楚雄至大理。两道在大理汇为一道继续西行，经云南保山、腾冲，抵达缅甸密支那，或从保山出瑞丽进抵缅甸八莫，向北进至东印度阿萨姆和曼尼普尔，至南亚、中亚和西亚地中海地区。南方丝绸之路是我国古代西南地区一条纵贯川滇两省，连接缅、印，通往东南亚、西亚以及欧洲各国家古老的国际通道。它在四川及云南境内的辐射区域，包含了长江上游的岷江、雅砻江、金沙江流域的主要地区，为我国古代西南方向国内外交通贸易和文化交流的主要通道。[①]

北方丝绸之路是指起始于汉唐都城长安及洛阳，连接亚洲、非洲和欧洲的古代路上商业贸易路线。它是一条东方与西方之间经济、政治、文化进行交流的主要道路，也是亚欧大陆的交通动脉。成都是汉唐时期丝织业最发达的城市，是丝绸之路上运输的重要商品织锦的出产地。从南北朝到唐初，在全国范围内能提供织锦作为贸易商品的，只有成都地区。新疆吐鲁番出土一批南北朝至隋唐时期的织锦标本。唐人张彦远说："窦师纶字希言，封陵阳公。性巧绝。敕兼益州大行台，检校修造。凡创瑞锦，章彩绮丽，蜀人至今谓之'陵阳公样'。……高祖、太

---

① 陈茜：《川滇缅印古道初考》，《中国社会科学》1981 年第 1 期。

宗时，内库瑞锦对雉、斗羊、翔凤、游麟之状，创自师纶，至今传
之。"① 吐鲁番出土唐代织锦标本纹样都属陵阳公样，当是成都生产的
蜀锦。唐代的西州（今吐鲁番）市场上已有"梓州小练"和"益州半
臂"等丝织品出售。半臂是一种短袖紧身衫，通常以锦为料，可见半
臂原料为蜀锦。在实物方面，有新疆博物馆收藏的吐鲁番阿斯塔那出土
的有唐"景云元年双流县折绸绫一匹"题记的本色龙纹绮为证（景云
元年为公元710年）。双流县在成都附近，属蜀郡。新疆吐鲁番出土的
南北朝至隋唐时期的织锦，按其工艺水平和织造特点，大都应是成都生
产。② 因此成都是长江流域通过北方丝绸之路向西域地区辐射的枢纽
城市。

茶马古道是成都地区与青藏高原联系的又一古道。川藏茶马古道东
起成都，经雅安、康定，西至西藏拉萨，最后通到不丹、尼泊尔和印
度，全长近四千余公里，从唐代开辟已有一千三百多年历史，具有深厚
的历史积淀和文化底蕴，是古代西藏和内地联系必不可少的桥梁和纽
带。通过这条古道，藏区边地出产的骡马、毛皮、药材等和四川出产的
茶叶、布匹、盐和日用器皿等互相贸易交换，形成一条延续至今的"茶
马古道"。宋神宗时在成都设立"茶马司"，以茶向川边少数民族交换
马匹。南宋时改为"都大茶马司"，不仅掌控茶马贸易，而且还在成都
设立锦院，"织造锦绫被褥，折支黎州等处马价。……其锦自真红被褥
而下，凡十余品"。每年用于交换马匹的锦绮达十万余匹之多。③ 可见
成都是历史上长江流域与青藏高原地区商贸交往的中心城市。

四　成都大邑鹤鸣山是道教的发源地

成都是道教发源地。东汉顺帝（126—144年）时，沛国丰县（今
属江苏）人张陵在成都大邑的鹤鸣山创立了"正一盟威之道"，又称五

---

① 张彦远：《历代名画记》卷10，浙江人民美术出版社2011年版。
② 武敏：《吐鲁番出土蜀锦的研究》，《文物》1984年第6期。
③ 谢元鲁：《蜀锦谱校笺》，载《岁华纪丽谱等九种校笺》，巴蜀书社1988年版。

斗米道，即道教的开端。通过宣传老子《道德经》及为人治病，得到民众信仰，道徒日多。最早教区称二十四治，有十一治在成都地域内。道教在张陵之孙张鲁率道众归降曹魏，北迁中原以后，由四川向北方传播，并在魏晋南北朝时期，其若干派别如上清派、灵宝派在长江流域开始广泛传播。唐代以长江下游的茅山为传道基地的茅山宗兴起；到唐末五代，又有著名道士杜光庭入蜀，在成都撰写了大量著作，为弘扬道教做出了重大贡献。宋代长江流域的茅山和龙虎山成为道教的重镇。元代以后，南方道教诸派归于江西龙虎山为基地的正一派，同时湖北武当山也成为道教全真派古长江流域的传教基地。① 至今道教的许多名山胜地均在长江流域。江苏句容茅山是道教上清派的发源地，被道家称为"上清宗坛"，有"第一福地，第八洞天"之美誉。江西贵溪龙虎山是道教七十二福地之一，为道教正一道天师派的祖庭。湖北十堰武当山作为道教全真派南方的重要基地，在明代崛起达到极盛。成都的青城山是道教的发源地之一，从东汉以来历 2000 多年，虽经兴衰，到现在仍为长江流域的道教名山。由成都发源的道教传播影响长江流域和全国各地，道教文化至今仍是中华传统文化宝库的重要组成部分。

五 成都杰出的传统工艺技术是长江流域科技文化的代表

成都在历史上出现了许多杰出的工艺技术和发明，成为长江流域历史上科技文化的代表。

2001 年成都金沙遗址出土的多节玉琮，特别是人面纹玉琮，无论是从形制、制作工艺还是从雕刻技术来看，均与良渚文化出土的玉琮完全相同。这件玉琮的制作年代应在距今 4000 年以前的良渚文化中晚期。金沙遗址出土的条状玉凿、玉箍形器等遗物与良渚文化的同类器物也有相似之处。这些器物的出土，再一次证明了长江上游地区和下游地区在三四千年以前就已经有文化交流。②

① 卿希泰、唐大潮：《道教史》，江苏人民出版社 2009 年版。
② 朱章义、张擎、王方：《成都金沙遗址的发现、发掘和意义》，《四川文物》2002 年第 2 期。

　　先秦时代修建的都江堰，是中国古代最大的水利工程之一。都江堰水利工程巧妙利用了天然地势和水流，构成了一套完整水利系统，科学地解决了江水的自动分流、自动排沙、自动排水和引水的难题，收到了"行水灌田，泄洪平灾"的功效。它已成为世界上年代最久、唯一留存、以无坝引水为特征的宏大水利工程。都江堰的古索桥——珠浦桥，又称安澜桥，也是世界上最长的古代索桥。西汉时期，成都附近的临邛开始开采天然气，用来制盐、煮饭、照明，被称为"火井"，它比西方最早使用天然气的英国还要早 1800 年，这是世界范围内开采天然气最早的记载。

　　成都有着悠久而灿烂的工商发展历史，特别是丝织业的发达，名冠中华，远销国外。成都手工业中最著名的是丝织业，从东汉时起，蜀锦就以色彩的富丽鲜明、织造技术的细致高超闻名全国。2013 年成都老官山汉墓的考古发掘中，出土了 4 部蜀锦提花织机模型。这些织机模型为竹木制成，结构复杂精巧，保存十分完整，一些部件上还残存有丝线和染料。这也是迄今我国首次发现西汉时期的织机模型。在织机四周，还散落有十多件彩绘木俑，这些木俑或立或坐，根据他们不同身姿和身上不同铭文推测，这些木俑可能为司职不同的织工，而 2 号墓的北底箱应该是汉代蜀锦纺织工场的实景模拟再现。老官山西汉墓葬中发现如此完整的提花织机模型，是中国古代手工业最高水准的实物体现，这是当时世界上最先进的织机，也是传统智慧的象征，代表了当时纺织工业的最高水平。这次发现也填补了中国丝绸纺织技术的空白，对于中国纺织史、中国科技史都具有重要意义。[①] 这也是汉代成都丝织业发达的实物证明。

　　从古至今，漆器都是成都古代素有盛名的工艺品，成都漆器艺术起源于距今 3000 多年前的商周时期。金沙遗址出土的漆器残片现在依然文饰斑斓、色彩亮丽。从战国时代起，四川因盛产生产漆器的主要原料——漆和朱砂，而开始成为著名的漆器制作基地，其中尤以成都的漆艺水平遥遥领先于全国，因此成都成了中国古代最著名的漆器制作中心之一。2000 年 7 月，在成都商业街发现了一座大型战国船棺合葬墓，

---

　　① 成都文物考古研究所：《成都老官山汉墓》，《中国文物报》2013 年 12 月 20 日。

应是蜀国晚期的王族墓。商业街蜀王船棺中出土的最有特色的器物是漆器，种类包括日常生活用品中的梳子、耳杯、几案等，还有瑟、编钟基座和放置物品的器座，这些漆器均为木胎漆器，底子黑色，上面加绘鲜亮的红彩。虽然历经数千年，但仍是光洁如新、亮可鉴人。[①] 汉代的成都是当时全国漆器生产的中心，其精美漆器行销国内外。如在长沙马王堆汉墓、湖北江陵凤凰山汉墓、贵州清镇、平坝以及朝鲜汉代乐浪郡墓葬等地先后出土的汉代精美漆器，都刊有"成市草"、"成都饱"、"蜀都作牢"、"蜀都西工"、"成都郡工官"等铭文，它们就是当时成都漆器辉煌的实证。

造纸业是唐代成都地区新兴的手工业。明何宇度《益部谈资》说："蜀笺古已有名，至唐而后盛，至薛涛而后精。"唐代，"益府之大小黄白麻纸"是进贡的名纸。[②] 由于成都所出产麻纸质量的精良，当时的官府文书、朝廷诏敕、收藏书籍，都用麻纸书写。"开元时，甲丁丙丁四部书各为一库……两京各一本，共一十二万五千九百六十卷，皆以益州麻纸写。"[③] 成都地区的造纸业，在全国占有重要的地位。唐中期以后，成都所造纸的品种更多，其中最著名的是女诗人薛涛所创制的"薛涛笺"，是一种彩色笺纸，风靡全国。唐代的成都是世界上最早大规模印刷手抄书及使用雕版印刷术的地区，唐代成都雕版印刷书籍，已有一些实物发现，如成都出土的《成都府成都县龙池坊卞家印本陀罗尼经咒》、敦煌发现的《剑南西川成都府樊赏家历》等。宋人朱翌说："雕印文字，唐以前无之，唐末益州始有墨板。"[④] 宋代成都雕版印刷技术高超。宋蜀刻本也被称为"龙爪本"，版式疏朗，字大如钱，墨香纸润，是传世的精品。宋蜀刻本还有板好、字好、墨好、纸好等优点。宋代成都雕版采用梨木，纹细质优，既便于雕刻，又能长期保存。宋代成都的书家与雕匠，都对书法有相当的造诣，所以雕版笔法整齐，字画端楷，刀法圆润，版式疏朗。墨色光亮清香，用纸洁白厚重，工艺之精，

---

① 成都文物考古研究所：《成都商业街船棺葬》，文物出版社 2009 年版。

② 《唐六典》卷 20《太府寺》，中华书局 1992 年版。

③ 《旧唐书》卷 47《经籍志》，中华书局 1975 年版。

④ 朱翌：《猗觉寮杂记》卷下，丛书集成初编本。

无出其右。明人胡应麟说，"蜀本宋最称善"①。后世有"宋时蜀刻甲天下"的说法。

成都又是世界上发明纸币的故乡，北宋太宗至道元年（995 年）前后，成都商人联合发行"交子"，这是世界上最早出现的纸币，比西方还要早 800 年，也是成都人的创新精神的体现。私交子后来因发行和信用出现问题，改为官办，《宋史·食货志》载："转运使薛田、张若谷请置益州交子务，以榷其出入，私造者禁之。仁宗从其议。"②宋仁宗批准了薛田和张若谷的奏书，在成都建立了益州交子务，负责交子发行事务，并在天圣二年（1024 年）2 月 20 日起正式发行官交子。由此，世界历史上第一种由官方发行的纸币诞生了。成都在科技文化和金融文化方面的发展在长江流域是独具特色的。

六　成都的江渎祠是历代王朝祭祀长江之神的所在地

中国古代认为，岷江是长江的正源，而成都则是岷江由发源地奔流出山后的第一座大城市。《山海经》说："岷山，江水出焉，东北流注于海。"③《尚书·禹贡》说："岷山导江，东别为沱。"可见先秦时代，已认为岷山为长江的发源地，而沱江为长江的别流。唐代《括地志》说："江水源出岷州南岷山，南流至益州，即东南流入蜀，至泸州，东流经三峡，过荆州，与汉水合。"④

宋代的认识亦然。《太平寰宇记》载："松州平康县羊膊山下，有二神湫，乃大江发源之所。"⑤宋代范成大《吴船录》说："江源正自西戎来，由岷山涧壑中出而会于都江。"⑥宋代王应麟《通鉴地理通释》说："江源在松州交川县西北，自岷山东流，别而为沱，至通州海门县

---

①　胡应麟：《少室山房笔丛正集》卷 4《经籍》。

②　《宋史》卷 181《食货下三》，中华书局 1977 年版。

③　郭世谦：《山海经考释》卷 5《中山经》，天津古籍出版社 2011 年版。

④　《史记》卷 2《夏本纪·正义引》，中华书局 1962 年版。

⑤　《乐史》，《太平寰宇记》卷 81，《剑南西道·松州》，金陵书局本。

⑥　范成大：《吴船录》卷上，中华书局 2002 年版。

入海。"①

至于今天认定的长江正源金沙江，秦汉时称为泸水或绳水，认为是大江正源岷江的支流。《后汉书·南蛮传》说："泸水一名若水，出旄牛徼外，经朱提至僰道入江，在今巂州南。"② 从汉代起的两千多年间，泸水或绳水都被认为是长江的支流。即使明代地理学家徐霞客认为长江发源于昆仑山南麓，金沙江为长江正源，但长时期内仍不能成为大众所认可的观念。清代著名地理学家胡渭就曾撰写《论江源》一文，其中驳斥徐霞客的金沙江正源说："余谓霞客所言，东西南北茫然无辨，恐未必身历其地，徒恃其善走，大言以欺人耳。非但不学无识也。……丽水一名金沙江者，自丽江府界东北流，合若水为泸水，又东北至叙州府而注于江。霞客言，江源自昆仑之南，殆谓此耳。然岷山导江，经有明文，其可以丽水为正源乎？霞客不足道。"③ 岷江是长江正源的观念源远流长，所以胡渭要特别为这个传统观点进行辩护。胡渭此说并非个人的见解，而是清代的主流和官方意见。清康熙五十九年发布的上谕也说："岷山导江，今江源所出之地。"④ 岷江为长江的正源，在两千多年间几乎一直是官方与学界的共识。

在先秦古蜀王国时期，成都平原西部就已出现了江源的部族和地名。《华阳国志·蜀志》说："后有王曰杜宇，教民务农，一号杜主。时朱提有梁氏女利，游江源。宇悦之，纳以为妃，移治郫邑，或治瞿上。"⑤ 汉代在成都平原西部设置江源县；南北朝北周时，在岷江上游的汶山郡设置江源县；⑥ 唐代在岷江源附近设置江源郡。《旧唐书·地理志》载："当州，本松州之通轨县。贞观二十一年，析置当州，以土出当归为名。州治利川，领通轨、左封二县。天宝元年，改为江源郡。"⑦ 正因为此，唐人张祜《送人归蜀》诗说："锦城春色溯江源，三

① 王应麟：《通鉴地理通释》卷5，四川大学出版社2009年版。
② 《后汉书》卷86《南蛮传》，中华书局1963年版。
③ 胡渭：《禹贡锥指》卷14下，上海古籍出版社2013年版。
④ 傅泽洪：《行水金鉴》卷80《江水》，四库全书本。
⑤ 常璩：《华阳国志》卷3《蜀志》，上海古籍出版社1987年版。
⑥ 《隋书》卷29《地理志上》，中华书局1975年版。
⑦ 《旧唐书》卷41《地理志·剑南道》，中华书局1975年版。

峡经过几夜猿。红树两崖开霁色，碧岩千仞涨波痕。"① 由成都郊外的岷江溯江而上，即可到达大江源头，是古人坚定的信念。

由于岷江是历代认同的长江之源，从秦代起，就在成都设置祭祀长江之神的神祠，称为江渎祠。《汉书·郊祀志》载："秦并天下，令祠官所常奉天地名山大川鬼神可得而序也。自华以西，名山七，名川四。……江水，祠蜀。亦春秋泮涸祷塞如东方山川。而牲亦牛犊牢具圭币各异。"② 江渎祠设在成都南郊的府河之滨，宋乐史《太平寰宇记》载："江渎祠在县南上四里。汉郊祀志云，秦并天下立江水祠于蜀，至今岁祀焉。"③

汉高祖刘邦即位后，继承秦制，曾下诏曰："吾甚重祠而敬祭。今上帝之祭及山川诸神当祠者，各以其时礼祠之如故。"④ 汉初百废待兴，名山大川由各地诸侯祭祀。汉宣帝神爵元年（前61年）时恢复由朝廷祭祀，下诏说："夫江海，百川之大者也，今阙焉无祠。其令祠官以礼为岁事，以四时祠江海洛水，祈为天下丰年焉。"⑤ 由此，每年对长江之神的祭祀，成为历代王朝的常祀。祭祀四渎的时间，"立春祭淮渎，立夏祭江渎，立秋祭河渎，立冬祭济渎"⑥。江渎祠祭典一般在每年的立夏日，由皇帝委托地方长官，或派出使者到成都进行。对四渎的祭祀，一直是古代王朝最重要的祭典之一。其中在江渎祠祭祀长江之神，从秦统一天下起开始直到清代末年取消，持续了两千多年的时间，秦始皇、汉高祖、隋文帝、唐玄宗、宋太祖、明太祖、清康熙等帝王，均曾派大臣到成都致祭，是成都历史上持续时间最久的文化盛典和历史传承。

从隋唐开始，对江渎祠长江之神的祭祀成为每年的国家常典。按照国家对山川之神的祭典规定，汉代用牛、羊、猪"三牲"上供，玉圭沉江的仪式，为历代沿袭。⑦ 唐天宝六载（747年）玄宗下诏说，五岳

① 《全唐诗》卷511，引张祜《送人归蜀》，上海古籍出版社1986年版。
② 《汉书》卷25上《郊祀志上》，中华书局1962年版。
③ 《太平寰宇记》，卷72《剑南西道·益州》，金陵书局本。
④ 《汉书》卷25下《郊祀志上》，中华书局1962年版。
⑤ 同上。
⑥ 陈旸：《乐书》卷193《吉礼·祭山林祭川泽祭五岳祭四渎》。
⑦ 曹学佺：《蜀中广记》卷1《成都府引》。

既已封王，四渎当升公位，封江渎神为广源公。① 唐玄宗、宋太祖、明太祖都曾亲自颁布祭祀江渎祠长江之神的诏令。清代对长江之神的祭祀更为重视，仅在康熙年间，由康熙帝派遣朝廷大臣到成都致祭江渎之神的就有九次之多，对长江之神的作用与功绩极尽赞誉之能事。清代江渎庙祭祀的礼仪规格很高，与北京社稷坛的祭祀礼仪等级相同。②

江渎祠的祭典礼仪程序，以明代嘉靖时的祭典为例，由皇帝命四川的长官代天子举行。首先由官府准备祭祀的物品，然后由主祭官员代表皇帝，向长江之神宣读祭文；其次敬献祭品，并由乐队奏乐；最后使用"燎祭"，即焚烧祭品，上达于神明享用，仪典才告结束。

长江之神古代传说为女神，是天帝之女，名为奇相。《广雅》说，"江神谓之奇相"③。《江记》说，奇相是"天帝女也，卒为江神"④。关于长江女神奇相的来历，古代传说，天帝的女儿奇相，偷窃了黄帝的玄珠，受惩罚沉江而死，魂魄化为长江之神。根据宋人张唐英的说法，奇相祠即江渎祠，是"古史震蒙氏之女，窃黄帝玄珠，沉江而死，化为此神，即今江渎庙是也"⑤。可见唐宋时期长江女神已经认为是奇相，在江渎祠享受祭拜。

江渎祠的具体位置，秦至宋均在成都城南的锦江之滨。唐代的《括地志》说："江渎祠在益州成都县南八里。秦并天下，江水祠蜀。"⑥ 祠在东晋南朝时期一度废弃，到隋代重建，唐代规制更高，并曾封长江之神为公爵。宋祝穆《方舆胜览》载："江渎祠在成都县南四里，至今岁祀焉。太祖平蜀，依唐志，立夏日祭江渎于成都。"⑦ 江渎祠由于是国家级的神庙，即使王朝更替，其建筑和祭祀活动也基本未受到影响。

宋代对江渎祠曾多次重修并扩大规模，江渎祠园林建筑日益宏丽壮观。陆游说，"成都自唐有江渎庙，其南临江。唐末，节度使高骈大城成都，庙与江始隔。历五代之乱，庙亦弗治。宋兴，乾德三年平蜀。越

---

① 《旧唐书》卷 9《玄宗本纪下》。
② 《乾隆四川通志》卷 5 下《祀典》。
③ 张揖：《广雅》卷 9，丛书集成本，商务印书馆 1936 年版。
④ 曹学佺：《蜀中广记》卷 1《成都府引》，四库全书本。
⑤ 张唐英：《蜀梼杌》卷下，巴蜀书社 1999 年版。
⑥ 《史记》卷 28《封禅书·正义》，引《括地志》，中华书局 1957 年版。
⑦ 祝穆：《方舆胜览》卷 51《成都府路·成都府》，中华书局 2003 年版。

八年，当开宝六年，有诏自京师绘图遣工，侈大庙制。杰阁广殿，修廊邃宇，闻于天下。庆历七年，又筑大堂并庙东南，以为彻祭饮福之所，而庙益宏丽矣"①。宋初的开宝五年（972年），宋太祖认为江渎祠过于狭隘，下令按祭祀黄河神灵的河渎庙规模重建。可见当时江渎祠的建筑已经十分壮观，园林面积广大，庙貌更为壮丽。

明清时期，江渎祠改称江渎庙，其位置已在城内。《大明一统志》载："江渎庙、大禹庙在府城内西南，祀南渎大江之神。昔秦并天下，立江水祠于蜀。本朝载在祀典。"② 清代的江渎庙亦在成都城南门内。《乾隆四川通志》载："成都府江渎庙，在城内南门西。有刻御制祭文碑二，雍正三年敕赐大江之神碑一座。"③ 江渎祠历代建筑宏丽、等级庄严，是成都历史上的重要名胜。

秦代以后，历代王朝均把江渎祠作为祭祀长江之神祭典的场所传承下来。由于时代的变迁，江渎祠虽然今天已不复存在，但它仍是成都历史文化的象征，是长江文明的象征，是长江文化中对自然神灵崇拜的重要表现。虽然今天对长江正源的认识已经发生变化，但自然地理的观念不能代替历史文化的传统，在两千多年中人们一直认为长江的源头始于岷山，这是不可改变的事实。对长江之神的祭祀，也是长江两千多年文化史中不可分割的部分。正因为古代人认为岷江是长江之源，所以以成都为中心的江源文化，是长江流域文化的重要组成部分。江源文化既奠定在两千多年历史上成都在长江流域的独特地位，也是成都在长江流域经济带中最重要的文化特质之一。

① 陆游：《渭南文集》卷16《成都府江渎庙碑》。
② 李贤：《大明一统志》卷67《成都府祠庙》。
③ 《乾隆四川通志》卷28上《祠庙》。

结　语

从秦汉到明代，由于长江流域的商品贸易以连接黄河中下游地区政治中心与南方沿海港口的南北向贸易为主，同时长江流域的战乱较黄河流域为少，长江上、中、下游的经济得以基本上平行发展，至迟到宋代，长江流域的四川、两湖和江浙地区，经济发展水平的差异还是两头高、中间低的形势。但由于全国政治文化中心的东移，以及江南地区成为全国的经济重心，到明代及清代中期，长江流域上、中、下游的经济发展水平，已改变为江浙地区第一、两湖第二、四川第三的格局。进入19世纪中期以后至20世纪后期，由于中国闭关自守的自然经济被打破，沿海沿江通商口岸先后开辟，卷入了世界市场的洪流，以及轮船、铁路等近现代交通工具的出现，长江流域的经济格局再次发生重大变化。海运的兴盛，铁路与公路交通开始发展，使长江下游及沿海地区的经济迅速兴起，不仅导致了长江流域社会经济的发展及工商业城市空间分布的重新组合，也进一步强化了下游对上中游的发展优势。成都在19世纪末至20世纪中前期，受制于这一宏观经济格局，社会经济的发展较长江中下游地区的其他重要城市相对缓慢。

但进入21世纪以后，以高速公路、高速铁路和航空运输业为代表的现代交通的飞速发展，又开始从人流和物流方面缩短了长江流域上、中、下游之间的距离。再加之互联网信息流和电子商务的兴起，资源型经济开始向信息型经济转变，使西部的区位劣势进一步削减，上、中、下游的发展差距加大的趋势开始缓和，并逐渐有所弥补。长江流域经济带的提出和形成，正是在这样的新经济格局之下出现的。作为两千多年以来长江上游重要中心城市的成都，这一新的格局，必将带来新的发展机遇和更广阔的发展前景，追赶上长江流域其他重要城市的步伐，提升自己的地位，使成都这个历史文化名城和西部中心城市，在国家未来的宏观经济战略中起到更为重要的作用。在长江流域经济带的宏观发展格局中，成都经济的发展与文化的繁荣是两个重要的驱动力量，只有经济与文化的同步发展，才能具有可持续性和社会稳定性。这是成都两千多年的城市发展与城市文化变迁的历史经验，也是成都在长江流域文明的地位与作用所决定的。这既是成都在长江流域经济带中发展的历史机遇，也是历史的使命。

参考文献

一　古籍

[1]（北魏）郦道元：《水经·叶榆水注》。

[2]（北魏）杨炫之：《洛阳伽蓝记》。

[3]（春秋）孔丘：《论语》。

[4]（明）陶宗仪：《说郛》。

[5]（明）王圻纂辑：《续文献通考》。

[6]（明）杨慎编：《全蜀艺文志》

[7]（南朝梁）萧子显：《南齐书》。

[8]（清）董诰：《全唐文》，中华书局 1984 年版。

[9]（宋）李昉：《文苑英华》。

[10]（宋）李焘著，（清）黄以周等辑补：《续资治通鉴长编》。

[11]（宋）王象之编纂：《舆地纪胜》。

[12]（宋）佚名：《五国故事》。

[13]（唐）道宣撰：《续高僧传》。

[14]（唐）杜光庭：《墉城集仙录》。

[15]（唐）李吉甫撰：《元和郡县图志·厥卷佚文》。

[16]（唐）欧阳询：《艺文类聚》。

[17]（唐）姚思廉撰：《梁书》，中华书局 1973 年版。

[18]（唐）张彦远：《历代名画记》，浙江人民美术出版社 2011 年版。

[19]（魏）鱼豢撰：《魏略》。

[20]（梁）释慧皎撰，汤用彤校注：《高僧传》，中华书局 1992
年版。

［21］（后蜀）何光远：《鉴戒录》。

［22］（清）爱新觉罗·胤禛：《雍正朱批谕旨》，北京图书馆出版社 2008 年版。

［23］（东汉）班固：《汉书》，中华书局 1962 年版。

［24］（明）曹学佺：《蜀中广记》，丛书集成初编本，商务印书馆 1936 年版。

［25］（明）曹学佺：《蜀中名胜记》。

［26］（清）曹寅等：《全唐诗》，上海古籍出版社 1986 年版。

［27］（唐）陈子昂：《陈子昂集》，徐鹏校点，中华书局 1960 年版。

［28］（明）仇兆鳌：《杜诗详注》。

［29］（唐）杜甫：《杜少陵集详注》，商务印书馆 1935 年版。

［30］（清）段玉裁：《说文解字注》。

［31］（南宋）范成大：《吴船录》，中华书局 2002 年版。

［32］（南宋）范晔：《后汉书》，中华书局 1963 年版。

［33］（唐）房玄龄：《晋书》，中华书局 1974 年版。

［34］（东晋）郭璞注：《尔雅·释虫》。

［35］（南宋）洪迈：《容斋随笔》，中华书局 2005 年版。

［36］（后晋）刘昫等：《旧唐书》，中华书局 1975 年版。

［37］（明）胡广等：《明太祖实录》，上海书店 1982 年版。

［38］（清）胡渭：《禹贡锥指》，上海古籍出版社 2013 年版。

［39］（明）胡应麟：《少室山房笔丛正集》，上海古籍出版社 1992 年版。

［40］（唐）慧立、彦悰：《大慈恩寺三藏法师传》，中华书局 2000 年版。

［41］（南宋）孔季恭等：《宋书》，中华书局 1975 年版。

［42］（北宋）乐史：《太平寰宇记》，中华书局 2007 年版。

［43］（北宋）李昉：《太平广记》，中华书局 1961 年版。

［44］（北宋）李昉等：《太平御览》，中华书局 2011 年版。

［45］（唐）李畋：《益州名画录》，四川人民出版社 1982 年版。

［46］（明）李贤：《大明一统志》，三秦出版社 1990 年版。

［47］（南宋）李心传：《建炎以来朝野杂记》。

［48］（南宋）李心传：《建炎以来系年要录》。

［49］（南宋）李攸：《宋朝事实》，中华书局 1955 年版。

［50］（唐）李肇：《唐国史补》，上海古籍出版社 1979 年版。

［51］（南宋）陆游：《剑南诗稿》，上海古籍出版社 2005 年版。

［52］（南宋）陆游：《渭南文集》，四库全书本，上海古籍出版社 1987 年版。

［53］（北宋）路振：《九国志》。

［54］（北宋）吕陶：《净德集》，商务印书馆 1935 年版。

［55］（宋）欧阳修：《新五代史》，中华书局 1962 年版。

［56］（宋）欧阳修等：《新唐书》，中华书局 1975 年版。

［57］（北宋）司马光：《资治通鉴》，中华书局 1956 年版。

［58］（西汉）司马迁：《史记》，中华书局 1959 年版。

［59］（北宋）苏轼：《东坡志林》，中华书局 2007 年版。

［60］（元）脱脱：《宋史》，中华书局 1977 年版。

［61］（唐）魏徵：《隋书》，中华书局 1973 年版。

［62］（南宋）吴曾：《能改斋漫录》。

［63］（唐）杨晔：《膳夫经手录》。

［64］（南宋）杨仲良：《皇宋通鉴长编纪事本末》，黑龙江人民出版社 2006 年版。

［65］（元）姚燧：《牧庵集》。

［66］（明）于慎行：《穀山笔尘》，中华书局 1984 年版。

［67］（南宋）袁说友：《成都文类》，中华书局 2011 年版。

［68］（东汉）郑玄注：《周礼·马质》。

［69］（春秋）左丘明：《左传》，文渊阁四库全书本。

［70］《礼记·曲礼》。

［71］扬雄：《蜀都赋》，丛书集成初编本。

［72］义净：《大唐西域求法高僧传》。

二 现代作品

（一）专著

［73］［美］戴尔·布朗主编：《古印度：神秘的土地》，李旭影译，华夏出版社 2002 年版。

［74］［意］马可·波罗：《马可波罗行纪》，上海书店出版社 2006 年版。

［75］［印］《国事论》。

［76］［印］R. 塔帕尔：《印度古代文明》，林太译，浙江人民出版社 1990 年版。

［77］［印］谭中、［中］耿引曾：《印度与中国——两大文明的交往和激荡》，商务印书馆 2006 年版。

［78］［法］伯希和：《交广印度两道考》，冯承钧译，中华书局 1955 年版。

［79］［韩］李正晓：《中国早期佛教造像研究》，文物出版社 2005 年版。

［80］［日］高田修：《佛像的起源》上册，高桥宣治等译，台北华宇出版社 1985 年版。

［81］［新］尼古拉斯·塔林编：《剑桥东南亚史》第一册，云南人民出版社 2003 年版。

［82］［英］D. G. E. 霍尔：《东南亚史》上册，中山大学东南亚历史研究所译，商务印书馆 1982 年版。

［83］莫东寅：《汉学发达史》，上海书店 1989 年版。

［84］《古今图书集成》。

［85］《国事论》。

［86］《农业百科全书·茶业卷》，农业出版社 1988 年版。

［87］《新疆出土文物图录》，文物出版社 1975 年版。

［88］《中外关系史译丛》（第一辑），上海译文出版社 1984 年版。

［89］［美］B. 劳费尔：《中国伊朗编》，林筠因译，商务印书馆 1964 年版。

［90］［法］伯希和：《支那名称之起源》，载《西域南海史地考证

译丛》一编，冯承钧译，商务印书馆 1962 年版。

［91］蔡竞：《长江经济带区域合作发展研究》，四川人民出版社 2015 年版。

［92］常明、杨芳灿：《嘉庆四川通志》，巴蜀书社 1984 年版。

［93］常璩：《华阳国志》，上海古籍出版社 1987 年版。

［94］陈世松、李映发：《成都通史》，四川人民出版社 2011 年版。

［95］陈寿：《三国志》，中华书局 1959 年版。

［96］陈旸：《乐书》，四库全书本，上海古籍出版社 1987 年版。

［97］陈仲夫：《唐六典》，中华书局 1992 年版。

［98］成都市地方志编纂委员会：《成都丝绸志》，方志出版社 2012 年版。

［99］成都市文物考古研究所：《金沙——21 世纪中国考古新发现》，五洲传播出版社 2005 年版。

［100］成都文物考古研究所：《成都商业街船棺葬》，文物出版社 2009 年版。

［101］邓少琴：《巴蜀史迹探索》，四川人民出版社 1983 年版。

［102］段渝：《四川通史》第 1 册，四川大学出版社 1993 年版。

［103］段渝：《先秦秦汉成都的市及市府职能的演变》，载《华西考古》（一），成都出版社 1991 年版。

［104］段渝：《支那名称起源之再研究——论支那名称本源于蜀之成都》，载《中国西南的古代交通与文化》，四川大学出版社 1994 年版。

［105］段渝：《中国西南地区海贝和象牙的来源》，载《巴蜀文化研究集刊》第五卷，巴蜀书社 2009 年版。

［106］段渝：《濯锦清江万里流：巴蜀文化的历程》，四川人民出版社 2001 年版。

［107］段渝主编：《巴蜀文化研究集刊》第五卷，巴蜀书社 2009 年版。

［108］段渝主编：《南方丝绸之路论集》（一），巴蜀书社 2008 年版。

［109］方豪：《中西交通史》，岳麓书社 1987 年影印本。

［110］冯承钧：《西域南海史地考证译丛》（第一卷），商务印书馆 1962 年版。

［111］傅崇矩：《成都通览》，巴蜀书社 1987 年版。

［112］傅泽洪：《行水金鉴》，四库全书本，上海古籍出版社 1987 年版。

［113］甘肃省博物馆：《甘肃省文物考古工作三十年》，载《文物考古工作三十年（1949—1979）》，文物出版社 1979 年版。

［114］戈岱司编：《希腊拉丁作家远东古文献辑录》，耿昇译，中华书局 1987 年版。

［115］顾颉刚：《禹贡注释》，载《中国古代地理名著选读》第一辑，科学出版社 1959 年版。

［116］郭世谦：《山海经考释》，天津古籍出版社 2011 年版。

［117］郭允蹈：《蜀鉴》，国家图书馆出版社 2010 年版。

［118］《韩昌黎文集》，四部丛刊本，上海商务印书馆 1929 年版。

［119］何芳川主编：《中外文化交流史》，国际文化出版公司 2008 年版。

［120］黄惠焜：《从越人到泰人》，云南人民出版社 1980 年版。

［121］黄新亚：《丝绸之路·沙漠卷》，浙江人民出版社 1995 年版。

［122］季羡林：《季羡林文集·第四卷·中印文化关系》，江西教育出版社 1996 年版。

［123］季羡林：《中国蚕丝输入印度问题的初步研究》，载《中印文化关系史论文集》，生活·读书·新知三联书店 1982 年版。

［124］蓝勇：《南方丝绸之路》，重庆大学出版社 1992 年版。

［125］［美］雷·H.肯拜尔等：《世界雕塑史》，浙江美术学院出版社 1989 年版。

［126］李济：《西阴村史前的遗存》，清华大学研究院第三种，1927 年。

［127］李学勤：《三星堆文化与西南丝绸之路》，载段渝主编《南方丝绸之路研究论集》，巴蜀书社 2008 年版。

［128］李之勤等：《蜀道话古》，西北大学出版社 1986 年版。

［129］梁方仲：《中国历代户口田地田赋统计》，上海人民出版社1980年版。

［130］林承节：《印度史》，人民出版社2004年版。

［131］林梅村：《商周青铜剑渊源考》，载《汉唐西域与中国文明》，文物出版社1998年版。

［132］林太：《大国通史·印度史》，上海社会科学院出版社2007年版。

［133］刘建、朱明忠、葛维钧：《印度文明》，中国社会科学出版社2004年版。

［134］刘琳、刁忠民、舒大刚校点：《宋会要辑稿》，上海古籍出版社2014年版。

［135］刘琳：《华阳国志校注》，巴蜀书社1984年版。

［136］刘起釪：《〈禹贡〉的写成年代与九州来源诸问题探研》，引自《九州》第三辑，商务印书馆2003年版。

［137］刘迎胜：《丝绸之路·海上卷》，浙江人民出版社1995年版。

［138］刘迎胜：《丝路文化·草原卷》，浙江人民出版社1995年版。

［139］刘致远、余德章、刘文杰：《四川汉代画像砖与汉代社会》，文物出版社1983年版。

［140］柳玭：《家训序》，丛书集成初编本，商务印书馆1936年版。

［141］卢连成：《草原丝绸之路——中国同域外青铜文化的交流》，载上宫鸿南、朱士光编《史念海先生八十寿辰学术文集》，陕西师范大学出版社1996年版。

［142］罗开玉：《从考古资料看古代蜀、藏、印的交通联系》，载伍加伦、江玉祥主编《古代西南丝绸之路研究》，四川大学出版社1990年版。

［143］［苏］罗塞娃等：《古代西亚埃及美术》，人民美术出版社1985年版。

［144］马大正、冯锡时主编：《中亚五国史纲》，新疆人民出版社

2005 年版。

［145］马洪：《中国经济发展新战略》，社会科学文献出版社 2008 年版。

［146］民国《华阳县志》卷 35。

［147］缪文远：《战国策新校注》，中华书局 2006 年版。

［148］内蒙古文物工作队编：《内蒙古文物资料选辑》第四编，"战国时期"。

［149］［埃及］尼·伊·阿拉姆：《中东艺术史》，上海美术出版社 1985 年版。

［150］卿希泰、唐太潮：《道教史》，江苏人民出版社 2009 年版。

［151］任半塘：《唐戏弄》，上海古籍出版社 1984 年版。

［152］任继愈：《中国佛教史》第一卷，中国社会科学出版社 1985 年版。

［153］任新建：《茶马古道与茶马古道文化》，载《边茶藏马——茶马古道文化遗产保护（雅安）研讨会论文集》，文物出版社 2012 年版。

［154］日本龙谷大学图书馆藏《大谷文书》。

［155］沙畹：《魏略·西戎传笺注》，载冯承钧译《西域南海史地考证译丛》七编，商务印书馆 1962 年版。

［156］陕西省文物考古研究所：《宝鸡弓鱼国墓地》，文物出版社 1988 年版。

［157］《尚书·禹贡》，中华书局 1998 年版。

［158］邵望平：《禹贡"九州"的考古学研究》，载《考古学文化论集》（二），文物出版社 1989 年版。

［159］四川大学历史系编：《中国西南的古代交通与文化》，四川大学出版社 1994 年版。

［160］四川省文物考古研究所：《三星堆祭祀坑》，文物出版社 1999 年版。

［161］苏北海：《汉唐时期的草原丝绸之路》，选自张志尧主编《草原丝绸之路与中亚文明》，新疆美术摄影出版社 1994 年版。

［162］孙华：《三星堆器物坑的埋藏问题——埋藏年代、性质、主

人和背景》，载《南方民族考古》第九辑，科学出版社 2013 年版。

　　［163］孙尚清：《长江经济开发》，经济出版社 1985 年版。

　　［164］孙尚清：《长江经济研究》，中国展望出版社 1986 年版。

　　［165］孙尚清：《长江开发开放》，中国发展出版社 1996 年版。

　　［166］孙中山：《建国方略·实业计划》，见《孙中山全集》，中华书局 1986 年版。

　　［167］同治《成都府志》。

　　［168］王海涛：《云南佛教史》，云南美术出版社 2001 年版。

　　［169］王应麟：《通鉴地理通释》，四川大学出版社 2009 年版。

　　［170］汶江：《历史上的南方丝路》，载《古代西南丝绸之路研究》，四川大学出版社 1990 年版。

　　［171］汶江：《试论道教对印度的影响》，载伍加伦、江玉祥主编《古代西南丝绸之路研究》，四川大学出版社 1990 年版。

　　［172］夏鼐：《中国文明的起源》，文物出版社 1985 年版。

　　［173］向达：《唐代长安与西域文明》，生活·读书·新知三联书店 1957 年。

　　［174］谢元鲁：《岁华纪丽谱等九种校笺》，巴蜀书社 1988 年版。

　　［175］辛树帜：《禹贡新解》，农业出版社 1964 年版。

　　［176］薛克翘：《中国印度文化交流史》，昆仑出版社 2008 年版。

　　［177］杨建新、卢苇编著：《丝绸之路》，甘肃人民出版社 1981 年版。

　　［178］杨宪益：《译余偶拾·释支那》，生活·读书·新知三联书店 1983 年版。

　　［179］姚宝猷：《中国丝绢西传史》，商务印书馆 1944 年版。

　　［180］佚名：《世界境域志》，王治来、周锡娟译，新疆社会科学院中亚研究所铅印本，1983 年。

　　［181］袁庭栋：《巴蜀文化志》，上海人民出版社 1998 年版。

　　［182］张家驹：《两宋经济重心的南移》，湖北人民出版社 1957 年版。

　　［183］张唐英：《蜀梼杌》，巴蜀书社 1999 年版。

　　［184］张星烺：《中西交通史料汇编》，中华书局 2003 年版。

［185］张学君、冉光荣：《明清四川井盐史稿》，四川人民出版社 1984 年版。

［186］张学君、张莉红：《成都城市史》，成都出版社 1993 年版。

［187］张揖：《广雅》，商务印书馆 1936 年版。

［188］张永雷：《汉书》，中华书局 1972 年版。

［189］赵抃：《成都古今记》。

［190］朱俊辉、曾国明等：《滇缅道上的汉代钱币与佛传中国》，载四川省钱币学会、云南省钱币研究会编《南方丝绸之路货币研究》，四川人民出版社 1994 年版。

［191］朱翌：《猗觉寮杂记》，丛书集成初编本，商务印书馆 1936 年版。

［192］祝穆：《方舆胜览》，中华书局 2003 年版。

（二）文章

［193］〔俄〕鲁金科：《论中国与阿尔泰部落的古代关系》，《考古学报》1957 年第 2 期。

［194］陈淳、郑建明：《稻作起源的考古学探索》，《复旦学报》（社会科学版）2005 年第 4 期。

［195］陈丽华：《中国古代漆器款识风格的演变及其对漆器辨伪的重要意义》，《故宫博物院院刊》2004 年第 6 期。

［196］陈茜：《川滇缅印古道考》，《中国社会科学》1981 年第 1 期。

［197］陈显丹：《论蜀绣蜀锦的起源》，《四川文物》1992 年第 3 期。

［198］陈炎：《略论海上"丝绸之路"》，《历史研究》1982 年第 3 期。

［199］汶江：《滇越考》，《中华文史论丛》1980 年第 2 辑。

［200］《普鲁士科学研究会议录》，1911 年。

［201］《全国主体功能区规划》（国发〔2010〕46 号），中华人民共和国中央人民政府网（http：//www. gov. cn/zwgk/2011 - 06/08/content_ 1879180. htm）。

［202］《长江经济带合作协议》，2005 年 12 月 27 日，北京。

［203］《浙江河姆渡遗址第二期主要收获》，《文物》1980 年第 5 期。

［204］《中共中央关于三峡水利枢纽和长江流域规划的意见》，1958 年 3 月 25 日成都会议通过，同年 4 月 5 日政治局会议批准，新华社网站（http：//news. xinhuanet. com/ziliao/2005 － 01/06/content ＿2423419. htm）。

［205］《中国城市竞争力报告》，中国社会科学院 2014 年 5 月 12 日发布。

［206］《中国印度见闻录》，Gardiner，Egyption Grammar，1957。

［207］成都市文物考古研究所：《成都金沙遗址的发现与发掘》，《考古》2002 年第 7 期。

［208］成都文物考古研究所、荆州文物保护中心：《成都市天回镇老官山汉墓》，《考古》2014 年第 7 期。

［209］成都文物考古研究所：《成都老官山汉墓》，《中国文物报》2013 年 12 月 20 日。

［210］杜常顺：《略论明代甘青少数民族的"差发马赋"问题》，《民族研究》1990 年第 5 期。

［211］段渝：《秦汉时代的四川开发与城市体系》，《社会科学研究》2000 年第 6 期。

［212］段渝：《巴蜀是华夏文化的又一个起源地》，《社会科学报》1989 年 10 月 19 日。

［213］段渝：《巴蜀文化与汉晋学术和宗教》，《中华文化论坛》1999 年第 1 期。

［214］段渝：《古代巴蜀与近东文明》，《历史月刊》（台北）1993 年第 2 期。

［215］段渝：《古代巴蜀与南亚和近东的经济文化交流》，《社会科学研究》1993 年第 3 期。

［216］段渝：《古蜀文明富于世界性特征》，《社会科学报》1990 年 3 月 15 日。

［217］段渝：《黄帝嫘祖与中国丝绸的起源时代》，《中华文化论坛》1996 年第 4 期。

［218］段渝：《论商代长江上游川西平原青铜文化与华北和世界古

文明的关系》，《东南文化》1993 年第 2 期。

［219］段渝：《略谈南方丝绸之路》，《光明日报》1993 年 5 月 24 日。

［220］段渝：《南方丝绸之路与古代中西交通》，"太湖文化论坛 2014 年巴黎会议"学术报告。

［221］段渝：《商代黄金制品的南北系统》，《考古与文物》2004 年第 1 期。

［222］段渝：《商代蜀国青铜雕像文化来源和功能之再探讨》，《四川大学学报》1991 年第 2 期。

［223］段渝：《中国西南早期对外交通——先秦两汉的南方丝绸之路》，《历史研究》2009 年第 1 期。

［224］四川省文物管理委员会、四川省文物考古研究所、广汉市文化局文管所：《广汉三星堆遗址二号祭祀坑发掘简报》，《文物》1989 年第 5 期。

［225］国家发改委《长江中游城市群发展规划》（发改地区〔2015〕738 号）。

［226］国务院《关于依托黄金水道推动长江经济带发展的指导意见》，新华社 2014 年 9 月 25 日。

［227］国务院《环渤海地区经济发展规划》。

［228］国务院《全国土地利用总体规划纲要（2006—2020 年）》，中华人民共和国中央人民政府网（http：//www. gov. cn/zxft/ft149/content_ 1144625. htm）。

［229］国务院《西部大开发重点区域规划前期研究报告》。

［230］何一民：《长江上游城市文明的兴起——论成都早期城市的形成》，《中华文化论坛》2002 年第 2 期。

［231］贾大全、魏艳芝《浅谈茶马贸易古道》，《中华文化论坛》2008 年第 12 期。

［232］江章华：《成都平原的史前城址与史前文化》，《寻根》1997 年第 8 期。

［233］蒋猷龙：《就家蚕的起源和分化答日本学者并海内诸公》，《农业考古》1984 年第 1 期。

［234］李伯谦：《长江流域文明的进程》，《考古与文物》1997 年第 4 期。

［235］李竞恒：《滇蜀地区出土早期佛教造像与西南传播路线》，《中华文化论坛》2012 年第 1 期。

［236］李琳莎：《论中国早期纸币的盛行及衰落——北宋交子在货币史上的短暂一现》，《上海交通大学学报》（社会科学版）2001 年第 3 期。

［237］刘卫东、陆大道：《新时期我国区域空间规划的方法论探讨》，《地理学报》2005 年第 6 期。

［238］刘扬忠：《五代西蜀词的地域文学特色》，《文史知识》2001 年第 7 期。

［239］鲁西奇：《中国历史上的三大经济带及其变动》，《厦门大学学报》（哲学社会科学版）2008 年第 4 期。

［240］陆大道：《论区域的最佳结构与最佳发展》，《地理学报》2001 年第 2 期。

［241］吕文郁：《论尧舜禹时代的部族联合体》，《社会科学战线》1999 年第 5 期。

［242］马健：《黄金制品所见中亚草原与中国早期文化交流》，《西域研究》2009 年第 3 期。

［243］牟永抗、吴汝祚：《水稻、蚕丝和玉器》，《考古》1993 年第 6 期。

［244］饶宗颐：《蜀布与 Cina Patta——论早期中、印、缅交通》，《中研院历史语言研究所集刊》，1974 年。

［245］任乃强：《中西陆上古商道》，《文史杂志》1987 年第 1、2 期。

［246］阮荣春：《早期佛教造像的南传系统》，《东南文化》1990 年第 3 期。

［247］桑秀云：《蜀布邛竹杖传至大夏路径的蠡测》，《中央研究院历史语言研究所集刊》41 本 10 分，1969 年。

［248］石湆：《记成都交通巷出土的一件"蚕纹"铜戈》，《考古与文物》1980 年第 2 期。

［249］石云涛：《3—6 世纪的草原丝绸之路》，《社会科学战线》

2011 年第 9 期。

[250] 四川省文物管理委员会、四川省文物考古研究所、四川省广汉县文化局：《广汉三星堆遗址一号祭祀坑发掘简报》，《文物》1987 年第 10 期。

[251] 四川省文物考古研究所等：《四川炉霍卡莎湖石棺墓》，《考古学报》1991 年第 2 期。

[252] 唐云明：《我国育蚕织绸起源初探》，《农业考古》1985 年第 2 期。

[253] 田广金：《西沟畔匈奴墓反映的诸问题》，《文物》1980 年第 7 期。

[254] 童恩正：《略谈秦汉时代成都地区的对外贸易》，《成都文物》1984 年第 2 期。

[255] 王炳华：《西汉以前新疆和中原地区历史关系考察》，《新疆大学学报》1984 年第 4 期。

[256] 王浩野、张怡：《东华门遗址古成都中心地标》，《华西都市报》2014 年 8 月 19 日。

[257] 王洪军：《唐代的茶叶生产——唐代茶叶史研究之一》，《齐鲁学刊》1987 年第 6 期。

[258] 吴其昌：《王会篇国名补证》，《中国史学》第 1 期。

[259] 武敏：《吐鲁番出土蜀锦的研究》，《文物》1984 年第 6 期。

[260] 夏鼐：《碳-14 年代测定和中国史前考古学》，《考古》1977 年第 4 期。

[261] 夏鼐：《我国古代蚕、桑、丝、绸的历史》，《考古》1972 年第 2 期。

[262] 夏鼐：《中巴友谊的历史》，《考古》1965 年第 7 期。

[263] 向达：《南诏史略论》，《历史研究》1954 年第 2 期。

[264] 谢元鲁：《长江流域交通与经济格局的历史变迁》，《中国历史地理论丛》1995 年第 1 期。

[265]《推动共建丝绸之路经济带和 21 世纪海上丝绸之路的愿景与行动》发布，新华网（http：// news. xinhuanet. com/gangao/2015-06/08/c_ 127890670. htm，2015-6-8）。

［266］《20省份全面布局"一带一路"今年进入实质操作阶段》，新华网（http：//news. xinhuanet. com/fortune/2015 － 01/28/c _ 127429006. htm，2015－1－28）。

［267］徐苹芳：《考古学上所见中国境内的丝绸之路》，载联合国教科文组织、中国社会科学院考古研究所编《十世纪前的丝绸之路和东西文化交流》（沙漠路线考察乌鲁木齐国际讨论会，1990年8月19—21日），新世界出版社1996年版。

［268］严耕望：《唐代交通图考》，《中央研究院历史语言研究所专刊》之八十三，台北，1986年。

［269］严文明、李伯谦、徐苹芳：《成都江南馆街唐宋街坊遗址》，载《2008年度全国十大考古新发现》，《中国文化遗产》2009年第4期。

［270］岳红琴：《〈禹贡〉成书西周中期说》，《学海》2006年第2期。

［271］张增祺：《战国至西汉时期滇池区域发现的西亚文物》，《思想战线》1982年第2期。

［272］浙江省文管会：《吴兴县钱山漾遗址第二次发掘报告》，《考古学报》1960年第2期。

［273］郑州市文物考古研究所：《荥阳青台遗址出土纺织物的报告》，《中原文物》1999年第3期。

［274］中共中央国务院印发《国家新型城镇化规划（2014—2020年）》，国务院网（http：//www. gov. cn/gongbao/content/2014/content_ 2644805. htm）。

［275］《欧盟经济现状与前景》，2013年5月23日，中国经济新闻网（http：//www. cet. com. cn/wzsy/gysd/857593. shtml）。

［276］《"一带一路"沿线国家基本信息（蒙古、俄罗斯、中亚五国）》，2015年8月21日，中国银行业监督管理委员会网站（http：//www. cbrc. gov. cn/chinese/home/docView/031BC0D87EF74FF9A45077C6DB971CEF. html）。

［277］《"一带一路"沿线国家基本信息（南亚八国）》，2015年10月20日，中国银行业监督管理委员会网站（http：//www. cbrc. gov. cn/chinese/home/docView/8BB429C7A0144B02BA301C0C5EA0A76F. html）。

［278］《"一带一路"沿线国家基本信息（中东欧十六国）》，2015年

10 月 13 日，中国银行业监督管理委员会网站（http：//www. cbrc. gov. cn/chinese/home/docView/FC3AD1A660DE4AE6A6EA7E2390B73B6E. html）。

［279］《"一带一路"国家基本信息（东南亚 11 国）》，2015 年 9 月 23 日，中国银行业监督管理委员会网站（http：//www. cbrc. gov. cn/chinese/home/docView/10F7F27584F740FDA0544B18D10BEB29. html）。

［280］中华人民共和国商务部新闻办公室：《中国—中东欧国家经贸促进部长级会议专题新闻发布会在北京召开》，2014 年 5 月 22 日（http：//www. mofcom. gov. cn/article/ae/slfw/201405/20140500597352. shtml）。

［281］周匡明：《养蚕起源问题的研究》，《农业考古》1987 年第 1 期。

［282］周连宽、张荣芳：《汉代我国与东南亚国家的海上交通和贸易关系》，《文史》第九辑。

［283］朱章义、张擎、王方：《成都金沙遗址的发现、发掘和意义》，《四川文物》2002 年第 2 期。

三　外文文献

［284］G. Mokh Tared, *General History of Africa*, Vol. 11, 1981.

［285］J. E. Quibell, Hierakonpolis, 11, Plate 1, 1902. Mosso, Dawn of Mediterranean Civilization. see H. R. Hall, *The Ancient History of the Near East*, 1947.

［286］Philippa Scott, *The Book of Silk*, London：Thames & Hudson, 1993.

［287］R. F. Tylecote, *A History of Metallurgy*, 1976.

［288］R. Willis, *Western Civilization*, Vol. 1, 1981.

［289］Roger Bischoff, *Buddhism in Myanmar a Short History*, Sri Lanka, 1995.

［290］Strommenger, 5000 *Years of the Art of Mesopotamia*, 1964.

［291］W. Beermann, *Biochemical Diffeerencitiation in Insect Glands*, spring-verlag, 1977.

后 记

　　《成都参与"一带一路"和长江经济带建设的战略与对策研究》是中共成都市委宣传部2013年度理论研究重大课题，意在解读和宣传中央精神和国家政策，科学分析"一带一路"和长江经济带的历史背景和区域发展现状，并在此基础上提出成都参与"一带一路"和长江经济带的战略和对策建议。课题由成都市社科院具体组织，联合中国科学院地理科学与资源研究所、国家发改委宏观经济研究院、四川大学、四川师范大学、四川省社科院等单位的相关专家和学者组成课题组，完成相关研究工作。研究成果分为五个部分，即《成都参与"一带一路"和长江经济带建设的战略与对策研究》、《成都参与"一带一路"建设的战略与对策研究》、《丝绸之路经济带与成都的经贸关系历史背景研究》、《成都参与长江经济带建设的战略与对策研究》和《成都在长江流域经济带中的历史地位与经济文化交流研究》。

　　本书书稿是在上述研究成果的基础上修改编辑而成的。全书分工如下：第一篇，总论，阎星、尹宏、王伟。第二篇，第四章，尹宏；第五章，王伟；第六章、第七章、第八章，刘卫东、刘慧、宋周莺、刘志高。第三篇，第九章、第十章、第十一章、第十二章、第十三章，王益谦、史育龙、陈勇、杨承东、王晓燕、第宝锋、温松岩。第四篇，第十四章、第十五章、第十六章、第十七章、第十八章，段渝、邹一清、杨丽华。第五篇，第十九章、第二十章、第二十一章、第二十二章，谢元鲁、余娟、秦美玉。最后，由阎星对全书进行审定和修改。

　　在研究报告的撰写过程中，得到了四川大学历史文化学院院长霍巍教授、四川大学城市研究所所长何一民教授、四川大学商学院揭筱纹教授、西南财经大学经济学院李萍教授、西南财经大学张炜教授、四川师范大学党委书记周介铭教授、四川省社科院刘世庆研究员、中科院成都山地灾害与环境研究所陈国阶研究员、四川省经济发展研究院院长王小刚研究员、成都大学文学与新闻传播学院谭平教授、成都博物院院长王毅、成都市经济信息中心副主任李霞研究员等专家学者的指导和帮助。另外，还得到了中共成都市委财经领导小组、中共成都市委政策研究室、成都市政府政策研究室、成都市发展改革委、成都市经济和信息化委员会、成都市商务局等相关部门的大力支持，在此表示感谢。

本书的编写始于"一带一路"和"长江经济带"建设两大国家战略提出之初，尽管我们投入了很大精力，但由于水平和资料的限制，难免会存在诸多方面的不足，敬请谅解。

编者

2016 年 5 月